LA MORALE NATURELLE

FÉLIX ALCAN, ÉDITEUR

AUTRES OUVRAGES DE M. J.-L. DE LANESSAN

La Morale des religions, 1905. 1 vol. in-8 de la *Bibliothèque de philosophie contemporaine*. . . . . 10 fr.

L'État et les Églises en France, depuis l'origine jusqu'à la séparation, 1906. 1 vol. in-12 de la *Bibliothèque d'histoire contemporaine*. 3 fr. 50

La Lutte pour l'existence et l'Évolution des sociétés. 1 vol. in-8 de la *Bibliothèque générale des sciences sociales*, cartonné à l'anglaise. . . . . 6 fr.

La Concurrence sociale et les Devoirs sociaux, 1904. 1 vol. in-8 de la *Bibliothèque générale des sciences sociales*, cart. à l'anglaise. 6 fr.

Les Missions et leur protectorat, 1907. 1 vol. in-16 de la *Bibliothèque d'histoire contemporaine* . . . . 3 fr. 50

Le Programme maritime de 1900-1906. 2ᵉ édition, 1 volume in-12. . . . . 3 fr. 50

L'Indo-Chine française. Étude économique, politique et administrative, 1889. 1 vol. in-8, avec 5 cartes en couleurs, de la *Bibliothèque d'histoire contemporaine*. . . . . 15 fr.

Principes de colonisation, 1897. 1 vol. in-8 de la *Bibliothèque scientifique internationale*, cartonné à l'anglaise . . . . 6 fr.

Introduction à la Botanique. Le Sapin, 2ᵉ édit. 1890. 1 vol. in-8 avec figures, de la *Bibliothèque scientifique internationale*, cartonné à l'anglaise. . . . . 6 fr.

Les Enseignements maritimes de la Guerre Russo-Japonaise, 1905. 1 vol. in-12 de la *Bibliothèque d'histoire contemporaine*. . (*Épuisé*.)

L'Expansion coloniale de la France. Étude économique, politique et géographique sur les établissements français d'outre-mer. 1 vol. in-8, avec cartes . . . . (*Épuisé*.)

La Colonisation française en Indo-Chine, 1895. 1 vol. in-12 de la *Bibliothèque d'histoire contemporaine*. . . . . (*Épuisé*.)

La Tunisie, 1887. 1 vol. in-8. . . . . (*Épuisé*.)

La Morale des philosophes chinois, 1896. 1 vol. in-12 de la *Bibliothèque de philosophie contemporaine* . . . . (*Épuisé*.)

LA MORALE NATURELLE

PAR

J.-L DE LANESSAN

Professeur agrégé d'histoire naturelle à la Faculté de Médecine de Paris
Ancien Gouverneur général de l'Indo-Chine
Ancien ministre

PARIS
FÉLIX ALCAN, ÉDITEUR
LIBRAIRIES FÉLIX ALCAN ET GUILLAUMIN RÉUNIES
108, BOULEVARD SAINT-GERMAIN, 108

1908
Tous droits de traduction et de reproduction réservés

LA MORALE NATURELLE

PRÉFACE

J'ai d'abord écrit ces pages pour moi-même. J'y ai travaillé pendant longtemps sans autre but que de donner une forme précise aux idées qui m'étaient inspirées soit par la lecture des moralistes, soit par l'observation directe des animaux et des nombreuses sociétés humaines, primitives ou civilisées, au milieu desquelles j'ai vécu.

Les faits qu'il m'était donné d'observer me firent d'abord constater la vanité des efforts qui ont été tentés pour concilier les doctrines morales des religions ou des métaphysiques avec la conception scientifique de l'univers et des êtres vivants. Il m'apparut qu'aucun accord n'était possible, dans le domaine des problèmes moraux, entre la doctrine de la création et celle de l'évolution, entre l'hypothèse indémontrable du libre arbitre et la certitude du déterminisme, entre l'immuable « loi morale » des religions ou l'absolu « impératif catégorique » des métaphysiciens et la mutabilité incessante des idées morales dans l'humanité. Il était donc nécessaire de chercher la source de ces idées ailleurs que dans la métaphysique ou les religions.

Repoussant avec la science moderne toutes les hypothèses relatives à la divinité, à l'âme et au libre arbitre, ne pouvant admettre comme ayant une existence réelle que la matière et le mouvement dont elle est animée, avec leurs transformations et évolutions incessantes, je pensai qu'il n'était pas possible d'expliquer l'évolution ascendante de la moralité autrement que par l'organisation et les relations des êtres humains et de leurs ancêtres animaux et par l'éducation que reçoit tout individu animal ou humain.

C'est donc dans cette direction que je portai mes observations et mes réflexions et je consignai leurs résultats dans des notes personnelles. Quelques amis, dans le jugement desquels j'ai pleine confiance, m'ayant conseillé de publier ces dernières, j'en ai fait le présent livre.

On y trouvera le naturaliste que je suis resté à travers tous les avatars de ma vie et le moraliste que je suis devenu par l'observation des sociétés animales et humaines. On y trouvera aussi un philosophe dont la bonne foi est assez grande pour qu'il se croie le droit de ne s'incliner devant aucun des préjugés de ses contemporains et de rester insensible aux critiques dont il pourra être l'objet de la part des gens qui tiennent absolument à avoir un libre arbitre, une âme et un dieu.

J.-L. DE LANESSAN.

Ecouen, le 18 mai 1908.

CHAPITRE PREMIER

LES DOCTRINES MORALES

Demandez à un homme d'instruction moyenne ce que c'est que la morale, il vous répondra presque sûrement : « C'est l'ensemble des prescriptions qui ordonnent le bien et interdisent le mal. »

Demandez-lui ce que c'est que le bien et le mal, il répondra sans doute : « Le bien est ce que la conscience ordonne, le mal ce qu'elle défend. »

Demandez-lui ce que c'est que la conscience, et il vous répondra : « La conscience est la faculté par laquelle l'homme distingue le bien du mal. »

Après avoir entendu ces réponses d'un caractère si doctrinal, demandez à votre interlocuteur de vous indiquer les actions qu'il considère comme bonnes ou mauvaises, et vous n'aurez pas de peine à vous assurer que ses idées sur ce point résultent non plus d'une doctrine théorique, mais de son éducation religieuse, scientifique ou philosophique, du milieu social dans lequel il vit et des conditions particulières auxquelles il est lui-même soumis.

Après avoir interrogé de la sorte les hommes de notre temps, si vous cherchez une réponse aux mêmes questions dans les œuvres qui nous ont été laissées par les moralistes des temps passés et dans les actes des peuples dont l'histoire nous a conservé le souvenir, vous constaterez qu'il y a presque autant de conceptions différentes du bien et du mal qu'il y a eu d'écrivains et de sociétés humaines. Vous vous assurerez, en un mot, qu'il en est des idées relatives à la morale comme de toutes les autres, qu'elles varient avec les lieux, les époques, les milieux sociaux et les individus, et vous conclurez de votre étude qu'il y a autant de morales que d'hommes.

Cependant, toutes ces morales prétendent s'appuyer sur les indications de la conscience. L'homme qui croit faire une action très honorable en tuant en duel son semblable, celui qui estime en faire une glorieuse en le massacrant sur le champ de bataille, et celui qui condamne à la fois le duel et la guerre vous affirmeront avec la même énergie qu'ils trouvent dans leur conscience la source de leurs idées morales sur le duel ou sur la guerre. Je prends cet exemple parce qu'il est très simple; il serait facile d'en citer vingt autres dans lesquels une même action est approuvée par la conscience des uns tandis qu'elle est condamnée par la conscience des autres. Et je suis obligé d'en conclure que, s'il y a autant de morales que d'individus, c'est qu'il y a autant de consciences diverses que d'hommes différents.

Il semble donc que, pour découvrir la source des idées si variées qui existent parmi les hommes relativement à la morale, on aurait dû procéder à une étude détaillée de chacune de ces idées. Si, par exemple, nous constatons que chez un peuple déterminé, le respect des vieillards est généralement considéré comme un devoir moral, tandis que la coutume d'un autre peuple est de tuer les individus rendus par l'âge inutiles à la famille ou à la société, nous devons rechercher à quoi tiennent des divergences morales aussi considérables.

§ I

Les doctrines morales religieuses
et métaphysiques

Ce n'est point ainsi que la plupart des moralistes ont procédé. Ils ont d'abord admis que la conscience est identique chez tous les hommes, que tous, à leur entrée dans le monde, ont une égale connaissance de ce qui est bien et de ce qui est mal, que tous connaissent le devoir moral, c'est-à-dire ce qu'il faut faire pour bien agir, que tous se sentent sollicités d'obéir à ce devoir et, enfin, que tous jouissent d'une entière liberté pour faire ou ne pas faire ce que la conscience leur ordonne.

Comme il serait raisonnablement impossible d'attribuer à la simple matière la connaissance *innée* du bien ou du mal, la conscience également innée du devoir et le libre arbitre en vertu duquel l'homme choisirait entre le bien et le mal, tous les sytèmes de morale reposant sur ces bases ont dû admettre l'existence chez l'homme d'une chose étrangère au corps, provenant de la divinité ou faisant partie intégrante de cette dernière et jouissant de qualités distinctes de celles de la matière. C'est cette chose, — inobservée et inobservable puisqu'elle ne serait pas matérielle — que l'on a nommée « l'âme » et à laquelle on a attribué la conscience en même temps que la raison et le libre arbitre.

D'accord sur ces points, les systèmes religieux et métaphysiques de morale différent sur la manière dont l'âme aurait acquis la connaissance de ce qu'ils appellent « la loi morale. »

Dans le judaïsme, religion très positive et presque matérielle, c'est Dieu en personne qui a dicté à Moïse les lois morales auxquelles il veut que le peuple d'Israël obéisse.

Dans l'islamisme, c'est par un simple messager de Dieu, l'ange Gabriel, que les lois morales ont été dictées à Mahomet.

Plus métaphysique que le judaïsme et l'islamisme, le christianisme a emprunté son système moral à certains philosophes de l'antiquité, particulièrement à Socrate, à Platon et à Cicéron.

Socrate et Platon furent des esprits religieux dans le sens moderne de ce mot. Ils croyaient à la divinité, à l'âme et au libre arbitre.

Socrate disait « que les dieux se communiquent à ceux qu'ils favorisent; » il croyait « qu'ils répondent à nos demandes et nous enseignent comment nous devons nous conduire, » mais ses préceptes de morale étaient essentiellement pratiques.

Platon admettait que « la vertu » suppose « un concours divin, » (1) mais, ainsi que je l'ai fait observer ailleurs (2), « sa morale est, avant tout, sociale ; on pourrait retrancher de son œuvre tout ce qui a trait à l'essence des choses, à la divinité, à l'âme, et même aux sanctions extra-terrestres, sans modifier en rien ni sa doctrine sociale ni son système de morale. L'homme de Platon est sélectionné et élevé en vue de la société ; il y remplit un rôle déterminé et s'efforce d'être utile à ses semblables. Il est bon, loyal, généreux, avec la certitude qu'il en recueillera d'abord de grandes satisfactions intérieures, et, ensuite, l'estime de ses concitoyens, avec les conséquences qui en peuvent résulter. Les sanctions de l'autre monde ne viennent qu'au second rang, et comme par superfétation. »

Dans l'école de Zénon ou des stoïciens, Sénèque pense que « l'horreur du crime nous est naturelle, » que « la nature ne nous a prédisposés à aucun vice, » (3) que « nous sommes sortis de ses mains vertueux et libres, » qu'il suffit d'éviter ce que « la nature condamne » pour être vertueux, et que « nous avons profondément gravée en nous l'horreur de toute chose que la nature condamne. » (4)

Un autre grand stoïcien, Cicéron, avait parlé, lui aussi, « des dons que l'homme a reçus de la nature » et où il voit la source de la morale, mais il avait accentué le rôle de la divinité dans l'évolution morale. Si l'homme est naturellement bon, c'est qu'il est « sorti des mains de Dieu, » c'est que « les hommes ne composent avec les dieux qu'une même famille, » c'est que « la vertu est la même en l'homme qu'elle est en Dieu. » Et il conclut : « Il y a donc une ressemblance entre l'homme et Dieu... Nous sommes nés pour la justice, et le droit n'est point un établissement de l'opinion, mais de la nature. » (5) En d'autres

---

(1) Voy. Brochard, *La morale de Platon*, in *Année phil.* de Pillon, 1905, p. 9.
(2) Voy. J.-L. de Lanessan, *La Morale des Religions*, p. 280. F. Alcan.
(3) *Lettres à Lucilius*, XCIV.
(4) *Ibid.*, XCVII.
(5) Cicéron, *Traité des Lois*.

termes, nous avons la notion du bien parce que nous sommes les parents des dieux, qui ont nécessairement cette notion. Et il insiste sur ce que, à cet égard, tous les hommes sont semblables au moment de leur naissance, c'est-à-dire lorsqu'ils sortent des mains de la divinité. Mais, au cours de la vie, sous l'influence des erreurs que les sens leur font commettre, des exemples qu'ils ont sous les yeux, beaucoup perdent la raison. Les sages seuls la conservent; leurs enseignements, qui constituent la philosophie, ont pour but d'amener les autres hommes à la conserver également.

Aux yeux de Cicéron, on n'est pas vertueux si on ne l'est qu'en vue d'un profit quelconque : « si l'on pèse la vertu par l'utilité qui en revient et non par son propre mérite, la vertu qui restera ne sera, à vrai dire, qu'une perversité toute pure; car plus les vues d'un homme sont intéressées et plus il s'éloigne de la probité. » Le sage, en un mot, fait le bien comme les dieux, uniquement parce que c'est le bien; il est ainsi l'égal des dieux, auxquels sa parenté le rattache.

La doctrine morale du christianisme offre avec celle de Cicéron une notable ressemblance. Elle aussi attribue à l'homme une sorte de parenté avec la divinité qui l'a créé; elle aussi considère l'homme comme venant au monde avec la connaissance du bien, qui lui a été inculquée par la divinité. « Dès le commencement, affirme le christianisme, Dieu avait gravé sa loi dans le cœur des hommes, et c'est ce qu'on appelle *la loi naturelle*. » (1) La doctrine chrétienne rappelle encore celle du célèbre stoïcien romain lorsqu'elle affirme que le premier homme est sorti de la

---

(1) Voy. RR. PP. ALEXIS et THÉOPHILE, *Abrégé du catéchisme du saint concile de Trente*, pp. 281 et suiv. « Chacun de nous, ajoute le Catéchisme (p. 283) sent au fond de son cœur une règle qui lui permet de distinguer le bien du mal, le juste de l'injuste. Cette règle ne diffère pas de la Loi écrite (donnée à Moïse) et ne peut avoir que Dieu pour auteur. Mais le péché et la perversité des hommes avaient obscurci ce flambeau divin. Ce fut alors que Dieu donna sa loi à Moïse, non pour établir une loi nouvelle, mais pour éclairer la première, qui, par conséquent, n'a point été abrogée avec les observances légales. Donc, l'obligation d'observer le Décalogue ne vient pas de ce qu'il a été promulgué par Moïse, mais de ce qu'il a été mis dans le cœur de chaque homme par Dieu lui-même, et dans la suite développé et confirmé par Notre-Seigneur. La loi naturelle et la loi écrite ne sont donc qu'une seule et même loi. »

création divine « immortel et impassible, doué du libre arbitre, maître de ses appétits inférieurs et surtout orné de la justice originelle. » (1)

Là s'arrête la similitude des deux systèmes. Celui des stoïciens était trop purement philosophique, trop désintéressé, puis-je dire, pour qu'une religion aspirant à gouverner les hommes pût s'en contenter. Le christianisme y introduisit donc les éléments dont son esprit de domination avait besoin. Doué de la liberté de choisir entre le bien et le mal, Adam en use pour désobéir à son Dieu qui, aussitôt, lui enlève l'innocence et l'immortalité. « Il perdit la justice originelle, devint sujet à l'ignorance et aux méchants penchants, fut condamné aux souffrances et à la mort, » et ces déplorables conditions « s'étendirent à sa postérité tout entière. » (2)

Mais le christianisme s'est trouvé pour réparer les torts faits à toute l'humanité par son premier représentant. Le dieu des chrétiens envoya son fils sur notre globe, le contraignit à se faire homme dans le petit pays de Galilée et à mourir sur la croix ignominieuse des malfaiteurs, pour que son sang rachetât le péché commis par Adam. Toutefois, afin que les prêtres de la religion nouvelle pussent tirer profit de cette rédemption, il fut entendu que chaque homme devrait en être individuellement l'objet. Venu au monde avec la souillure infligée à l'humanité tout entière par le péché du premier homme, l'enfant, quel qu'il soit et de quelques parents qu'il soit né, n'en peut être débarrassé que par le baptême.

Par là, nous sortons des régions éthérées de la philosophie morale et du mythe religieux, pour entrer dans le domaine exclusivement matériel et intéressé du culte. Quelques gouttes d'eau versées par la main du prêtre sur la tête d'un être humain suffisent pour effacer le « péché »

(1) *Abrégé du catéchisme du saint concile de Trente*, p. 17. « Dieu, dit encore le Catéchisme (p. 21), forma à son image et à sa ressemblance l'âme de l'homme, lui donna le libre arbitre, c'est-à-dire la faculté de se déterminer entre plusieurs partis à prendre, et soumit à l'empire de la raison les appétits et les mouvements de la chair. Il ajouta à tant de bienfaits le don de la justice originelle et fit de l'homme le roi de la création, assujettissant tous les animaux à son pouvoir et lui donnant l'usufruit de toutes choses. »
(2) *Ibid.*, pp. 23 et 25.

dont il était souillé et le rendre presque semblable à Dieu. Sans cette intervention du prêtre, l'homme était condamné à subir pendant l'éternité les peines du « péché » de son premier ancêtre. Voilà donc la présence du prêtre rendue nécessaire auprès de chaque homme à l'heure même où il vient au monde. L'égoïsme pontifical trouva que c'était encore trop peu. Il imagina la doctrine de la grâce et celle de la pénitence. Pour être vertueux, il faut avoir la grâce; pour obtenir la grâce il faut pratiquer le culte institué par les prêtres. On perd la grâce par le « péché; » mais on peut la recouvrer par le sacrement de la pénitence. C'est dire que du jour de sa naissance à celui de sa mort, l'homme ne peut être vertueux, s'il n'est pas sans cesse assisté par le prêtre.

Il était impossible qu'une doctrine morale aussi naïvement puérile et aussi manifestement inspirée par l'égoïsme sacerdotal pût convenir aux esprits doués de la moindre philosophie. Il ne faut donc pas s'étonner que les métaphysiciens aient cherché, dès qu'ils en eurent la liberté, une doctrine plus haute et plus désintéressée que celle du christianisme.

Sous des formes infiniment variées, la thèse des moralistes spiritualistes et déistes peut facilement être réduite à des éléments très simples et presque identiques chez tous : soit que l'âme de l'homme ait été créée par la divinité, soit qu'elle fasse partie de la divinité, comme dans les systèmes panthéistes, elle jouit de la faculté de choisir librement entre les actions que l'homme est susceptible d'accomplir, elle est, en un mot, douée du libre arbitre. Elle possède, en outre, par la conscience ou la raison, une notion exacte du bien et du mal. Elle sait, enfin, qu'elle démérite quand elle se détermine pour une action mauvaise et qu'elle mérite quand elle se prononce pour une action bonne, car c'est elle qui commande, le corps n'est que son docile et passif instrument. Jules Simon a très clairement résumé cette doctrine dans les lignes suivantes : « Dieu... m'a donné une loi, comme au reste des créatures, mais il m'a laissé libre de la transgresser ou de la suivre. Il m'a rendu dépositaire et maître de ma destinée. » (1) Avec Cicéron, il admet que notre raison est un don de Dieu, connaissant le bien comme Dieu, semblable à elle-même dans tous les hommes et jouissant du pouvoir de commander le bien, de dicter le devoir. « Les passions ont beau se croire indomptables, dit-il (2), elles ont un maître; c'est la raison. La raison est lumineuse, elle connaît son but, elle éclaire sa propre marche, elle sait la place et le rang de toutes choses; elle porte en soi le sceau divin du commandement. Quand elle s'applique aux actes de la liberté humaine, son nom est la justice; ce qu'elle ordonne est le devoir. Chaque fois qu'elle parle, la passion, même la plus ardente, doit céder. La loi de la justice est la loi de Dieu même, méconnue de beaucoup, *ignorée de personne;* toujours présente en nous pour nous guider avant l'action, pour nous récompenser après le sacrifice, pour nous punir après la faute. »

De même que les doctrines des stoïciens et des religions, les systèmes théistes analogues à celui de Jules Simon s'appuient sur quatre affirmations nullement démontrées : l'existence d'un Dieu personnel ou confondu avec la nature, l'existence d'une âme créée par ce Dieu ou faisant partie de la divinité, l'existence du libre arbitre, et enfin, l'existence du bien et du mal en soi.

On conçoit que beaucoup de philosophes aient reculé devant une doctrine reposant sur des bases aussi problématiques. Tandis que les théistes présentent leur prétendue « loi morale » comme placée dans la conscience ou la raison par la divinité, Kant la considère comme inhérente à la raison et imposée à la volonté par la raison au moyen d'un ordre qu'il appelle « un impératif catégorique. » Il ne considère comme réellement morales que les actions exécutées en vertu de cet ordre, et s'il y a volonté formelle de n'agir par aucun autre motif que celui de s'y conformer. Par exemple, à ses yeux, l'action de secourir un malheureux n'est pas bonne en soi; elle peut même être mauvaise si celui qui l'accomplit en attend quelque

---

(1) *Le Devoir*, p. 120
(2) *Ibid.*, p. 452.

avantage ou plaisir. Il est évident que, dans ces conditions, bien peu d'actes pourraient être considérés comme bons, et bien rares seraient les hommes méritant le titre de sages. Sur ce point, la doctrine de Kant rappelle entièrement celle de Cicéron. Elle la rappelle encore par la supposition que la raison humaine possède par elle-même, en dehors de toute expérience et de toute éducation, la notion du bien et du mal. Or, les faits scientifiques établissent d'une manière irréfutable que l'enfant n'apporte en naissant aucune idée, ne possède même pas des éléments cérébraux suffisamment développés pour que les idées puissent s'y former. Ainsi que l'a écrit très justement un commentateur du philosophe allemand : « Assurément Kant a cru travailler pour la raison et contre le mysticisme. Est-il bien certain qu'insciemment et malgré lui, il n'ait pas fait le jeu de ce mysticisme même qu'il prétendait combattre? Est-ce développer l'homme dans un sens rationnel que de l'habituer à considérer comme rationnelle une conduite qui consiste à obéir à un ordre qui se donne sans raison? N'est-ce pas bien plutôt maintenir en lui des dispositions à la foi aveugle, entretenir les ferments mystiques qui subsistent au fond de son cœur, et qu'il doit en partie à l'antique éducation religieuse qu'il a subie?... La morale de Kant, c'est encore une religion : la religion du devoir qu'on adore par des actes sous les noms mystérieux d'Impératif catégorique et de Loi morale. » (1)

Parmi les moralistes actuels, il en est beaucoup qui se sont dégagés non seulement des doctrines morales religieuses proprement dites, mais aussi des théories métaphysiques et pseudo-religieuses dont la morale de Kant représenta la forme la plus parfaite, et qui, néanmoins, n'ont pas encore renoncé aux idées sur lesquelles reposent ces doctrines et théories. Il en est ainsi, notamment pour la théorie exposée par M. A. Fouillée sous le titre de *Morale des idées-forces* (2).

---

(1) A. CRESSON, *La Morale de Kant*, préface, pp. 3-5. F. Alcan.
(2) A. FOUILLÉE, *La Morale des idées-forces*, F. Alcan.

La morale des idées-forces

La morale de M. Fouillée fait partie intégrante de tout son système philosophique des « idées-forces. » Les idées sont au yeux de M. Fouillée des forces qui, sans cesse, tendent à l'action ; et, parmi ces idées, il en choisit une, celle de la moralité ou du désintéressement qui serait *inhérente à la nature humaine* et d'où découlerait toute la morale, sous une forme nouvelle; la prétendue idée-force morale de M. Fouillée n'est pas, en réalité, autre chose que la soi-disant « loi naturelle » des religions ou « l'impératif catégorique » des métaphysiciens de l'École de Kant. Avant d'admettre sa « morale des idées-forces, » il faudrait donc le prier de démontrer que l'idée-force de la moralité ou du désintéressement est inhérente à la nature humaine.

Or, cette démonstration est impossible, puisque l'être humain, en arrivant au monde, est dépourvu de toute idée. Celles qu'il acquiert plus tard sont ou bien le résultat du fonctionnement de ses besoins naturels, et celles-là sont toutes des idées égoïstes, ou bien le résultat de son éducation, et celles-là peuvent être aussi bien des idées purement égoïstes et même criminelles que des idées d'altruisme et de désintéressement. La doctrine morale de M. Fouillée pèche donc par sa base, qui est purement métaphysique.

La doctrine morale des solidaristes

Les « solidaristes » ont été fort nombreux en France depuis le début du XIXᵉ siècle. Pierre Leroux a revendiqué la paternité de la doctrine et en a exposé l'origine dans les lignes suivantes : « J'ai, le premier, emprunté aux légistes le nom de solidarité, pour l'introduire dans la philosophie, c'est-à-dire, suivant moi, dans la religion de l'avenir. J'ai voulu remplacer la charité du christianisme par la solidarité humaine. » (1)

---

(1) *La grève de Samarez*. Cité par A. Fouillée dans : *Les éléments sociologiques de la morale*, p. 301. F. Alcan.

L'exposé le plus clair et le plus simple du principe de cette doctrine est celui qu'en a donné M. A. Fouillée dans les lignes suivantes : « Le principe de la morale solidariste est que chaque *vivant* sociable, par le seul fait qu'il naît et développe sa vie individuelle au sein d'une société, profite réellement de tous les efforts antérieurs et doit, rationnellement, contribuer au bien commun. Un être vivant doué d'intelligence ne peut pas ne pas comprendre cette situation, ne peut pas ne point se représenter sa dette sociale sous la forme d'un devoir social de justice. Un être vivant doué de sensibilité ne peut pas ne pas éprouver un sentiment de sympathie pour la société dont il est membre et organe, sentiment qui constitue l'altruisme. Telle est la morale de la solidarité. » (1)

On pourrait faire remarquer que cette définition est un postulat, non un exposé réel des sentiments dont sont animés les membres de nos sociétés ; mais ce ne serait qu'une objection d'ordre secondaire. Bien plus grave est celle qui consiste à demander pourquoi chacun des membres d'une société quelconque *doit* contribuer au bien commun, d'où vient cette obligation morale, par qui ou par quoi elle serait imposée à tous les hommes.

Les solidaristes se montrent fort embarrassés en face de ces questions. Ils ont d'abord essayé de les résoudre par l'examen des organismes vivants. Ils ont présenté toutes les parties du corps d'un animal ou de l'homme comme solidaires les unes des autres au point que l'ensemble périrait si l'une d'elles était gravement atteinte et que toutes souffriraient lorsqu'une d'entre elles serait en souffrance. Or, cette prétendue solidarité n'existe pas le moins du monde. Qu'un homme perde la vue, et bientôt son odorat, son ouïe, son toucher, etc. prennent un développement extraordinaire : la perte d'un sens a déterminé l'évolution ascendante de tous les autres. Plus un homme fait d'exercice physique, plus il développe ses membres et moins son cerveau évolue ascensionnellement. Chez les abeilles et les fourmis, plus l'activité musculaire et céré-

---

(1) *Les éléments sociologiques de la morale*, p. 302.

brale s'est accrue et plus la fonction génésique s'est affaiblie, au point que tous les travailleurs sont devenus asexués. Dans tous ces cas, bien loin de constater aucune solidarité entre les organes, nous observons un véritable antagonisme.

Dans les sociétés animales et humaines, ce n'est pas non plus la solidarité, mais l'antagonisme que nous révèle l'observation. Est-ce qu'il n'a pas existé toujours et partout une lutte extrêmement âpre entre les individus, entre les familles et entre les classes d'une même société, ainsi qu'entre les diverses sociétés? Peut-on espérer que ces luttes auront une fin? Peut-on même désirer qu'elles se terminent? Ne sait-on pas que l'égoïsme d'où elles résultent est indispensable au progrès et qu'elles-mêmes en constituent un élément nécessaire?

Les solidaristes les plus ardents ne pouvaient méconnaître ces vérités; aussi ont-ils cherché ailleurs que dans l'observation de la nature la source de ce qu'ils nomment le « devoir de solidarité. » M. A. Fouillée se borne à affirmer que tout membre d'un corps social « *doit* rationnellement contribuer au bien commun. » M. Léon Bourgeois, fidèle à la doctrine de Kant, voit la source de ce devoir dans la raison : « L'idée du bien et du mal, dit-il, est en soi une idée irréductible; c'est un fait premier, un attribut essentiel de l'humanité. Chez tout homme se retrouvent cette notion abstraite du devoir, cette nécessité, ressentie et consentie, d'obéir, suivant l'expression de Kant « à « une loi par respect pour la loi. » (1) Le *devoir* d'un homme qui vit en société est de se considérer comme « un débiteur envers elle. Là est la base de ses devoirs, la charge de sa liberté!... L'obéissance au devoir social n'est que l'acceptation d'une charge en échange d'un profit. C'est la reconnaissance d'une dette. C'est cette idée de la dette de l'homme envers les autres hommes qui, donnant en réalité et en morale le fondement du *devoir social*, donne en même temps à la liberté, au droit individuel, son véritable caractère et, par là même, ses limites et ses garanties. » (2)

(1) *Solidarité*, p. 73.
(2) *Ibid.*, pp. 101-102.

Les solidaristes ne peuvent ignorer qu'il leur est impossible d'établir scientifiquement l'existence de la dette attribuée par eux à chaque membre de la société envers la société tout entière. Pour que cette dette existât réellement, en effet, pour qu'en arrivant au monde l'individu humain dût quelque chose aux autres hommes, il faudrait qu'il eût demandé à être conçu et à naître, ce qui est impossible; il faudrait aussi qu'il eût sollicité quelque avantage de la société dans laquelle il va entrer, ce qui est également impossible. Il est évident que celui-là ne doit rien à personne qui n'a rien demandé à personne; or, c'est le cas de tout homme en arrivant au monde. Afin d'échapper à cette difficulté, les solidaristes imaginent que tous les membres du corps social seraient liés les uns aux autres par ce qu'ils appellent un « quasi-contrat » ou « contrat rétroactivement consenti. » (1) Il suffirait de naître en Allemagne, en Russie ou en France, pour être considéré comme ayant signé un contrat avec tous les Allemands, les Russes ou les Français; il suffirait même d'apparaître sur notre globe, pour être signataire d'un engagement envers tous les habitants de ce globe. Il y a là encore une conception d'ordre purement métaphysique, par laquelle on ne fait que reculer la difficulté sans la résoudre. Il reste toujours à établir, par l'observation, l'existence des prétendues obligations, du soi-disant devoir que chaque homme contracterait envers les autres hommes par le seul fait de naître.

En somme, après s'être efforcés vainement de donner une base scientifique à leur doctrine, les solidaristes ont, d'une part, versé dans la métaphysique de Kant et sont revenus, d'autre part, à la conception purement sentimentale de Pierre Leroux : ils remplacent, comme lui, « la charité du christianisme par la solidarité humaine. »

---

(1) *Solidarité*, p. 133.

§ II

Les doctrines morales épicuriennes et évolutionnistes

Parallèlement aux écoles métaphysiciennes, il s'est développé, dès l'antiquité grecque, d'autres écoles de moralistes qui se sont efforcées de chercher les sources de la morale dans la nature même. Epicure en fut, sinon le premier, du moins le plus illustre représentant.

a) *La doctrine morale d'Epicure*

Epicure et son école croyaient aux dieux ou, du moins, le proclamaient, mais il les considéraient comme matériels et indifférents aux choses du monde. « Ils se suffisent, disait Lucrèce, par leurs propres ressources ; n'ayant nul besoin de nous, ils ne se laissent pas prendre par les services et ne sont pas sensibles à l'outrage. » (1) Les âmes, à ses yeux, ne sont pas moins matérielles que les dieux; elles sont soumises comme le corps, « aux lois de la naissance et de la mort. » (2) Après cette dernière, les atomes qui les composent retournent, comme ceux des corps, dans la masse matérielle d'où elles étaient sorties et l'homme n'ayant, par suite, à s'inquiéter ni des enfers, ni des élysées, n'a aucun motif de redouter la mort. « Ces terreurs de notre esprit, ces ténèbres qui nous effraient, ce ne sont pas les rayons du soleil ni les traits éclatants du jour qui doivent les dissiper, mais le spectacle de la nature et la philosophie. » (3)

D'après Epicure, la nature nous enseigne que le plaisir est la fin et le but de la vie. « Il faut bien, disait-il, que la fin soit pour tous les êtres le plaisir, car à peine sont-ils nés que déjà, par nature et indépendamment de la raison, ils se plaisent dans la jouissance, ils se révoltent

---

(1) Lucrèce, *De la nature*, l. II, v. 645 et suiv.
(2) *Ibid.*, l. III, v. 418.
(3) *Ibid.*, l. III, v. 90 et suiv.

contre la peine. » (1) Et s'ils agissent ainsi, c'est en raison de leurs qualités naturelles, « car la nature seule doit juger de ce qui est conforme ou contraire à la nature. » (2) La nature indique très nettement que le plaisir seul est conforme à la nature ; c'est donc le plaisir qui est la fin de la vie. Il est aussi le vrai bien. « En vérité, dit Epicure, je ne sais comment je pourrais concevoir le bien si j'en retranchais les plaisirs. » (3) Il dit encore du plaisir : « Nous savons qu'il est le bien premier et naturel ; si nous choisissons ou repoussons quelque chose, c'est à cause du plaisir ; nous courons à sa rencontre, discernant tout bien par la sensation comme règle. » (4) Ce que l'on appelle la vertu ne mérite véritablement ce nom que si l'on y trouve du plaisir. « Sans le plaisir, les vertus ne seraient plus ni louables ni désirables. » (5) Il disait encore : « Il faut priser l'honnête, les vertus et les autres choses telles, si elles procurent du plaisir ; si elles n'en procuraient pas, il faudrait leur dire adieu. » (6)

Aux yeux d'Epicure, la source de la morale est donc dans le plaisir ; non, comme ses contempteurs l'ont prétendu, dans la volupté grossière que l'on peut se procurer en s'abandonnant à ses passions, mais dans la *satisfaction des besoins naturels*. « Mon corps est saturé de plaisir, avait-il coutume de dire, quand j'ai du pain et de l'eau, » c'est-à-dire lorsque j'ai de quoi satisfaire le besoin naturel de la nutrition. Sur la porte des jardins d'Epicure, a écrit Sénèque (7), on voyait cette inscription : « Passant, voici l'heureux séjour où la volupté est le souverain bien ; » mais dans le jardin même, on ne vous sert que de la farine détrempée et de l'eau ; on apaise la faim, on ne l'irrite pas ; on éteint la soif, on ne l'allume pas avec des boissons agréables ; on y considère comme un bien la satisfaction des besoins de reproduction, mais on ne la provoque point par des excitations artificielles. Aux yeux d'Epicure, le

(1) Voy. GUYAU, *La morale d'Epicure*, p. 21. (F. Alcan.)
(2) *Ibid.*, p. 22.
(3) *Ibid.*, p. 24.
(4) *Ibid.*, p. 25.
(5) *Ibid.*, p. 26.
(6) *Ibid.*, p. 26.
(7) *Lettres à Lucilius*, XXI.

besoin naturel seul est dans les fins de la nature et peut seul procurer le véritable plaisir, — ce plaisir qu'il considère comme la seule source et la seule sanction de la vertu.

L'honnête homme borne ses désirs à la satisfaction des besoins naturels : il refoule tous les autres comme contraire « aux fins de la nature. » Le désir des triomphes, des couronnes, de l'immortalité elle-même est écarté comme ne répondant pas à un besoin de la nature.

Comment reconnaît-on, dans la doctrine épicurienne, qu'un besoin est naturel et doit être satisfait ou qu'il n'est point conforme à la nature et doit être étouffé ? A la qualité de la sensation éprouvée : si la satisfaction de ce que l'on a pris pour un besoin est suivie d'un plaisir, c'est que ce besoin est conforme à la nature ; si elle est suivie d'une souffrance, c'est qu'il ne s'agissait pas d'un besoin naturel.

Cependant, il est possible de prendre pour un plaisir ce qui n'est, en réalité, qu'une souffrance et il faut se prémunir contre de pareilles erreurs ; on y parvient avec l'aide de la philosophie. « De même, disait Epicure (1), que nous n'approuvons pas la science des médecins pour elle-même, mais pour la santé ; de même que nous ne louons pas l'art de tenir le gouvernail pour lui-même, mais pour son utilité ; ainsi la sagesse, cet art de la vie, si elle ne servait à rien, ne serait point désirée ; si on la désire, c'est qu'elle est, pour ainsi dire, l'artisan du plaisir que nous recherchons et voulons nous procurer. » Et il définit la philosophie : « une énergie qui procure, par des discours et des raisonnements, la vie bienheureuse. » (2)

Par la recherche exclusive du plaisir, c'est-à-dire d'une sensation tout à fait personnelle, les épicuriens paraissaient n'être que de purs égoïstes. Cependant, il n'en était rien. Epicure fut profondément altruiste ; mais c'est encore dans le plaisir qu'il plaçait la source de l'altruisme. A propos de l'amitié, il disait : « De tous les biens que la sagesse prépare en vue du bonheur de la vie, le plus grand, de

---

(1) Voy. GUYAU, *loc. cit.*, p. 28.
(2) *Ibid.*, p. 28.

beaucoup, c'est l'acquisition de l'amitié (1)... Sans l'amitié nous ne pouvons, en aucune manière, posséder un bonheur solide et durable ; mais nous ne pouvons conserver l'amitié si nous n'aimons pas nos amis comme nous-mêmes ; donc, ce résultat se produit dans l'amitié, et ainsi l'amitié se lie étroitement avec le plaisir. Nous jouissons de la joie de nos amis comme de la nôtre, et semblablement nous souffrons de leurs douleurs (2)... Le sage aura toujours pour ses amis les mêmes sentiments que pour lui-même ; et toutes les peines qu'il prendrait pour se procurer à lui-même du plaisir, il les prendra pour en procurer à son ami (3)... Il est plus agréable de faire du bien que d'en recevoir (4)... Le sage donnera, s'il le faut, sa vie pour son ami. » (5) Allant dans cette voie, plus loin encore que sa doctrine, il avait fini, d'après Cicéron, par concevoir l'amitié en dehors de tout plaisir personnel : « Lorsque le progrès de l'habitude a fini par produire l'intimité, alors l'amour s'épanouit à ce point qu'on chérit ses amis uniquement pour eux-mêmes, sans retirer aucun profit de l'amitié. » (6)

Les épicuriens avaient transporté dans la pratique de la vie les idées altruistes de leur chef d'école : ils entretenaient les uns avec les autres des relations fréquentes, avaient des repas communs, se secouraient et célébraient chaque année une fête en l'honneur d'Epicure.

Appliquant à l'humanité entière son altruisme, Epicure admettait un « droit naturel » dont il disait : « Le droit naturel n'est autre chose qu'un pacte d'utilité dont l'objet est que nous ne nous lésions point réciproquement et que nous ne soyons pas lésés. » (7) Il y avait dans ces quelques lignes tout le fondement des doctrines morales modernes qui se réclament de l'utilitarisme ou de la solidarité.

Par une singulière contradiction avec leur conception

---

(1) Voy. Guyau, p. 131.
(2) *Ibid.*, p. 133.
(3) *Ibid*, p. 133.
(4) *Ibid.*, p. 133.
(5) *Ibid.*, p. 135.
(6) *Ibid.*, p. 139.
(7) *Ibid.*, p. 146.

toute matérialiste des dieux et de l'âme, les disciples d'Epicure admettaient l'existence du libre arbitre et l'attribuaient même aux atomes (1). Par ce point de leur doctrine ils se rapprochaient des métaphysiciens.

L'épicurisme obtint dans l'antiquité de très grands succès. Epicure lui-même eut des statues dans Athènes, après sa mort. A Rome, sa doctrine fut professée par des hommes tels que Lucrèce, Diogène-Laërte, Pline le naturaliste, Horace, César, etc. Elle disparut à mesure que le christianisme s'étendit. Elle était, d'ailleurs, trop scientifique et trop dédaigneuse des cultes païens pour obtenir les suffrages de la foule (2). Ce fut la doctrine d'une élite intellectuelle.

b) L'épicurisme en France

En France, dès le début du xvie siècle, l'épicurisme eut pour restaurateur Montaigne et pour propagateurs

(1) D'après Lucrèce, les atomes qui composent l'âme de l'homme jouissent, comme ceux de toutes les autres parties de l'univers, d'une propriété de « déclinaison » qui les porte à ne pas suivre la verticale et à se rencontrer, se choquer en produisant des mouvements (*Livre II*, vers 222 et suiv.). Puis, il pose la question suivante : « Si tout n'est qu'un enchaînement perpétuel de mouvements ; si celui qui se termine en engendre un autre dans un ordre prescrit; si les atomes, par leur déclinaison, ne donnent point origine à un mouvement qui rompe la chaîne de la fatalité, de façon que les causes ne forment pas une succession sans fin; d'où naît donc, sur la terre, cette liberté dont jouissent les êtres animés? D'où vient cette puissance affranchie du destin, grâce à laquelle chacun de nous va où sa volonté le conduit? D'où vient que nous pouvons aussi modifier au gré de nos désirs le temps et la direction de nos mouvements? Car, sans aucun doute, notre volonté est le principe de ces actions; et c'est elle qui fait ainsi couler le mouvement dans nos membres ». Après avoir ainsi affirmé la liberté, au lieu d'en démontrer l'existence, il ajoute : « ... le mouvement prend naissance dans le cœur et commence suivant la volonté de l'esprit; de là, il se propage dans tout le corps et dans tous les membres... Bien qu'on puisse être souvent poussé par une force étrangère et contraint de se déplacer, ou même qu'on soit lancé en avant ou entraîné, il y a cependant au fond de notre cœur une puissance capable de lutter et de s'opposer au mouvement : et il dépend d'elle, tantôt de diriger le cours des atomes dans toutes les parties de notre corps, tantôt d'en ralentir l'impétuosité et de les ramener en arrière. Tu ne peux donc nier qu'il existe aussi dans les corps premiers, une cause de mouvement indépendante des chocs et de la pesanteur, et à laquelle nous devons cette faculté innée ; car nous voyons que rien ne peut venir de rien. » Il est, en un mot, conduit à doter les « corps premiers », c'est-à-dire les atomes, d'une véritable volonté, d'un véritable libre arbitre, afin d'expliquer celui qu'il admet dans l'homme et dont il croit nécessaire d'en pourvoir ce dernier afin qu'il puisse, non seulement rechercher le plaisir, mais encore choisir les plaisirs véritables que procure la satisfaction des besoins naturels et les faux plaisirs que les passions engendrent.

(2) « Le nom d'épicuriens, dans les pays superstitieux, était synonyme de maudit. Comme celui de chrétien, il faisait courir risque de la vie, ou du moins mettait un homme au ban de la société. » (Ernest RENAN, *L'Eglise chrétienne*. p. 310.)

Magnène de Luxeu, puis Pierre Gassendi, astronome, historien, linguiste, philosophe, et qui, selon le mot très juste de Diderot, « ne fut pas moins attentif à mettre l'honnêteté que la raison de son côté. » (1) Il eut, ajoute Diderot, pour « disciples ou pour sectateurs, plusieurs hommes qui se sont immortalisés, Chapelle, Molière, Bernier, l'abbé de Chaulieu, M. le grand prieur de Vendôme, le marquis de La Fare, le chevalier de Bouillon, le maréchal de Catinat, et plusieurs autres hommes extraordinaires qui, par un contraste de qualités agréables et sublimes, réunissaient en eux l'héroïsme avec la noblesse, le goût de la vertu avec celui du plaisir, les qualités politiques avec les talents littéraires et qui ont formé parmi nous différentes écoles épicuriennes morales. »

Diderot a formulé dans une page admirable sa conception de l'épicurisme : « Combien, dit-il, cette maudite métaphysique fait de fous! Hé, mes amis, que vous importe qu'il y ait ou qu'il n'y ait ni Dieu ni diable, ni anges, ni paradis, ni enfer! Ne savez-vous pas que vous voulez être heureux, que les autres ont le même désir que vous; qu'il n'y a de félicité vraie pour vous que par le besoin que vous avez les uns des autres et que par les secours que vous espérez de vos semblables et qu'ils attendent de vous; que si vous n'êtes pas aimés, estimés, considérés, vous serez méprisés et haïs; et que l'amour, la considération, l'estime sont attachés à la bienfaisance? Soyez donc bienfaisants tandis que vous êtes; et endormez-vous du dernier sommeil, aussi tranquilles sur ce que vous deviendrez que vous l'êtes sur ce que vous étiez il y a quelques centaines d'années. Le monde moral est tellement lié au monde physique, qu'il n'y a guère d'apparence que ce ne soit une seule et même machine. Vous avez été un atome de ce grand tout, le temps vous réduira à un atome de ce grand tout. Chemin faisant, vous aurez passé par une multitude de métamorphoses. De ces métamorphoses, la plus importante est celle sous laquelle vous marchez à deux pieds; la seule qui soit accompagnée de conscience; la seule sous

---

(1) DIDEROT, in *Encyclopédie*, art. Epicuréisme. Voy *Œuvres complètes*, édit. Assézat, t. XIV, p. 526.

laquelle vous constituez, par la mémoire de vos actions successives, un individu qui s'appelle *moi*. Faites que ce *moi*-là soit honoré et respecté, et de lui-même, et de ceux qui coexistent avec lui et de ceux qui viendront après lui. Vous serez bien avec vous si vous êtes bien avec les autres, et réciproquement... » (1)

Diderot, du reste, ne croyait pas au libre arbitre. « Regardez-y de près, dit-il, et vous verrez que le mot liberté est un mot vide de sens; qu'il n'y a point et qu'il ne peut pas y avoir d'êtres libres; que nous ne sommes que ce qui convient à l'ordre général, à l'organisation, à l'éducation et à la chaîne des événements. Voilà ce qui dispose de nous invinciblement. On ne conçoit pas plus qu'un être agisse sans motif, qu'un des bras d'une balance agisse sans l'action d'un poids, et le motif nous est toujours extérieur, étranger, attaché ou par une nature ou par une cause quelconque qui n'est pas nous. Ce qui nous trompe, c'est la prodigieuse variété de nos actions, jointe à l'habitude que nous avons prise tout en naissant de confondre le volontaire avec le libre. Nous avons tant loué, tant repris, nous l'avons été tant de fois, que c'est un préjugé bien vieux que celui de croire que nous et les autres voulons, agissons librement... Mais quoique l'homme bien ou malfaisant ne soit pas libre, l'homme n'en est pas moins un être qu'on modifie... De là les bons effets de l'exemple, des discours, de l'éducation, du plaisir, de la douleur, des grandeurs, de la misère, etc. » (2)

Vers le même temps, d'Holbach (3) écrivait : « Si l'on consultait l'expérience au lieu du préjugé, la médecine fournirait à la morale la clef du cœur humain... Aidés de l'expérience, si nous connaissions les éléments qui font la base du tempérament d'un homme ou du plus grand nombre des individus dont un peuple est composé, nous saurions ce qui leur convient, les lois qui leur sont nécessaires, les institutions qui leur sont utiles... La morale et la politique pourraient retirer du matérialisme des avan-

---

(1) *Dieu et l'homme*, in *Œuvres complètes*, édit. Assézat, t. IV, p. 93.
(2) *Lettres à Landois*, 29 juin 1756. *Œuvres complètes*, édit. Assézat, t. XIX, p. 435.
(3) *Système de la nature*, t. I, p. 183 ; *Syst. soc.*, p. 71.

tages que le dogme de la spiritualité ne leur fournira jamais et auxquels il les empêche même de songer. »

Les actions morales ne sont, aux yeux de ces philosophes, que des résultantes de causes diverses, comme les phénomènes physiques ; l'acte dit bon et l'acte dit mauvais ne sont ainsi définis qu'en raison du milieu social et de l'époque ; ils ne sont susceptibles ni d'être récompensés, ni d'être punis, puisqu'ils sont déterminés par des causes indépendantes de l'individu qui les accomplit.

c) La doctrine morale d'Helvétius

Parmi les philosophes français du XVIII° siècle, Helvétius est le seul qui ait tenté de construire un système complet de morale. Il écarte d'abord nettement, lui aussi, toute idée de libre arbitre. « Nos pensées et nos volontés, dit-il, sont des suites nécessaires des impressions que nous avons reçues. » Et il ajoute fort justement : « un traité philosophique de la liberté morale ne serait qu'un traité des effets sans cause. » (1) Toute action doit être déterminée par une cause. Cette cause, aux yeux d'Helvétius, c'est l'intérêt de celui qui agit. « Si, dit-il, l'univers physique est soumis aux lois du mouvement, l'univers moral ne l'est pas moins à celles de l'intérêt. » (2) L'intérêt, c'est l'amour de soi. Or, « il est aussi impossible à l'homme d'aimer le bien pour le bien que d'aimer le mal pour le mal. Le sentiment de l'amour de soi est la seule base sur laquelle on puisse jeter les fondements d'une morale utile. Les hommes ne sont point méchants, mais soumis à leurs intérêts. Les cris du moraliste ne changeront certainement pas ce ressort de l'univers moral. » (3)

Pour expliquer que l'on fasse des actions utiles aux autres, il dit : « L'homme humain est celui pour qui la vue des malheurs d'autrui est insupportable, et qui, pour s'arracher à ce spectacle, est pour ainsi dire forcé de secourir les malheureux. » En agissant ainsi l'homme

---

(1) *De l'Esprit*, t. I, p. 4.
(2) *Ibid.*, t. II, p. 2.
(3) *Ibid.*, t. II, p. 5.

humain travaille donc en vue de son plaisir et de son intérêt. Pour « l'homme inhumain, au contraire, le spectacle de la misère d'autrui est un spectacle agréable; c'est pour prolonger ses plaisirs qu'il refuse tout secours aux malheureux. Or, ces deux hommes si différents tendent cependant tous deux à leurs plaisirs et sont mus par le même ressort. » C'est donc « uniquement à la manière différente dont l'intérêt personnel se modifie que l'on doit ses vices et ses vertus. » (1)

Il peut se faire, d'ailleurs, que l'homme concilie son intérêt personnel avec l'intérêt général; cela dépend de son caractère. Il est des hommes « auxquels un heureux naturel, un désir vif de la gloire et de l'estime inspirent pour la justice et la vertu le même amour que les hommes ont communément pour les grandeurs et les richesses. Les actions personnellement utiles à ces hommes vertueux sont les actions justes, conformes à l'intérêt général, ou qui, du moins, ne lui sont pas contraires. » (2)

Helvétius avait fort bien compris que l'intérêt particulier n'est jamais dépourvu de relations avec l'intérêt public. « L'intérêt de chaque citoyen, dit-il, est toujours, par quelque lien, attaché à l'intérêt public... Chaque société est mue par deux différentes espèces d'intérêts, le premier, plus faible, lui est commun avec la société générale c'est-à-dire la nation, et le second, plus puissant, lui est absolument particulier. » (3)

Helvétius croyait à la toute-puissance du législateur pour créer la vertu : « Semblable, dit-il, au sculpteur qui, d'un tronc d'arbre, fait un dieu ou un banc, le législateur forme à son gré des gens vertueux, des héros et des génies. » (4)

Il oubliait, en écrivant ces lignes que le législateur en qui réside l'autorité n'est pas toujours capable de distinguer l'utile du nuisible, le bon du mauvais.

---

(1) *De l'Esprit*, t. II, p. 2, note.
(2) *Ibid.*, t. II, p. 2.
(3) *Ibid.*, t. II, p. 8.
(4) *Ibid.*, t. II, p. 22.

d) *Doctrines morales de Bentham et de Stuart Mill*

Le plus illustre des moralistes anglais du xviiie siècle, Bentham, est un épicurien utilitaire. La base de son système moral est indiquée par lui-même de la façon suivante : « J'ai adopté pour guide le principe de l'utilité ; je le suivrai partout où il me conduira. Point de préjugés qui m'obligent à quitter ma voie. » (1) Ce qu'il entend par préjugés, ce sont les idées qui ont cours dans la masse des hommes relativement à ce que l'on appelle les devoirs, la vertu et la conscience.

Le devoir, à ses yeux, s'identifie avec l'intérêt. « Il est fort inutile, dit-il, de parler des devoirs. Le mot même a quelque chose de désagréable et de répulsif. » (2) Du reste « l'intérêt est uni au devoir dans toutes les choses de la vie ; plus on examine ce sujet, plus l'homogénéité du devoir et de l'intérêt paraît évidente… En saine morale, le devoir d'un homme ne saurait jamais consister à faire ce qu'il est de son intérêt de ne pas faire… ; par une juste estimation, il apercevra la coïncidence de ses intérêts et de ses devoirs. » (3)

La conscience est uniquement, pour Bentham, l'opinion favorable ou défavorable qu'un homme conçoit de sa propre conduite.

Quant à la vertu, elle est caractérisée à ses yeux par l'abnégation ou le sacrifice qui accompagne certaines actions ; mais, elle aussi, comporte un calcul d'intérêt. « Lorsque l'homme, dit-il (4), fait le sacrifice de son bonheur au bonheur des autres, ce ne peut être que par un intérêt d'économie ; car si, de manière ou d'autre, il ne retirait pas de plaisir du sacrifice, il ne le ferait pas, il ne pourrait pas le faire. »

De même qu'en faisant un sacrifice on s'assure un plaisir, de même on tient compte de la peine qui pourra suivre un plaisir immédiat. L'ivrogne, par exemple, trouve dans

---
(1) *Déontologie*, II, préf., p. 3.
(2) *Ibid.*, I, p. 16.
(3) *Ibid.*, I, p. 17.
(4) *Ibid.*, I, p. 231.

l'excès de boisson auquel il se livre un plaisir qui constitue le profit de son acte, mais, en regard, il y a la colonne des pertes : indispositions, maladies, affaiblissement de la constitution, temps et argent perdus, chagrin occasionné à ceux qui vous sont chers, défaveur de l'opinion publique, châtiments infligés par la loi, crimes ou délits que peut faire commettre l'ivresse, etc. La colonne des pertes est, en somme, beaucoup plus forte que celle des profits. Le même calcul étant appliqué à toutes les actions, chacun fera la balance des plaisirs et des peines et se comportera en conséquence.

Bentham ne pouvait méconnaître l'utilité qui s'attache aux actes altruistes : « Comment, dit-il, un homme pourra-t-il être heureux, si ce n'est en obtenant l'affection de ceux dont dépend son bonheur ? Et comment pourra-t-il obtenir leur affection, si ce n'est en les convainquant qu'il leur donne la sienne en retour ? Et cette conviction, comment la leur communiquer, si ce n'est en leur portant une affection véritable ? Et si cette affection est vraie, la preuve s'en trouvera dans ses actes et dans ses paroles. » (1)

L'horizon de l'altruisme s'étend, de toute nécessité, avec les relations sociales. « Il n'est presque pas d'individu, dit-il, qui ne soit rattaché à la société générale par quelque lien social plus ou moins fort. Le cercle s'étend, l'intimité se fortifie à mesure que la société s'éclaire. L'intérêt, d'abord renfermé dans la famille, s'étend à la tribu, de la tribu à la province, de la province à la nation, de la nation au genre humain tout entier. » (2) Et « plus on s'éclaire, ajoute-t-il, plus on contracte un esprit de bienveillance générale, parce qu'on voit que les intérêts des hommes se rapprochent par plus de points qu'ils ne se repoussent. » Il dit encore : « La vertu sociale est le sacrifice qu'un homme fait de son propre plaisir pour obtenir, en servant l'intérêt d'autrui, une plus grande somme de plaisir pour lui-même. » (3)

Il signale l'union étroite qui existe entre le bonheur de

---

(1) *Déontologie*, I, p. 27.
(2) *Ibid.*, I, p. 20.
(3) *Ibid.*, I, p. 173.

chaque homme et celui de tous les autres, « car comment obtiendra-t-on le bonheur de tous dans la plus grande proportion possible, si ce n'est à la condition que chacun en obtiendra pour lui-même la plus grande quantité possible ? De quoi se composera la somme du bonheur total, si ce n'est des unités individuelles ? » (1) Et encore : « Si chaque homme agissant avec connaissance de cause de son intérêt individuel, obtenait la plus grande somme de bonheur possible, alors l'humanité arriverait à la suprême félicité, et le but de toute morale, le bonheur universel, serait atteint. » (2)

La sanction de cette morale ne peut résider évidemment que dans les souffrances de diverses sortes occasionnées par la conduite dont le bilan donne une colonne de pertes supérieure à la colonne des profits. Afin de mettre en lumière la nature de cette sanction, Bentham raconte l'histoire de deux apprentis dont l'un a calculé ses actions de manière à en tirer plus de profits que de pertes, tandis que l'autre s'est comporté de manière toute différente : le premier jouit d'un bonheur constant et sans mélange, tandis que l'autre subit une série illimitée de malheurs. Sans contester que les faits puissent se produire de la sorte, et en admettant que la vertu soit toujours récompensée, ce qui est loin d'être démontré par l'histoire générale de l'humanité, la doctrine de Bentham repose tout entière sur la supposition que l'homme agit toujours à la suite d'une délibération attentive de la conséquence de sa conduite et qu'il jouit d'une liberté absolue dans le choix des actes à accomplir. C'en est assez, pour rendre sa doctrine inadmissible.

La même observation s'applique à la doctrine morale de Stuart Mill, car elle aussi repose sur l'utilité ou la nocivité des actions et comporte l'existence du libre choix entre les divers actes que l'homme est susceptible d'accomplir.

---

(1) *Déontologie*, I, p. 26.
(2) *Ibid.*, I, p. 19.

e) Doctrines morales de Darwin et de Herbert Spencer

Ch. Darwin mérite une mention spéciale parce qu'il fut le premier à signaler les rapports qui existent, au point de vue moral, comme à tous les autres, entre l'homme et les animaux. Il rappelle la question de Kant : « Devoir ! d'où tires-tu ton origine ? » et il répond : « La proposition suivante me paraît avoir un haut degré de probabilité : un animal quelconque, doué d'instincts sociaux prononcés, en comprenant, bien entendu, au nombre de ces instincts l'affection des parents pour leurs enfants et celle des enfants pour leurs parents, acquerrait inévitablement un *sens moral* ou une conscience aussitôt que ses facultés intellectuelles se seraient développées aussi complètement ou presque aussi complètement qu'elles le sont chez l'homme. » (1)

Le point de départ de Darwin est dans sa croyance à l'hérédité des instincts et particulièrement à celle d'un « instinct social » qui existerait chez un grand nombre d'animaux comme chez les hommes. De ce prétendu instinct héréditaire, naîtraient des sentiments de sympathie et d'affection qui, dans la suite des générations, donneraient naissance à un « sens moral », lui aussi héréditaire, et qui pourrait exister à un certain degré chez les animaux. « De même, dit-il, que divers animaux possèdent un certain sens du beau, bien qu'ils admirent des objets très différents, de même aussi ils pourraient avoir le sens du bien et du mal, et être conduits par ce sentiment à adopter des lignes de conduite très différentes... Chaque individu, en effet, aurait le sens intime qu'il possède certains instincts plus forts ou plus puissants et d'autres qui le sont moins ; il aurait, en conséquence, à lutter intérieurement pour se décider à suivre telle ou telle impulsion ; il éprouverait un sentiment de satisfaction, de regret, ou même de remords à mesure qu'il comparerait à sa conduite présente ses impressions passées qui se représenteraient

---

(1) *La Descendance de l'homme*, p. 104.

incessamment à son esprit. Dans ce cas, un conseiller intérieur indiquerait à l'animal qu'il aurait mieux fait de suivre une impulsion plutôt qu'une autre. Il comprendrait qu'il aurait dû suivre un direction plutôt qu'une autre, que l'une était bonne et l'autre mauvaise. » (1)

Chez l'homme, ainsi que chez les animaux, « l'instinct social » serait héréditaire ; il en serait de même du « sens moral ; » et l'un et l'autre iraient en s'accentuant de génération en génération. De là résulterait le développement de la morale. « Notre impulsion primordiale pour la vertu, dit-il (2), impulsion provenant directement des instincts sociaux, recevrait un concours puissant de la transmission héréditaire, même partielle, des tendances vertueuses. » Ces tendances « s'impriment d'abord dans l'organisation mentale par l'habitude, par l'instruction et par l'exemple soutenu pendant plusieurs générations dans une même famille ; puis d'une manière accessoire, par le fait que les individus doués de ces vertus ont le mieux réussi dans la lutte pour l'existence. » Il croit aussi à la transmission héréditaire de ce qu'il appelle « les mauvaises tendances ». Si ces deux sortes de tendances sont également transmises par hérédité, il doit nécessairement y avoir lutte entre elles dans l'esprit des hommes. « De même, dit-il (3), qu'il y a quelquefois lutte entre les divers instincts des animaux inférieurs, il n'y a rien d'étonnant à ce qu'il puisse y avoir chez l'homme, une lutte entre ses instincts sociaux et les vertus qui en dérivent, et ses impulsions et ses désirs d'ordre inférieur ; car, par moments, ceux-ci peuvent être les plus énergiques. Cela est d'autant moins étonnant, comme le fait remarquer M. Galton, que l'homme est sorti depuis un temps relativement récent de la période de la barbarie. » Mais « il n'y a pas lieu de craindre que les intérêts sociaux s'affaiblissent chez les générations futures, et nous pouvons même admettre que les habitudes vertueuses croîtront et se fixeront peut-être par l'hérédité. Dans ce cas, la lutte entre nos impulsions

---

(1) *La Descendance de l'homme*, pp. 105-106.
(2) *Ibid.*, p. 133.
(3) *Ibid.*, p. 134.

élevées et nos impulsions inférieures deviendra moins violente et la vertu triomphera. » (1)

En résumé, pour Darwin, le « sens moral, » d'où naît l'idée du devoir, serait le résultat de l'évolution d'instincts sociaux qu'il considère comme héréditaires. Il faudrait donc établir d'abord que l'instinct social, et ce qu'il appelle a les « tendances bonnes ou mauvaises » sont héréditaires, or, aucun fait ne permet de l'admettre. Tous ceux, au contraire, que nous connaissons protestent, ainsi qu'on le verra dans un autre chapitre, contre l'hérédité des instincts et des sentiments.

Quoique Darwin admette l'existence de son prétendu « sens moral » chez les animaux, il pense que l'homme seul » peut être considéré avec certitude comme un être moral. » (2) « Lorsque, dit-il, un chien de Terre-Neuve se jette dans l'eau pour en retirer un enfant,... nous n'appliquons pas le terme « moral » à sa conduite. » Il semble ne pas s'apercevoir que cette proposition est en contradiction formelle avec celle qu'il a émise plus haut. Il est, en réalité, dominé par la théorie kantienne du devoir ; il croit à la toute-puissance de la raison et au libre arbitre. Faisant allusion à l'homme qui est parvenu au degré où « la puissance de raisonnement devient plus lucide » et permet « d'adopter certaines règles de conduite, » il ajoute : « Il peut dire alors, ce que ne saurait faire le sauvage ou le barbare : Je suis le juge suprême de ma propre conduite, » (3) c'est-à-dire je suis *libre* de vouloir ou ne pas vouloir faire telle ou telle action. Il n'y a pas lieu, du reste, de s'étonner que Ch. Darwin admette le libre arbitre, car il croyait aussi à l'existence d'un « créateur, maître de l'univers, » dont il disait qu'il avait attribué « la vie et ses puissances diverses à un petit nombre de formes ou même à une seule » d'où seraient sorties toutes les autres, grâce à la lutte pour l'existence et à la sélection (4).

La doctrine morale de Herbert Spencer est plus nettement évolutionniste, s'il est possible, que celle de Darwin.

---

(1) *La Descendance de l'homme*, p. 135.
(2) *Ibid.*, p. 119.
(3) *Ibid.*, p. 117.
(4) *L'Origine des espèces*, p. 576.

Elle est formulée dans les lignes suivantes : « Si l'univers visible tout entier est soumis à l'évolution, si le système solaire considéré comme formant un tout, si la terre comme partie de ce tout, si la vie en général qui se développe à la surface de la terre, ainsi que celle de chaque organisme individuel, si les phénomènes psychiques manifestés par toutes les créatures, jusqu'aux plus élevées, comme les phénomènes résultant de la réunion de ces créatures les plus parfaites, si tout enfin est soumis aux lois de l'évolution, il faut bien admettre que les phénomènes de conduite produits par ces créatures de l'ordre le plus élevé et qui font l'objet de la morale sont aussi soumis à ces lois. » (1)

Comme Epicure, Herbert Spencer admet que « le plaisir est l'élément essentiel de la moralité, » mais il ajoute que « dans le monde animal tout entier les douleurs sont nécessairement corrélatives des actions nuisibles pour l'organisme, tandis que les plaisirs sont corrélatifs à des actions conduisant au bien-être, » (2) et il estime que « la condition essentielle du développement de l'existence sensible, c'est que les actes agréables soient en même temps des actes favorables au développement de la vie. » (3)

Dans cette doctrine, comme dans celle d'Epicure et dans toutes celles qui en découlent, il y a un point toujours obscur, c'est celui qui est relatif au critérium à l'aide duquel on pourrait reconnaître qu'un plaisir est véritablement utile ou qu'une souffrance est incontestablement nuisible. On trouve, par exemple, souvent, du plaisir à manger plus que ne l'exige la satisfaction physiologique du besoin de nutrition ; or, même sans commettre aucun excès dont on puisse ressentir consciemment les effets, le seul fait de manger plus qu'il n'est nécessaire devient très vite nuisible « au développement de la vie. » Des observations analogues peuvent être présentées au sujet des souffrances. Les anémiques, par exemple, souffrent beaucoup lorsqu'on les contraint de manger de la viande, tandis qu'il leur est

---

(1) *La morale évolutionniste*, p. 53. (F. Alcan.)
(2) *Ibid.*, p. 67.
(3) *Ibid.*, p. 71.

très agréable de manger des salades fortement vinaigrées ; or, il n'est pas douteux que la consommation de la viande leur serait utile au point de vue du « développement de la vie, » tandis que celle des salades leur est plutôt nuisible. Il est donc impossible d'admettre que « les douleurs soient nécessairement corrélatives à des actions nuisibles pour l'organisme, tandis que les plaisirs sont corrélatifs à des actions contribuant au bien-être. »

Herbert Spencer a tenté de résoudre cette difficulté au moyen de ce qu'il appelle *l'intuition morale*. « Absolument, dit-il, comme je crois que l'intuition de l'espace, qui existe chez tout individu vivant, dérive des expériences organisées et consolidées de tous les individus ses ancêtres, qui lui ont transmis leur organisation nerveuse lentement développée,... je crois aussi que les expériences d'utilité (le plaisir étant considéré comme utile et la souffrance comme nuisible), organisées et consolidées à travers toutes les générations passées de la race humaine, ont produit des modifications nerveuses correspondantes, qui, par une transmission et une accumulation continues, sont devenues en nous certaines facultés d'intuition morale, certaines émotions correspondant à la conduite bonne ou mauvaise, qui n'ont aucune base apparente dans les expériences individuelles d'utilité. » (1)

L'« intuition morale » d'Herbert Spencer ne diffère, en somme, que fort peu, on le voit, de la « conscience morale » du christianisme ou de la « raison pratique » de Kant. L'intuition morale n'existe pas plus que l'intuition de l'espace dont Herbert Spencer la rapproche. En venant au monde, l'enfant n'a pas plus l'idée du bien et du mal, de l'utile ou du nuisible, que celle de l'espace, puisqu'il ne possède même pas les organes par lesquels les idées sont produites.

La seule partie du système moral de Spencer qui mérite des éloges sans mélange est celle qui a trait aux rapports de l'égoïsme et de l'altruisme. Mieux qu'aucun de ses prédécesseurs, il a vu que l'égoïsme et l'altruisme sont deux qualités également nécessaires à l'homme, appelées à se

---

(1) *La Morale évolutionniste*, p. 107.

compléter l'une par l'autre, à s'équilibrer et non à se remplacer. Il « est absurde, dit-il, de supposer que l'on puisse arriver au bonheur universel sans que chacun songe à son propre bonheur. » (1) Et il conclut justement : « Il est manifeste qu'un compromis est nécessaire entre l'égoïsme et l'altruisme. Nous sommes forcés de reconnaître combien chacun a raison de s'inquiéter de son propre bien-être... Réciproquement, il est impossible de nier que l'indifférence de chacun pour tous, quand elle arrive à un certain degré, est fatale à la société ; quand elle est encore plus grande, fatale à la famille et enfin à la race. L'égoïsme et l'altruisme sont donc co-essentiels. » (2)

Pour expliquer comment il est possible d'arriver à l'équilibre nécessaire et utile de l'égoïsme et de l'altruisme, H. Spencer admet, à l'exemple d'Épicure, qu'un acte altruiste peut produire autant de plaisir qu'un acte égoïste. L'homme est donc porté vers l'altruisme comme vers l'égoïsme par le plaisir ou, si l'on veut, par l'utilité qu'il en retire, car Spencer confond volontiers l'utilité avec le plaisir.

f) La doctrine morale de Guyau

Le premier philosophe français moderne qui ait tenté d'édifier, sur les bases de l'épicurisme, une doctrine morale complète est Guyau. Son but paraît avoir été de relier les systèmes métaphysiques à ceux des épicuriens (3) ; mais, à l'exemple des métaphysiciens, il fonda sa doctrine sur des considérations tirées plutôt de ce qui se passe dans l'intimité de l'être humain, que des relations entretenues par les hommes les uns avec les autres.

Il semble admettre l'existence chez l'homme d'une sorte de principe assez analogue à celui que l'ancienne école médicale de Montpellier appelait le « principe vital. » « Il y a en nous, dit-il (4), une force accumulée qui

---

(1) *La morale évolutionniste*, p. 195.
(2) *Ibid.*, p. 203.
(3) Voy. *Esquisse d'une morale sans obligation ni sanction.* (F. Alcan.)
(4) *Ibid.*, p. 90.

demande à se dépenser; quand la dépense en est entravée par quelque obstacle, cette force devient désir ou aversion; quand le désir est satisfait, il y a plaisir, quand il est contrarié, il y a peine; mais il n'en résulte pas que l'activité emmagasinée se déploie uniquement en *vue* d'un plaisir, avec un plaisir pour *motif;* la vie se déploie et s'exerce parce qu'elle est la vie. »

Il fait découler de ce qui précède sa conception du devoir : « Le devoir, dit-il, se ramènera à la conscience d'une certaine *puissance* intérieure, de nature supérieure à toutes les autres puissances. Sentir intérieurement ce qu'on est *capable* de faire de plus grand, c'est par là même prendre la première conscience de ce qu'on a le *devoir* de faire. » (1)

La même conception le conduit à ce qu'il appelle les « sentiments-forces, » au sujet desquels il écrit : « Toute habitude engendre une certaine règle personnelle : l'acte accompli sans résistance dans le passé devient un type pour l'action à venir. L'habitude, en effet, est une force ayant une certaine direction donnée d'avance; elle est donc le centre d'un système d'actions et de sensations, et il lui suffit de prendre conscience de soi pour devenir un sentiment actif et déterminant : c'est un *sentiment-force.* » (2)

Du sentiment-force résulterait ce qu'il appelle « l'instinct moral et social, » dont il dit que « sous sa forme primitive et tout à fait élémentaire, il est une expansion qui a presque la soudaineté d'un réflexe, une ...*impulsion* spontanée, un déploiement soudain de la vie intérieure vers autrui. » Il ajoute : « Aussi est-ce chez les animaux surtout qu'il faut, avec Darwin, prendre sur le fait l'impulsion morale et sociale. » Puis, il cite (3) l'exemple de ce babouin qui, voyant un jeune singe de six mois environ par les chiens et dans une situation désespérée, « redescend la montagne, se jette au milieu de la meute dans un véritable coup de folie, lui arrache le jeune singe et réussit à l'emporter en triomphe. » La préoccupation

---
(1) Voy. *Esquisse d'une morale sans obligation ni sanction*, p. 106.
(2) GUYAU, *Education et hérédité*, p. 37. (F. Alcan.)
(3) *Ibid.*, p. 39.

constante qu'a Guyau d'attribuer à des forces purement intérieures le plus grand nombre sinon la totalité des actes d'ordre moral lui fait commettre ici une grave erreur. Le babouin qui se précipite au milieu des chiens pour leur arracher un de ses semblables obéit, non pas à une « impulsion morale et sociale » d'ordre métaphysique, mais à un sentiment affectif né de la vie sociale. L'attachement qu'il a pour un être avec lequel il vit constamment, le pousse à négliger le souci de son propre intérêt pour tenter de l'arracher aux chiens ; entre le plaisir qu'il aurait à se sauver et le plaisir de conserver un compagnon, il est déterminé par le second.

Guyau ne veut, du reste, voir de moralité que là où existe « le sentiment de la peine, de la résistance à vaincre. » Il admet que, dans l'humanité, « le premier acte de moralité fut la peine supportée avec intention ; » mais il choisit fort mal ses preuves, car il voit une « peine supportée avec intention » dans l'acte par lequel l'homme primitif, qu'il considère à tort comme « incapable de tout travail, de toute tension de la volonté qui n'est pas une détente mécanique produite par un besoin momentané, incapable enfin de toute attention de l'intelligence, » se construisit une hutte (1). Il paraît ignorer que l'homme auquel il fait allusion n'est ni incapable de toute tension de la volonté, ni incapable de toute attention. Ce serait ramener l'homme au-dessous du plus inférieur des animaux. Il ne voit pas, d'autre part, que cet homme n'aurait fait aucun effort s'il n'en avait pas attendu un plaisir. Le primitif a conçu l'idée de se construire une hutte en s'abritant sous les branches d'un arbre pour se préserver du soleil ou de la pluie. Ayant constaté l'efficacité de cet abri, il résolut d'en construire un semblable. Cette idée lui étant venue, il éprouva du plaisir à casser les branches, à les assembler, à les rapprocher les unes des autres en les plantant dans la terre comme le sont les arbres, en les entrecroisant au-dessus de sa tête jusqu'à ce qu'il se fût fait un abri artificiel, analogue à celui de l'arbre. Le travail qu'il

(1) *Education et hérédité*, p. 48.

exécute pour construire cet abri comporte un plaisir assez grand pour compenser et au delà l'effort physique nécessité. Quant à la peine, on n'en voit pas.

Guyau est davantage dans le vrai lorsqu'il trace le tableau des phénomènes par lesquels l'homme vivant en société arrive à se faire une morale conforme à celle de son milieu : « Comme nous vivons en société, dit-il (1), nous concevons plus ou moins distinctement un type social normal, » et nous voulons devenir conformes à ce type. « Il y a quelque chose de choquant pour la pensée comme pour la sensibilité à être une monstruosité, à ne pas se sentir en harmonie avec tous les autres êtres, à ne pouvoir se mirer en eux ou les retrouver en soi-même. » (2)

Ce sentiment serait, d'après Guyau, la source du remords. « Le remords se ramène, dit-il, à un regret, le regret d'être inférieur à son propre idéal, d'être anormal et plus ou moins monstrueux. » (3) Ces idées sont justes au fond ; mais pour qu'elles soient entièrement conformes aux faits, il faut ajouter que « le type social normal » varie avec chaque homme et d'après le milieu dans lequel il vit. Parmi les voleurs de profession, celui qui ne volerait pas se considérerait comme un monstre ; parmi les cannibales, on rougirait de ne pas manger de la chair humaine. Si le remords est constitué par le regret de ne pas ressembler au milieu social dans lequel vit chaque individu, tout homme convenablement adapté à son milieu social éprouvera des remords pour chacun de ses actes qui ne sera pas semblable à ceux dont son milieu est coutumier : l'homme vivant dans un milieu où l'on respecte le bien d'autrui, éprouvera du remords s'il lui arrive de voler ; par contre, un autre homme vivant dans un milieu où le vol est coutumier, aura du remords s'il lui arrive de laisser passer une bonne occasion de voler, sans en profiter.

Guyau se rapproche des écoles matérialistes sur la question du libre arbitre. « La liberté, dit-il, consiste dans la délibération... Etre libre, c'est avoir délibéré ; avoir

---

(1) *Education et hérédité*, p. 54.
(2) *Ibid.*, p. 55.
(3) *Ibid.*, p. 55.

délibéré, c'est s'être *soumis*, avoir été *déterminé* par des motifs rationnels ou paraissant tels. » (1) Il recherche ensuite pourquoi nous croyons au libre arbitre et il nous compare, non sans raison, tour à tour, à « un poisson enfermé dans un bocal de verre, mais qui serait perpétuellement attiré au centre du bocal par quelque friandise où toute autre raison, ne se ferait nullement l'idée qu'il est sous verre, » et à « un chien tenu en laisse par son maître, mais dont le maître désirerait précisément aller partout où va son chien et aussi vite que lui. » Le poisson et le chien, dans ces conditions, auraient évidemment l'idée qu'ils sont libres. Puis il ajoute : « Comment donc ne nous croirions-nous pas libres, nous qui sommes dans une position infiniment supérieure à celle du chien ou du poisson? En effet, personne ne nous tient en laisse ou en prison; notre esclavage ne consiste qu'à faire précisément tout ce qui nous semble préférable?... Nous n'obéissons qu'à nos préférences;... nous ne pouvons jamais concevoir une action comme impossible, puisque la simple conception la rend possible; nous sommes donc nécessairement libres à nos propres yeux;... ainsi se produit l'illusion du libre arbitre. » (2)

N'admettant pas le libre arbitre, Guyau ne pouvait admettre ce que l'on appelle « la sanction morale. » Après avoir critiqué les diverses sortes de sanctions adoptées par les législateurs, les religions et les systèmes divers de morale, il écrit : « De même que la vie se fait son obligation d'agir, elle se fait aussi sa sanction par son action même, car en agissant, elle jouit de soi; en agissant moins, elle jouit moins; en agissant davantage elle jouit davantage ; même en donnant, la vie se retrouve, même en mourant, elle a conscience de sa plénitude qui reparaîtra ailleurs indestructible sous d'autres formes, puisque dans le monde rien ne se perd. » (3)

En résumé, la doctrine morale de Guyau est fille très légitime de celle d'Epicure, puisqu'elle ne fait intervenir

---
(1) *Education et hérédité*, p. 44.
(2) *Ibid.*, p. 45.
(3) *Esquisse d'une morale sans obligation ni sanction*, p. 250.

dans la détermination des actes humains aucune cause surnaturelle, mais elle a le grave défaut de vouloir imposer à la science les procédés de raisonnement et la langue de la métaphysique.

g) *Les idées morales de Letourneau, E. Véron et Yves Guyot*

Parmi les moralistes français modernes qui méritent plus particulièrement l'épithète d'évolutionnistes, une mention particulière doit être accordée à Letourneau, à Eugène Véron et à M. Yves Guyot.

Letourneau s'est attaché particulièrement à étudier les manifestations d'ordre moral dans les diverses sociétés humaines, en partant des plus primitives pour s'élever graduellement jusqu'aux plus civilisées. Il a réuni des éléments en vue d'une doctrine morale, plutôt qu'il n'a tenté d'en édifier une.

Du reste, en admettant avec Darwin l'hérédité des instincts et des sentiments, il a introduit dans son étude des éléments qui en faussent à beaucoup d'égards les conclusions, car il semble supposer que l'on pourra, par la seule hérédité, créer l'évolution ascendante de la moralité chez tous les hommes.

Résumant ses observations sur l'évolution morale de l'humanité, il écrit : « L'éthique, nous l'avons prouvé à satiété, est diverse suivant les lieux et les âges ; toujours aussi elle tend spontanément à s'améliorer ; car les peuples à morale inférieure, c'est-à-dire nuisible au corps social, sont, par cela même, moins bien armés que leurs rivaux et ont chance de disparaître. Mais, au sein d'un groupe ethnique quelconque, un individu est réputé moral, quand il est en harmonie à peu près parfaite avec les conditions que lui fait le milieu social. Si jamais l'on arrive à un type social parfait, c'est-à-dire réalisant la plus grande somme possible de bonheur, la morale pourra se fixer plus solidement et, avec le temps, il se formera peut-être des hommes si bien dressés moralement, que ne connaissant plus les conflits intimes et tragiques entre le devoir et le désir, dont notre conscience est si fréquemment le théâtre, ils n'auraient plus qu'à se laisser vivre dans une existence aussi complète que possible. Plus parfaits que leurs devanciers, ils ne seront plus assujettis, comme eux, à cent contraintes politiques, légales, religieuses; ils accompliront d'instinct (1), à la manière des fourmis, des actes de vertu, de dévouement, qui, aujourd'hui, nous semblent héroïques. » Après avoir noté la décadence des morales religieuses et métaphysiques, il conclut : « Le but de la morale future sera uniquement de formuler des règles, de créer des penchants compatibles avec la plus grande somme de bonheur public et privé, c'est-à-dire de rendre l'homme plus robuste, meilleur et plus intelligent. Tout ce qui pourra concourir à cette œuvre sera moral; tout ce qui y contredira sera réputé immoral. Déjà, nous voyons poindre la nouvelle éthique. » (2)

Eugène Véron résumait dans les lignes suivantes un ouvrage conçu d'après les mêmes idées que celles de Bentham, de Stuart Mill et de Herbert Spencer. « L'homme trouve son plaisir dans la satisfaction de ses besoins. Aussi le besoin est-il la source de toute activité. Mais ces besoins sont de natures différentes : les uns se rapportent spécialement à la vie physique; les autres à la vie cérébrale. Les premiers sont surtout développés chez l'individu isolé; les seconds, chez l'homme vivant en société. La prédominance passe des premiers aux seconds à mesure que l'homme social se développe, et cette prédominance coïncide régulièrement avec un accroissement du bonheur général. Donc, si le but de l'homme est d'assurer son bonheur, il ne doit pas simplement chercher la satisfaction de ses besoins, mais chercher surtout celle des besoins que produisent les jouissances les plus durables, les plus élevées et les plus générales. Ces besoins sont les besoins sociaux et intellectuels. C'est précisément dans le sens de cette progression que se produit l'évolution

---

(1) On voit que Letourneau admettait, à l'exemple de Darwin, l'hérédité des instincts : cette première erreur le conduit à une seconde : celle d'une morale héréditaire et purement automatique.

(2) LETOURNEAU, L'Evolution de la morale. pp. 458 et suiv.

des sociétés humaines. La preuve en ressort avec une évidence indiscutable de la comparaison de la vie sauvage à la vie civilisée, et des civilisations commençantes aux civilisations plus avancées. » (1)

M. Yves Guyot, à la fin d'un livre qui est surtout une critique acérée de divers systèmes de morale, résume dans une page très suggestive ce qu'il appelle l'idéal de bonheur. Elle doit trouver ici sa place : « Ton idéal de bonheur, il t'est indiqué par tous les naturalistes qui ont étudié l'évolution des organismes ; il obéit à la même loi que le chêne qui, dans les forêts, pousse tout droit pour arriver jusqu'à la lumière ; il obéit à la même loi que l'animal livré à lui-même : c'est le maximum de développement dont ton organisme est susceptible. Au lieu d'avoir un levier extérieur : Dieu, diable, paradis, purgatoire, enfer, j'ai un levier interne. Ce n'est pas l'impératif catégorique de Kant. C'est l'énergie accumulée... L'homme élevé ainsi, régi par la méthode scientifique, sait qu'il y a des lois qu'il ne peut violer, qu'il ne peut ni faire marcher le soleil, ni arrêter la lune, ni commander à des esprits qui n'existent pas. Il a enfin des habitudes intellectuelles qui le ramèneront forcément à la réalité, tandis que les habitudes religieuses et métaphysiques l'en éloignent... Un homme qui ne s'emporte pas sur une lubie, sur un on dit, et dont l'imagination ne s'envole pas sur tous les bruits qui circulent ; qui n'a aucune prédisposition à tomber dans le délire de la persécution et, par conséquent, dont on n'a pas à craindre des attaques de délire persécuteur ; qui, grâce à l'équilibre établi par les méthodes entre ses facultés, examine les rapports multiples et complexes des situations, ne se laisse point entraîner par des antipathies ou des sympathies sans cause ; qui comprend la nécessité de la discrétion pour les autres, du moment qu'il la veut pour lui ; qui, par induction, sait se rendre compte qu'il n'est point seul au monde, que les vanités d'apparence sont peu de chose, qu'il n'y a point de supériorité qui place un homme au-dessus de tous les autres ; qui, ayant appris

---

(1) Eugène Véron, La Morale, p. 480.

par expérience que les phénomènes sont complexes, que les vérités sont relatives, ne lance point d'anathèmes contre ceux qui ne partagent pas ses opinions, et ne les considère pas comme des ennemis personnels; qui mesure ses paroles, ses gestes, ses actions, parce qu'il veut éviter tout contre-coup; voilà mon idéal.

« Maintenant, réunissez des hommes de ce type, tous parfaits égoïstes, dénués de tout altruisme (1), et immédiatement, vous trouvez un état social dans lequel il n'y a plus de crimes ni de délits commis par passion; toutes les persécutions religieuses et politiques disparaissent; le gouvernement est parfait, car il n'a rien à faire; les tribunaux sont licenciés, car la prudence a commandé à chacun l'absence d'action dommageable à autrui; en cas de désaccord, tous arrivent à s'entendre, car ils apportent, dans leurs relations, les scrupules de la méthode scientifique; point de gens qui veuillent imposer leur direction aux autres : par conséquent, ni tyrannie, ni révolte; les rapports d'hommes à femmes ne seront ni brutaux ni cruels; point de filles s'abandonnant sans garantie, ni de séducteurs les prenant par hasard, avec l'intention de les rejeter dès qu'elles pourraient devenir une gêne pour eux; les parents n'embrasseront peut-être pas souvent leurs enfants, mais à des emportements de caresses, ils ne feront pas succéder des emportements de colère, et ils ne les détraqueront pas, tantôt en les mangeant de baisers, tantôt en les rouant de coups. Cette société d'égoïstes parfaits ne vaudrait-elle pas la nôtre? » (2)

En résumé, comme on vient de le voir, tous les systèmes de morale qui se rattachent à l'école épicurienne antique ont pour caractère essentiel de ne faire intervenir dans leurs conceptions ni la divinité ni l'âme. Quelques-uns même écartent d'une façon formelle l'idée du libre arbitre. Cela ne les empêche point de formuler une morale tout aussi pure, au point de vue pratique, que celle des religions ou des métaphysiques.

(1) En réalité ces hommes ne seront pas « dénués de tout altruisme » puisqu'ils se sont « rendu compte qu'ils ne sont pas seuls au monde » et que, par conséquent, chacun tient compte des autres hommes.
(2) Yves Guyot, *La Morale*, pp. 230 et suiv.

§ III

DES CONDITIONS AUXQUELLES DOIT RÉPONDRE TOUTE DOCTRINE MORALE SCIENTIFIQUE

Ces doctrines, cependant, n'ont pas encore trouvé place dans les programmes d'enseignement qui servent de base à l'instruction reçue par notre jeunesse. On continue à répandre exclusivement les doctrines religieuses et métaphysiques dans une société qui n'a plus ni la foi ni les aptitudes d'esprit qu'il est indispensable de posséder pour les comprendre. On les enseigne encore dans tous les établissements secondaires de l'Etat et elles figurent dans tous les programmes des examens universitaires, quoique la plupart des maîtres auxquels leur enseignement est confié ne les admettent plus ou ne leur donnent qu'une adhésion plus ou moins limitée.

La persistance d'un enseignement si peu adapté aux idées et aux besoins de la société s'explique par les sympathies qu'il inspire aux membres les plus âgés et les plus influents de l'université, par la crainte que l'on a de mécontenter beaucoup de familles en le supprimant et, enfin, par le caractère des systèmes enseignés. La plupart offrent le grave défaut d'être à peu près exclusivement théoriques et d'emprunter à la métaphysique ses procédés de raisonnement et son langage, mais c'est précisément ce défaut qui les rend chers à une foule de gens.

A une époque où les faits d'observation et d'expérience commencent à être considérés comme devant servir de base à l'instruction de la jeunesse, les doctrines morales ne devraient être édifiées que sur des données expérimentales. Ce qu'il importe de rechercher et d'enseigner, ce n'est pas ce que pourrait être la morale quand l'homme aurait atteint un idéal surhumain, mais ce qu'elle est et ce qu'elle peut être dans des sociétés organisées comme le sont nos sociétés actuelles et avec des hommes de notre temps. Ce qu'il est intéressant d'indiquer à la jeunesse, c'est, d'une part, la manière dont se sont formées les idées dites morales dont l'humanité moderne s'enorgueillit ; c'est, d'autre part, les procédés qu'il convient d'employer pour répandre ces idées, les faire adopter par le plus grand nombre possible d'individus et obtenir qu'elles président à la conduite de tous ceux qui les auront reçues. Ce qu'il importe également d'établir, non par de simples raisonnements plus ou moins métaphysiques, mais par des faits, c'est qu'il est facile aux éducateurs de produire des honnêtes gens sans faire intervenir ni l'idée de la divinité, ni celle de l'âme, ni celle du libre arbitre.

Afin de remplir ce programme, il m'a paru nécessaire de rechercher, d'abord, quelle est l'origine de nos idées, puis comment les idées dites morales se sont formées et de quelle manière elles se sont développées.

Si l'homme est un être purement matériel, il est de toute évidence que les idées et les sentiments dits moraux ne peuvent pas être innés, ne peuvent pas s'être formés avant sa naissance, mais n'ont pu, au contraire, apparaître que postérieurement sous l'influence d'impressions venues du dehors. N'est-il pas, en effet, impossible d'admettre que l'enfant ait de l'affection pour sa mère avant de l'avoir connue, du respect pour la propriété d'autrui avant de savoir qu'il existe d'autres hommes et que ces hommes sont possesseurs d'objets quelconques, de l'attachement pour ses semblables quand il ne sait pas qu'il aura des semblables, des sentiments égoïstes pour lui-même quand il ignore encore sa propre existence, etc.

Obligés d'admettre que les idées dites morales ne se développent, comme toutes les autres, qu'après la naissance et lorsque le cerveau est parvenu à un certain degré d'évolution, la première question que nous avons à résoudre est celle de savoir comment l'enfant acquiert ces idées : lui viennent-elles par l'hérédité ? les reçoit-il seulement par l'instruction et l'exemple, c'est-à-dire par l'éducation ?

Nous serons beaucoup aidés dans cette étude par le fait que les actions d'un très grand nombre d'animaux révèlent l'existence chez eux d'idées analogues à celles que nous qualifions de morales, car chez l'animal ces idées se présentent sous une forme moins complexe que chez l'homme et, par conséquent, sont plus faciles à observer. Nous aurons donc intérêt à étudier les idées morales non seulement chez l'homme parvenu au plus haut degré de moralité, mais aussi dans toute l'échelle des êtres humains, depuis les plus primitifs jusqu'aux plus civilisés, et, plus bas encore, chez les animaux, où elles existent à des degrés divers de développement.

Enfin, comme les idées morales ou autres ne peuvent se développer que sous l'influence des excitations produites sur l'être vivant par le milieu dans lequel il vit, nous devrons prendre pour base de nos recherches, l'étude des relations que les animaux et les hommes entretiennent, soit entre eux, soit avec le milieu dans lequel s'écoule leur existence.

Ces relations étant elles-mêmes déterminées par la nécessité dans laquelle se trouve chaque animal et chaque homme de satisfaire ses besoins, nous devons commencer notre étude par celle des besoins naturels.

C'est seulement en agissant de la sorte, qu'il nous sera possible d'édifier une morale véritablement « naturelle, » c'est-à-dire dégagée de tous les éléments religieux ou métaphysiques qui obscurcissent ou faussent les systèmes étudiés plus haut, et ne reposant que sur des faits d'observation ou d'expérience.

Ayant établi de la sorte la source et les principes de la morale naturelle, il nous sera facile de concevoir la méthode à appliquer pour provoquer l'expansion de ces principes dans nos sociétés.

CHAPITRE II

LES BESOINS PRIMORDIAUX DES ÊTRES VIVANTS ET L'ÉVOLUTION GÉNÉRALE QU'ILS DÉTERMINENT

Se nourrir et se reproduire sont les actes essentiels de tous les êtres vivants, parce qu'ils sont indispensables à l'entretien et à la continuité de la vie.

Par la nutrition, chaque individu augmente sa masse pendant la période de la croissance et la maintient dans des limites déterminées lorsqu'il a cessé de croître.

Par la reproduction, chaque individu donne naissance à un nombre plus ou moins considérable d'individus plus semblables à lui-même qu'à tous les autres.

La nutrition assure l'existence de l'individu. La reproduction assure la persistance de l'espèce.

Les actes de la nutrition et de la reproduction sont provoqués par des phénomènes communs à tous les êtres vivants et qui sont connus sous le non de « besoins. »

A peine né, le jeune animal éprouve un besoin irrésistible de se nourrir; parvenu à une certaine phase de sa croissance, il éprouve le besoin, également irrésistible, de se reproduire.

Lorsque l'activité de la nutrition n'est pas proportionnelle à l'intensité de l'usure qu'entraîne la vie, l'individu dépérit avec plus ou moins de rapidité, puis finit par mourir. Si ce fait se produit chez tous les individus d'une espèce quelconque d'êtres vivants, cette espèce est condamnée à disparaître.

De même, lorsque l'activité de la reproduction n'est pas proportionnelle, dans une espèce déterminée, au nombre et à la puissance des causes de destruction auxquelles cette espèce est exposée, le chiffre des individus qui la composent s'abaisse graduellement, jusqu'à disparition complète de l'espèce.

Les besoins de nutrition et de reproduction sont tellement impérieux, que l'existence de tous les êtres vivants est dominée par eux. Ils sont, d'autre part, si violents, que quand il s'agit de les satisfaire, aucun individu ne tient compte ni des intérêts ni de la vie d'aucun autre individu, ni même de sa propre existence. En eux est la source de toutes les luttes pour l'existence, de toutes les concurrences familiales ou sociales et même de toutes les guerres entre les animaux et les hommes primitifs.

Les organes et les procédés par lesquels les différents animaux satisfont leurs besoins de nutrition et de reproduction sont extrèmement variés, depuis les êtres les plus inférieurs, qui se nourrissent par simple absorption et se multiplient par la division de leur corps en deux parties identiques, jusqu'aux êtres les plus élevés, dans lesquels chaque fonction est accomplie par des organes spéciaux.

§ I

DU BESOIN DE NUTRITION ET DE L'ÉVOLUTION ORGANIQUE QU'IL DÉTERMINE

Soit qu'ils vivent dans l'eau, sur la terre ou dans l'air, tous les êtres vivants se divisent, au point de vue de la nutrition, en deux grands groupes. Le premier, qui est, sans doute, le plus ancien en date sur notre globe, est formé d'organismes qui, grâce à la présence, dans la totalité ou une partie de leurs cellules, d'une matière colorante verte spéciale, la chlorophylle (1), se contentent, pour leur

---

(1) La chlorophylle se présente, dans le protoplasma des cellules végétales, sous la forme de corpuscules arrondis, colorés en vert. Sous l'influence de la lumière solaire, les corpuscules chlorophylliens décomposent l'acide carbonique de l'air atmosphérique, retiennent le carbone et laissent dégager l'oxygène qui revient dans l'atmosphère. Ils déterminent ensuite la combinaison du carbone avec l'oxygène et l'hydrogène de l'eau et avec l'azote des nitrates solubles du sol, pour former d'abord des corps ternaires, surtout de l'amidon,

nutrition, des éléments inorganiques du sol, de l'air ou de l'eau, avec lesquels ils fabriquent les matières organiques destinées à leur accroissement. A ce rameau appartiennent presque toutes les plantes.

Le second est formé d'espèces qui, ne jouissant pas de la même faculté, sont astreintes à ne se nourrir que de matières organiques préalablement formées par les plantes. A ce rameau appartiennent tous les animaux et les plantes dépourvues de chlorophylle, telles que les champignons.

Les plantes vivent, en général, fixées au sol, tandis que la plupart des animaux sont dotés d'organes locomoteurs plus ou moins complexes, qui leur permettent de se déplacer, soit dans l'eau, soit à la surface du sol, soit même dans l'air.

Tous les êtres vivants ont évolué, dans leur ensemble, vers une complexité sans cesse croissante de leur organisme, mais leurs actes les plus essentiels ont toujours été, sont encore et seront toujours la nutrition et la reproduction. Aussi est-ce d'abord sur le perfectionnement des organes nécessaires à la satisfaction de ces besoins que porte l'évolution ascendante de toutes les espèces. Toutefois, ces deux sortes de besoins n'agissent pas avec la même intensité sur l'évolution de l'être vivant. Comme le besoin de nutrition se fait sentir depuis le premier jusqu'au dernier instant de la vie d'une manière incessante, tandis que le besoin de reproduction n'apparaît qu'à un âge déterminé pour s'atténuer et même disparaître à mesure que la vieillesse s'avance, c'est nécessairement le besoin de nutrition qui agit avec le plus d'efficacité.

Chez les végétaux, certains organes, d'abord exclusivement utilisés à la fixation des individus, se sont transformés en racines qui vont puiser dans le sol l'eau et les matières inorganiques tenues par elle en dissolution. En même temps, certaines portions aériennes du corps se

et ensuite des matières quaternaires albuminoïdes qui servent d'aliments à la plante. Celle-ci n'utilise pour sa propre nutrition ni toutes les matières ternaires, ni toutes les matières quaternaires qu'elle fabrique. Une partie de ces matières s'accumule dans ses cellules et y forme des provisions d'aliments organiques pour les animaux.

sont transformées en rameaux et feuilles riches en chlorophylle, tandis que d'autres se différenciaient en organes reproducteurs dont la complexité est allée sans cesse en augmentant.

L'accroissement de la plante étant due à la fabrication et à l'accumulation dans ses tissus de matières organiques, on peut comparer les végétaux à des fabriques et à des magasins de vivres, que les animaux cherchent sans cesse à conquérir pour leur propre alimentation.

Parmi les animaux, quelques-uns se fixent à des plantes et vivent sur elles en parasites. D'autres vont, de plante en plante, à la recherche des aliments divers que celles-ci leur fournissent, et leurs organes locomoteurs se sont développés en proportion de l'importance de leurs mouvements. Chez les insectes et les oiseaux, il s'est formé des ailes pour la locomotion dans l'air, tandis que chez les poissons les membres se sont développés en vue de la natation. Chez les grands quadrupèdes terrestres, les quatre membres ont évolué en vue de la locomotion; mais, chez les carnivores, leurs extrémités peuvent aussi être utilisées à la préhension des aliments, et les doigts sont parfois pourvus de griffes très puissantes qui servent à saisir, retenir et déchirer les proies.

Le tube digestif des animaux qui se nourrissent exclusivement de matières végétales est beaucoup plus complexe que celui des carnivores, ainsi qu'il convient pour des aliments qui, étant peu riches en principes nutritifs, doivent être pris en très grande quantité et subir des transformations nombreuses avant d'être rendus assimilables.

Les organes des sens se développent d'une manière sensiblement différente dans les animaux supérieurs qui vivent exclusivement de végétaux et dans ceux dont la nourriture n'est formée que d'animaux. L'odorat est, d'ordinaire, plus développé chez les seconds où il joue un rôle prépondérant dans la recherche des proies alimentaires. L'ouïe est, au contraire, presque toujours très fine chez les premiers, qui ont surtout besoin d'entendre venir leurs ennemis. La vue est à peu près la même dans les deux groupes ; ils en font également usage pour découvrir les animaux ou les plantes dont ils se nourrissent ; elle acquiert le maximum d'acuité chez les animaux aériens qui, étant doués d'une locomotion très rapide, sont tenus de voir de très loin leurs ennemis ou leurs proies, les premiers pour les éviter, les secondes afin de les atteindre. Le goût et le toucher sont généralement plus développés chez les animaux qui se nourrissent, soit de la chair des autres animaux, soit de fruits juteux ou de plantes succulentes, que chez ceux dont la nourriture est formée de graines sèches, plus reconnaissables par la vue que par le goût ou l'odorat.

§ II

DU BESOIN DE REPRODUCTION ET DE L'ÉVOLUTION ORGANIQUE QU'IL DÉTERMINE

Les organes de locomotion et les organes des sens sont aussi en relation étroite, au point de vue de leur puissance, avec la nature des conditions qui sont imposées par les milieux cosmiques à la reproduction des animaux. Dans toutes les espèces supérieures, les organes mâle et femelle étant portés par des individus différents, il est indispensable que chaque sexe aille à la recherche de l'autre. Plus les individus seront obligés de se déplacer pour trouver leur nourriture et plus il faudra que leurs sens se perfectionnent en vue des recherches sexuelles. Souvent, même, des organes spéciaux ou des odeurs particulières facilitent le rôle des sens utilisés dans ces recherches (1).

---

(1) Le mâle du *Moschus moschiferus* ou chevrotain porte-musc est pourvu, sous le ventre, en avant des organes génitaux, d'une poche dont les parois sécrètent une substance d'abord fluide comme du miel, puis plus ou moins dure, qui exhale une odeur très forte, surtout à l'époque du rut où on peut la sentir de plus d'un kilomètre. Cette odeur sert de guide aux femelles.

Le mâle de la Civette d'Afrique (*Viverra Civetta*) possède également, sous le ventre et dans le voisinage des organes génitaux, une paire de poches dont les parois sécrètent une substance très odorante. Celle-ci tombe d'elle-même, de temps à autre, en petits grumeaux, surtout lorsque l'animal est irrité ou en rut. Pour s'en débarrasser, il frotte souvent les poches qui la contiennent contre des arbres ou des pierres. L'odeur est très forte, attire les femelles et leur permet de suivre la trace du mâle. Chez la plupart des mammifères, l'urine des mâles exhale une odeur beaucoup plus forte que celle des femelles, surtout à

Dans la plupart des espèces d'oiseaux et de mammifères et dans toutes les races humaines, il existe entre les mâles et les femelles des différences extérieures assez marquées pour qu'il soit facile de les distinguer à première vue. Chez les oiseaux, les mâles ont, d'ordinaire, un plumage plus brillant et plus somptueux que celui des femelles; ils offrent aussi, fréquemment, sur la tête, des appendices de formes variées et, aux pattes, des éperons dont ils font grand usage dans leurs combats. Chez certains mammifères, comme le lion, le mâle est pourvu d'une crinière qui manque chez la femelle. Les cerfs, les chevreuils, etc., mâles ont la tête munie de cornes ou de bois plus ou moins développés et dont les femelles sont dépouvues. Dans les races humaines, la face du mâle est ordinairement munie de poils qui manquent chez la femme. Enfin, dans presque toutes les espèces animales et dans toutes les races humaines, le mâle est, en général, plus grand et plus fort que la femelle.

En tenant compte, d'abord, de l'activité circulatoire exceptionnelle et incontestable dont sont le siège tous les organes utilisés par les mâles dans leurs combats pour la conquête des femelles; en s'appuyant, d'autre part, sur le rôle que la fréquence de l'usage joue dans l'évolution des organes, on a tenté d'expliquer par les combats des mâles et par les choix des femelles, l'apparition et le développement de tous les caractères distinctifs des premiers. Par exemple, chez les animaux qui se battent à coups de tête, les heurts subis par les tissus frontaux et l'activité circulatoire qui en est la conséquence seraient les causes déterminantes de la production des bois et des cornes (1).

l'époque du rut. La plupart des femelles exhalent aussi, au moment du rut, par leurs organes génitaux, des odeurs souvent très fortes et qui servent à la fois d'indication et de guide aux mâles. Chez quelques-unes, par exemple chez les chiennes domestiques, il se produit, au moment du rut, des pertes sanguines et muqueuses dont l'effet sur les mâles est à la fois attractif et excitant. A peine est-il utile d'ajouter que ces odeurs servent puissamment à guider les ennemis des animaux qui les exhalent, quelquefois elles servent à écarter le danger, mais plus généralement, utiles à la reproduction, et à la perpétuation de l'espèce, elles sont nuisibles au point de vue de la conservation de la vie de l'individu.

(1) C'est à la coutume qu'ont les ruminants de se battre à coups de tête que Lamarck, le premier, attribua l'apparition des cornes. « Les animaux ruminants, dit-il, ne pouvant employer leurs pieds qu'à les soutenir et ayant peu

Le développement extraordinaire des plumes du cou et de la queue chez les paons, les coqs, les dindons, serait occasionné par la très grande activité circulatoire de ces parties pendant les combats sexuels, etc. La supériorité des mâles en taille et en force résulteraient des efforts faits dans les batailles. Tous ces caractères s'accentueraient ensuite et se perpétueraient par la sélection sexuelle. Par exemple, un paon dont la queue serait plus belle et plus ample que celle de ses semblables obtiendrait, grâce à ce trait de beauté, la préférence des femelles et transmettrait à sa descendance mâle son caractère esthétique. Ce dernier irait sans cesse en s'accentuant de génération en génération, grâce aux faveurs constantes des femelles, tandis que les individus qui en seraient dépourvus disparaîtraient peu à peu. Un raisonnement analogue a été appliqué aux organes dont les mâles se servent comme d'armes en leurs combats, tels que les ergots des coqs, les bois des cerfs et des chevreuils, les cornes des bœufs, etc. Nés de l'activité organique exceptionnelle provoquée dans le front ou dans les pattes par les combats de ces animaux, maintenus et accentués par l'usage, ces organes offensifs se perpétueraient par la sélection sexuelle. Les individus chez lesquels ils sont le plus développés étant les vainqueurs habituels des combats sexuels, seraient assurés, grâce aux choix des femelles, de perpétuer leur race, tandis que les autres, moins bien armés et n'ayant pas les mêmes succès, seraient peu à peu supprimés.

Des objections graves et multiples peuvent être faites à cette théorie. Ce n'est point ici le lieu de les présenter, mais je dois faire une observation générale. Beaucoup de philosophes et même de naturalistes sont trop portés à considérer comme utiles tous les organes dont ils

de force dans leurs mâchoires qui ne sont exercées qu'à couper et broyer l'herbe, ne peuvent se battre qu'à coup de tête, en dirigeant l'un contre l'autre le *vertex* de cette partie. Dans leurs accès de colère qui sont fréquents, surtout entre les mâles, leur sentiment intérieur par ses efforts dirige plus fortement les fluides sur cette partie de leur tête, et il s'y fait une sécrétion de matière cornée dans les uns, et de matière osseuse mélangée de matière cornée dans les autres, qui donne lieu à des protubérances solides : de là l'origine des cornes et des bois, dont la plupart de ces animaux ont la tête armée. » (*Philosophie zoologique*, I, p. 254.)

constatent l'existence chez les animaux ou les végétaux. De ce que le bœuf a des cornes et le coq des ergots, ils concluent trop facilement que ces organes se sont développés parce qu'ils étaient utiles à l'animal et se perpétuent dans la race à cause de leur utilité. Or, en admettant qu'ils se soient développés, comme l'affirmait Lamarck pour les cornes des bœufs, à la suite de l'exagération de la circulation locale, il n'est nullement démontré qu'ils se perpétuent, comme l'affirme Darwin, à cause de leur utilité. On peut bien supposer que, simples monstruosités au début, les cornes se transmettent par l'hérédité tout simplement parce qu'elles existent. Chez les bœufs, les femelles ont des cornes quoiqu'elles ne se battent pas pour la conquête des mâles; chez les chevaux, les ânes, etc., les femelles ont une crinière comme les mâles; chez les pigeons, il y a si peu de différence entre le mâle et la femelle qu'il est impossible de les distinguer, etc. En étudiant la doctrine de Darwin à ce point de vue, on reconnaîtrait, sans doute, un grand nombre d'erreurs occasionnées par des préoccupations d'ordre métaphysique qui devraient toujours être écartées avec soin de l'esprit des naturalistes. Quoi qu'il en soit, une fois acquis, les caractères esthétiques et les armes de combat se transmettent par l'hérédité, d'ordinaire en s'accentuant. Cependant, il y des races de bœufs qui n'ont pas de cornes du tout, d'autres qui ont des cornes tombantes et dépourvues de base osseuse, de sorte qu'elles ne peuvent être d'aucun usage, etc.

Les efforts incessants auxquels tous les animaux sont contraints de se livrer pour satisfaire leurs irrésistibles besoins de nutrition et de reproduction, ont déterminé un développement de leur intelligence proportionné à ces efforts. Chez les animaux et les hommes primitifs, toute l'activité étant concentrée sur la satisfaction des besoins primordiaux, c'est aussi à peu près exclusivement dans ce sens que l'intelligence s'est développée. Il importe, en outre, de noter que les qualités intellectuelles ne sont pas semblables ou, plutôt, ne se développent pas dans les mêmes directions chez les animaux qui se nourrissent exclusivement de plantes et chez ceux qui vivent de la chair des autres animaux. Je reviendrai sur cette question lorsque j'étudierai la formation des idées auxquelles les besoins de nutrition et de reproduction donnent naissance.

§ III

DU BESOIN D'ACTIVITÉ ET DE L'ÉVOLUTION ORGANIQUE QU'IL DÉTERMINE

A côté du besoin de nutrition et de reproduction, il existe chez tous les êtres vivants un autre besoin, plus général que les deux précédents, et qui souvent se confond avec eux : le *besoin d'activité*. La vie étant une forme particulière du mouvement de la matière, ne saurait exister sans se manifester d'une manière incessante et suivant des modes d'autant plus variés que l'organisme est plus complexe. Chez l'homme et les animaux supérieurs, par exemple, le besoin d'activité s'exprime non seulement par les actes ayant pour objet la conservation de l'individu ou celle de l'espèce, mais encore par tous ceux qui ont pour but le déplacement du corps, l'observation des objets extérieurs, la recherche des plaisirs corporels et intellectuels, etc. Les physiologistes ont noté avec raison parmi les besoins de cet ordre : le besoin du mouvement musculaire ou besoin d'exercice, d'où découlent les jeux, les luttes, souvent les pugilats ou les duels, le besoin de respirer, le besoin de parler, le besoin de relations avec les autres êtres, le besoin de faire fonctionner le cerveau ou besoin de penser, de réfléchir, etc.

C'est le besoin d'activité qui pousse les animaux et les hommes à faire la plupart des mouvements ou des actes en apparence dépourvus de but utile, qu'ils accomplissent à chaque instant. C'est aussi, en grande partie, le besoin d'activité qui préside au développement des arts, de la littérature, de la philosophie, de la science et tout particulièrement de la métaphysique. Seul ou confondu avec les deux grands besoins primordiaux de nutrition et de reproduction, il est, en somme, l'inspirateur de tous les actes par lesquels la vie se manifeste. Il joue naturellement, comme les deux autres, un rôle important dans l'évolution des êtres vivants.

C'est au besoin d'activité et aux mouvements incessants qu'il détermine, que l'on peut attribuer, en majeure partie, le développement de la force musculaire, soit chez les animaux soit chez l'homme. Il suffit, pour se rendre compte de son importance à ce point de vue, d'avoir assisté aux jeux des jeunes chiens ou chats, des jeunes chevaux, des oiseaux, etc. Si ces animaux ne faisaient que les mouvements nécessités par les besoins de la nutrition ou de la reproduction, ils n'atteindraient jamais le développement musculaire qui résulte des mouvements très étendus et incessants auxquels ils se livrent pour le simple plaisir d'exercer leur activité. Les faits dont ils nous rendent témoins constituent un argument irréfutable en faveur des exercices physiques chez les enfants, les jeunes gens, les adultes et même les vieillards. Chez ces derniers, la plupart des troubles de la nutrition, caractéristiques de l'arthritisme, du diabète, de l'obésité, etc., sont occasionnés par un ralentissement de la circulation, consécutif au manque ou à l'insuffisance des exercices. Le besoin d'activité étant moins prononcé chez eux que chez les enfants, ils se meuvent moins pour le plaisir de se mouvoir et finissent par ne point se mouvoir assez.

Par contre, il n'est pas rare de constater chez les vieillards instruits une activité cérébrale aussi prononcée, sinon plus grande, que celle des adultes et des jeunes gens. Le cerveau, comme les muscles, se développe sous l'influence de l'exercice qui lui est propre et il devient presque toujours d'autant plus actif que les muscles le sont moins. Chez les jeunes animaux et les enfants, le besoin d'activité cérébrale se manifeste surtout par l'observation qui entraîne un usage presque incessant de tous les sens. Le rôle principal de l'éducation devrait être de favoriser par tous les moyens cette forme particulière de l'activité cérébrale, d'où résulterait non seulement un accroissement des facultés d'observation mais encore un développement de tous les sens. C'est pourquoi le dessin, le modelage, la musique, etc., c'est-à-dire tous les arts qui font appel à l'observation et aux sens devraient faire partie de l'éducation de tous les enfants.

Comme l'organisation musculaire et osseuse provoquée par les exercices physiques (jeux, danse, course, marche, etc.), se transmet par l'hérédité et comme, d'autre part, celle-ci conserve également les caractères d'organisation cérébrale acquis par les exercices des sens, l'observation et les autres formes du travail cérébral, on peut admettre, sans crainte de se tromper, que le besoin d'activité joue un rôle égal à ceux de la nutrition et de la reproduction dans l'évolution organique des animaux et des hommes.

§ IV

INFLUENCE DU MILIEU COSMIQUE SUR L'ÉVOLUTION ORGANIQUE

Tandis que la nécessité de satisfaire les besoins primordiaux dont nous venons de parler, a déterminé la formation des organes, des facultés et des idées dont nous constatons l'existence chez les animaux et les hommes, le milieu cosmique dans lequel vit chacun de ces êtres agit pour modifier la forme des diverses parties du corps au point que l'on peut considérer, avec Buffon, chaque être vivant comme le produit du milieu dans lequel il vit (1).

Chaque partie de la terre a son climat particulier. Chaque

(1) « Les végétaux qui couvrent cette terre, dit Buffon, et qui y sont encore attachés de plus près que l'animal qui broute participent aussi plus que lui à la nature du climat; chaque pays, chaque degré de température a ses plantes particulières... Ainsi la terre fait les plantes, la terre et les plantes font les animaux, la terre, les plantes et les animaux font l'homme, car les qualités des végétaux viennent immédiatement de la terre et de l'air; le tempérament et les autres qualités relatives des animaux qui paissent l'herbe tiennent de près à celles des plantes dont ils se nourrissent; enfin les qualités physiques de l'homme et des animaux, qui vivent sur les autres animaux autant que sur les plantes, dépendent, quoique de plus loin, de ces mêmes causes, dont l'influence s'étend jusque sur leur naturel et sur leurs mœurs. » (*Œuvres complètes de Buffon*, édition DE LANESSAN, t. IX, p. 3.) Dans l'histoire du Lion, il donne à sa pensée une formule plus nette encore : « Chacun (des animaux), dit-il, a son pays, sa patrie naturelle, dans laquelle chacun est retenu par nécessité physique. *Chacun est fils de la terre qu'il habite*, et c'est dans ce sens qu'on doit dire que tel ou tel animal est originaire de tel ou tel climat. » (*Ibid.*, t. IX, p. 166.)

climat, avec sa température, ses pluies, ses vents, etc., détermine un état du sol d'où résulte la possibilité pour telles ou telles espèces de plantes de se développer et de se perpétuer. L'abondance ou la rareté des plantes rend impossible ou possible, difficile ou facile, l'existence des herbivores qui s'en nourrissent. Enfin, la présence ou l'absence de ces derniers permet ou interdit la présence des animaux carnivores. L'homme lui-même ne peut vivre que dans les pays où existent une flore et une faune assez abondantes pour suffire à sa nutrition.

Chaque climat, c'est-à-dire chaque région de notre globe a donc ses espèces particulières, ou, pour parler plus exactement, chaque espèce s'est adaptée au climat sous lequel elle s'est fixée et se perpétue (1). Si on transporte une plante ou un animal d'un climat dans un autre très distinct, il est rare qu'ils n'y succombent pas au bout de peu de temps, et il est encore plus rare que, s'ils y vivent, ils parviennent à y donner une descendance conservant les caractères ancestraux. D'ordinaire, ceux-ci ne tardent pas à se modifier plus ou moins. Les espèces cosmopolites elles-mêmes présentent des caractères un peu différents sous les divers climats où on les rencontre.

On sait que les climats eux-mêmes ont subi des modifications, sous l'influence des changements qui se sont produits dans la croûte terrestre, tels que soulèvements de montagnes, creusements de lacs ou de mers, apparitions de volcans, formations ou disparitions de glaciers, etc. Si ces changements se produisent avec lenteur, comme on l'admet pour la plupart de ceux qu'a subis notre globe

---

(1) Lamarck, élève de Buffon, introduit par ce dernier au Muséum, dit au sujet de la transformation des plantes sous l'influence du climat : « Que les graines d'une graminée ou d'une tout autre plante naturelle à une prairie humide soient transportées, par une circonstance quelconque, d'abord sur le penchant d'une colline voisine, où le sol, quoique plus élevé, sera encore assez frais pour permettre à la plante d'y conserver son existence, et qu'ensuite, après y avoir vécu et s'y être bien des fois régénérée, elle atteigne, de proche en proche, le sol sec et presque aride d'une côte montagneuse, si la plante réussit à y subsister et s'y perpétue pendant une suite de générations, elle sera alors tellement changée que les botanistes qui l'y rencontreront en constitueront une espèce particulière. La même chose arrive aux animaux que des circonstances ont forcés de changer de climat, de manière de vivre et d'habitudes ; mais, pour ceux-ci, les influences des causes que je viens de citer exigent plus de temps encore qu'à l'égard des plantes, pour opérer des changements notables sur les individus. » (*Philosophie zoologique*, I, p. 80.)

dans les époques géologiques, et pour ceux qu'il subit aujourd'hui, les plantes et les animaux se modifient peu à peu, en même temps que le climat.

La formation, parmi les animaux, d'espèces nouvelles est souvent consécutive au déplacement d'une partie des individus qui composent certaines espèces, à une véritable migration, presque toujours déterminée par le besoin de nutrition. Ne trouvant plus, dans une région déterminée, tous les aliments qui leur sont nécessaires, soit parce que, étant trop nombreux, ils les ont épuisés, soit parce que le sol appauvri cesse de les produire en quantité suffisante, soit encore parce que le climat s'est modifié, les individus les plus audacieux s'en vont à la recherche d'une région plus favorable à leur nutrition, s'y fixent et s'y adaptent en acquérant des caractères nouveaux.

Dans tous les cas envisagés plus haut, le changement de climat n'agit sur les animaux, pour les transformer, que d'une façon indirecte, en les soumettant à des conditions de nutrition nouvelles, en leur faisant contracter de nouvelles habitudes (1).

(1) Lamarck avait fondé sur ce fait toute sa théorie de la transformation des espèces. « A mesure, dit-il (*Philos. zoolog.*, I, pp. 234 et suiv.), qu'en parcourant de grandes portions de la surface du globe, le naturaliste observateur voit changer les circonstances d'une manière un peu notable, il s'aperçoit constamment alors que les espèces changent proportionnellement dans leurs caractères. Or, le véritable ordre de choses qu'il s'agit de considérer dans tout ceci, consiste à reconnaître : 1° que tout changement un peu considérable et ensuite maintenu dans les circonstances où se trouve chaque race d'animaux opère en elle un changement réel dans les besoins ; 2° que tout changement dans les besoins des animaux nécessite pour eux d'autres actions pour satisfaire aux nouveaux besoins ; 3° que tout nouveau besoin nécessitant de nouvelles actions pour y satisfaire, exige de l'animal qui l'éprouve, soit l'emploi plus fréquent de telle ou telle de ses parties dont auparavant il faisait moins d'usage, ce qui la développe et l'agrandit considérablement, soit l'emploi de nouvelles parties que les besoins font naître insensiblement en lui par des efforts de son sentiment intérieur. » On a vu plus haut, comment, en partant de ces principes, il expliquait la formation des cornes chez les ruminants. Pour expliquer la forme de leurs membres et de leur corps il dit (*ibid.*), p. 252 : « Le quadrupède, à qui les circonstances et les besoins qu'elles ont amenés, ont donné depuis longtemps, ainsi qu'à ceux de sa race, l'habitude de brouter l'herbe, ne marche que sur la terre et se trouve obligé d'y rester sur ses quatre pieds la plus grande partie de sa vie, n'y exécutant en général que peu de mouvements ou des mouvements médiocres ;... il n'emploie ses pieds qu'à le soutenir sur la terre pour marcher ou courir et il ne s'en sert jamais pour s'accrocher et grimper sur les arbres. De cette habitude de consommer tous les jours de gros volumes des matières alimentaires qui distendent les organes qui les reçoivent et de celle de ne faire que des mouvements médiocres, il est résulté que le corps de ces animaux s'est considérablement épaissi, est devenu lourd et comme massif, et a acquis un très grand volume, comme on le voit dans les

La température et les autres conditions particulières à chaque climat peuvent aussi déterminer directement la production de caractères spéciaux. Dans les pays très froids, les poils et les plumes deviennent plus abondants, plus serrés, plus imperméables à l'air et même à l'eau qu'ils ne le sont dans les pays chauds. Chez les mammifères qui vivent dans les marécages, les poils disparaissent souvent, tandis que la peau s'épaissit et se durcit sous l'influence de la vase qui la couvre incessamment. Les caractères acquis sous ces influences se perpétuent par l'hérédité et s'accentuent par la sélection. Chaque individu transmet, en effet, à sa descendance, l'organisation qu'il a héritée de ses ancêtres, avec les modifications qu'ils a subies lui-même. Si les conditions dans lesquelles vit sa descendance restent invariables, les caractères

éléphants, rhinocéros, bœufs, buffles, chevaux, etc. L'habitude de rester debout sur leurs quatre pieds pendant la plus grande partie du jour, pour brouter, a fait naître une corne épaisse qui enveloppe l'extrémité des doigts de leurs pieds, et comme ces doigts sont restés sans être exercés à aucun mouvement et qu'ils n'ont servi à aucun autre usage qu'à les soutenir, ainsi que le reste du pied, la plupart d'entre eux se sont raccourcis, se sont effacés et ont même fini par disparaître. Ainsi, dans les Pachydermes, les uns ont aux pieds cinq doigts enveloppés de corne, et par conséquent leur sabot est divisé en cinq parties ; d'autres n'en ont que quatre, et d'autres encore en ont seulement trois. Mais dans les ruminants, qui paraissent être les plus anciens des mammifères qui se soient bornés à ne se soutenir que sur la terre, il n'y a que deux doigts aux pieds, et même il ne s'en trouve qu'un seul dans les Solipèdes (le cheval, l'âne). » A l'appui de ces observations, il est intéressant de noter que l'ancêtre le plus direct du cheval, l'hipparion, avait trois doigts, dont un médian, allongé, sur lequel il marchait et deux latéraux très courts, grêles, sans emploi, en voie d'atrophie, et qui ont fini par disparaître chez notre cheval.

C'est encore en s'appuyant sur les principes formulés par Lamarck, que M. Edmond Perrier, directeur du Muséum de Paris, explique aujourd'hui les grandes transformations des membres qui se sont produites dans les animaux quadrupèdes. « Sensibles, mobiles, actifs, si ces animaux, dit-il justement, rencontrent dans leurs déplacements des conditions d'existence avantageuses, pour des raisons diverses, au développement de tel ou tel de leurs organes, ces organes grandissent et se perfectionnent sans que le plan même de l'organisation soit pour cela modifié... Quand, au contraire, les animaux se trouvent obligés de subir des conditions d'existence qui s'accordent mal avec leur organisation, s'il en est qui succombent aux conséquences de ce désaccord, d'autres luttent, en quelque sorte, avec tous les moyens qu'ils possèdent, pour tirer de la situation le meilleur parti possible. Ils arrivent ainsi à se maintenir vivants grâce à une volonté sans cesse stimulée par la recherche du bien-être, en modifiant l'usage qu'ils faisaient de leurs organes, en prenant des attitudes nouvelles, en se déformant dans une plus ou moins grande mesure, et c'est là le point de départ des modifications les plus profondes.

« L'histoire des modifications des pattes et de l'allure chez les Vertébrés marcheurs met en relief d'une façon saisissante cette intervention des muscles, et de la volonté par conséquent, dans les modifications des organismes... Des trois segments dont se compose toujours une patte (bras, avant-bras et main, ou cuisse, jambe et pied chez les mammifères supérieurs) le plus rapproché et

qu'il lui a légués se fixent, en s'accentuant de génération en génération, et deviennent, pour le naturaliste, signalétiques d'une race ou d'une espèce qui se perpétuera dans la même forme aussi longtemps que le milieu restera le même.

Si, au contraire, les conditions extérieures viennent à être changées, soit par une modification dans le climat, la nourriture, etc., soit par le déplacement, de nouvelles transformations se produisent en vue de l'adaptation des individus au milieu nouveau dans lequel ils vivent ; et, plus tard, le naturaliste constatera l'existence d'une race ou d'une espèce jusqu'alors inconnue.

L'homme lui-même a produit, depuis les temps les plus reculés, un nombre considérable de races ou d'espèces d'animaux et de végétaux ; et il les a produites par les mêmes

le plus éloigné du corps se meuvent chez les formes primitives dans un plan horizontal, seul, le segment moyen est vertical, de sorte que le ventre et la queue de l'animal traînent à terre ; c'est l'allure rampante de tous les batraciens, de tous les reptiles quadrupèdes actuels et des mammifères inférieurs. Mais aussi bien chez les puissants reptiles de la période secondaire que chez les mammifères à marche rapide, l'extrémité périphérique du premier segment des membres est ramenée vers le corps, se meut exclusivement dans un plan vertical, comme le segment moyen et contribue avec lui à éloigner le corps de terre. Le segment terminal pose d'abord à terre tout entier : c'est le cas des grands reptiles sauropodes, des singes, des ours et de beaucoup d'autres mammifères *plantigrades*. Puis le segment terminal se relève à demi, les doigts seuls touchant à terre, comme chez les *Ceratops* et les mammifères digitigrades. Enfin, le pied se relève tout entier et l'animal ne marche plus que sur l'extrémité de ses doigts très allongés, il est *onguligrade*. Ici, l'action bien manifeste des muscles, guidée par la volonté, a suffi pour opérer graduellement ces redressements chez des animaux excités à se hausser de plus en plus sur leurs pattes par les avantages qu'ils trouvaient à voir plus loin, à marcher plus vite, à courir et à sauter. Il a également suffi de l'action des muscles pour transformer l'attitude quadrupède des reptiles en une attitude bipède comme celle des Iguanodons et des oiseaux qui sont digitigrades ou pour réaliser notre attitude bipède et complètement verticale. Ces redressements graduels et volontaires permettent de se rendre compte des effets de l'usage ou du défaut d'usage des organes. Tant que l'animal demeure plantigrade et use également de tous ses doigts, ceux-ci conservent le nombre primitif qui est de cinq à chaque pied ; mais à mesure que la patte se redresse, le pouce d'abord et le doigt externe qui sont les plus petits cessent d'être utilisés ; ils s'atrophient et disparaissent d'abord aux pieds de derrière plus spécialisés. Chez les animaux onguligrades, la réduction s'étend à d'autres doigts et c'est ainsi qu'arrive à se constituer la patte à un doigt du cheval, le pied fourchu des porcins et des ruminants. Dans tous ces cas, l'inaction des muscles a entraîné leur atrophie, suivie elle-même de celle des os qui les supportent. » C'est encore en s'appuyant sur les mêmes principes et en tenant compte des diverses attitudes exigées des animaux par les conditions dans lesquelles ils vivent, que M. Edmond Perrier explique d'une façon aussi simple qu'ingénieuse la formation des grands types animaux : rayonnés, mollusques, articulés et vertébrés. (On lira avec beaucoup de fruit, au sujet de ces questions, son mémoire sur *Les forces physiques et l'hérédité dans la production des types organiques*, in *Revue scientifique*, 16 avril 1904.)

procédés qu'emploie la nature, c'est-à-dire en soumettant les individus qu'il voulait modifier à des conditions d'existence différentes de celles où avaient vécu leurs ancêtres, et choisies de façon à déterminer les caractères qu'il avait en vue. Qui pourrait indiquer aujourd'hui, exactement, l'espèce végétale d'où est sorti notre blé, l'espèce animale qui fut la souche de notre chien? Ce que l'homme a pu faire en quelques siècles d'efforts appliqués à un petit nombre d'espèces, la nature a eu des milliers et des milliers de siècles pour le réaliser sur l'ensemble des êtres vivants.

Je m'arrête, car on ne comprendrait pas que je prétendisse tracer ici, même succinctement, l'histoire des phases successives par lesquelles a passé l'évolution des êtres vivants et dont chacune a été marquée par l'apparition d'organismes de plus en plus complexes, de plus en plus parfaits, depuis la monade formée d'une seule masse vivante à peu près homogène, jusqu'à l'homme aux organes si multiples et si compliqués et aux facultés intellectuelles si puissantes qu'il peut légitimement aspirer à aider la nature dans son œuvre de production et de perfectionnement des êtres vivants.

CHAPITRE III

LES BESOINS ENVISAGÉS DANS LEURS RAPPORTS AVEC L'INTELLIGENCE

Avant d'aborder l'étude particulière des besoins de nutrition, de reproduction et d'activité, et celle des idées morales auxquelles ils servent de point de départ chez l'homme et les animaux, nous devons résoudre quelques questions générales dont la solution éclairera nos recherches.

En premier lieu, nous devons nous demander en quoi consistent les besoins de nutrition, de reproduction et d'activité et sous quelle influence sont exécutés les mouvements par lesquels les animaux les satisfont.

§ I

EN QUOI CONSISTENT LES BESOINS PRIMORDIAUX ET COMMENT ILS SE MANIFESTENT

Envisagé d'une façon générale, tout besoin est une sensation interne, par laquelle l'être vivant est averti de la nécessité d'accomplir certains actes. Chez l'homme et les animaux supérieurs, la faim est la sensation qui avertit l'être de la nécessité de manger, la soif est la sensation qui l'avertit de la nécessité de boire. Ces sensations elles-mêmes sont déterminées par les modifications d'état physique ou chimique qui se produisent dans l'intimité des cellules qui composent les organes, sous l'influence d'un apport insuffisant des substances assimilables qui leur sont nécessaires.

Chez l'homme, qui peut analyser et faire connaître ses sensations, le siège apparent de la sensation de la faim est l'estomac : lorsque nous avons faim, nous éprouvons une sensation pénible au niveau de l'épigastre; lorsque nous mangeons, c'est aussi à l'épigastre que nous éprouvons d'abord une sensation agréable. Ce qui a permis encore de penser que l'estomac est le siège de la sensation de la faim, c'est que l'ingestion de certaines substances non alimentaires, telles que le son de bois, certaines terres, etc., font disparaître pour un temps cette sensation. Un phénomène analogue est produit par l'ingestion de certaines substances susceptibles d'exercer une action physiologique ou chimique sur la muqueuse stomacale ou ses nerfs, telles que l'alcool, le tabac, etc. Cependant, la section des nerfs sensitifs de l'estomac ne supprime pas la faim (1). D'un autre côté, le centre nerveux par lequel la sensation est perçue n'est pas situé dans l'encéphale, car les enfants qui naissent sans cet organe (les monstres connus sous le nom d'anencéphales) présentent les mêmes manifestations de la sensation de la faim que les enfants normaux. Peut-être le centre de cette sensation est-il dans le grand sympathique.

Le siège apparent de la soif, chez l'homme, est la région pharyngienne. La muqueuse de cette région se dessèche quand on a soif. Cette sécheresse pourrait même être la cause déterminante de la sensation de la soif, car celle-ci se produit toujours lorsque la gorge se dessèche, par exemple sous l'influence d'un usage prolongé de la parole, des sueurs abondantes, de la diarrhée, etc. Cependant, on peut faire disparaître la sensation de la soif sans humecter la muqueuse pharyngienne, en injectant de l'eau dans les veines.

En somme, on ne sait pas encore exactement quel est le siège exact des sensations de la soif et de la faim, ni si ce siège est réellement localisé, ni quel est le centre nerveux qui perçoit les sensations, mais il n'est pas douteux

---

(1) Chez le chien, la faim persiste après la section du nerf pneumogastrique.

que celui-ci n'est pas l'encéphale; d'où l'on est forcé de conclure que la sensation n'est pas nécessairement consciente; un enfant privé d'encéphale et qui ne peut avoir ni idée ni conscience, manifeste le besoin de manger et de boire.

Le besoin de reproduction est également une sensation interne qui, chez l'homme et les animaux supérieurs, a son point de départ dans un état particulier des organes génitaux et son siège dans le centre nerveux spinal.

Le besoin d'activité se manifeste par des sensations internes extrêmement multiples et dont le point de départ, chez les animaux supérieurs, n'a été que fort peu étudié. Lorsque, par exemple, je suis dans un repos complet et ne pensant à rien qui m'intéresse d'une façon particulière, je ne tarde pas à éprouver un sentiment d'ennui et une sorte de sensation de lassitude qui me porte soit à mouvoir mes jambes, mes bras ou ma tête, soit à me lever pour marcher ou me mettre au travail. Le point de départ de cette sensation se trouve probablement, comme celui des sensations provoquées par la faim et la soif, dans un état particulier, physique ou chimique, des éléments cellulaires des muscles ou des nerfs.

§ II

DES ACTES DITS « VOLONTAIRES » ET DU LIBRE ARBITRE

Chez les animaux comme chez l'homme, un certain nombre des actes qui concourent à la satisfaction des divers besoins sont intentionnels et conscients. Tels sont, par exemple, ceux que l'animal exécute pour se procurer des aliments, pour les manger, pour chercher une femelle et la séduire, pour faire les mouvements provoqués par le besoin d'activité, etc.; d'autres sont purement réflexes et plus ou moins inconscients, par exemple ceux de la mastication et de la déglutition, par lesquels l'animal broie ses aliments et les fait passer dans l'œsophage, etc. A partir de ce moment, tous les actes accomplis par le tube digestif pour faire circuler les aliments, en opérer la digestion, etc., sont tout à fait inconscients et purement réflexes, c'est-à-dire déterminés par des impressions dont l'animal ni l'homme n'ont aucune connaissance. Il en est de même d'une partie des mouvements accomplis pendant l'acte de la reproduction, etc. (1)

Parmi les mouvements conscients, il en est qui ont reçu le nom de « volontaires. » Nous devons nous y arrêter.

(1) Tous les mouvements que les animaux et l'homme accomplissent peuvent être groupés en trois catégories distinctes :

1° *Mouvements réflexes inconscients* : Ils sont déterminés par une sensation extrinsèque ou interne et se produisent fatalement, inévitablement, sans que l'animal ou l'homme ait conscience ni de la sensation qui les a déterminés, ni de la manière dont ils se produisent. Lorsque, par exemple, il y a de l'urine dans la vessie, le contact de ce liquide avec le col de la vessie occasionne une impression et une sensation dont nous n'avons pas conscience, mais qui déterminent la contraction des fibres musculaires du col de la vessie. Dans ce cas, le liquide excite les nerfs sensitifs du col de la vessie ; l'excitation est transmise au centre nerveux spinal ; de celui-ci part aussitôt une excitation des filets nerveux moteurs qui se transmet aux muscles du col de la vessie et détermine leur contraction. Nous n'avons conscience ni de l'impression ni de la sensation interne ni du mouvement réflexe auxquels est due l'occlusion du col de la vessie. La plupart des mouvements qui se produisent dans les intestins, dans les poumons, etc. sont également des mouvements réflexes et inconscients, déterminés par des impressions et des sensations internes. — Les mouvements par lesquels la pupille de l'œil se contracte ou se dilate suivant qu'elle est frappée par une lumière plus ou moins vive sont aussi des mouvements réflexes inconscients et ils sont déterminés par une impression extrinsèque, dont on n'a pas ordinairement conscience.

2° *Mouvements réflexes conscients* : Ils sont déterminés, comme les précédents, par une impression interne ou extrinsèque et nous les accomplissons sans en avoir l'intuition à un degré quelconque, mais nous avons conscience de l'impression et du mouvement réflexe qu'elle détermine. Il est ainsi, par exemple, lorsque nous fermons les paupières sous l'impression brusque produite par un rayon lumineux très intense ou par la menace d'un objet que l'on approche brusquement de notre œil. Nous avons conscience de l'impression reçue et du mouvement accompli, mais celui-ci se produit inévitablement, sans aucune intention de notre part.

Le caractère essentiel de ces deux sortes de mouvements réflexes est de se produire fatalement, nécessairement, à la suite d'une impression interne ou externe et sans aucune intervention de la volition.

3° *Mouvements intentionnels ou volitionnels et conscients* : Ils se produisent toujours à la suite d'une sensation extrinsèque ou d'une sensation interne. Ils sont, en d'autres termes, toujours « déterminés », mais l'homme qui les exécute, agit dans un but défini, avec une intention précise, et il a conscience de son acte ainsi que de la sensation qui l'a déterminé. Lorsque, par exemple, je regarde en face le soleil, mes yeux reçoivent une impression très vive et d'où résulte une sensation pénible ; sous l'influence de cette dernière et avec l'intention de la faire cesser, je ferme les paupières. Lorsque je me mets en marche pour aller vers un lieu déterminé, je fais une série de mouvements intentionnels et conscients. Il en est de même quand je prends ma plume pour écrire, etc.

Certains mouvements intentionnels et conscients peuvent devenir purement réflexes et plus ou moins inconscients par suite d'une répétition fréquente, d'une habitude. Il en est ainsi, par exemple, pour les mouvements que l'on fait en marchant, en écrivant, etc.

Dans le langage courant, ainsi que dans celui de tous les moralistes ou psychologues spiritualistes, le terme « volonté » est employé pour désigner une prétendue faculté, grâce à laquelle les hommes accompliraient certains actes, spontanément, sans cause déterminante. Ces actes sont eux-mêmes qualifiés de « volontaires » et la *liberté morale* ou « libre arbitre » figurerait parmi les caractères essentiels de la « volonté. » Si la volonté, disent les spiritualistes, « est quelque chose de réel, elle est *libre*. Vouloir, c'est choisir; mais tout choix suppose une alternative, la possibilité de deux contraires. Choisit-on véritablement, si l'autre parti était impossible, si celui qu'on a pris était nécessaire ? » (1) Précisant la pensée des spiritualistes, Schopenhauer (2) disait justement : « Le mot *libre* signifie ce qui n'est nécessaire sous aucun rapport, c'est-à-dire ce qui est indépendant de toute raison suffisante. Si un pareil attribut pouvait convenir à la volonté humaine, cela voudrait dire qu'une volonté individuelle, dans ses manifestations extérieures, n'est pas déterminée par des motifs, ni par des raisons d'aucune sorte, puisque, autrement... ses actes ne seraient plus libres, mais nécessités. Tel était le fondement de la pensée de Kant, lorsqu'il définissait la liberté, « le pouvoir de commencer « *de soi-même* une série de modifications. » Car ces mots « de soi-même » veulent dire « sans cause antécédente » ce qui est identique à « sans nécessité »... Une volonté libre serait une volonté qui ne serait déterminée par aucune raison, c'est-à-dire par *rien*, puisque toute chose qui en détermine une autre est une raison ou une cause. »

Une pareille conception de la volonté exigeait évidemment la croyance à une âme d'origine divine et jouissant des qualités que les religions et certains métaphysiciens attribuent à la divinité, notamment de pouvoir penser et agir sans y être provoquée par rien, d'être à elle-même sa propre cause. En d'autres termes, la croyance au libre arbitre a pour corollaire indispensable la croyance à une âme immatérielle et de nature divine. Or, aucun philosophe

---

(1) Boirac, *Cours élémentaire de Philosophie*, p. 153. (F. Alcan.)
(2) *Essai sur le libre arbitre*, pp. 11-12. (F. Alcan.)

n'a jamais pu démontrer, scientifiquement, ni l'existence de l'âme, ni celle de la divinité. Si l'on y croit, c'est pour des motifs de sentiments, ou en s'appuyant sur un prétendu *concessus* de tous les hommes. Or, il en est de même pour la croyance au libre arbitre. « N'est-ce pas une chose évidente, écrit l'un de nos plus éminents spiritualistes, que tous les hommes se croient libres ?... C'est une action fort simple que de lever le bras trois fois dans l'espace d'une heure. Si je suis libre, il dépend uniquement de moi de le faire ou de ne pas le faire ; si je ne suis pas libre, cela dépend de quelque cause étrangère à ma volonté : eh ! bien, je propose à quiconque pense que je ne suis pas libre, de gager contre moi mille écus, un million, cent millions que dans l'espace d'une heure je lèverai trois fois la main. Qui acceptera le pari ? personne. Qui hésitera à le proposer ? personne. Cela prouve que tout le monde croit au pouvoir qui m'appartient de faire le geste, si cela me plaît. » (1) Je ne tiendrais pas, en effet, un pari semblable ou analogue à celui que propose Jules Simon, mais c'est parce que je ne crois pas au libre arbitre. Il est évident qu'un homme ayant parié avec moi un million qu'il lèvera ou ne lèvera pas sa main trois fois en une heure, gagnera son pari, à cause même de l'importance de ce dernier. Ayant présent à l'esprit l'espoir de gagner un million ou la crainte de le perdre, il trouvera dans cette pensée une excitation plus que suffisante pour déterminer l'acte que Jules Simon considère comme volontaire. Même avec un pari dont l'enjeu serait insignifiant, un franc, par exemple, le résultat serait identique : le désir de prouver qu'il est libre suffirait pour déterminer le parieur à lever ou à ne pas lever son bras.

Un éminent physiologiste, partisan du libre arbitre, a essayé d'en donner une démonstration scientifique. « Il suffit, ce me semble, dit-il, d'observer attentivement ce qui se passe en nous lorsque nos membres sont en repos, que notre intelligence seule est en action et que l'idée de faire un mouvement inutile, de lever le bras, par exemple,

---

(1) Jules Simon, *Le Devoir*, p. 15.

se présente à notre esprit. Nous savons tous que d'ordinaire nous sommes parfaitement libres de réaliser ou de ne pas réaliser cette pensée, de faire le mouvement dont il s'agit ou de rester immobile et, sans que rien ne soit changé dans les conditions extérieures sous l'influence desquelles nous nous trouvons, notre volonté se prononce dans un sens ou dans l'autre; notre intelligence nous dit que dans ce cas nous jouissons pleinement de notre libre arbitre, que nous sommes maîtres de vouloir ou de ne pas vouloir, et que notre volonté est une cause première d'action, non un phénomène automatique, une conséquence nécessaire d'une impression nerveuse venant de l'extérieur ou d'une partie de notre organisme autre que celle où la volition s'exerce. » (1) N'en déplaise au physiologiste éminent que je viens de citer, lorsqu'il m'arrive de vouloir exécuter, étant au repos, un mouvement prétendu inutile, comme celui de lever mon bras ou ma jambe, j'ai parfaitement conscience que ma volonté est déterminée soit par une impression telle que l'engourdissement de mon bras ou de ma jambe, soit par une de ces sensations internes vagues que détermine le besoin d'activité. Dans le premier cas, mon acte est, en réalité, utile et déterminé ; dans le second, il peut se faire qu'il soit inutile, mais il est déterminé par une cause dont j'ai conscience, il n'est nullement spontané.

Le même physiologiste invoque en faveur du libre arbitre un deuxième argument non moins fragile : « Chacun de nous, dit-il, sait que la sensation produite sur la tunique pituitaire des fosses nasales par le contact de certaines substances, telles que la poudre de tabac, lorsqu'on n'a pas l'habitude de priser, provoque dans le diaphragme et les autres muscles de l'appareil respiratoire des contractions violentes dont résulte l'éternûment. Ce phénomène est un mouvement involontaire et automatique, analogue aux mouvements réflexes inconscients, tout en étant dû à une sensation dont nous avons pleine connaissance, et

---

(1) H. MILNE EDWARDS, *Leçons sur la physiologie et l'anatomie comparées de l'homme et des animaux*, t. XIII, pp. 163-164.

lorsque l'excitation dont il dépend est intense, la volonté est impuissante pour l'empêcher de se produire ; mais lorsque l'excitation sensoriale est moins forte, on peut souvent, par un acte de la volonté, en empêcher les effets de se produire, et dans ce cas on sent une sorte de lutte s'établir pendant plus ou moins longtemps entre ces puissances contraires. » Dans ce cas, comme dans le précédent, il est facile de s'assurer que la « volonté » n'agit pas spontanément, mais, au contraire, sous l'influence d'une cause déterminante. La sensation produite par le contact du tabac avec la muqueuse pituitaire fait naître simultanément la crainte de l'éternûment qui va se produire et le désir de l'empêcher. Ce désir agissant comme puissance déterminante, on fait des mouvements contraires à ceux dont on se sent menacé et qui parfois parviennent à les arrêter. On a l'illusion d'avoir échappé à l'éternûment par un effort de volonté ; en réalité, on ne s'y est soustrait que grâce à l'action d'une idée provoquée par la menace de l'éternûment et plus puissante que la sensation d'où naîtrait ce dernier.

Dans les faits suivants, il est facile de saisir sur le vif la façon dont la volonté est mise en mouvement, alors qu'un observateur superficiel de ce qui se passe en lui-même s'imagine *vouloir* en toute liberté.

Un commis sort de son bureau, à six heures, au mois de juillet ; il s'arrête sur le seuil de la maison et se pose la question de savoir où il passera l'heure qui le sépare de son dîner. « Irai-je au café ? Je suis sûr d'y rencontrer un ami que je n'ai pas vu depuis quelques jours et qui doit avoir une foule de choses plaisantes à me conter. — Irai-je faire un tour de promenade aux Champs-Elysées ? Il fait beau, j'y trouverai une foule élégante, de jolies personnes et je dégourdirai mes jambes. — Irai-je tout bonnement chez moi, en flânant le long des boutiques ? Ma femme, mes enfants, mon caniche me feront fête et j'attendrai le dîner en fumant une cigarette. » — Tandis qu'il fait ce raisonnement et délibère, en son for intérieur, sur la direction qu'il prendra, il voit un nuage noir monter dans le ciel au bout de la rue. Il lui apparaît qu'un orage se prépare et il décide de rentrer chez lui. L'impression produite sur son œil par le nuage et l'idée qui en est résultée ont déterminé sa volonté en faveur du retour à la maison. Certes, il rentre chez lui parce qu'il veut y rentrer ; il croit même y rentrer en vertu de son libre arbitre, mais il le veut parce que la crainte de se mouiller a agi sur sa volition plus fortement que le désir de voir son ami et que la perspective d'une promenade aux Champs-Élysées. Le moteur qui a mis en branle ses cellules volitives est l'impression qu'il a reçue du nuage précurseur de la pluie. Un physiologiste dirait que sa volition a été déterminée par une impression extrinsèque, c'est-à-dire venant du dehors.

Le lendemain, à la même heure, notre homme, en sortant de son bureau, se pose les mêmes questions. Le temps est splendide, le ciel est sans nuages, la température est douce ; il sent naître en lui un désir très vif de prendre l'air, mais il hésite entre la terrasse du café où il verra son ami et les Champs-Élysées où il rencontrera d'aimables personnes. Tandis qu'il pense à ces dernières, un souvenir jaillit tout à coup dans sa mémoire : il se rappelle qu'hier, lorsqu'il est rentré plus tôt que de coutume, sa femme, qui est jeune, jolie et très aimée, est devenue toute rouge de plaisir, lui a jeté ses bras autour du cou, lui a donné un baiser tel que... il se décide à rentrer directement. Il veut rentrer, il le veut de tout son vouloir, il s'imagine même sans doute qu'il le veut librement, par le seul jeu de son libre arbitre ; mais, en réalité, son *vouloir* obéit à l'idée que vient de faire naître en son cerveau le souvenir de la réception que sa femme lui fit hier. Le physiologiste dira que sa volition a été déterminée par une idée et une sensation internes.

Dans ces deux circonstances, notre commis ressemble assez bien à une boule de billard qui se dirait : je puis aller vers ma droite frapper la boule rouge qui s'y trouve ; je puis aller aussi vers ma gauche choquer la boule blanche ; je puis encore me précipiter contre la bande qui les sépare pour rebondir contre l'une ou l'autre d'entre elles, mais je ne puis faire l'un de ces trois mouvements que si un joueur me pousse et j'irai nécessairement là où il m'enverra. A l'instar de cette boule, l'homme envisagé plus haut serait resté indéfiniment immobile et perplexe entre les directions qu'il avait à suivre pour aller au café, aux Champs-Elysées ou chez lui, si la vue d'un nuage gros de pluie, la première fois, et le souvenir de sa femme, la seconde, n'avaient donné à sa volonté l'impulsion qui l'a mise en mouvement dans telle direction plutôt que dans telle autre.

Voici d'autres faits d'une nature différente, mais non moins expressifs. A minuit, devant une villa isolée, un apache, rendu voleur par l'éducation, se parle à voix basse : « Je sais, dit-il, que les maîtres et les domestiques sont aux eaux. J'ai vu, l'autre jour, dans le salon, dans le cabinet de travail, dans les chambres, partout, une foule de rares et beaux objets dont mon brocanteur m'a promis un bon prix. J'ai tout ce qu'il faut pour ouvrir les portes et, au besoin, pour forcer les meubles. Je ne trouverai jamais une meilleure occasion. Il me suffit de vouloir. Dois-je faire le coup tout de suite? Vaut-il mieux attendre à demain? » Au moment où il se pose ces questions, il aperçoit un sergent de ville au bout de la rue, s'éloigne et remet le coup à plus tard. Cette conduite est, sans conteste, le résultat d'une décision de sa volonté, mais n'est-il pas évident que sa volonté elle-même a été déterminée par la vue de l'agent de police et la crainte d'être surpris dans son cambriolage?

L'agent de police, vers le même temps, aperçoit sur le trottoir un papier d'une forme et d'une coloration particulières. Il le ramasse et reconnaît un billet de banque de mille francs. Il n'y a plus personne dans la rue, il peut s'approprier sans danger cette petite fortune. « Dois-je mettre ce billet dans ma poche? Personne, à coup sûr ne le saura. Je pourrai payer mon loyer, acheter à ma femme une robe dont elle a grand besoin, donner à mes enfants des culottes et, après tous ces achats, je serai encore riche. Dois-je, au contraire, porter tout de suite ce billet au commissaire de police, afin qu'il en fasse rechercher le propriétaire? » Ainsi délibère-t-il, dans la profondeur de sa conscience, mais la délibération n'est pas de longue durée. Il a reçu dans son enfance une excellente éducation morale ; il lui en est resté une horreur du vol que l'exercice de sa profession augmente encore chaque jour ; il a vite fait de se décider : il veut que le billet revienne à celui qui l'a perdu, qui se lamente sans doute, en ce moment même, à cause de sa perte. Par un acte réfléchi, il va tout de suite le porter à son chef. Il est convaincu, sans nul doute, qu'il veut ainsi librement, et qu'il pourrait tout aussi bien agir d'une façon contraire ; eh ! bien, il se trompe, sa volonté a été mise en mouvement dans le sens de la restitution par l'horreur du vol qu'il tient de son éducation et qui est plus forte que son intérêt matériel. Il obéit au choc de ce sentiment comme la boule de billard à celui que lui imprime le joueur.

Dans les cas qui précèdent, l'action exercée sur la volonté par une sensation extrinsèque ou par une idée que provoque la mémoire est tellement manifeste, qu'il est impossible de la nier et que le sujet lui-même en acquerrait facilement conscience s'il était suffisamment instruit pour analyser ses sentiments et ses idées. Dans un très grand nombre d'autres cas, cette action est beaucoup moins évidente, parfois même nous n'en avons que peu ou pas du tout conscience.

Il en est ainsi, par exemple, lorsqu'on meut les doigts pour écrire, les jambes pour marcher, etc. Il semble bien, alors, que si l'on fait tels ou tels mouvements, c'est par un acte de volonté absolument libre, et qu'on pourrait faire les mouvements contraires ; en réalité, il n'en est rien. Une cause dont on n'a pas conscience, en raison de la grande habitude que l'on a prise de faire ces mouvements, agit sur les cellules cérébrales pour déterminer l'acte de volition d'où résultent tels mouvements des doigts ou des jambes plutôt que tels autres. « Il ne faut pas oublier, nous font observer très justement les physiologistes, qu'une grande partie des phénomènes psychiques qui se passent en nous, nous échappent, » et qu' « il doit arriver très souvent que les déterminations qui nous paraissent les plus libres ne sont, en réalité, que la résultante de notre organisation native, de notre éducation et de sensations ou d'émotions actuelles dont nous n'avons pas conscience. Les statistiques prouvent que les faits qui paraissent uniquement soumis à la volonté humaine, comme les mariages, les crimes, les suicides, etc., se produisent avec une étonnante régularité et sont soumis à des causes et à des lois parfaitement déterminées. La volonté joue, du reste, dans nos actions, une influence bien moins grande que nous ne le croyons nous-mêmes; étant connus le caractère et les habitudes de la plupart des hommes, on peut prédire, à coup sûr, dans la majorité des cas, la détermination qu'ils prendront dans une circonstance donnée. » (1)

Il me paraît utile d'insister sur ces observations. En premier lieu, s'il est vrai que les mariages, les suicides, les crimes et autres actes qui paraissent être placés sous la dépendance du soi-disant libre arbitre se présentent toujours, dans un même pays et dans un même temps, en nombre peu variable, l'observation établit sans peine que cela résulte des conditions dans lesquelles se trouve la société envisagée. A Paris, par exemple, connaissant le nombre des familles où l'on ne travaille pas, où l'on vit de mendicité, ou bien dans lesquelles on ne surveille pas les enfants, il serait facile de prévoir à peu près exactement le chiffre des vols à l'étalage, des cambriolages et même des crimes qui pourraient être commis chaque année. Par des calculs portant sur le nombre des hommes et des femmes parvenus à l'âge des unions sexuelles, il ne serait pas moins facile de prévoir le nombre des mariages qui se produiraient bon an, mal an, etc. Crimes ou mariages, en effet, sont soumis à des causes déterminantes sociales, économiques, etc., dont il est possible d'apprécier la nature et l'efficacité à chaque époque et dans chaque milieu social.

La remarque de M. Baunis relative au très grand nombre de nos actes dans lesquels ni la volonté ni même la conscience ne jouent aucun rôle, n'est pas moins solidement corroborée par les expériences physiologiques. D'abord, il existe une

---

(1) BEAUNIS, *Traité de physiologie*, II, p. 800.

énorme quantité de mouvements et d'actes purement réflexes accomplis par nos divers organes. Il suffit, par exemple, qu'une bouchée de pain ou de viande arrive au contact du pharynx pour que se produisent, d'une part, une série de mouvements musculaires par lesquels l'aliment ou ses succédanés seront transportés depuis la bouche jusqu'à l'anus et, d'autre part, un nombre non moins considérable de sécrétions glandulaires et d'excrétions destinées à humecter l'aliment, à le transformer chimiquement, etc. De même, l'entrée de l'air dans les fosses nasales ou la bouche est suivie de contractions qui l'attirent dans les poumons, en faisant dilater le thorax et les vésicules pulmonaires, etc. Le contact du sang avec la paroi interne du cœur est suivi de la contraction de cet organe, puis, de celle des artères, etc. En un mot, tout notre organisme est constamment le siège de mouvements dont nous n'avons même pas conscience et sans lesquels notre vie serait supprimée. Des impressions qui, souvent, nous échappent, suffisent pour déterminer une foule de mouvements auxquels notre volition et notre conscience sont absolument étrangères et que, pour ce motif, les physiologistes qualifient de *réflexes*.

D'autres mouvements indiscutablement « déterminés » et en partie soustraits à la conscience, exercent sur notre existence morale une influence incessante. A ce groupe appartiennent toutes les émotions.

Chez les animaux, chaque émotion est traduite par des actes toujours à peu près identiques dans une même espèce. Le chien manifeste sa joie par le redressement des oreilles, l'agitation de la queue, des sauts accompagnés d'aboiements particuliers, des regards brillants, etc. S'il est triste, il laisse tomber sa queue entre ses jambes, reste immobile, comme abattu ou se couche ; il a le regard terne et n'aboie pas. S'il est en colère, il tient sa queue raide, montre ses dents, en contractant et tirant ses lèvres en arrière, lance des regards flamboyants et pousse des aboiements rauques. Comme tous les chiens expriment ces diverses émotions de la même manière, chacun se rend compte par les gestes qu'il voit faire à l'un de ses semblables, des sentiments qui l'animent. Les gestes expressifs constituent ainsi un véritable langage que tous les chiens comprennent et qui permettent à l'homme lui-même d'apprécier leur état d'esprit.

Chez l'homme, dans la joie, les yeux sont brillants, la peau de la face est colorée, les mouvements sont prompts et vifs; les enfants sautent, battent des mains; la voix est claire, vibrante; la parole est abondante, les sécrétions lacrymale et salivaire sont activées, etc. Dans la tristesse, le regard est terne, la face pâle et allongée, les mouvements lents, les membres affaissés, la tête inclinée en avant, la marche lente. Dans la colère, les yeux sont flamboyants, la face très rouge, la voix éclatante ou rauque, saccadée, les gestes brusques, violents, souvent désordonnés, etc.

Chez l'homme comme chez le chien, ces mouvements et gestes sont déterminés par des phénomènes physiologiques dont le système nerveux et les organes de la circulation sont le siège. Lorsque, par exemple, un homme revoit ses enfants après une longue absence, l'impression visuelle qu'il ressent est transmise, sans qu'il en ait conscience, à un centre cérébral particulier, peut-être les couches optiques, puis aux centres vaso-moteurs et moteurs de la moelle allongée qui, à leur tour, déterminent, par simple action réflexe et inconsciente, la dilatation de tout le système artériel et capillaire, et l'augmentation de l'innervation des muscles locomoteurs. L'activité de la circulation et de l'innervation musculaire détermine des sensations internes qui, transmises aux centres nerveux psychiques, provoquent le sentiment de la joie. Celle-ci n'est donc, en réalité, que la *résultante* de l'accélération de la circulation sanguine et de l'accroissement de l'activité musculaire. Si l'on supprimait ces derniers phénomènes, l'homme envisagé plus haut pourrait revoir ses enfants sans qu'il en résultât ni les gestes expressifs par lesquels la joie se traduit à l'extérieur, ni la joie elle-même.

A l'inverse de la joie, la tristesse est précédée par la constriction des vaisseaux et l'atonie des muscles qui se produisent par action réflexe à la suite de la vue d'un objet attristant, celle, par exemple, d'un enfant qui vient de mourir, et ces phénomènes déterminent eux-mêmes les sensations internes d'où naît l'émotion triste. Ni celle-ci, ni les gestes qui l'expriment ne se produiraient, s'il n'y avait pas contraction des vaisseaux et relâchement des muscles (1).

Des considérations analogues pouvant être appliquées aux phénomènes par lesquels toutes les émotions se traduisent, on voit que l'élément le plus important, dans le mécanisme des émotions, est constitué par les centres nerveux qui reçoivent les impressions et qui déterminent les phénomènes vaso-moteurs ou musculaires. Si ces centres nerveux étaient supprimés, il n'y aurait plus ni modification de l'état circulatoire ni changement dans l'activité musculaire, ni par conséquent de gestes émotifs, ni d'émotion. Or, les expériences physiologiques et les observations ont établi que « la destruction de la couche optique, chez l'animal comme chez l'homme, laisse persister les mouvements volontaires, mais supprime radicalement tous les mouvements de caractère émotif (mouvements de la face, des oreilles, de la queue). » (2) Par contre, la destruction de la substance grise des hémisphères, qui fait disparaître les mouvements volontaires et la conscience, laisse subsister les mouvements émotifs. Ceux-ci peuvent

---

(1) Cet exposé du mécanisme des émotions est emprunté à l'excellent petit livre du docteur suédois Lange. « Pour la psychologie courante, dit son traducteur, M. G. Dumas, l'explication des émotions est très simple : la joie, la tristesse, la colère sont des puissances mystérieuses qui s'expriment par des mouvements qu'elles impriment au corps. Mais on se contente vraiment de trop peu quand on explique la nature de l'angoisse en disant que l'angoisse fait pâlir ; en réalité, c'est faire appel à un pouvoir métaphysique pour ne rien expliquer du tout. D'autre part, nous voyons souvent l'émotion se produire sans que nous puissions invoquer aucune influence psychique. La joie du vin, l'excitation du haschich s'expliquent par des causes toutes physiques. L'hypothèse psychique n'est donc ni claire ni indispensable.

« Pour bien comprendre la nature de l'émotion, il faut laisser de côté toute métaphysique, renoncer surtout à cette idéologie qui fait de la joie, de la peur ou de la colère de véritables entités, et n'examiner que des faits. Voici une mère qui pleure son fils ; l'opinion courante admet trois moments dans la production du phénomène : 1° une perception ou une idée ; 2° une émotion ; 3° l'expression de cette émotion. Cette succession est fausse ; il faut renverser les deux derniers termes et raisonner ainsi : 1° cette femme vient d'apprendre la mort de son fils ; 2° elle est abattue ; 3° elle est triste. » (LANGE, Les émotions, pp. 8-9.)

(2) MORAT et DOYON, Traité de Physiologie, II, L'innervation, p. 436.

donc se produire non seulement en dehors de la volonté, mais même sans que l'individu en ait conscience.

Dans l'état normal, en effet, nous n'avons pas conscience des phénomènes purement réflexes qui se produisent dans le système nerveux, dans le cœur, les vaisseaux et les muscles et desquels résultent l'accélération ou la diminution de la circulation et de l'activité musculaire ; mais, en se produisant, ces phénomènes déterminent une sensation interne vague, assez comparable à celles de la nutrition et de la génération, et dont nous avons conscience. Par exemple, la joie ou la tristesse ne sont point autre chose, comme l'a très bien fait remarquer le physiologiste Lange (1), que « la conscience plus ou moins sourde des phénomènes qui se produisent dans le corps. Supprimez la fatigue et la flaccidité des muscles, rendez le sang à la peau et au cerveau ; la légèreté aux membres, que restera-t-il de la tristesse ? Absolument rien que le souvenir de la cause qui l'a produite. Il y a donc, dans toute émotion, un fait initial qui peut être une idée, une image, une perception ou même une sensation ; ces états mentaux retentissent diversement sur les centres vasomoteurs, mais l'émotion n'est jamais que la conscience des variations organiques que l'excitation de ces centres amènera dans le corps. » Or, ces variations sont purement réflexes et leur intensité ne résulte que de l'excitabilité plus ou moins grande des centres nerveux.

Plus les centres nerveux sont excitables et plus les phénomènes circulatoires ou musculaires provoqués par une impression ou une idée émotionnante sont intenses, plus aussi l'émotion est vive. La vue d'un ennemi ou le souvenir d'une vexation suffisent pour déterminer, chez certains individus très sensibles, une perturbation tellement profonde des mouvements du cœur, de la circulation capillaire et de l'activité musculaire, qu'ils entrent aussitôt dans une colère violente et deviennent capables de commettre des brutalités de toutes sortes, parfois même un meurtre. Or, les troubles circulatoires et musculaires sont, en ce

---

(1) LANGE, *Les émotions*, préface de G. Dumas, p. 9. (F. Alcan.)

cas, comme tous les troubles émotifs, purement réflexes et inconscients. Quant aux actes brutaux qui s'ensuivent, il est impossible de ne pas les considérer comme déterminés par l'excitation inconsciente des centres nerveux de la volition. Voilà donc une émotion qui pourra déterminer un crime, sans que l'on puisse mettre en cause la responsabilité morale du criminel. C'est ainsi que s'expliquent la plupart des crimes commis par les fous, les idiots, les épileptiques, les individus chez lesquels l'abus de l'alcool a produit une excitation anormale des centres nerveux. Dans tous ces cas, il est bien évident que le libre arbitre n'a rien à voir. Le criminel *veut* commettre son crime, mais sa volition est déterminée par des impulsions irrésistibles.

Il faut encore ranger dans cette catégorie d'actes, les crimes commis par les enfants. Il ne faut pas oublier, en effet, que les besoins naturels déterminent toujours chez eux un égoïsme que l'éducation n'a pas encore atténué, que l'altruisme ne contrebalance pas et qui détermine la plupart de leurs actes. La moindre contrariété est suivie, chez le plus grand nombre d'entre eux, d'actes de violence toujours disproportionnés à l'importance du fait qui a produit la contrariété. Si l'enfant est assez fort, ses violences se traduisent souvent par des coups donnés à sa nourrice ou à sa mère, aux animaux, à ses camarades ou frères et sœurs. De là au crime, chez un être encore peu conscient de la valeur de ses actes, il n'y a qu'un pas vite franchi.

Il en est de même pour les actes accomplis sous l'influence des passions. Un individu dominé par la passion de l'amour pourra être poussé irrésistiblement jusqu'au crime par le désir de la possession de la femme aimée : il la tuera, si elle repousse ses sollicitations, tant pour se venger de son refus que pour l'empêcher d'être à un autre. Dans ce cas, l'acte est ordinairement précédé de la réflexion et la volition y intervient; mais la volition elle-même n'est pas libre, elle obéit à l'impulsion irrésistible que provoque la passion. Il importe, toutefois, de noter l'analogie qui existe entre les phénomènes passionnels et les phénomènes émotifs au point de vue de leur enchaînement. Dans la passion amoureuse comme dans l'émotion, le point de départ de toute la série des processus est une impression, par exemple la vue de la femme aimée et désirée, ou une idée provoquée par le souvenir de cette femme. Cette impression ou cette idée détermine une excitation des centres nerveux d'où résulte une perturbation de la circulation, de l'activité musculaire, en particulier de la circulation cérébrale, un désir passionnel violent, et enfin l'acte que ce désir détermine. On dit souvent, non sans exactitude, d'un individu qui a commis un crime passionnel : « Il a eu un transport au cerveau. » Est-il possible, après cette constatation, d'ajouter qu'il a agi librement? Evidemment, non.

On voit combien les physiologistes ont raison d'insister, comme je l'ai rappelé plus haut, sur l'importance et le nombre de nos actes et des mouvements de notre organisme pour lesquels il est possible de démontrer qu'ils sont entièrement soustraits à l'influence de notre volonté et même, souvent, à notre conscience.

En résumé, les partisans du libre arbitre sont incapables de montrer un seul cas dans lequel la volonté agisse sans qu'aucune sensation, idée, souvenir ou émotion l'ait mise en mouvement, tandis que dans tous les faits analysés avec attention, même ceux où l'on pourrait voir, de prime abord, une manifestation du libre arbitre, il est facile de constater l'existence d'une cause déterminante de la volonté. Certes, je peux ce que je veux, si aucun obstacle matériel ne se met en travers de ma volonté, mais je ne puis vouloir que si une sensation ou une idée détermine ma volition, et je ne puis vouloir ceci ou cela que si la cause déterminante de ma volition me détermine à vouloir ceci ou cela.

Il faut avoir soin de ne pas confondre le déterminisme matérialiste et évolutionniste dont j'expose ici le principe avec la prédestination de certains théologiens du christianisme et le fatalisme des musulmans ou celui de quelques philosophes.

D'après la doctrine de la prédestination, Dieu voit d'un

seul regard le passé, le présent, l'avenir; il connaît donc d'avance le sort de chaque homme; il sait, de toute éternité, quels individus iront au ciel et quels autres iront en enfer. Tous les hommes sont donc *prédestinés* à l'un ou l'autre de ces sorts.

Le fatalisme des musulmans est proche-parent de la prédestination des chrétiens. Il admet aussi que Dieu sait tout, de toute éternité, et qu'il a, de toute éternité, établi l'enchaînement de tous les faits, de tous les actes, etc. Ce qui arrive ne pouvait pas ne pas arriver.

Parmi les philosophes fatalistes, Schopenhauer est le plus intéressant; il croyait à une « causalité qui *enchaîne* tous les événements sans exception » et il admettait la possibilité de prévoir l'avenir « soit dans le rêve, soit dans le somnambulisme clairvoyant, soit dans la seconde vue. » (1)

Notre matérialisme se distingue très nettement de ces doctrines en ce qu'il nie qu'une puissance quelconque ait réglé d'avance l'enchaînement des faits, les phases de l'évolution de l'univers et le sort ou les actes des êtres qui le peuplent. Il nie, en s'appuyant sur toutes les

---

(1) « Si nous n'admettons pas, dit Schopenhauer, la nécessitation rigoureuse de tout ce qui arrive, en vertu d'une *causalité qui enchaîne tous les événements sans exception*... alors toute prévision de l'avenir, soit dans le rêve, soit dans le somnambulisme clairvoyant, soit dans la seconde vue, devient, *même objectivement*, tout à fait impossible, et par conséquent inconcevable; parce qu'il n'existe plus aucun avenir vraiment positif, qui puisse être possiblement prévu; tandis que maintenant nous n'en mettons en doute que les conditions subjectives, c'est-à-dire la possibilité subjective seulement. Et *ce doute lui-même ne peut plus subsister aujourd'hui chez les personnes bien renseignées*, après que d'innombrables témoignages, issus de sources dignes de foi, ont établi l'exactitude (la possibilité) de cette anticipation de l'avenir. » Le traducteur du petit livre de Schopenhauer cite en note, à propos du passage ci-dessus, le renseignement suivant, fourni par un ami intime du philosophe allemand : « Dans le commerce familier, Schopenhauer parlait souvent de rêves, de somnambulisme, de magnétisme et ne cachait pas sa crédulité à cet égard... Je n'ai pas connaissance qu'il ait jamais consulté lui-même des somnambules... Pour ce qui est des prophéties, il n'y croyait pas moins fermement qu'à l'apparition des esprits... » (Voy. Schopenhauer, *Essai sur le libre arbitre*, F. Alcan, p. 124.) Il est à peine nécessaire de noter qu'il ne saurait exister aucun lien logique entre le fatalisme proprement dit du philosophe allemand, c'est-à-dire la soi-disant existence d'une « causalité » par laquelle « tous les événements sans exception » seraient « enchaînés » et la prévision de l'avenir. Il semble admettre lui-même l'absence d'enchaînement entre ces deux termes de sa doctrine, puisqu'il ne fait reposer son opinion relative à « l'anticipation de l'avenir, » que sur ce qu'il appelle des « témoignages dignes de foi; » mais ce sont précisément ces témoignages qui font défaut. La seule chose qu'on puisse dire, c'est qu'un observateur très sagace, connaissant un certain nombre de faits et leur enchaînement, peut prévoir que si telle cause surgit, tels effets ne pourront se produire.

données de la science, qu'aucun fait puisse se produire sans avoir été déterminé par une cause, et c'est pour cela qu'il repousse le libre arbitre; il admet également, avec les sciences d'observation, que telle cause agissant dans telles conditions doit nécessairement produire tel effet; mais il constate aussi, avec ces sciences, que si la cause est supprimée, l'effet l'est nécessairement. En mettant le feu à une maison (le feu étant la cause) la maison brûlera; mais si l'on éteint le feu à temps (suppression de la cause), la maison cessera de brûler. Dans ce cas, la conséquence logique de la prédestination et du fatalisme serait l'inaction puisqu'il a été arrêté de toute éternité que la maison brûlera ou ne brûlera pas; celle du déterminisme matérialiste est l'action, puisque nous savons qu'en supprimant le feu nous supprimerons la destruction de la maison.

Voici d'autres faits empruntés aux sciences d'observations ou à la science sociale qui montrent bien encore la différence entre le fatalisme et le déterminisme évolutionniste.

On sait, par exemple, que les fleurs femelles et les fleurs mâles du dattier sont portées par des pieds distincts et que les premières ne donnent des fruits que si elles ont été fécondées par les secondes. Les éléments fécondateurs mâles ne peuvent donc entrer au contact des organes femelles que s'ils sont transportés, à travers des espaces souvent considérables, soit par les insectes, soit par le vent. Que dans une oasis, les insectes soient, une année, tués par le froid ou l'extrême chaleur, et qu'il n'y ait pas du tout de vent à l'époque de la floraison, les dattiers femelles ne porteront pas de fruits. Si, au contraire, les insectes abondent ou si le vent est favorable, ces mêmes arbres seront couverts de fruits. Des faits analogues se présentent en foule, sans nul doute, à l'esprit du lecteur. Voici, dans une autre catégorie de phénomènes, une jeune fille de qui un amoureux très ardent sollicite les faveurs. Si elle cède, elle aura ou n'aura pas un enfant, suivant les conditions dans lesquelles son organisme se trouve ce jour-là. Si la conception a lieu et que la jeune fille vive dans un milieu où ces sortes d'événements sont envisagés avec indifférence ou faveur, comme dans la plupart de nos campagnes, elle mettra son enfant au monde avec plaisir et lui donnera toute son affection avec son lait. Mais, supposez qu'après avoir conçu, elle entre au service de gens très pieux, très sévères sur les mœurs, très hostiles aux filles mères et qui prennent un grand empire sur son esprit : il y aura bien des chances pour qu'elle cherche à dissimuler sa grossesse et à se débarrasser du fœtus qui provoque l'arrondissement de sa taille. Quelque camarade lui indiquera peut-être une avorteuse, en lui conseillant de s'abandonner à ses soins; elle hésitera d'abord, puis se livrera ou non à la faiseuse d'anges, suivant que celle-ci lui inspirera de la confiance ou de la défiance, lui fera payer très cher ou bon marché ses services, etc. Et si la pauvre fille échappe aux dangers multiples de l'avortement, ce ne sera peut-être que pour tomber dans le crime, au cas où elle pourra dissimuler sa grossesse jusqu'au jour de son accouchement. Je dis « peut-être, » car une foule de circonstances aléatoires, telles que l'heure où les douleurs la prendront, le lieu où elle se trouvera alors, l'état de son système nerveux, etc., joueront un rôle énorme comme causes déterminantes de sa conduite. Soit qu'elle obéisse aux idées qui la pousseront vers le crime, soit que l'amour maternel soit plus fort que ces idées, des horizons tout différents seront ouverts devant ses yeux et ils sont si multiples qu'il est impossible d'en tracer un tableau complet.

Dans un autre ordre très distinct de faits, supposez que le lieutenant Bonaparte ait été tué au siège de Toulon, et l'histoire de France vous apparaîtra sous des aspects tout à fait différents de ceux que lui firent prendre les folles ambitions et la passion guerrière de cet homme. Supposez encore que dans la guerre russo-japonaise, les troupes du Japon aient négligé d'employer le système de protection par des tranchées qui leur a rendu tant de services ou que les Russes se soient abstenus d'envoyer leur flotte en Extrême-Orient, et le résultat de la guerre ainsi que le sort du Japon, de la Russie, etc., pouvaient être fort différents de ceux que nous constatons.

Je m'arrête : il me suffit d'avoir montré par ces quelques exemples combien sont aléatoires, occasionnelles et fugaces les causes déterminantes des faits les plus importants.

En somme, le déterminisme évolutionniste et matérialiste ou, pour parler plus simplement, le matérialisme n'observe, dans la nature, que des faits se déterminant les uns les autres, sans loi ni législateur qui en ordonneraient et en règleraient la production. Il constate que toute la matière constituante de l'univers est en voie incessante d'évolutions et de transformations qui, elles-mêmes, sont déterminées par des causes multiples et aléatoires.

Combien, en présence de ces faits, paraissent vaines les théories qui prétendent faire régler par un Dieu ou un Destin étrangers à la matière, les phénomènes infiniment nombreux et variés qui se produisent sur tous les points de l'univers pendant la durée la plus infime de temps qu'il soit possible d'envisager! Ces êtres tout-puissants et omniscients, du reste, où sont-ils? qui donc en a prouvé l'existence? Et s'il était possible d'admettre qu'ils existent, pourrait-on concevoir qu'étant infiniment puissants, ils ne soient pas infiniment bons et tolérants ou, pour parler plus exactement, comment pourrait-on admettre qu'ils ordonnent tout le mal qui se fait dans le monde? Les vols, les assassinats, les guerres, les massacres de populations entières qui déshonorent l'humanité aux yeux des simples mortels ne seraient-ils que des spectacles destinés à distraire les immortels? Les partisans des diverses religions pourraient le faire supposer par l'infatigable ardeur qu'ils mirent, de tout temps, à jeter les hommes les uns contre les autres au nom de leurs dieux.

Il m'a paru nécessaire d'établir l'antinomie qui existe entre le déterminisme matérialiste et les doctrines de la prédestination ou du fatalisme, afin de répondre à une accusation constamment adressée au matérialisme par les spiritualistes. Soit par ignorance de ce qu'est réellement le matérialisme déterministe et évolutionniste, soit par un procédé peu loyal de polémique, on accuse volontiers cette doctrine de supprimer toute morale en niant l'existence du libre arbitre, alors que ce reproche s'adresse directement et uniquement aux prédestinistes ou aux fatalistes. Qu'aurait, en effet, à faire la morale dans des sociétés où tous les actes des hommes seraient réglés d'avance par un Dieu ou un Destin dont les ordres seraient aussi inviolables que leur puissance serait implacable ? Tout au contraire, si l'on admet, avec le matérialisme évolutionniste, que toute évolution, toute transformation et tout acte sont nécessairement déterminés par une cause, on acquiert la certitude de pouvoir provoquer le bien ou le mal suivant que l'on créera, par l'éducation physique, intellectuelle et morale, dans chaque homme, un état organique et psychique d'où résultera nécessairement la bonne ou la mauvaise conduite. Je reviendrai ultérieurement sur cette dernière question.

La non-existence du libre arbitre devrait avoir pour conséquence la disparition des termes « volonté » et « actes volontaires » du langage scientifique où ils n'apportent que des idées fausses. Afin de ne pas créer de mots nouveaux, j'appellerai désormais actes « intentionnels » ou « volitionnels » ceux que les psychologues qualifient de « volontaires. » L'homme qui accomplit ces actes, les exécute, en effet, avec « intention » ou, si l'on veut, « volition, » dans un but déterminé, après y avoir réfléchi, après délibération et en ayant conscience des diverses influences contradictoires qui agissent sur son esprit, mais en obéissant forcément à la plus puissante de ces influences.

§ III

DE L'INTELLIGENCE CHEZ LES ANIMAUX

Tous les animaux supérieurs accomplissent comme l'homme les actes auxquels les psychologues et les physiologistes donnent le nom de « volontaires » et que j'appelle, pour les raisons exposées plus haut, « intentionnels ou volitionnels; » on a constaté même que ces actes cessent d'être possibles chez les animaux supérieurs à la suite des lésions organiques par lesquelles ils sont supprimés chez l'homme. On sait, par exemple, qu'une commotion violente du cerveau, une compression de cet organe, un epanchement sanguin dans ses tissus, etc., sont suivis, chez l'homme, d'une suppression des mouvements volitionnels et souvent, si la lésion est assez forte, de la disparition de la faculté de sentir et de la faculté de penser. Or, d'innombrables experiences ont établi que l'on supprime également tous les mouvements volitionnels chez les mammifères et les oiseaux en leur enlevant les lobes cérébraux. On doit évidemment conclure de ces faits que les cellules nerveuses dans lesquelles l'activité volitionnelle se produit ont le même siège chez ces animaux que chez l'homme.

Chez les vertébrés inférieurs (Batraciens et Poissons) la localisation de la volition est moins limitée. Des grenouilles et des poissons auxquels on a enlevé les lobes cérébraux continuent à faire des mouvements volitionnels.

On constate également la production de ces mouvements chez les Insectes, les Vers, les Crustacés, dont le système nerveux est rudimentaire et même chez des Polypes dépourvus de tout système nerveux.

Tous les animaux supérieurs accomplissent encore des actes semblables à ceux que nous faisons nous-mêmes en vertu de ce que nous appelons la mémoire. Il n'y a pas de jour où l'on ne soit appelé à voir des chevaux reconnaître les routes qu'ils ont suivies antérieurement et les écuries où ils ont été logés, témoignant ainsi qu'ils ont conservé le souvenir des caractères par lesquels chaque route ou chaque écurie se distingue de toutes les autres. Les pigeons ont une telle mémoire de leur pigeonnier qu'ils le retrouvent toujours, quelle que soit la distance à laquelle ils aient été transportés. Les oiseaux migrateurs conservent si fidèlement le souvenir des lieux où ils passent tour à tour l'hiver et l'été, qu'on a vu des cigognes et des hérons revenir chaque année, pendant un laps de temps souvent considérable, au nid qu'ils ont édifié. Si nombreuses que soient les ruches dans un lieu déterminé, chaque abeille revient toujours à celle où elle travaille.

Il existe, d'ordinaire, une relation étroite entre le degré d'acuité des divers sens et les qualités de la mémoire. Les chiens, par exemple, dont le sens olfactif est très parfait, ont davantage la mémoire des odeurs que celle des couleurs, tandis que la mémoire des couleurs est très développée chez les oiseaux, dont la vue est très perçante. Les oiseaux chanteurs ont à un haut degré la mémoire des sons : ils conservent pendant toute leur vie le souvenir des airs qu'ils ont appris de leurs parents ; quelques-uns même mettent leurs soins à apprendre et à retenir les chants d'oiseaux appartenant à d'autres espèces que la leur. Brehm (1) dit de l'étourneau vulgaire : « Toutes les voix qui se font entendre dans la contrée, le sifflement du loriot, le cri de la pie, celui du busard, le gloussement des poules, le chant de la caille, celui de l'alouette, des phrases entières du chant de la fauvette et de la mésange, le tic-tac même d'un moulin, le grincement d'une porte, tout frappe son oreille, se grave dans sa mémoire et se répète dans son chant... » Le vieux Brehm disait de la pie-grièche écorcheur : « J'entendis un jour un écorcheur mâle qui chantait, perché au sommet d'un buisson. Il répétait des phrases entières du chant de l'alouette et de la fauvette, les mêlant les unes aux autres de la façon la plus agréable. » Le Comte Gouray disait : « Je possède un individu qui imite à la perfection le chant du rossignol, de l'alouette, de l'hirondelle, de la fauvette, du loriot, le cri d'appel du merle, de la perdrix, et aboie comme un chien. » (2) Le moqueur polyglotte des Etats-Unis est connu pour le plaisir qu'il éprouve à imiter les chants et les bruits. « Dans les forêts, il imite ceux des oiseaux sylvicoles ; près des habitations, il répète fidèlement tous les bruits qui se font entendre dans les fermes : le cri du coq, le gloussement des poules, le cri de l'oie, du canard, le miaulement du chat, l'aboiement du chien, le grognement du porc, le grincement d'une porte, d'une girouette, le bruit de la scie, le tic-tac du moulin. Parfois, il met tous les animaux domestiques en émoi. Il siffle le chien endormi,

---

(1) Brehm, *Les Oiseaux*, I, p. 244.
(2) *Ibid.*, I, p. 588.

et celui-ci, se réveillant brusquement, court et cherche son maître qu'il croit l'avoir appelé ; il met les poules au désespoir en imitant les cris d'angoisse du poussin ; il effraie toute la basse-cour en répétant les cris d'un rapace ; il trompe le matou en répétant les appels de la chatte en folie. » (1) Le ménure-lyre de la Nouvelle-Galles du Sud est également remarquable par la faculté qu'il possède d'imiter tous les chants et tous les bruits (2). « Dans la province de Sipps, sur le versant des Alpes australiennes, se trouvait une scierie mécanique. Là, les dimanches, quand tout travail était suspendu, on entendait au loin, dans la forêt, l'aboiement d'un chien, le rire d'un homme, le chant de divers oiseaux, les pleurs des enfants, le bruit de la scie ; et tous ces bruits, tous ces sons provenaient d'un seul oiseau lyre, qui avait établi son domicile non loin de la scierie. »

Certains oiseaux ou mammifères gardent indéfiniment le souvenir des mots que l'homme leur enseigne et parviennent même à en connaître exactement la signification. Les chiens arrivent fort bien à savoir ce que signifient certains mots dont on fait fréquemment usage en s'adressant à eux et l'on peut les dresser à aller chercher les objets dont on leur dit le nom. Les perroquets, les merles, les sansonnets, les corbeaux, apprennent assez facilement des phrases entières et peuvent arriver à savoir ce qu'elles veulent dire pour nous. Les observateurs les plus sérieux ont raconté l'histoire de perroquets qui savaient fort bien adapter leur langage à leurs actes ou à ceux des personnes avec lesquelles ils étaient en contact. L'un d'eux « répondait pertinemment aux questions, obéissait aux commandements, saluait les arrivants et les partants, ne disait *bonjour* que le matin et le soir *bonsoir*, demandait à manger quand il avait faim. Il donnait son nom à chaque membre de la famille, et avait parmi eux ses préférences, etc. » Un autre qui avait d'abord appris le hollandais et auquel on avait enseigné ensuite de l'allemand et du français, intercalait parfois dans une phrase

---

(1) Brehm, *Les Oiseaux*, I, p. 677.
(2) *Ibid.*, I, p. 698.

allemande un mot hollandais « mais toujours à propos, parce qu'il ne trouvait pas ou ne savait pas le mot allemand. » Quand sa maîtresse lui donnait à manger, « il appuyait fortement son bec contre sa main comme pour la baiser, et disait : « Baise la main de madame. » (1)

Les psychologues ont tenté d'établir entre les animaux et l'homme une barrière infranchissable, en refusant aux premiers toute possession d'un langage articulé quelconque. Les faits condamnent cette manière de voir. « Beaucoup d'animaux possèdent, comme l'homme, la voix articulée... Les mammifères ne dépassent guère la production des voyelles. Cependant, ils peuvent aussi émettre des consonnes ; ainsi, le B se distingue nettement dans le bêlement de l'agneau ;... mais les consonnes existent surtout dans le chant des oiseaux ;... on y reconnaît nettement Z, P, G, K, R, N, etc. » (2) A l'appui de ces observations, je rappellerai la traduction donnée par les naturalistes du chant de quelques oiseaux où figurent de véritables syllabes. Le cri d'appel du loriot vulgaire, par exemple, est *jaeck, jaeck* ou *kruek;* son cri d'amour est *bülow*. Le pétrocincle des roches, qui habite les montagnes du midi de l'Europe, traduit l'émotion qu'il éprouve à la vue d'un danger menaçant ses petits, par un cri plusieurs fois répété : *fritschkris chacvhac*.

La plupart des oiseaux chanteurs ont des langages appropriés à leurs diverses idées ou émotions. « La grive mauvis a comme cri d'appel une note traînante et très haute, *tzi*, que suit une note plus basse *gack;* son cri d'angoisse est *scherr* ou *tscherr*. Le merle à collier crie *toec, toeck;* il y mêle la syllabe *tack*, prononcée sur un ton beaucoup plus bas. Le merle noir lance un trille : *sri* ou *traenck*. Quelque chose de suspect l'a-t-il frappé, il crie avec force : *dix, dix*, et s'il se voit obligé de fuir il y ajoute *gri, gich, gich*. Tous ces cris, que nous ne pouvons noter que d'une manière très imparfaite sont très variés ; mais toutes les grives les comprennent ; on les voit prêter toute leur

---

(1) BREHM, *Les Oiseaux*, I, pp. 48 et suiv.
(2) BAUNIS, *Traité de physiologie*, II, p. 716.

attention aux cris des autres espèces, surtout aux cris d'avertissement. » (1)

Il est impossible de nier que les oiseaux aient un véritable langage, à l'aide duquel ils traduisent leurs émotions et quelques idées simples, et les traduisent toujours dans les mêmes termes, de façon à être compris par leurs semblables. Il est également impossible de nier que chez le plus grand nombre d'entre eux, ce langage soit articulé et souvent polysyllabique. L'un des oiseaux les plus remarquables, à ce dernier point de vue, est l'engoulevent d'Amérique, dont le langage a pu être traduit par Schomburgk, en des phrases complètes d'anglais. « Tantôt, dit-il, on entend crier, avec une expression à la fois de haine et d'angoisse : *who are you, who, who, who are you?* (Qui êtes-vous, qui, qui, qui êtes-vous ?), tantôt ce commandement poussé d'une voix sourde : *Work away, work, work, work away* (Travaille loin d'ici, travaille, travaille loin d'ici), un instant après, une voix pleine de la tristesse la plus profonde : *Willy, come go, Willy, Willy, Willy, come go Willy!* (Willy, viens, allons-nous-en, Willy, Willy, viens, allons-nous-en!), ou bien : *Whip, poor Will, whip, Will, whip, whip, whip, whip, poor Will!* (Des coups, pauvre Will, des coups, Will, des coups, des coups, des coups, pauvre Will!) » (2)

Tous ces faits sont intéressants à un double point de vue. D'abord il prouvent qu'il n'y aucune barrière infranchissable, au point de vue du langage, entre les animaux et l'homme, ensuite ils établissent que les premiers possèdent comme les seconds, la mémoire des mots et des idées que les mots expriment. A ce dernier point de vue, il me paraît intéressant de noter que les perroquets apprenant à parler procèdent tout à fait comme les enfants. « Quand je reçus mon perroquet, dit Samuel Wilks, il était tout à fait ignorant, ce qui me fournit l'occasion d'observer la manière dont il acquit le don de la parole. Je constatai que son procédé ressemblait beaucoup à celui qu'adoptent les enfants pour apprendre leurs leçons, et

(1) Brehm, *Les Oiseaux*, I, p. 672.
(2) *Ibid.*, I. p. 567.

que la cause déterminante de ses discours se trouvait généralement dans quelque association d'idées, comme la plupart des phrases toutes faites en ce monde... Lorsque la phrase comprend un certain nombre de mots, l'oiseau commence par répéter les deux ou trois premiers, puis il y joint le suivant, puis le suivant, et ainsi de suite jusqu'à ce qu'il arrive à prononcer le tout correctement. D'heure en heure, il continue ses efforts avec la plus grande constance et ce n'est qu'au bout de quelques jours qu'il arrive au degré de perfection qu'il ambitionne. Sa façon d'agir me semble identique à celle d'un enfant qui apprend une phrase en français; même commencement restreint, même amplification graduelle, même perfectionnement de la prononciation. Quant à la manière d'oublier les leçons apprises, phrases ou airs, elle est également curieuse. Ce sont les mots ou les notes de la fin qui commencent par s'en aller; c'est qu'en effet, ce sont ceux du commencement qui sont le mieux gravés dans la mémoire et le lien qui leur associe ceux qui suivent va en s'affaiblissant. Mais quelques répétitions rétablissent bien vite la chaîne. C'est là, du reste, un phénomène que l'on remarque souvent chez l'homme. » (1)

Les perroquets et les enfants se ressemblent encore par le fait qu'il prononcent d'abord des phrases sans en comprendre la signification, puis arrivent, petit à petit, à savoir ce qu'elles veulent dire et les emploient d'une manière convenable, mais toujours par imitation de l'emploi qui en est fait autour d'eux. Tout le monde sait que les enfants, non seulement prennent l'accent des personnes qui les élèvent, mais encore se servent des mêmes phrases qu'elles pour exprimer les mêmes pensées. Avant de parler de lui-même, l'enfant répète les paroles qu'il a entendues, en empruntant à son entourage des phrases toutes faites. Les perroquets ne procèdent pas d'une autre manière. « Je connais un perroquet, dit le traducteur du livre de M. Romanes cité plus haut, qui chaque fois qu'il voit entrer dans la vaste cuisine de campagne où il se tient

---

(1) Voy. ROMANES, L'intelligence des animaux, II, pp. 29-30. (F. Alcan.)

une personne tenant un vêtement à la main s'écrie : « Posez ça là, la servante le brossera. » Dès qu'il entend gronder une petite fille, sa compagne habituelle, il s'empresse d'intervenir, disant : « Laissez donc cette enfant, vous la ferez pleurer. » Ces phrases sont habituelles aux personnes qui l'entourent ; mais, les prononcer dans les mêmes circonstances qu'elles, c'est déjà un peu plus que de répéter à tort ou à travers la même phrase, comme le font tant d'autres perroquets et comme il ne se fait pas faute de le faire lui-même. » (1)

L'existence de la mémoire chez les animaux, et, en particulier, celle des idées et du langage qui les traduit suffirait pour témoigner que ces êtres jouissent d'une intelligence semblable à celle de l'homme, car la mémoire ne peut se manifester qu'à la suite d'autres actes intellectuels. Il faut d'abord qu'il y ait eu perception d'une impression, celle d'une odeur, par exemple ; la sensation consciente qui en résulte est fugace, mais si elle a été vive ou maintes fois répétée, elle a déterminé la production d'une idée qui persiste à l'état latent et peut reparaître avec son intensité première sous l'influence d'excitations très variables. C'est cette réapparition de l'idée qui constitue la mémoire.

La mémoire, l'attention, le jugement, et l'intention ou volition sont simultanément mis en action dans un très grand nombre d'actes accomplis par les animaux supérieurs. Chacun de nous peut observer ces actes chez nos animaux domestiques. Lorsqu'un de mes chats va chasser les petits lapins dans le bois voisin de ma maison ou les oiseaux dans mon jardin, il fait preuve de facultés intellectuelles tout à fait semblables à celles dont mes propres actes témoignent quand je vais à la chasse. D'abord, il manifeste clairement qu'il a la mémoire des lieux où il a déjà rencontré les animaux à la recherche desquels il se met : il sait fort bien, par exemple, que les moineaux perchent volontiers dans le massif de sapins qui est au milieu de mon jardin et c'est de préférence vers ce point

---

(1) ROMANES, *L'intelligence des animaux*, p. 31.

qu'il se dirige. Voyez-le maintenant guetter la proie convoitée, suivre des yeux l'oiseau dans tous les sauts qu'il fait de branche en branche, se tenir absolument immobile, afin de ne pas l'effrayer, attendre avec une patience inlassable qu'il soit descendu à sa portée, se jeter alors sur lui, brusquement, d'un seul bond, avec une admirable précision et vous ne pourrez douter ni qu'il est pourvu des facultés d'attention et de mémoire, ni qu'il possède au plus haut degré la faculté de jugement, car sans elles il ne ferait rien de ce que vous le voyez accomplir. L'épervier sort du bois à l'heure où les mulots ont coutume d'errer à la surface du sol ; il s'élève très haut afin de n'être pas aperçu par ces animaux dont la vue est beaucoup plus faible que la sienne ; il plane avec une indifférence apparente jusqu'à ce qu'il ait reconnu la possibité de s'emparer de l'un d'entre eux ; alors, il se laisse tomber brusquement sur lui, le saisit de ses serres et s'enfuit très vite vers l'arbre sur lequel il le déchirera pour le manger. Cet épervier fait preuve d'une mémoire, d'une attention et d'un jugement dont beaucoup d'hommes sont incapables. On peut en dire autant de l'araignée qui tisse sa toile pour arrêter les mouches dont elle se nourrit, de la fourmi qui emmène dans les galeries de son nid les pucerons dont elle suce les excrétions, pour les y élever comme des vaches à lait, etc.

Beaucoup de faits témoignent de l'influence éducatrice exercée sur l'intelligence des animaux par l'exemple de l'homme. Je n'en citerai qu'un seul parmi les moins contestables, car il a été raconté par un de nos plus éminents physiologistes. Il s'agit d'un orang-outang du jardin des plantes de Paris que son gardien, au moment de sortir, avait l'habitude d'enfermer dans sa chambre. Le singe manifestait toujours un très grand chagrin de ne pouvoir suivre son ami : il poussait des cris, s'arrachait les cheveux, se frappait la tête contre les murs, poussait la porte pour la faire ouvrir, et se désespérait de ne pouvoir y réussir. Il avait observé comment le gardien s'y prenait pour ouvrir la porte, mais il était trop petit pour atteindre le bouton. Un jour le gardien étant monté sur une chaise pour prendre un objet haut placé, le singe ne manifesta aucune mauvaise humeur lorsqu'il fut laissé seul; mais allant aussitôt chercher une chaise dans le fond de la chambre, il la plaça près de la porte, y monta et, ayant atteint le bouton, le tourna comme il avait vu son gardien le faire. Il avait dû raisonner, dit Milne Edwards, de la manière suivante : « Ce qui m'empêche de sortir, c'est une porte qui est fermée. En poussant, je n'arrive pas à l'ouvrir; mais mon gardien l'ouvre en tournant le bouton, il faut que je le tourne aussi. Si j'étais plus grand, peut-être pourrais-je y arriver. Puisque mon gardien s'est servi d'une chaise pour atteindre un objet, je vais imiter son exemple. » (1)

Ce fait et une foule d'autres que l'on cite dans les ouvrages spéciaux, et où l'on voit des chiens, des chats, des perroquets, etc., apprendre à ouvrir des portes en regardant faire leurs maîtres, n'ont rien qui puisse étonner ceux qui ont vu manœuvrer, dans les cirques, les singes, les chiens, les chats, les éléphants, les phoques, etc., éduqués par les dompteurs. Ils prouvent l'existence chez ces animaux de facultés intellectuelles semblables à celles de l'homme et témoignent qu'à l'instar de l'homme ils sont susceptibles de recevoir une instruction plus ou moins parfaite. Du reste, chez tous les animaux supérieurs, les parents éduquent leurs petits avec un tel zèle qu'on ne saurait douter qu'ils y trouvent du plaisir.

Ce qui facilite singulièrement l'éducation des animaux, c'est la curiosité dont ils sont tous doués et qui les amène à s'observer eux-mêmes et à observer tous les êtres ou objets qui les entourent.

Les animaux supérieurs arrivent facilement à avoir une conscience très nette de leur individualité. Tandis qu'à 19 mois l'enfant de Preyer connaissait si imparfaitement son moi qu'il saisissait son pied pour l'offrir à son père comme il faisait de son soulier (2), la plupart des mammifères et beaucoup d'oiseaux savent, presque dès leur naissance, distinguer leurs organes et se distinguer eux-mêmes de

(1) Henri Milne Edwards, *Leçons de physiol. et d'anat. comp.*, XIII, p. 431.
(2) Preyer, *L'âme de l'enfant*, p. 439.

tous les êtres ou objets qui les entourent. Un jeune chat placé pour la première fois devant une glace manifeste d'abord un réel étonnement d'y voir un autre animal de son espèce, et cherche quelquefois à l'atteindre soit directement, soit en contournant la glace; mais il ne tarde pas à se reconnaître et ne fait plus dès lors attention à son image. Les oiseaux en cage aiment beaucoup à se regarder dans des miroirs; ils se font des grâces comme une coquette devant sa psyché, et même se donnent à manger comme ils le feraient à un de leurs semblables, mais ils savent très bien que c'est leur propre corps qui est reflété, car ils ne cherchent pas derrière le miroir l'animal que celui-ci leur présente.

Les animaux supérieurs saisissent facilement la causalité des faits. Un des chiens que j'ai eus au cours de ma carrière et dont je regrette vivement la perte, mon caniche Pirate, aimait beaucoup, étant jeune, à prendre des bains et se jetait volontiers, sans y être provoqué, soit à la mer soit dans les ruisseaux. Un jour, il fut saisi par le froid de l'eau au point de rendre son repas; à partir de ce moment il hésitait à se baigner; il y renonça tout à fait après qu'il eut été de nouveau malade dans les mêmes conditions que la première fois. Devenu vieux, il fut atteint d'une entérite violente pour avoir été attaché pendant quelques heures au vent; après sa guérison et jusqu'à sa mort, qui eut lieu trois ou quatre années plus tard, il ne consentit jamais à sortir quand le vent était fort. Il avait, dans ces deux circonstances, admirablement saisi les relations de la cause à l'effet.

En observant avec quelque attention nos animaux domestiques, il n'y a pas de jour où l'on ne puisse constater des faits analogues; aussi peut-on admettre que certains événements insolites et dont ils ne comprennent pas la cause puissent les frapper d'une terreur superstitieuse, assez semblable à celle que des faits analogues déterminent chez des hommes ignorants. Un jour que mon chat était assis au milieu de ma chambre, me lançant ses regards les plus caressants pour me prier de l'inviter à sauter sur mon lit, une chaise tomba brusquement, sans que ni lui ni moi-même pussions savoir comment cela était arrivé, car nous étions seuls dans la chambre. Le chat s'enfuit plein de terreur, les poils hérissés, et depuis, il ne passa jamais sans trembler devant la chaise dont la chute inexpliquée l'avait tant effrayé ; elle lui inspirait une crainte superstitieuse, religieuse, dirai-je volontiers, en la comparant à certains sentiments que les hommes primitifs éprouvent au spectacle de faits dont ils sont incapables de comprendre la nature et les causes, comme les orages, les vents, la foudre, le tonnerre, etc. M. Romanes raconte l'histoire d'un setter qui entendit le tonnerre pour la première fois à l'âge de dix-huit mois et qui faillit en mourir de peur (1).

On s'est demandé si les animaux étaient tous dépourvus de ce que les métaphysiciens appellent les idées abstraites, par exemple l'idée d'arbre indépendante des divers arbres que l'on peut observer, l'idée de l'espace, celle du temps, etc. C'est une question que l'on pourrait aussi bien poser à propos d'un grand nombre d'hommes. Un paysan n'a pas plus l'idée abstraite d'arbre que le chien avec lequel il circule à travers la forêt où il va ramasser du bois mort ; il connaît tels ou tels arbres, mais il ne sait même pas ce que nous entendons par l'idée abstraite d'arbre.

Les idées abstraites de temps et d'espace prêtent à des considérations analogues. Beaucoup d'animaux savent quel temps s'écoule entre deux faits dont ils sont habituellement les témoins. Mon caniche Tam-Ky, par exemple, a une connaissance très exacte du moment où je reviens

---

(1) ROMANES, *L'évolution mentale chez les animaux*, p. 152.
« J'avais une fois, dit-il, un setter qui n'entendit le tonnerre pour la première fois qu'à l'âge de dix-huit mois, et qui faillit en mourir de peur, ainsi que j'ai vu pour d'autres animaux dans diverses circonstances. L'impression que lui laissa sa terreur fut si forte que, lorsque dans la suite il entendait les exercices de tir d'artillerie, confondant ce bruit avec celui du tonnerre, il prenait un aspect pitoyable, et si l'on était à la chasse, il cherchait à se cacher ou à gagner la maison. Après avoir entendu de nouveau le tonnerre à deux ou trois reprises, son horreur pour le canon devint plus forte que jamais, si bien que, malgré son amour pour la chasse, il fut désormais impossible de le tirer du chenil, tant il craignait que les exercices du canon ne commençassent lorsqu'il serait loin de la maison. » On sait que beaucoup d'hommes et surtout de femmes très civilisés ont la même peur mystérieuse du tonnerre. On sait aussi combien les ignorants et les animaux supérieurs sont impressionnés par les éclipses de soleil. Et l'on sait enfin que, dans ces terreurs inspirées par le mystérieux, réside l'une des sources de la religiosité.

habituellement, le soir, de Paris à Ecouen. Dès que l'heure est arrivée, il prête l'oreille au bruit que font les trains en s'arrêtant et, s'il fait jour, se place sur le balcon pour observer les voyageurs qui en sortent. Il n'y a pas un lecteur qui ne soit en mesure de citer des faits de ce genre. Quant à l'idée abstraite de temps, il est probable que les animaux ne l'ont pas ; mais la plupart des hommes sont dans le même cas.

Les phoques qui jouent au ballon dans les cirques doivent avoir une idée très précise de la distance qui les sépare, car, du bout du museau, chacun envoie le ballon très exactement sur le museau de son compagnon de jeu. Les chevaux sauteurs savent quelle hauteur maxima peut avoir un obstacle à franchir ; au-delà, ils refusent de sauter. Les animaux nocturnes ont une notion assez précise des espaces qu'ils ont coutume de parcourir et du temps qu'il leur faut pour exécuter le parcours, car, si loin qu'ils aillent, aucun d'entre eux ne se laisse surprendre par le jour. Il y a dans la lagune de Grand-Bassam que je parcourus étant jeune, de grandes chauves-souris qui passent la journée suspendues en énormes grappes aux branches des arbres de petites îles désertes. A l'entrée de la nuit, je les voyais toutes prendre leur vol vers les endroits où elles savaient trouver les fruits dont elles se nourrissent et qui sont situés à plusieurs lieues de leur refuge. Le lendemain, quand le soleil se levait, toutes avaient réintégré celui-ci et reformé leurs gigantesques pendentifs. Des observations analogues peuvent être appliquées aux loups, aux abeilles, etc. Faut-il en conclure que ces animaux ont l'idée abstraite de l'espace ? non, sans doute ; mais combien y a-t-il d'hommes qui aient cette idée, en dehors de ceux à qui les métaphysiciens l'ont enseignée ?

Quant aux idées auxquelles les psychologues donnent l'épithète de « morales », les animaux supérieurs et un grand nombre d'animaux inférieurs témoignent de la manière la plus irrécusable qu'ils possèdent toutes celles dont la source se trouve dans les besoins naturels, dans les sensations provoquées par le monde extérieur et dans les relations que les êtres vivants entretiennent les uns avec les autres. Ils n'ont pas, sans doute, les idées abstraites de bien et de mal; mais il serait difficile, pour ne pas dire impossible, de démontrer l'existence de ces idées chez les hommes qui n'ont pas reçu une éducation métaphysique. Sous ce rapport, les animaux ne diffèrent donc pas de la grande majorité des individus qui composent l'espèce humaine.

Dans le cours des chapitres ultérieurs de ce livre, nous aurons l'occasion de rechercher comment naissent les idées morales chez les animaux et nous constaterons sans peine qu'elles s'y produisent exactement de la même façon que chez les hommes, c'est-à-dire par une suite de phénomènes parfaitement naturels. C'est même en étudiant la manière dont ces idées se forment chez les animaux, qu'il est le plus facile d'expliquer leur apparition et leur évolution chez l'homme.

§ IV

DES PHÉNOMÈNES DITS INSTINCTIFS

Dans les pages qui précèdent, il n'a été question que des actes véritablement intellectuels, par lesquels beaucoup d'animaux ressemblent à l'homme au point qu'il est impossible de dresser une barrière entre eux et ce dernier.

Chez les mêmes animaux, ainsi que chez l'homme, un grand nombre d'actes revêtent un caractère si différent de celui des actes intellectuels proprement dits, que pour en expliquer la production, on a imaginé une faculté particulière, à laquelle on a donné le nom d' « instinct ».

Parmi ces actes, figurent au premier rang une partie de ceux qui sont accomplis dans le but de satisfaire les besoins de nutrition, de reproduction et d'activité. Beaucoup de métaphysiciens, par exemple, considèrent comme déterminé par un instinct héréditaire l'acte que l'enfant et les petits mammifères accomplissent, presque dès leur naissance, en tétant leur mère. « Ces petits êtres, disent-ils, ont en naissant l'instinct de téter. » Il y a là une erreur d'observation. Il est facile de s'assurer que ni l'enfant, ni les petits chiens ou chats ne seraient capables de trouver d'eux-mêmes les mamelles de leur mère (1). Il faut que celle-ci les place au contact de leurs lèvres ou que le hasard s'en mêle. L'enfant serait même, dans les premiers temps, incapable de saisir le mamelon entre ses lèvres; il lui faut l'assistance de sa nourrice. Petit à petit, son éducation se fait à cet égard. Au bout de quelques jours, il cherche la mamelle avec ses mains et introduit de lui-même le mamelon dans sa bouche.

Quant aux mouvements de succion que l'enfant et les petits mammifères exécutent dès que le mamelon est entre leurs lèvres, il fait partie de la catégorie des mouvements réflexes : ni l'intelligence ni le prétendu instinct n'ont rien à y voir. Mettez entre les lèvres d'un enfant ou d'un petit chien un morceau de bois, l'un et l'autre le téteront avec la même ardeur que s'il s'agissait du mamelon de leur mère. Les mouvements de succion ne deviennent conscients et intentionnels qu'au bout d'un certain temps. Ils sont alors effectués avec d'autant plus d'énergie que le petit être éprouve plus de difficulté à obtenir le lait ou est davantage pressé par la faim. Plus tard encore, le caractère

(1) J'ai fait sur une chatte primipare et l'un de ses petits une observation qui me paraît tout à fait démonstrative. Deux heures après la naissance du petit chat, je le plaçai moi-même contre le ventre de sa mère qui était couchée sur le flanc. Le petit animal s'agitait le long du ventre maternel, visiblement pressé par la faim, mais ne sachant de quelle façon la satisfaire. Après avoir constaté pendant plusieurs minutes son incapacité à trouver les mamelles de sa mère et constaté également l'absence de gestes de cette dernière pour indiquer ses mamelles au petit, je plaçai la bouche de ce dernier au contact de l'un des mamelons que j'introduisis entre ses lèvres. Aussitôt, par action réflexe, il commença de faire des mouvements de succion et ne tarda pas à téter, en provoquant chez la mère un sentiment très manifeste de satisfaction. Deux heures plus tard, comme je travaillais, la mère vint miauler autour de moi. Elle me demandait quelque chose, mais je ne savais quoi et je continuais mon travail. Elle accentua alors ses miaulements, et profitant de ce que je la regardais en lui demandant ce qu'elle voulait, elle se dirigea vers ma chambre où se trouvait le nouveau-né. Je la suivis ; elle sauta sur le lit, se coucha sur le flanc auprès de son petit et me supplia par ses regards et ses ronrons de remettre le nouveau-né à la mamelle ; ce que je fis à la grande satisfaction de la mère et du fils. Dans l'après-midi, elle me renouvela sa même demande que je compris et satisfis aussitôt. A partir de ce moment, le petit n'eut plus besoin de mon secours. On voit par cette observation ce que vaut la croyance à un prétendu instinct inné, en vertu duquel le petit mammifère irait tout de suite, en naissant, à la recherche des mamelles de sa mère pour téter. Le petit animal et le petit enfant n'ont, en réalité, au moment de leur naissance, que le seul besoin de nutrition et ils ne savent pas comment le satisfaire ; si la mère ou le hasard ne venait pas à leur secours, ils mourraient de faim.

LANESSAN. — Morale. 7

de ces actes se modifie de nouveau. Par suite de l'habitude, l'enfant opère la succion du mamelon sans, pour ainsi dire, s'en douter, parfois en dormant. Beaucoup même sucent leur pouce pendant leur sommeil, sans en avoir la moindre conscience. Il en est même que l'on endort en leur donnant à sucer un morceau de caoutchouc ou la tétine isolée d'un biberon. On peut alors qualifier ces actes de réflexes, mais il est facile de s'assurer qu'ils ont été au préalable intentionnels et conscients. Lorsque je prends ma plume pour écrire et la fais courir sur le papier en traçant des lettres, des mots et des phrases, je n'ai aucune conscience ni de la disposition de mes doigts, ni des mouvements musculaires que je fais, ni de la nature des lettres que je trace; je mets même l'orthographe inconsciemment, mais il n'en a pas toujours été ainsi. Quand j'ai appris à écrire, mon maître a eu beaucoup de mal pour m'habituer à tenir ma plume d'une certaine façon et à faire des mouvements qui, maintenant, sont tout à fait inconscients. Des observations analogues peuvent être faites chez tous les ouvriers en ce qui concerne la manière dont ils apprennent à tenir leurs outils et à s'en servir. D'abord réfléchis et intentionnels, leurs mouvements finissent par devenir à peu près purement réflexes. Il en est de même des mouvements que l'on fait avec les jambes sur une bicyclette, de ceux que l'on exécute dans la marche ou la course, etc... Tous ces mouvements ont été d'abord conscients, réfléchis et intentionnels; puis, sous l'influence de l'habitude, ils sont devenus plus ou moins inconscients et purement réflexes. Il y a erreur à dire qu'ils sont instinctifs, ou, plutôt, dire qu'ils sont instinctifs ce n'est rien dire du tout.

Certains philosophes croient encore que les animaux sont herbivores, carnivores ou omnivores en vertu d'instincts particuliers, dont chacun serait héréditairement doué. Il y aurait un instinct carnivore, un instinct herbivore, un instinct granivore, un instinct insectivore, un instinct omnivore, etc., et chacun de ces instincts serait héréditaire dans les espèces qui se nourrissent plus particulièrement de chair, d'herbe, etc.

Cependant, l'observation démontre que si tel animal ne mange que de la viande, tel autre que de l'herbe, etc., c'est toujours par un acte conscient, intentionnel, et c'est en vertu d'habitudes acquises par l'éducation. Chez tous les carnassiers, c'est la mère qui apprend à ses petits à manger de la viande, en leur apportant soit des animaux vivants, soit de la chair de ceux dont elle-même se nourrit. C'est elle qui leur apprend à chasser et leur montre la façon dont il faut procéder pour s'emparer des proies convoitées. Ce sont également les mères des végétivores qui apprennent à leurs petits à se nourrir d'herbes, de graines, de fruits ou de racines, dès qu'ils ont les dents ou le bec assez forts pour broyer ces substances.

Chez les oiseaux, on voit fréquemment le mâle et la femelle, au moment où ils se font la cour, s'offrir réciproquement à manger. Le serin mâle offre à celle dont il veut faire sa compagne une becquée de graines écrasées, comme un galant, dans notre espèce, offre une boîte de bonbons à la jeune fille qu'il courtise. Dès que les petits sont nés, le père et la mère, répétant ces actes, rivalisent à qui leur offrira le plus de becquées de graines triturées.

L'acte est le même que celui de la chatte offrant une souris à son petit, et les deux ressemblent à celui de la femme qui présente à son enfant la soupe dont elle-même se nourrit. Et si tous ces actes se ressemblent, c'est que les idées qui les inspirent sont identiques. Chez les animaux comme dans notre espèce, la mère offre naturellement à sa progéniture les aliments dont elle-même fait usage. Elle le fait consciemment et intentionnellement, jugeant que ce qui lui convient à elle-même convient aussi à ses enfants (1).

En raison de l'habitude contractée par chaque espèce d'animaux de se nourrir d'une certaine façon, le tube digestif s'est adapté à chaque nature d'alimentation et son

(1, Chez l'épervier, les deux parents chassent en vue de l'alimentation de leurs petits, mais la mère seule prépare la nourriture de manière à la rendre absorbable. « On a vu, dit Brehm (Les Oiseaux, I, p. 366), de jeunes éperviers, dont la mère avait été tuée, mourir de faim, entourés d'aliments que le père leur avait apportés, mais qu'il n'avait pas su leur préparer. » Aucun fait ne montre mieux l'inanité de ce que l'on appelle l'instinct inné des carnivores.

organisation se transmet de génération en génération à tous les êtres d'une même espèce. Voilà ce qui est véritablement héréditaire.

Les idées relatives à la nutrition naissent d'autant plus tardivement après la naissance que le petit être vient au monde à un degré de développement moins avancé. Chez l'enfant nouveau-né, les cellules des centres nerveux dans lesquels se produit la transformation des impressions en sensations et en idées sont peu développées ; aussi, d'après diverses observations, est-ce seulement à partir de la septième semaine qu'il commence à connaître son biberon (1), mais il est encore incapable d'en introduire la tétine dans sa bouche. C'est seulement à l'âge de huit mois qu'il sait distinguer son biberon des autres bouteilles, mais à dix-neuf mois il ne sait pas encore que son pied fait partie de son corps. Tous ces faits établissent bien nettement qu'il n'y a chez lui, au moment de sa naissance, ni instincts ni idées innés.

Si les idées apparaissent plus rapidement chez divers mammifères ou oiseaux que chez l'homme, il faut l'attribuer simplement à ce que ces êtres viennent au monde avec des centres nerveux mieux formés que ceux de l'enfant. Recevant, dès leur naissance, les impressions qui agissent sur leurs organes sensoriels, ils forment aussitôt les idées provoquées par les diverses sensations perçues.

(1) « J'ai considéré, dit Romanes (*L'évolution ment. chez les anim.*, p. 112), l'âge de sept semaines comme étant celui où il faut placer la première preuve de l'existence de la mémoire dans l'association des idées. Je pense ainsi parce que j'ai vu que c'est ici l'âge où les enfants élevés au biberon reconnaissent pour la première fois le biberon... Chez ma propre enfant, j'ai vu que la faculté d'associer les idées s'accrut pendant la neuvième semaine ; aussitôt que sa bavette avait été mise, ce qui se faisait toujours et uniquement au moment de lui donner le biberon, elle cessait de crier pour le biberon. A ce même âge, je remarquai que lorsque je mettais son chausson de laine sur sa main, elle le contemplait avec grande attention, comme si elle s'apercevait que quelque changement singulier était survenu dans l'apparence habituelle de sa main. A dix semaines, elle connaissait si bien son biberon qu'elle en plaçait elle-même la tétine dans la bouche ; quand on le lui permettait, elle tenait elle-même la bouteille pendant qu'elle tétait. En général, cependant, elle ne réussissait pas dans ses tentatives d'introduction de la tétine dans sa bouche, et cela par défaut de coordination des muscles ; la tétine venait frapper diverses parties de son visage, alors elle criait pour que sa bonne vînt l'aider... Je puis ajouter que, à sept semaines, mon enfant se mettait à crier dès qu'on la laissait quelques minutes seule dans une chambre sans bruit ; c'est là un fait qui semble indiquer aussi une faculté rudimentaire d'associer les idées, et la perception d'un changement dans l'état de son entourage habituel. »

Il est facile d'observer la formation des idées relatives à la nutrition chez deux espèces d'oiseaux dont les petits diffèrent beaucoup au point de vue de leur développement au sortir de l'œuf, les serins et les poulets. Les premiers sont entièrement nus, ont les yeux fermés et paraissent ne ressentir que fort peu les impressions sensorielles. Aussi les parents sont-ils obligés de les contraindre à ouvrir leur bec pour y introduire la nourriture. Petit à petit, cependant, le jeune serin se montre plus sensible aux excitations extérieures; il ouvre son bec d'abord au premier contact du bec des parents, puis, de lui-même, quand il perçoit avec netteté la sensation de la faim. Quand il a des plumes, il est facile de s'assurer qu'il a toutes les idées nées du besoin de nutrition. Il a, en outre, pris l'habitude de l'alimentation qui lui a été fournie par ses parents et il ne tarde pas à essayer de se nourrir lui-même; mais, il est déjà tout couvert de véritables plumes qu'il est encore incapable de broyer les graines ou même de couper les aliments plus tendres parce que son bec n'est pas suffisamment dur. L'observation de ces petits êtres permet, en somme, de constater qu'ils n'ont en naissant ni instincts, ni idées innées; mais que beaucoup d'idées se développent chez eux en très peu de jours.

Très différent du serin, le petit poussin sort de l'œuf entièrement couvert de duvet, les yeux ouverts, les jambes aptes à la marche, le bec assez robuste pour couper ou écraser les aliments mous, l'ouïe bien développée et les organes de la voix déjà formés au point qu'il crie avant même d'être sorti de la coquille. Aussitôt que ses poussins sont nés, la mère les appelle, les tient groupés autour d'elle, leur indique les aliments qui leur conviennent, qu'elle cherche elle-même, qu'elle prépare et dont elle mange devant eux en les invitant à l'imiter. Les cellules grises des centres nerveux étant déjà formées, les idées naissent de suite dans le cerveau du petit animal, mais il n'agit visiblement, qu'en vertu de l'éducation qu'il reçoit de sa mère. Dans tout cela je ne vois rien qui puisse établir l'existence d'une faculté distincte de l'intelligence.

Des observations analogues nous conduiraient à des

conclusions analogues chez tous les animaux supérieurs. Chez tous, les actes de la nutrition sont déterminés par des idées qui se forment sous l'influence de l'éducation donnée par les parents (1).

Certains biologistes attribuent à des instincts innés et héréditaires une partie ou la totalité des actes accomplis par certains animaux supérieurs en vue de la reproduction. Chez les oiseaux, par exemple, les actes exécutés pendant la fabrication des nids seraient dus à un instinct héréditaire, tout à fait différent de l'intelligence. On appuie cette opinion sur ce que les oiseaux de chaque espèce construiraient toujours leur nid de la même manière, avec les mêmes matériaux et dans les mêmes conditions. Or, l'observation démontre que les oiseaux modifient leurs procédés de construction suivant les circonstances et que, par conséquent, l'intelligence intervient dans la nidification. A l'époque préhistorique, alors que les hommes ne construisaient pas encore de maisons, toutes les hirondelles, y compris celles qui ont reçu le nom d'hirondelles de fenêtre, faisaient leurs nids dans les anfractuosités des rochers, afin qu'ils fussent à l'abri de la pluie. Elles agissent encore de la même façon dans quelques localités, notamment dans les Hautes-Alpes et certaines parties de

---

(1) On peut nourrir un carnivore avec du pain et un granivore avec de la viande et modifier ainsi les habitudes de l'un et de l'autre. Et en élevant ainsi une série de générations, on arriverait à modifier l'organisation du tube digestif. C'est du reste, nécessairement, ainsi que les choses se sont passées au cours de l'évolution. Les premiers animaux ont été nécessairement herbivores, puisque l'animal est incapable de fabriquer lui-même des matières organiques.

J'ai à peine besoin de rappeler que les carnivores domestiqués sont tous devenus omnivores et mangent presque aussi volontiers des aliments végétaux que des aliments d'origine animale. Les chiens et les chats sont parfois nourris presque exclusivement avec du pain et peuvent, sous l'influence de l'éducation, devenir très friands de certaines liqueurs ou fruits. Les chats aiment beaucoup les asperges. Les chiens s'habituent facilement à manger des noisettes, des raisins, des fraises, etc.

On a cité des exemples d'oiseaux rapaces se nourrissant de pain et de lait. « Pendant longtemps, raconte Berge, j'ai eu un milan que je tenais dans un grenier. Plus tard, il dut partager cette demeure avec deux chats à demi-adultes. Chaque jour on leur donnait du pain trempé dans du lait. Au commencement, l'oiseau ne parut prêter nulle attention à ses compagnons ; mais bientôt il se mit à les chasser de leur mangeoire, et au bout de peu de temps il en arriva à ne plus toucher à la viande qu'on lui donnait et à vider deux fois par jour une assiette remplie de pain et de lait. On dut enlever les chats pour les empêcher de mourir de faim. Tant qu'ils furent dans le grenier, le milan ne mangea pas de viande ; mais il ne souffrit pas que les chats y touchassent. » (BREHM, Les Oiseaux, I, p. 414.)

l'Espagne; mais, partout ailleurs, elles les construisent dans les angles des fenêtres, sous les balcons, etc., où le nid est abrité contre la pluie. Elles les font même souvent dans les granges ou les appartements, afin qu'ils soient mieux abrités. La même hirondelle a modifié notablement les formes de son nid, afin de le rendre plus spacieux et plus commode pour les petits. Tous ces faits, qu'il me serait facile de multiplier, mettent bien en relief le rôle de l'intelligence dans la nidification (1).

Et si l'intelligence que l'animal apporte dans le choix des emplacements, des matériaux et des formes de son nid est dominée par des impulsions toujours identiques dans une même espèce, c'est simplement que tous les individus reçoivent la même éducation.

Comme les oiseaux vivent tous pendant plusieurs années; comme quelques-uns même atteignent une longévité égale sinon supérieure à celle de l'homme, les individus d'une même espèce peuvent s'éduquer réciproquement. Au point de vue de la construction des nids, cette éducation s'explique d'autant plus facilement que la plupart des mâles recherchent de préférence les vieilles femel-

---

(1) Les guêpiers se réunissent ordinairement en colonies pour faire leurs nids, mais il faut pour cela qu'ils trouvent un lieu favorable. On en voit alors jusqu'à cinquante ou soixante couples faisant leur nid sur la même paroi de falaise argileuse et verticale; mais si de pareilles conditions ne se présentent pas « chacun cherche de son côté l'endroit qui pourra le mieux lui convenir. » (BREHM, *Les Oiseaux*, II, p. 122.) Les hirondelles se réunissent aussi parfois, pour faire leurs nids, en grand nombre de couples dans une grange, dans une maison abandonnée, etc., ou bien chaque couple s'établit dans le lieu qui lui paraît plus convenable. Ces faits indiquent nettement que l'intelligence n'est jamais absente, chez les oiseaux, des actes auxquels on attribue l'épithète d'instinctifs et que l'on prétend être invariables.

Il n'est pas possible non plus de ne pas voir une intervention de l'intelligence dans les précautions que prennent certains oiseaux pour dissimuler leurs nids et même leurs femelles quand elles couvent.

Chez les martin-pêcheurs vulgaires, la femelle couve seule dix ou onze œufs pendant quatorze à seize jours. Le mâle se tient pendant la nuit et une partie du jour à deux ou trois cents mètres du nid ; afin que la femelle ne quitte pas ses œufs, il « lui apporte à manger des poissons et enlève les ordures du nid, travail que les deux époux accomplissent de concert une fois que les petits sont éclos. » (BREHM, *Les Oiseaux*, II, p. 143.) Le rhiticère à bec plissé des îles de la Sonde et de la presqu'île de Malacca se conduit d'une manière analogue. Il fait son nid dans les cavités des troncs d'arbre; « lorsque la cavité du tronc d'arbre est convenablement disposée pour recevoir les œufs et que la femelle se met à couver, le mâle ferme l'ouverture du trou avec de la terre, du bois pourri, cimentés sans doute avec de la salive, et ne laisse qu'une petite ouverture par laquelle la femelle peut passer le bec. Pendant tout le temps de l'incubation, le mâle apporte à sa compagne des fruits en abondance. » (*Ibid.*, p. 214.)

les. Chaque couple, lorsque l'heure de la nidification arrive, n'a donc qu'à reproduire les actes que l'un des deux conjoints au moins a déjà accomplis. L'image de ces actes se fixe dans la mémoire et agit avec assez d'énergie pour qu'ils soient toujours effectués de la même manière, si quelque circonstance extraordinaire n'intervient pas pour modifier les idées de l'animal.

Le flamand qui vit dans les marécages et dont les jambes sont trop longues pour qu'il puisse s'accroupir dans son nid, construit ce dernier au sommet d'un monticule de terre conique, qu'il édifie sur la vase. Le nid est ainsi protégé contre l'eau et il est assez haut pour que la femelle puisse s'y poser à califourchon. La cigogne fait volontiers son nid sur le sommet des cheminées, des colonnes, etc, de manière à le mettre à l'abri des serpents et autres ennemis; dans certains pays où elle niche, on l'attire en fixant au sommet d'une haute perche plantée en terre, une vieille roue de charrette horizontale.

Les Gallinacés du genre Talégales, qui ne couvent pas, réunissent avant la ponte d'énormes amas de matières putrescibles sur lesquels ils pondent et où les œufs sont chauffés par la chaleur que produit la fermentation des matériaux accumulés. Cet oiseau habite l'Australie. Or, des jeunes transportés à Paris ont agi, dans la ménagerie du muséum, comme leurs parents l'avaient fait au pays natal, avant qu'eux-mêmes fussent nés (1). N'ayant pas été éduqués à agir de la sorte, ils ne purent qu'obéir à une impulsion résultant de leur organisation, et dont il est facile de découvrir l'origine. Il n'est pas douteux que les ancêtres les plus lointains des Talégales cherchant leur nourriture dans les matières putrescibles, comme le font beaucoup de Gallinacés, y déposaient leurs œufs sans prendre de précautions et sans les couver. Un grand nombre d'œufs, sans doute, étaient perdus. On peut admettre qu'une femelle ayant fait les siens dans un amas de matières qu'elle avait préalablement accumulées en cherchant des vers ou

---

(1) Voy. H. MILNE EDWARDS, *Leçons sur la physiologie et l'anatomie comparées de l'homme et des animaux*, t. XIII, p. 533, note.

des insectes, ayant reconnu que les petits venaient bien dans ces conditions, renouvela son opération lors de ses pontes ultérieures et fut imitée par d'autres femelles. L'habitude se propageant et se transmettant de génération en génération par l'exemple que les vieux donnaient aux jeunes, une organisation cérébrale particulière se constitua, en vertu de laquelle les générations actuelles font, par une impulsion irrésistible, ce que les ancêtres ont fait intentionnellement.

Dans chaque espèce, l'organisation spéciale déterminée par les habitudes que les individus se transmettent au moyen de l'éducation, de génération en génération, est elle-même conservée par l'hérédité, accentuée par la sélection et fixée d'une manière presque immuable. Les idées qui naissent sous l'influence des impressions extrinsèques, ou des sensations internes, ne peuvent, en raison de cette organisation, que déterminer des actes toujours identiques, comme une machine construite d'une certaine façon ne peut produire que certains mouvements toujours semblables. La nidification est devenue ainsi un acte presque réflexe, quoique l'intelligence et la conscience interviennent en quelque mesure dans leur production. Dans une espèce déterminée, les divers individus font leur nid toujours de la même façon, parce que leur organisation ne leur permet pas d'avoir, dans les conditions normales, l'idée de le faire autrement. Une idée nouvelle, assez forte pour déterminer un acte intentionnel nouveau ne peut naître dans le cerveau des individus d'une espèce déterminée que si des modifications profondes se produisent dans le milieu où ils vivent. Les hirondelles, par exemple, ont eu l'idée d'abandonner les rochers où elles faisaient traditionnellement leur nid parce qu'elles ont constaté qu'autour des habitations construites par l'homme elles trouvaient une nourriture plus abondante que dans les montagnes ou au bord de la mer.

On ne saurait douter, d'ailleurs, que chaque femelle d'oiseau ne subisse une véritable auto-éducation, soit du fait du milieu où elle vit, soit par son expérience personnelle. Les poules domestiques à la disposition desquelles on met des nids ne montrent jamais la moindre intention de s'en construire un. La plupart d'entre elles ont peu de dispositions à couver et celles qui couvent pour la première fois ne savent ni se tenir sur leurs œufs, dont elles cassent une partie souvent considérable, ni abriter leurs petits, qu'elles tuent par des mouvements maladroits ou qu'elles ne savent pas conduire. Dès la seconde couvée, leur actes s'harmonisent aux besoins des œufs et des poussins par suite de l'expérience qu'elles ont acquise. Dans certaines races de poules domestiques, les femelles ne couvent que très rarement leurs œufs mais, en revanche, elles pondent beaucoup. Chez les lapins domestiques, il n'est pas rare que les femelles mangent les petits de leur première portée, probablement parce qu'elles ont peu de lait ou ne savent pas les initier à téter.

En somme, pas plus chez les oiseaux que chez les mammifères, il ne nous est possible de constater l'existence d'une faculté particulière, qui, sous le nom d'instinct, présiderait à une partie des actes de l'animal. Dans la nidification, que les métaphysiciens et certains biologistes choisissent volontiers comme preuve à l'appui de leurs idées sur les prétendus instincts héréditaires, nous ne pouvons constater, comme dans la nutrition, que des phénomènes toujours réflexes ou des actes intentionnels qui, par l'habitude, deviennent plus ou moins inconscients et réflexes et déterminent une organisation d'où résultent les actes soi-disant instinctifs communs à tous les individus d'une même espèce. Mais, même à ce dernier degré, l'intelligence et l'éducation interviennent toujours pour modifier, suivant les besoins, les mouvements et les actes dits instinctifs.

En est-il de même chez les animaux inférieurs? Ces derniers n'exécutent-ils pas, au moins dans certaines espèces, des actes qu'il serait impossible d'attribuer à l'intelligence? Peut-on admettre chez eux l'existence d'une faculté spéciale, la faculté « instinct, » que nous n'avons pas pu trouver chez les animaux supérieurs?

Si l'on s'en tient aux apparences, il semble que l'on puisse répondre affirmativement à ces questions. Beaucoup d'insectes accomplissent, en vue de la nutrition de leur progéniture, des actes toujours identiques dans la même espèce et qui ne peuvent leur être inspirés ni par l'observation de parents morts avant leur naissance, ni par l'exemple de congénères, car ils vivent dans la solitude. Parmi ces animaux, l'un des plus remarquables est l'abeille solitaire connue sous le nom de xylocope violacé ou perce-bois. Lorsque la femelle est sur le point de pondre, elle creuse avec ses fortes mandibules, dans une pièce de bois mort, une sorte de puits oblique, cylindrique et terminé en un cul-de-sac dans lequel elle pond un œuf; autour de celui-ci, elle dépose une certaine quantité de pollen, puis mure cette première chambre avec de la sciure de bois agglutinée par sa salive. Elle pond alors un second œuf, l'entoure de pollen et clôture cette seconde chambre comme la première; elle pond ensuite d'autres œufs pour chacun desquels elle agit de la même façon; puis, quand sa ponte est terminée, elle meurt. Elle n'avait vu faire ces travaux ni par sa mère, morte avant sa naissance, ni par aucune de ses congénères et elle mourra sans connaître les larves qui sortiront de ses œufs. Bien plus, le pollen qu'elle dépose autour de ces derniers pour la nourriture des larves, ne sert pas à sa propre alimentation, car elle ne se nourrit que des liquides sucrés léchés par sa langue dans les corolles des fleurs. Lorsque la larve du premier œuf pondu a atteint une certaine taille, elle perce le fond du puits que la mère a eu soin de pousser jusqu'auprès de la surface du morceau de bois et elle sort de la chambre où elle est née; la larve du second œuf sort de même, en perçant la cloison qui sépare la seconde chambre de la première et, successivement, toutes les larves suivent le même chemin.

Ni la mère ni ses larves n'ayant pu profiter de l'expérience d'aucun autre individu, et toutes les femelles ainsi que toutes les larves agissant de la même manière dans toute l'espèce, sans introduire de modifications notables dans leurs actes et sans pouvoir en connaître les résultats, il est difficile d'attribuer leurs opérations à des raisonnements; aussi la plupart des naturalistes les considèrent ils comme exécutés en vertu de ce qu'ils appellent un « instinct héréditaire, » dont chaque femelle et chaque larve seraient douées en naissant et qui leur dicterait les actes rappelés plus haut. Quelques-uns même — ceux qui croient à la création — pensent que cet instinct a toujours existé chez les xylocopes et qu'il leur fut attribué par la divinité, au moment de la création de l'espèce. Les uns et les autres se refusent à attribuer à des raisonnements intellectuels les actes accomplis soit par les femelles soit par les larves.

Avant de me prononcer, je tiens à rappeler que la création des espèces animales n'a jamais été démontrée, tandis que tous les faits connus plaident en faveur de leur apparition par transformation d'espèces plus anciennes et par évolution graduelle. Nous pouvons admettre, par conséquent, que le xylocope n'a pas eu toujours l'organisation et les mœurs que nous lui connaissons aujourd'hui. Sous notre climat, où deux saisons très distinctes se succèdent chaque année, il parcourt toutes les phases de son existence dans un seul été et nul individu n'assiste à l'évolution d'aucun de ses semblables. Mais il n'en a pas toujours été ainsi. Dans les périodes anciennes, alors que la chaleur se faisait sentir sur tout le globe d'un bout à l'autre de l'année, nos insectes vivaient assez longtemps pour que chaque individu assistât à l'évolution de sa progéniture. Par conséquent, chacun pouvait recevoir une éducation de ses parents, ainsi que cela se passe encore de nos jours dans certaines espèces. Les frelons et les guêpes, par exemple, nourrissent leurs larves avec des insectes qu'ils mâchonnent d'abord et dont ils offrent des becquées à leur progéniture à la façon de certains oiseaux. Si l'on admet que les xylocopes ont pu autrefois assister à la naissance de leurs larves et les nourrir, on comprendra que les opérations auxquelles les femelles se livrent aujourd'hui, sans les avoir apprises de leurs parents, aient été exécutées autrefois à la suite de raisonnements et dans un but dont l'animal avait une parfaite connaissance. Par suite d'une répétition indéfiniment prolongée, ces opérations ont pris le caractère réflexe de la plupart des actes habituels et ont déterminé une organisation en vertu de laquelle l'animal fera nécessairement les mêmes actes, dans le même ordre, dès qu'une impression extrinsèque ou une sensation interne déterminera la production du premier d'entre eux.

Lorsque la femelle xylocope éprouve le besoin de pondre, elle accomplit toute une série d'actes dont les uns sont, à coup sûr, purement réflexes, tandis que d'autres peuvent être intentionnels. Elle est poussée, d'abord, par quelque sensation interne ayant son point de départ dans l'ovaire, à se servir de ses mandibules et cherche, intentionnellement peut-être, un morceau de bois qu'elle puisse ronger. Puis, sous une influence irrésistible, elle fore le puits où elle déposera ses œufs. On affirme que le fond de ce puits se trouve toujours situé assez près de la surface du bois pour que la larve qui y naîtra puisse facilement achever la perforation totale, et l'on suppose que le xylocope est doué d'un instinct tellement sûr que jamais une erreur n'est commise. Peut-être conviendrait-il de vérifier ce fait particulier. En admettant qu'il soit exact, il est permis de croire que le xylocope agit intentionnellement en ne donnant pas à son tunnel deux orifices. Lorsque l'œuf est pondu, la femelle doit avoir l'idée que cette portion d'elle-même aura besoin de nourriture et si elle l'entoure d'une provision de pollen, c'est probablement parce qu'elle a conservé le souvenir des premiers aliments qu'elle-même consomma en sortant de son œuf. Ce souvenir a pu se maintenir d'autant plus vivace, que sa vie est extrêmement courte et qu'elle voit, à chaque instant, l'aliment de ses premiers jours dans les fleurs dont elle lèche le nectar. La fermeture des chambres peut être effectuée intentionnellement et sous l'influence du désir de protéger ses œufs. En résumé, le besoin de pondre serait, en quelque sorte, le déclanchement à la suite duquel se produiraient une série d'actes, soit purement réflexes, soit intentionnels, mais toujours déterminés les uns par les autres, comme ceux de certaines machines où une seule mise en train est suivie de la production de mouvements successifs, dont chacun détermine nécessairement la production de celui qui vient à sa suite.

Même chez les êtres les plus parfaits, on voit se produire des séries de phénomènes non moins étroitement et fatalement enchaînés les uns aux autres que ne le sont ceux dont les xylocopes nous rendent témoins. Lorsque, par exemple, la sensation de la faim pousse un homme à introduire un aliment dans sa bouche, il exécute aussitôt une série d'actes dont beaucoup restent inconscients et sont purement réflexes. D'abord, sans que, d'ordinaire, il s'en rende compte, ses mâchoires se meuvent de manière à agir sur les aliments pour les couper et les broyer comme entre deux meules frottant l'une contre l'autre horizontalement. En même temps, la langue fait des mouvements très complexes, inconscients, purement réflexes, pour porter le bol alimentaire tantôt sur un point et tantôt sur un autre point de la bouche, afin qu'il s'y humecte de salive. Ensuite, le pharynx se contracte, par un simple mouvement réflexe, de manière à pousser le bol dans l'œsophage ; puis, les fibres musculaires du tube œsophagien agissent pour le porter vers l'estomac où il est brassé par des muscles. A la sortie de celui-ci, les muscles des intestins chassent toujours vers le bas les aliments en partie digérés, etc. Pendant ce temps, de nombreuses glandes de plusieurs sortes sécrètent les liquides divers par lesquels les matières alimentaires sont digérées, rendues absorbables, etc.

Tous ces mécanismes, sans parler de ceux qui opèrent en vue de l'élimination des déchets de la nutrition, ont été mis en branle par un seul acte : celui qui a introduit dans la bouche l'aliment destiné à apaiser la sensation de la faim. Et je rappelle que cet acte lui-même est, chez l'homme, tout à fait inconscient pendant les premiers jours de la vie. La sensation de la faim peut donc être considérée comme le déclanchement qui a mis en branle tout le machinisme de la nutrition, ainsi que la sensation provoquée chez le xylocope par le besoin de pondre met en mouvement tout l'organisme de l'animal et détermine la série des actes décrits plus haut.

L'homme, pendant la digestion, et le xylocope pendant

la ponte, agissent comme ils le font, parce que leur organisation ne leur permet pas d'agir autrement (1).

(1) M. Edmond Perrier a très bien étudié les phénomènes auxquels on donne le nom d'instincts chez d'autres insectes non moins intéressants à cet égard que le xylocope. Il s'agit des guêpes, des pompiles, des cerceris et des scolies. Dans ces groupes, les femelles, font, pour la nourriture de leurs larves, des approvisionnements d'insectes qu'elles ne tuent pas, afin d'éviter la putréfaction, mais qu'elles paralysent en piquant d'un coup d'aiguillon leurs ganglions nerveux. « Distinguer la paralysie de la mort, fait observer M. Ed. Perrier, savoir que la paralysie laisse intacts les tissus que la mort abandonne à la putréfaction, apprécier les propriétés du venin qu'inocule son aiguillon, reconnaître parmi les insectes ceux qui ont un système nerveux condensé, être instruit qu'un seul coup d'aiguillon suffira à les paralyser totalement, et donner le coup d'aiguillon juste où il faut, cela paraît tout à fait miraculeux pour un insecte. On ne voit pas comment une science aussi compliquée peut être acquise, on le voit d'autant moins que les insectes ne vivent qu'une saison, qu'ils ne connaissent pas leurs larves, n'usent pas des mêmes aliments et ne sauraient avoir appris durant leur vie larvaire comment doivent être capturées les proies qu'ils ont eux-mêmes consommées à cet état. Voilà bien l'instinct accomplissant aveuglément des actes compliqués qu'il sait exécuter sans les avoir jamais appris et qui le conduisent sûrement, mais tout à fait inconsciemment, à un but déterminé qu'il ignore et qui n'a aucun rapport avec sa propre conservation. Il paraît impossible de donner de la coordination de tous ces actes une explication plausible, et dès lors le plus simple est d'imaginer que les animaux doués d'instinct ont été construits d'emblée avec tout ce qu'il fallait pour nous étonner par leurs œuvres merveilleuses et que c'est Dieu lui-même qui les a construits. » Mais, si l'on étudie les espèces voisines de celles qui nous paraissent agir d'une façon si merveilleuse, on voit que nos guêpes communes, par exemple, assistent à l'éclosion de leurs larves et font des approvisionnements quotidiennement comme le font les oiseaux. D'autres n'attendent pas l'éclosion de leurs larves pour préparer les provisions qu'elles consommeront après leur naissance, les paralysent au lieu de les tuer, mais n'aboutissent à ce résultat qu'au moyen de plusieurs coups d'aiguillon qui « semblent donnés au hasard » et l'on arrive ainsi par degrés « au cas des *Cerceris*, des *Tachytes*, des *Pompilus* et des *Scolia* qui, d'un coup d'aiguillon, paralysent une grosse proie suffisant à elle seule à leur larve. » « Pendant les périodes primaire et secondaire, les générations d'insectes pouvaient se mêler ; leur longue vie leur permettait d'acquérir de l'expérience ; le mélange des générations permettait l'éducation. » Lorsque les saisons ont apparu avec la période tertiaire, « la gent entière des insectes aurait disparu, si à ce moment, grâce à l'hérédité qui abrège de plus en plus le temps que mettent à se développer les caractères qu'elle transmet, un grand nombre d'espèces n'étaient arrivées à faire tenir dans la durée de la belle saison toute la période de leur existence comprise entre leur naissance et leur dernière ponte. Grâce à cette précocité de la première reproduction, les espèces ont été sauvées, mais la vie des individus s'est trouvée limitée à une année ; chaque génération est séparée de la suivante par toute la durée de l'hiver ; l'imitation, l'expérience personnelle, l'éducation des jeunes sont devenues impossibles, toutefois les mécanismes organisés par elles dans le système nerveux et devenus héréditaires ont subsisté ; les insectes agissent encore comme ils le faisaient sous l'influence des causes qui ont réglé ces mécanismes, mais ils le font aveuglément, ne peuvent plus rien changer à ce qu'ils font : l'instinct aveugle et immuable a succédé à l'intelligence. Celle-ci ne subsiste que chez les espèces qui, s'abritant dans de vastes constructions établies en commun et suffisamment protégées, comme ont su le faire les termites, les abeilles et les fourmis, ont pu échapper en partie aux rigueurs de l'hiver... Ainsi se complète la démonstration de ce grand fait d'une importance primordiale, que l'intelligence a précédé l'instinct, qu'elle l'a peu à peu organisé, pour ainsi dire qu'elle en est la véritable mère et que *les deux ne font qu'un*. » (Edmond PERRIER, Conférence sur l'*Instinct*, à l'Associat. franç. pour l'avanc. des sciences, séance du 11 mars 1902.)

En réalité, chez aucun animal, les actes accomplis en vue de la nutrition n'exigent l'admission d'aucune faculté spéciale. Chez tous, ils sont, ou intentionnels et conscients, ou réflexes et plus ou moins inconscients.

La barrière que l'on a tenté de dresser entre les animaux et l'homme, en n'attribuant aux premiers que des instincts et en réservant l'intelligence pour le second, n'existe pas. Nous ne différons des animaux ni par le libre arbitre, dont nous ne jouissons pas plus qu'eux, ni par la nature des facultés intellectuelles. Seule, l'étendue de ces dernières permet à l'homme de se considérer comme supérieur à tous les animaux. La parole elle-même ne saurait être envisagée comme lui créant une situation à part dans la nature, puisque beaucoup d'animaux arrivent à comprendre et même à prononcer un grand nombre de mots des langues humaines et que, d'autre part, ils correspondent souvent entre eux par des gestes, des sons, des syllabes et même des mots articulés auxquels ils attachent une signification tellement précise qu'on doit les envisager comme représentant un langage véritable.

Enfin, s'il est vrai que la plupart des animaux répètent indéfiniment les mêmes actes, en les accomplissant toujours de la même manière, ce qui exclut, pour ces actes, l'idée de raisonnement, il n'est pas moins vrai que la plupart des hommes agissent souvent de la même manière. Quel est celui d'entre nous qui ne fait pas, dans telle circonstance déterminée, toujours le même geste, comme si ce geste était indispensablement lié à cette circonstance? Et il l'est, en effet, en raison de l'habitude que nous en avons contractée, au point qu'il nous est impossible de nous y soustraire. La plupart des gestes auxquels on donne le nom de tics sont dans ce cas. On les fait toujours sous l'influence des mêmes excitations. Or, il n'y a pas d'homme qui n'ait un ou plusieurs tics. Il n'y en a pas chez lequel certain geste ne soit lié à certain état d'esprit. D'autre part, moins un homme est instruit, moins, par conséquent, sont variées les idées qui peuvent déterminer chez lui des actes intentionnels, et plus est considérable le nombre des actes qu'il accomplit machinalement. Combien y a-t-il d'individus, même dans les classes supérieures de la société, qui se montrent, dans leur travail professionnel, aussi routiniers que des abeilles ou des fourmis? Combien y en a-t-il qui, en dehors de leur travail, pensent à autre chose qu'à la table et à la femme? Et tous ces faits ne comblent-ils pas le fossé que l'on a cherché, principalement dans un but religieux, à creuser entre l'homme et les animaux?

§ V

CONCLUSION DU CHAPITRE

Descartes qui refusait aux animaux les facultés intellectuelles, la volonté, par conséquent le libre arbitre et l'âme, reconnaissait, cependant, qu'ils « témoignent de plus d'industrie que nous en quelques-unes de leurs actions. » Mais, constatant qu'en d'autres ils nous sont inférieurs, il ne voulait voir en eux que des machines et les comparait à « une horloge qui n'est composée que de roues et de ressorts, » et, néanmoins, « peut compter les heures et mesurer le temps plus justement que nous avec toute notre prudence. » Et il concluait que : « C'est la nature qui agit en eux selon la disposition de leurs organes. » (1) Appliquons cette vérité d'observation aux hommes en même temps qu'aux animaux; reconnaissons que chez les uns et les autres il n'y a rien que de matériel et nous aurons fait un pas considérable vers la solution du problème moral.

Il est heureux, en effet, qu'il en soit ainsi, car l'éducation n'ayant à combattre ni des instincts héréditaires et innés, ni des idées innées, ni les spontanéités dépourvues de toute cause du libre arbitre, le moraliste acquiert la conviction qu'il n'est pas plus difficile de faire un honnête homme qu'un chien savant.

(1) *Discours de la Méthode.*

CHAPITRE IV

IDÉES MORALES DONT LE BESOIN DE NUTRITION DÉTERMINE LA PRODUCTION CHEZ LES ANIMAUX ET CHEZ LES HOMMES.

Tandis que les métaphysiques et les religions prétendent réserver à l'homme les idées morales, et assignent à ces dernières comme sources, soit la divinité avec sa « loi naturelle, » soit la « raison pure » avec son impératif catégorique, l'observation permet de constater que la plupart des animaux supérieurs possèdent, comme l'homme, les idées morales inscrites dans les décalogues religieux ou dans les impératifs catégoriques des métaphysiciens.

L'observation établit, en outre, que la production des idées morales est déterminée, chez les animaux et chez les hommes, par les besoins naturels de nutrition, de reproduction et d'activité. Enfin, elle met en évidence que chacun de ces besoins détermine nécessairement la formation d'une certaine catégorie d'idées morales, et que ces catégories sont les mêmes chez les animaux que chez les hommes.

Les hommes n'ayant apparu sur la terre que postérieurement à tous les animaux supérieurs et par une transformation extrêmement lente de certains d'entre eux, ils ont nécessairement la même organisation que les animaux supérieurs, éprouvent les mêmes besoins et ont dû concevoir les mêmes idées sous l'influence des mêmes circonstances. On doit même admettre que les premiers hommes ont reçu de leurs ancêtres animaux une éducation morale analogue à celle que les animaux supérieurs donnent à leurs descendants. Si, par exemple, c'est de la transformation d'une espèce de gibbons que les hommes les plus primitifs sont sortis, ils ont reçu nécessairement une éducation analogue à celles que ces animaux donnent aujourd'hui à leur progéniture et l'on s'explique sans peine la profonde analogie qui existe entre la morale des gibbons et celle des hommes primitifs qu'il nous est permis d'observer actuellement. D'un autre côté, les hommes les plus primitifs et les gibbons étant, les uns et les autres, omnivores, il est naturel que les mêmes idées aient été produites, chez les individus de ces deux espèces, par le besoin de nutrition.

L'observation des animaux supérieurs et des hommes nous permet, en effet, de constater des différences très sensibles dans les idées morales, suivant la nature des aliments qui constituent la nourriture habituelle de chacun d'entre eux.

§ I

ORIGINE DES IDÉES DE DÉFIANCE ET DE CRAINTE

L'intelligence des animaux végétivores, qui servent de nourriture aux carnivores, évolue principalement dans le sens de la crainte, de la défiance, des précautions à prendre pour échapper aux dangers qui les menacent. Son évolution, dans ce sens, est d'autant plus marquée, d'autant plus rapide aussi, que sont plus nombreux et plus menaçants les ennemis auxquels il s'agit d'échapper. Dans les régions où les grands carnassiers manquent et lorsque les hommes n'existent pas ou ne se livrent pas à la chasse, les animaux végétivores ne témoignent d'aucune idée de crainte et ne prennent aucune précaution contre des ennemis qu'ils ignorent. Il en est tout autrement dans les lieux où ils voient succomber leurs semblables sous les pattes du tigre, sous le bec de l'épervier, sous la flèche de l'homme sauvage, sous le plomb du chasseur civilisé.

Même dans les régions où existent des carnassiers et des chasseurs, les animaux ne se montrent défiants qu'à l'égard de leurs ennemis habituels. Les mammifères, les oiseaux ou les insectes que l'homme ne chasse pas ne manifestent à son approche aucune crainte, tandis qu'ils fuient devant les carnassiers auxquels ils servent de nourriture (1).

J'ai à peine besoin de rappeler que les hommes primitifs se conduisent exactement comme les animaux dont je viens de parler. Tous les voyageurs ont vanté la douceur et la serviabilité des populations qui voyaient des Européens pour la première fois. Si, plus tard, elles ont changé d'attitude, c'est toujours à la conduite des gens plus civilisés qu'elles qu'il convient de l'attribuer.

Les idées de crainte et de défiance se manifestent par des précautions et des ruses d'autant plus prononcées que les dangers à éviter sont plus grands, plus fréquents et plus variés. Les oiseaux les plus babillards se taisent à l'approche de leurs ennemis habituels, se dissimulent derrière les branches et les feuilles ou dans les touffes d'herbes et y restent tellement immobiles que ni la feuille ni même l'herbe la plus flexible ne révèlent leur présence par la moindre agitation. Des bandes entières de singes échappent souvent par des précautions analogues à la recherche des chasseurs. Les oiseaux font leurs nids dans les lieux qui leur paraissent les moins abordables par leurs ennemis traditionnels. Les nids eux-mêmes ont probablement été imaginés par les oiseaux autant en vue de la protection des œufs et des petits contre les animaux qui s'en nourrissent, que pour les mettre à l'abri des accidents atmosphériques.

Parmi les quadrupèdes terrestres végétivores, le lièvre se gîte, immobile, ramassé sur lui-même, pour éviter le

---

(1) Les lummes de l'Irlande, qui se rassemblent souvent au nombre de plusieurs milliers sur les rochers voisins de la mer, ne font aucun mouvement aux approches de l'homme par lequel ils ne sont pas chassés, tandis qu'ils se dispersent en manifestant une grande frayeur dès que survient un gerfaut (voy. BREHM, Les oiseaux, II, p. 877). Dans tous les pays où l'homme ne chasse que le gibier à poil, les oiseaux restent indifférents à la présence du chasseur, tandis qu'ils fuient devant les oiseaux de proie, etc.

chacal ou le tigre, le chien ou le chasseur; le lapin se creuse un terrier, au fond duquel il sait que les gros carnassiers ne pourront pas pénétrer, et, en fait, il échappe de la sorte à une partie notable des dangers qui le menacent.

Les hommes primitifs se logèrent d'abord dans des fissures de rochers, des creux d'arbres, ou des cavernes, pour se mettre à l'abri des grands carnivores contre lesquels ils n'avaient pas su encore s'armer d'une manière convenable. Quand leur intelligence fut plus développée, ils se bâtirent des huttes dans les arbres, au-dessus des marais et des lacs, c'est-à-dire dans des situations où leurs ennemis habituels ne les pouvaient que difficilement surprendre.

La défiance que les animaux végétivores manifestent à un si haut degré par rapport aux carnivores auxquels ils servent de nourriture, ne les abandonne pas quand ils cherchent eux-mêmes leur nourriture parmi les plantes. Il est facile de constater qu'ils se défient de tous les végétaux qui leurs sont inconnus, qui exhalent certaines odeurs (1), qui sont doués de caractères peu communs. Le nombre des plantes que mangent les herbivores, et celui des graines que consomment les oiseaux est très limité. D'autre part, quand on présente à un mammifère ou à un oiseau domestique un aliment nouveau pour lui, on n'a pas de peine à suivre, dans ses regards et dans ses gestes, la délibération à laquelle il procède avant de se décider à prendre ou à refuser cet aliment.

---

(1) L'odeur joue, sans aucun doute, un rôle considérable dans le choix que les herbivores font des plantes dont ils se nourrissent. On s'assure sans peine que la plupart des végétaux ayant une odeur très forte, désagréable ou même agréable pour nous, ne servent pas à la nourriture des herbivores sauvages. Les insectes très odorants sont en général évités par les oiseaux insectivores. Les animaux domestiques se comportent vis-à-vis des plantes ou des animaux à odeur très prononcée de façons très différentes, mais indiquant toujours l'importance du rôle joué par l'odorat dans le choix de leurs aliments. En général, les chiens montrent de la répugnance pour les parfums qui nous sont agréables, tandis qu'ils se roulent volontiers sur les charognes. Beaucoup de chiens de chasse refusent de manger le gibier cuit, même simplement rôti, tandis qu'ils dévoreraient le même gibier cru si on le leur abandonnait. J'ai en ce moment un petit chat et sa mère à qui on permet de monter sur la table dans l'intimité et qui se montrent friands de tous les potages et de tous les légumes, cependant ils refusent obstinément toute soupe ou plat contenant du chou ou ayant l'odeur du chou.

§ II

ORIGINE DE L'IDÉE DE PROPRIÉTÉ

Les animaux qui creusent des terriers ou construisent des nids manifestent nettement une idée que l'on a longtemps attribuée aux seuls hommes civilisés, celle de la *propriété*. Le lapin connaît admirablement son terrier et le défend avec une grande énergie contre ceux de ses congénères qui prétendraient s'en emparer. Il en est de même des oiseaux pour leurs nids : ils les défendent avec acharnement contre les autres oiseaux qui cherchent à s'y établir et, s'ils ne sont pas les plus forts, usent de ruse pour en chasser ceux qui les leur ont pris. On a vu, par exemple, des hirondelles prêter main forte, en grand nombre, à un couple d'entre elles dont le nid avait été envahi par un moineau, et, ne parvenant pas à en chasser le voleur, murer l'ouverture du nid, emprisonner l'intrus et déterminer ainsi sa mort (1).

L'idée de la propriété existe même chez les insectes. Les abeilles se jettent en masse contre tout animal qui essaie de pénétrer dans leur ruche et même contre l'homme qui veut s'emparer du miel et de la cire qu'elles ont fabriqués, tandis qu'elles ne prêtent aucune attention à ce même homme lorsqu'il se contente d'assister à leur travail.

L'acharnement avec lequel les animaux défendent leurs terriers, leurs nids ou le produit de leurs efforts permet de supposer que l'idée de la propriété individuelle ou collective et celle de la guerre sont contemporaines et remontent aux époques les plus reculées, car les animaux les plus inférieurs ont eu à défendre leurs logements ou leurs nids contre d'autres animaux que la paresse et la cupidité poussaient à s'en emparer(2).

(1) ROMANES, *L'intelligence des animaux*, II, p. 79. (F. Alcan.)
(2) On a signalé chez les abeilles et les guêpes l'existence d'individus ou même de collectivités se livrant au vol du miel amassé dans les ruches. L'abeille qui se livre isolément à ce vol, se glisse subrepticement dans la ruche dont elle convoite les richesses, suce la plus grande quantité possible de miel et va le porter

Chez beaucoup d'oiseaux migrateurs, l'idée de la propriété est assez vivace pour résister à l'absence prolongée qu'ils font chaque année. Il n'est pas rare, par exemple, de voir un couple d'hirondelles revenir, au printemps, dans le nid qu'il a bâti l'année précédente et dont il a été absent pendant tout l'hiver. Chaque couple de choucas revient au printemps à son ancien nid. On a cité des cigognes qui, pendant une quarantaine d'années, conservèrent la jouissance, on peut dire la propriété, du même nid; elles en reprenaient possession et le réparaient à chaque printemps, comme fait le propriétaire d'une villa d'été.

J'ai à peine besoin d'ajouter que l'idée de la propriété se développa chez les hommes primitifs, aussitôt qu'ils se furent habitués à vivre dans les cavernes ou à se construire des huttes. Fixés au sol par ces établissements, ils durent non seulement s'en considérer comme les propriétaires, mais encore se réserver la jouissance exclusive d'une certaine étendue de territoire, en vue de la chasse, de la pêche ou de la cueillette par lesquelles ils se procuraient leurs aliments.

dans sa propre ruche. « Qu'un de ces larrons solitaires réussisse à se saisir de butin, l'exemple devient contagieux ; d'autres membres de la communauté l'imitent et toute une tribu peut en venir à s'adonner à la maraude. Dans ce cas, le vol se fait à main armée ; les pillards se précipitent en masse sur la ruche, livrent bataille aux habitants et, s'ils ont le dessus, s'en vont chercher la reine et la mettent à mort, ce qui démoralise l'ennemi et met la ruche à leur merci. Il est à remarquer qu'après un succès de ce genre, l'esprit de conquête ne fait que se développer, les abeilles brigands se passionnent pour le vol et finissent par constituer de redoutables tribus de pillards. Quant aux habitants de la ruche assiégiée, une fois vaincus et privés de leur reine, non seulement ils cessent toute résistance, mais souvent encore ils passent à l'ennemi, l'aidant à rompre les cellules et à transporter le miel à son logis. Après avoir vidé une ruche, la bande s'en prend à une autre et ainsi de suite, à moins qu'elle ne rencontre une résistance acharnée ; de sorte que tout un rucher peut y passer... Mais si l'avantage reste aux assiégées, elles poursuivent l'ennemi à une grande distance... Les brigands se signalent aussi par des méfaits en pleine campagne. Ils fondent quatre ou cinq à la fois sur une honnête abeille, la tiennent par les pattes, la pincent pour lui faire déployer sa langue qu'ils sucent à tour de rôle, après quoi ils la laissent partir. » (ROMANES, *L'intelligence des animaux*, I, p. 158.)

Parmi les oiseaux, les actes de rapine ne sont pas rares, mais sans qu'il paraisse en résulter de guerre. Les mouettes dépouillent souvent les guillemots des poissons dont ils se sont emparés. Les stercoraires vivent à peu près exclusivement des vols qu'ils commettent au détriment des autres oiseaux de mer. L'aigle à tête blanche poursuit l'effraie qui s'est emparée d'un poisson jusqu'à ce qu'elle le laisse tomber. La frégate dépouille les fous des poissons dont ils se sont emparés et, parfois, les frappe jusqu'à ce qu'ils dégurgitent ceux qu'ils ont avalés. Les freux dérobent souvent, pour construire leurs nids, les matériaux d'autres nids, mais ils en sont punis par la démolition des ouvrages qu'ils ont édifiés avec les produits de leur vol. (ROMANES, *Int. des anim.*, II, pp. 46, 83.)

§ III

ORIGINE DE L'IDÉE DE MIGRATION ET DE VOYAGE

Quoique l'intelligence des animaux végétivores se soit développée surtout dans le sens de la crainte et de la défiance, le besoin de nutrition a provoqué le développement chez eux d'autres idées qui méritent d'être notées parce qu'on les trouve également chez les hommes. Il est facile, en premier lieu, de s'assurer qu'ils conservent, très exactement, le souvenir des lieux où ils ont trouvé une première fois les herbes, les fruits, les graines, etc., dont ils ont coutume de se nourrir. Ils savent y retourner aux époques les plus favorables. Les chevaux et les bœufs sauvages qui vivent dans les grandes steppes de l'Asie ou de l'Afrique parcourent périodiquement des distances parfois très considérables, afin de trouver, dans des pâturages différents, les herbes qui y poussent à des époques diverses.

Chaque année, les oiseaux migrateurs reviennent, au printemps, dans le pays où ils ont coutume de se reproduire et où ils trouvent facilement à s'alimenter, pour en partir à l'automne, c'est-à-dire à l'époque où leurs aliments habituels commencent à manquer, et où le froid leur rendrait la vie moins agréable. Ils s'en vont alors, en grandes troupes, dans les lieux plus chauds et mieux approvisionnés où ils ont passé déjà les hivers précédents. Ce n'est pas d'une fantaisie forfuite qu'est née leur coutume de voyager. Ils agissent comme les riches hommes du Nord qui vont, au commencement de chaque hiver, chercher la chaleur sur les bords de la Méditerranée, pour ne retourner dans leur pays qu'avec le soleil de l'été.

Comme le font aujourd'hui les grands herbivores, les oiseaux qui nous étonnent par leurs migrations parcouraient sans doute, autrefois, d'étape en étape, chaque année, les régions où les graines, les fruits, les animalcules dont ils se nourrissent se montraient tour à tour, en même temps que la chaleur. Lorsque leurs routes habituelles furent coupées par des marécages, des lacs et enfin des mers, ils restèrent fidèles à leurs habitudes traditionnelles. Poussés par le besoin de nutrition, ils n'hésitèrent pas à franchir les obstacles mis par la nature à leurs pérégrinations. De nos jours, les oiseaux migrateurs de la France vont, à travers la Méditerranée elle-même, chercher dans le nord de l'Afrique les aliments que leurs ancêtres y trouvaient déjà dans les siècles passés, alors que les terres européennes et africaines étaient confondues en un seul continent.

Certaines espèces d'oiseaux rapaces émigrent à la suite des oiseaux végétivores dont ils se nourrissent, témoignant ainsi, de la manière la plus irréfutable, que le besoin de nutrition est bien réellement la source de l'idée de migration.

Les migrations des premiers hommes furent également déterminées par le besoin de nutrition. Vivant de graines, de fruits, de bourgeons, de plantes herbacées ou arborescentes, de petits oiseaux, d'insectes, etc., les premières familles humaines avaient vite fait de dévaster un coin de forêt ou une clairière; elles devaient se déplacer sans cesse à la recherche de leurs aliments, comme le font aujourd'hui les familles et les tribus de singes, les troupeaux de bœufs ou de chevaux sauvages, etc. Plus tard, lorsque les hommes eurent contracté la coutume de manger la viande des grands herbivores, ils circulèrent à la suite des bandes que forment toujours ces animaux et qui, elles-mêmes, se livrent à de très importantes migrations. C'est, par exemple, à la suite des bœufs ou des chevaux sauvages dont ils se nourrissaient, que les Australoïdes remontèrent du sud de l'Asie, pénétrèrent sur le sol de la France, et s'établirent sur les rives de la Saône, de la Seine, de la Somme, de la Meuse, etc. Lorsque les grands herbivores furent chassés de notre pays par le froid des périodes glaciaires et retournèrent vers les régions chaudes asiatiques ou africaines, les Australoïdes émigrèrent à leur suite. Pendant ce temps, les rennes descendaient des rivages de la Baltique envahis par les glaces et se répandaient jusque dans notre pays.

A leur suite, les Esquimoïdes venaient s'établir dans les régions sèches qui entouraient le plateau central, sur les bords de la Dordogne et de la Garonne, de la Vézère, etc. Plus tard, lorsque les régions du nord redevinrent libres de glaces et que les rennes y remontèrent, les Esquimoïdes les suivirent et quittèrent notre pays. Dans ces deux cas, qui ont été bien étudiés, les hommes primitifs, encore exclusivement chasseurs et pêcheurs, suivent les animaux dont ils se nourrissent, les migrations des hommes sont déterminées par celles des animaux.

Depuis l'ouverture de la période historique, il est facile de s'assurer que la plupart des migrations humaines ont été déterminées par la recherche des aliments, soit que les tribus se déplacent spontanément, soit qu'elles se retirent devant des tribus plus fortes et qui abusent de leur supériorité pour s'emparer des terres qui excitent leurs convoitises. Enfin, même dans les temps modernes, les migrations connues sous le nom de colonisation ne sont-elles pas encore déterminées par le besoin de nutrition? N'a-t-on pas vu, au XVI° siècle, l'Europe se lancer à travers les océans à la recherche des terres où croissaient les épices, le caféier, la canne à sucre, le cacaoier, etc.? N'est-ce pas, aujourd'hui encore, le besoin de manger qui chasse d'Europe, chaque année, des milliers d'individus aux besoins desquels les champs de leurs pays natifs ne peuvent plus fournir une alimentation suffisante?

§ IV

ORIGINE DE L'IDÉE DE PRÉVOYANCE

Tandis que les animaux pourvus d'organes de locomotion puissants, comme les grands herbivores et les oiseaux, se déplacent pour aller, suivant les saisons, chercher leur nourriture tantôt dans le sud, tantôt dans le nord, les animaux à puissance locomotrice faible ont dû résoudre le problème de leur alimentation d'une autre manière. Ils y sont parvenus en concevant l'idée de la *prévoyance*. Ils s'approvisionnent, pendant la bonne saison, pour celle où leurs aliments habituels feront défaut. Les marmottes, par exemple, font, à l'automne, des provisions considérables de fruits et de graines qu'elles déposent dans leurs terriers, près de la chambre où elles dormiront pendant tout l'hiver. Lorsque les premières chaleurs du printemps les réveillent, elles vivent, en attendant les fruits nouveaux, de ceux dont elles se sont précautionnées l'année précédente. Les écureuils, qui redoutent les intempéries des saisons au point de ne pas sortir de leurs nids quand il pleut, quand il neige, quand il fait ou trop chaud ou trop froid, amassent des provisions qu'ils consomment pendant les jours où ils restent enfermés. Il n'est pas rare de voir des chiens cacher dans un buisson ou même enterrer des os, des morceaux de pain ou de viande qu'ils iront rechercher lorsque la faim se fera de nouveau sentir. Les singes qui vont à la maraude dans un champ de maïs ou de riz et qui craignent d'être surpris, commencent par accumuler dans leurs bajoues tous les grains qu'elles peuvent contenir; puis ils cueillent autant de tiges chargées de fruits qu'ils en peuvent tenir en leurs mains et ne rentrent dans la forêt que quand ils sont chargés de toutes les provisions qu'il leur est possible de porter. Je m'arrête, car il me paraît inutile de multiplier ces faits. Ils prouvent incontestablement que, chez les animaux, l'idée de prévoyance peut être tout aussi développée que chez l'homme, beaucoup plus développée même qu'elle ne l'est chez la plupart des hommes des races inférieures et chez un grand nombre de ceux des races supérieures (1).

---

(1) Beaucoup d'oiseaux font des provisions pour l'hiver. Le torchepot de nos pays fait des provisions de graines qu'il dépose « dans une fente d'un tronc d'arbre, dans un lambeau d'écorce, quelquefois même sous le toit d'une maison. Il n'entasse jamais beaucoup de semences dans un même endroit; tout au contraire, il les dissémine en plusieurs lieux, afin, sans doute, de n'être pas exposé à tout perdre d'un coup. » (BREHM, Les Oiseaux, II, p. 35.)

Un autre grimpeur, le colapte ou pic cuivré du Mexique, réunit ses provisions dans les hampes florales des agaves. La moelle de cette tige se détruit après la floraison, tandis que les couches extérieures durcissent. C'est le canal formé au centre de la tige par la destruction de la moelle que le pic cuivré choisit pour magasin. Les provisions sont constituées uniquement par des glands que l'animal est obligé d'aller chercher fort loin et qui diffèrent de ses aliments habituels représentés par des insectes, des larves, des petites graines, etc. Le canal central de la hampe des agaves offre un diamètre juste suffisant pour

§ V

ORIGINE DES IDÉES RELATIVES AUX RUSES DE CHASSE ET DE GUERRE

Chez les carnivores, l'intelligence se développe principalement en vue de la capture des animaux dont ils se nourrissent. Obligés de chasser des êtres dont toutes les pensées sont, en quelque sorte, imprégnées de défiance, et dont les sens avertisseurs sont devenus extrêmement impressionnables, les carnivores qui se nourrissent d'animaux vivants sont contraints de faire des efforts d'intelligence très considérables pour surprendre leurs victimes. L'épervier, par exemple, se tient dans l'air assez haut pour que les oiselets ou les petits mammifères dont il se nourrit ne le voient pas ou, du moins, ne se doutent pas du danger qui les menace. Le tigre attend pendant de longues heures, dans une immobilité absolue, dissimulé par quelques broussailles, l'œil aux aguets, le nez au vent, les griffes prêtes à saillir, les jambes ramassées pour le bond, tout le corps prêt à l'attaque, les chevreuils qui errent à travers les jungles ou la forêt, cherchant leur

---

laisser passer un gland selon son plus petit diamètre, en sorte que les glands s'y logent les uns à la suite des autres à la manière des grains d'un chapelet. Pour remplir son magasin, l'oiseau « perce à coups de bec dans la partie la plus inférieure de la hampe, et dans son bois périphérique, un petit trou rond qui s'ouvre dans la cavité centrale. Il profite de cette ouverture pour y introduire des glands jusqu'à remplir la partie du canal située au-dessous du trou. Le pic pratique alors un second trou sur un point plus élevé de la hampe, par lequel il remplit l'espace du canal situé entre les deux orifices. Il percera ensuite un troisième trou, plus élevé encore, et il continuera ainsi à remplir son magasin de proche en proche, jusqu'à ce qu'en s'élevant il atteigne le point de la hampe où le canal, en se rétrécissant, finit par devenir trop étroit pour laisser passer les glands... Ce travail est rude et occasionne à l'oiseau beaucoup de soins ; il lui faut une grande industrie pour faire de telles provisions... » Mais la patience que ces oiseaux déploient à remplir leurs magasins n'est pas seule à remarquer. La persévérance qu'il leur faut pour se procurer les glands est plus grande encore. En effet, le Pizarro (volcan sur lequel ils vivent) s'élève au milieu d'un désert de sable et de coulées de lave qui ne nourrissent aucun chêne. Cet arbre ne croit que sur le versant de la Cordillière, à près de dix lieues du Pizzaro. De Saussure, à qui l'on doit cette observation, suppose que les colaptes font leurs provisions avant la saison sèche, afin de les consommer pendant cette dernière, tandis que pendant la saison des pluies ils se dispersent dans les campagnes à la recherchent des insectes dont ils se nourrissent alors.

nourriture ou surveillant les ébats de leurs petits. Pêcheur prudent et expérimenté, le jaguar restera pendant des heures penché sur l'eau où circule le poisson qu'il convoite, afin de le saisir au passage et, d'un coup de patte, le lancer sur le sol. L'homme lui-même, avant de posséder les armes à longue portée, a employé la ruse pour s'approcher des animaux dont il faisait sa nourriture. La plupart des peuples sauvages ne chassent encore qu'à l'affût. Même avec le fusil, le chasseur se dissimule, comme le tigre dans les buissons, sur le passage habituel des animaux et près des ruisseaux où ils vont boire, et ne les tire qu'à bout portant. Chez nous, beaucoup de braconniers procèdent, on le sait, de la même façon. La ruse et sa fille, la dissimulation, l'hypocrisie peut-on dire, nous apparaissent ainsi comme engendrées par la nécessité dans laquelle se trouvent les animaux carnassiers et les hommes de tromper la défiance toujours en éveil des êtres vivants dont ils se nourrissent.

Pour mieux déjouer la défiance de leurs victimes, la plupart des carnassiers ne chassent qu'au crépuscule ou pendant la nuit. Cette habitude est surtout prononcée chez les espèces de petite taille, qui se défient de leurs forces. C'est à ces mœurs nocturnes que les carnassiers doivent les caractères particuliers de leur vue. Leur œil s'est modifié de telle sorte que la grande lumière les fatigue et qu'ils y voient, en quelque sorte, mieux la nuit que le jour. C'est aussi à ces habitudes qu'il faut attribuer l'exquise sensibilité de leur ouïe; quand ils chassent pendant la nuit, elle les avertit de l'approche des animaux grands ou petits dont ils se nourissent, longtemps avant qu'il leur soit permis de les voir. Enfin, c'est encore à l'habitude des chasses nocturnes qu'il faut attribuer l'apparition, chez ces animaux, d'organes spéciaux, tels que les poils de la moustache, qui contribuent à guider leur marche dans l'obscurité.

§ VI

ORIGINE DE L'IDÉE DES TERRITOIRES DE CHASSE ET DE LEUR PROPRIÉTÉ

La difficulté que les carnassiers ont à se nourrir, tantôt à cause de la rareté des animaux dont ils s'alimentent, tantôt en raison de l'extrême défiance de leurs proies, les conduit à vivre presque toujours dans un isolement absolu, sauf à l'époque des amours. Elle a fait surgir ainsi dans leur esprit une idée tout à fait analogue à celle qui dicte la conduite de nos chasseurs les plus modernes. La plupart des grands carnassiers s'arrogent la jouissance exclusive d'un territoire déterminé, sur lequel ils ne tolèrent la présence d'aucun concurrent.

Après avoir détruit tous les carnivores appartenant à des espèces dont la taille et la force sont inférieures à sa propre taille et à sa propre force, le tigre se retourne contre tous ceux de ses congénères qui prétendraient chasser sur son domaine. Il se considère comme le propriétaire du terrain sur lequel il s'est établi et n'y tolère aucun concurrent, afin de s'assurer la chasse qui peut y être faite.

§ VII

ORIGINE DES IDÉES DE LIBERTÉ INDIVIDUELLE ET DE SERVILITÉ

La nécessité où sont tous les animaux de se déplacer sans cesse et dès le premier âge, pour chercher leur nourriture ou pour échapper à ceux qui les chassent, leur a fait contracter l'habitude de changer très fréquemment de lieu. Plus tard, ils se déplacent pour le seul plaisir de le faire, pour la satisfaction du besoin d'activité qui s'accroît par les déplacements. Il en résulte la formation dans leur esprit d'une idée réservée à l'homme par la plupart des psychologues, celle de la *liberté individuelle*.

Si une circonstance quelconque condamne les animaux sauvages à l'immobilité, ou bien les empêche d'aller là où leurs besoins les poussent, on constate sans peine qu'ils en éprouvent un grand chagrin et on leur voit faire tous les efforts imaginables pour recouvrer la liberté de leurs mouvements. Il en est ainsi quand nous les capturons : un oiseau ou un mammifère sauvage quelconque enfermé, à l'âge adulte, dans une cage ou une chambre, ne manifeste qu'une pensée, celle de s'en échapper, celle de reprendre la liberté dont il a été privé. L'oiseau tente de passer au travers des barreaux de sa cage, comme s'il s'agissait de traverser les branches d'un buisson, et il se met en sang, se tue même, dans ces tentatives incessantes et impuissantes. Le lion circule indéfiniment le long des murs de sa prison, en cherchant une issue, comme dans les cavernes où souvent il s'abrite; le lapin tente de s'évader en creusant le sol; le chevreuil bondit contre les murs, comme s'il espérait pouvoir les franchir; chacun en un mot, recourt aux moyens dont il a coutume de faire usage pour surmonter les obstacles qui, dans la nature, sont susceptibles d'entraver ses mouvements. Il n'est pas rare que ces coutumiers de la vie libre se laissent mourir de faim à côté des aliments dont ils sont le plus avides, plutôt que de se résigner à la captivité (1).

Pour y soumettre les animaux sauvages, il est presque toujours nécessaire de les prendre dès le plus jeune âge, avant qu'ils puissent subvenir d'eux-mêmes à leur alimen-

---

(1) Les chevaux sauvages des steppes de l'Asie et des pampas de l'Amérique ont un tel amour de la liberté qu'ils l'appliquent à leurs semblables domestiqués. Les cimarrones de l'Amérique du Sud entraînent les chevaux domestiques. « Quand ils en aperçoivent, ils courent à eux, les saluent par leurs hennissements, et sans grande résistance de leur part, les joignent à leur bande. Les voyageurs sont souvent mis dans un cruel embarras par les entraîneurs de leurs montures. » Ils n'agissent que la nuit et ne se laissent pas facilement effrayer. Les tarpans ou chevaux sauvages des steppes de la Mongolie et du désert de Gobi font mieux encore pour rendre la liberté à leurs semblables. « Dès que les chevaux sauvages aperçoivent une voiture traînée par des chevaux domestiques qui, avant leur asservissement, étaient leurs camarades, ils courent à eux ; à peine les ont-ils reconnus à leurs hennissements qu'ils les entourent et les entraînent de gré ou de force. Malheur aux personnes qui se trouvent dans la voiture ! En dépit des cris et des coups des gardiens, les chevaux des steppes, pris de fureur, brisent les voitures en morceaux à coups de pied et de dents, arrachent les harnais de leurs camarades, les rendent à la liberté ; puis, joyeux et hennissants, les emmènent avec eux en triomphe. » (BREHM, Les Mammifères, II, pp. 312, 307.)

tation, et de les séparer des adultes de la même espèce. Par des soins assidus et constants, en leur inspirant la pensée que l'homme est indispensable à la satisfaction de leurs besoins, on arrive à domestiquer des individus de la plupart des espèces végétivores et de quelques espèces carnivores. On a pu même créer, par la continuité de la vie domestique, des races dont il est impossible de dire aujourd'hui exactement d'où elles viennent. Mais, dans ces races domestiques elles-mêmes, l'idée de la liberté subsiste très vivace et se manifeste chaque jour par un grand nombre d'actes.

L'idée de la liberté individuelle est née chez l'homme de la même manière que chez les animaux. Toutes les populations primitives actuelles permettent de constater l'attachement profond qu'ont la plupart des individus pour leur indépendance personnelle. On voit souvent les petits nègres de l'Afrique quitter leur famille et leur village à la suite de passants qu'ils n'ont jamais vus et s'en aller ils ne savent où, pour le seul plaisir de jouir d'une liberté que personne, d'ailleurs, ne cherche à leur contester. Mais il n'est pas rare non plus de les voir renoncer à cette même liberté pour vivre sous l'autorité et la dépendance d'un maître quelconque. Comme l'animal sauvage et plus facilement encore que lui, ils se laissent apprivoiser par l'abondance de la nourriture. Chez eux, le besoin de nutrition se montre plus fort que l'amour de la liberté.

En y regardant d'un peu près, il est facile de constater que partout et dans tous les temps, lorsque les hommes sacrifient leur liberté individuelle, c'est presque toujours en échange d'une alimentation plus facile ou plus abondante que celle dont ils pourraient jouir à l'état libre. En Asie, en Afrique, à Madagascar, comme dans les sociétés antiques, l'esclave n'est pas l'homme malheureux sur le sort duquel notre esprit s'apitoie. Presque toujours, il trouve à la perte de sa liberté de tels avantages qu'il tient fort peu à la recouvrer. Il n'y a eu d'esclaves malheureux que ceux des colonies européennes, parce que leurs maîtres les contraignaient à travailler beaucoup plus qu'ils ne le faisaient dans leur pays d'origine.

Dans nos sociétés modernes, si les hommes renoncent à leur liberté individuelle, c'est toujours pour des avantages qu'ils jugent, à tort ou à raison, susceptibles de compenser la perte de leur indépendance. Selon le mot très juste de La Boétie, la servitude, chez l'homme moderne, est toujours volontaire.

§ VIII

ORIGINE DE L'IDÉE DU BONHEUR

La satisfaction du besoin de nutrition est accompagnée, chez tous les animaux supérieurs, comme chez l'homme, d'un accroissement d'activité de la circulation que suit bientôt une excitation cérébrale très prononcée et d'où résulte une sensation de bien-être, de plaisir, d'autant plus vive que le besoin de manger se faisait plus vivement sentir. Il n'est pas permis de douter que ce plaisir soit la source primitive et la plus importante de *l'idée du bonheur*, car le besoin de nutrition est le premier que les animaux et les hommes sont appelés à satisfaire et il est le seul qu'ils éprouvent pendant toute la durée de leur existence et dans toutes les circonstances de la vie.

Le besoin de reproduction et le plaisir qui résulte de sa satisfaction sont plus particulièrement signalés par les littérateurs comme des causes déterminantes de bonheur. Cependant, comme le besoin de reproduction n'apparaît qu'à un certain âge et disparaît parfois longtemps avant la fin de la vie, le bonheur qui en résulte n'est que passager.

La satisfaction du besoin d'activité constitue aussi une source importante de l'idée du bonheur. On peut en juger sans peine par la joie que montrent tous les animaux, surtout dans leur jeunesse, et les enfants ou les jeunes gens, toutes les fois qu'ils peuvent se mouvoir, se déplacer, courir, etc., selon leur fantaisie.

§ IX

ORIGINE DE LA PASSION DE LA GOURMANDISE ET DE L'IVRESSE

L'excitation nerveuse et circulatoire qui accompagne la satisfaction de la faim et de la soif détermine un accroissement notable de l'appétit, d'où résulte une tendance à manger beaucoup plus que ne l'exige la satisfaction du besoin physiologique. Si l'on s'abandonne à cette tendance, elle se transforme en habitude et le besoin se transforme en passion. La gourmandise, dès lors, a fait son apparition. Bien rares sont les animaux ou les hommes qui n'y succombent pas. Les uns et les autres, afin de satisfaire cette passion, recherchent les aliments qui excitent le mieux leur palais. Tel animal végétivore fait souvent de très grands efforts, parcourt des espaces considérables et s'expose à des dangers connus, pour se procurer les fruits, les graines, les feuilles ou les racines dont il est particulièrement avide. Il pourrait, sans aucune peine, trouver des aliments plus communs, mais il ne s'en contente que quand il ne peut pas faire autrement. Certains carnivores ont un goût très prononcé pour le sang des animaux et ne mangent leur chair qu'en cas de nécessité. Il en est qui recherchent plus particulièrement tels ou tels organes ou tissus et dédaignent les autres parties de leurs victimes. D'autres encore, à l'exemple de certains gourmets de notre race, sont plus friands de chair faisandée que de viande fraîche. En un mot, sous l'influence du plaisir procuré par la satisfaction du besoin de nutrition, la plupart des animaux et des hommes sont devenus plus ou moins gourmands et mangent plutôt par passion que par besoin (1).

(1) Chez tous les peuples primitifs, la gourmandise atteint des proportions d'autant plus fortes que les difficultés de l'alimentation sont plus grandes. Un explorateur anglais a tracé le tableau suivant des excès auxquels se livrent les Australiens quand une baleine échoue sur leurs côtes. Des feux allumés sur-le-champ portent au loin la nouvelle de cet heureux événement. Les hommes

La satisfaction de la faim et de la soif, surtout lorsqu'elle a été poussée au delà des nécessités physiologiques, est souvent suivie d'une sorte d'engourdissement agréable, de somnolence et même de sommeil. Il est peu d'animaux qui, après un repas copieux, ne s'endorment pour le digérer en paix. Le sommeil est même, sans aucun doute, l'état qui favorise le mieux la digestion, car, grâce à lui, toute la chaleur produite par l'organisme peut être consacrée aux transformations physiques et chimiques que les

« se frottent de graisse partout le corps et font subir la même toilette à leurs épouses favorites; après quoi, ils s'ouvrent un passage à travers le gras jusqu'à la viande maigre, qu'ils mangent tantôt crue, tantôt grillée sur des bâtons pointus. A mesure que d'autres individus arrivent, leurs mâchoires travaillent bel et bien dans la baleine, et vous les voyez grimpant de çà de là, sur la puante carcasse, à la recherche des fins morceaux. Pendant des jours entiers, ils restent auprès de la carcasse, frottés de graisse fétide des pieds à la tête, gorgés de viande pourrie jusqu'à satiété, portés à la colère par leurs excès et engagés ainsi dans des rixes continuelles, affectés d'une maladie cutanée que leur donne cette nourriture de haut goût, offrant ainsi un spectacle dégoûtant. Il n'y a rien au monde, ajoute le capitaine Grey, de plus repoussant à voir qu'une jeune indigène aux formes gracieuses, sortant de la carcasse d'une baleine en putréfaction. » (J. LUBBOCK, L'homme préhistorique, II, p. 116.)

Les Esquimaux, chez lesquels l'alimentation est souvent difficile, sont aussi doués d'une extraordinaire voracité. Un explorateur anglais, le capitaine Ross, ayant abandonné à une petite troupe d'Esquimaux un bœuf musqué, put assister à une véritable orgie stomacale. « Les indigènes débitèrent la chair de toute la moitié antérieure de l'animal en longues lanières, qu'ils consommèrent toutes en s'y appliquant pendant une journée entière. Les lanières de viande passaient d'un convive à l'autre, en se raccourcissant rapidement. Chacun des commensaux s'en fourrait un bout dans la bouche aussi avant que possible, puis coupait la bandelette de chair à la hauteur de son nez, en aspirant, en quelque sorte, la précieuse viande. De temps à autre et n'en pouvant plus, les Esquimaux reprenaient haleine et se laissaient tomber sur le lit de leur *iglou*, en se lamentant de ne pouvoir plus manger; puis, aussitôt que la chose leur était possible, ils recommençaient à déglutir, car ils avaient eu soin, pendant leur courte défaillance, de ne lâcher ni le morceau entamé ni leur couteau ». Le capitaine Lyon a raconté le repas d'un Esquimau : « Koulittuck... me fit connaître un nouveau genre d'orgie des Esquimaux. Il avait mangé jusqu'à en être ivre et, à chaque moment, il s'endormait, le visage rouge et brûlant, la bouche ouverte. A côté de lui était assise Arnaloua, qui surveillait son époux, pour lui enfoncer autant que faire se pouvait, dans la bouche et en s'aidant de son index, un gros morceau de viande à moitié bouillie. Quand la bouche était pleine, elle rognait ce qui dépassait les lèvres. Lui mâchait lentement, et à peine un petit vide s'était-il fait sentir qu'il était rempli par un morceau de graisse crue. Durant cette opération, l'heureux homme restait immobile, ne remuant que les mâchoires et n'ouvrant même pas les yeux; mais il témoignait de temps à autre son extrême satisfaction par un grognement très expressif, chaque fois que la nourriture laissait le passage libre au son. » (Cités par LETOURNEAU, La psychologie ethnique, p. 184.)

On peut rapprocher de ces faits les récits des repas orgiaques des Romains, des seigneurs du moyen âge et les repas sans fin que l'on fait encore dans certains pays, et même dans le nôtre. Il ne faut pas oublier non plus que dans tous les temps et dans tous les pays, l'ivresse des repas très copieux est encore accrue par celle que procurent les boissons alcooliques.

aliments doivent subir, dans le tube digestif, avant de devenir aptes à l'accroissement de l'individu.

Excitation agréable pendant le repas, engourdissement non moins agréable et sommeil après le repas sont des plaisirs que les plus intelligents des animaux devaient être tentés de pousser jusqu'à leurs limites les plus extrêmes. Les hommes y sont parvenus, depuis des temps immémoriaux, d'abord en faisant des repas plus copieux que ne l'exige le besoin de nutrition et, plus tard, en inventant les boissons alcooliques. Les livres des Védas sont remplis des hymnes pieux que les anciens Aryas de l'Inde adressaient au soleil, en versant sur le foyer familial dont chaque chef de famille était le prêtre, le *soma* sacré, liqueur fermentée, préparée par les femmes, liqueur divine, qui, après avoir activé la flamme de l'autel, mettait la joie dans l'esprit du père de famille et le disposait à travailler gaiement pour nourrir sa progéniture. Il n'y a pas un peuple sauvage qui ne connaisse le moyen de faire fermenter quelque matière d'origine végétale ou animale. Lait des juments chez les Kirghis du Plateau Central de l'Asie, suc des palmiers chez les noirs du continent africain; orge, maïs, millet, sorgho, riz, fruits divers, etc., chez la plupart des tribus les moins civilisées des deux mondes, ont été, depuis les temps les plus reculés, soumis à la fermentation, afin d'obtenir des boissons alcooliques dont tous ces peuples abusent d'autant plus volontiers qu'ils sont plus voisins de l'état primitif de l'humanité. Personne n'ignore non plus qu'à l'exemple de l'homme, beaucoup d'animaux domestiques prennent facilement goût aux boissons alcooliques et se montrent aussi disposés à en abuser que les hommes les moins civilisés ou, au contraire, les plus raffinés.

§ X

RELATIONS DE LA NUTRITION AVEC LA REPRODUCTION

Enfin, et c'est par là que je mettrai fin à ces considérations, les plaisirs de la nutrition et les excitations cérébrales qui les accompagnent sont d'autant plus recherchés par les animaux supérieurs et les hommes, qu'ils ne sont pas sans avoir un retentissement notable sur le besoin de reproduction, du moins quand ils ne dépassent pas une certaine limite (1).

Des relations physiologiques étroites existent entre la nutrition et la reproduction. La seconde n'est possible qu'à l'époque où l'animal est parvenu à une phase déterminée de sa croissance, et il s'affaiblit lorsque la nutrition devient, sous l'influence de la vieillesse, insuffisante. D'autre part, chez l'animal ou l'homme privés de nourriture, la puissance génératrice baisse, tandis qu'elle est accrue par une nutrition régulière et une alimentation abondante. La raison de ces faits se trouve dans les modifications physiologiques déterminées, chez tous les animaux et chez l'homme, par l'absorption des aliments; leur digestion et l'alimentation intime des tissus. Ces phénomènes sont toujours accompagnés d'un accroissement de l'activité circulatoire qui retentit puissamment sur les organes reproducteurs et joue le rôle d'excitant de la fonction génératrice. Il en résulte une relation étroite, dans la pensée de la plupart des hommes, entre les plaisirs de l'alimentation et ceux de la reproduction.

En résumé, nous avons vu, dans les pages ci-dessus, le besoin de nutrition donner naissance : aux idées de *crainte* et de *défiance* par la nécessité où se trouvent certains animaux et les hommes primitifs de se défendre contre les carnassiers auxquels ils servent de nourriture; aux idées de *ruse* et d'*hypocrisie*, par l'obligation qui s'impose aux animaux carnassiers et à l'homme de tromper la

---

(1) Chez les peuples primitifs, un repas copieux et copieusement arrosé par les boissons alcooliques est toujours suivi d'une orgie génésique. Et de même que c'est le mâle qui boit et mange le plus, afin de se procurer ce qu'on peut appeler l'ivresse du ventre, c'est aussi lui qui se montre le plus porté à l'abus des plaisirs génésiques. Il n'y a pas de peuple primitif qui, dans le but de rendre ces plaisirs plus faciles, n'ait inventé des boissons ou des aliments considérés comme des excitants. La plupart de nos condiments sont encore ou ont été considérés par les peuples qui les ont utilisés les premiers, comme des aphrodisiaques. On sait quels énormes bénéfices réalisent de nos jours, dans les pays les plus civilisés, les inventeurs des drogues considérées comme des excitants génésiques. Or, il est facile de noter que les excès de la génération vont presque toujours de pair avec ceux de la nutrition.

crainte et la défiance des bêtes dont ils se nourrissent ; à l'idée de *propriété*, par l'attachement que les animaux et l'homme éprouvent pour les abris, les nids, les terriers, les huttes, etc., qu'ils construisent afin de se protéger contre leurs ennemis ou les intempéries du climat, et par la nécessité où sont les grands carnivores ou herbivores et les hommes primitifs de se préserver contre toute concurrence sur leurs terrains de chasse ou de pâturage ; à l'idée de la *prévoyance*, par la nécessité de s'assurer des vivres pendant les mauvaises saisons ; à l'idée de *migration*, par l'obligation d'aller à la recherche des aliments produits par les diverses régions ou de suivre les animaux qui servent de nourriture ; à l'idée de *liberté individuelle*, par suite de l'habitude que contractent les animaux et l'homme de se déplacer sans cesse à leur fantaisie pour chercher leur nourriture ; à l'idée de *servilisme* et d'*esclavage*, par le désir qu'éprouvent les animaux et les hommes de se nourrir en faisant aussi peu d'efforts que possible ; à l'idée de *bonheur*, par le plaisir qui résulte de la satisfaction du besoin de nutrition ; aux passions de la *gourmandise* et de l'*alcoolisme*, par l'abus des plaisirs que procurent les aliments et les boissons excitantes. Nous avons vu, enfin, que la satisfaction du besoin de nutrition contribue puissamment à faire naître les désirs génésiques, en activant la circulation, en excitant les centres nerveux psychiques et en augmentant l'intensité du besoin d'activité. Nous voyons, en somme, toutes les idées morales d'ordre égoïste naître du besoin de nutrition.

Dans les chapitres suivants, nous verrons les idées altruistes naître, plus particulièrement, des besoins de reproduction et d'activité, dont la satisfaction exige, chez les animaux supérieurs et l'homme, le concours de deux ou plusieurs individus.

CHAPITRE V

IDÉES MORALES QUE LE BESOIN DE REPRODUCTION DÉTERMINE CHEZ LES ANIMAUX ET CHEZ LES HOMMES.

Chez les animaux supérieurs et les hommes, les organes des deux sexes sont répartis sur des individus différents, dont le concours est nécessaire pour qu'il y ait reproduction. Les individus de sexes distincts sont déterminés à se rechercher et à s'unir, par le besoin de reproduction.

Celui-ci ne se fait sentir, chez les animaux sauvages, qu'à l'époque où l'individu est sur le point d'atteindre l'apogée de sa croissance; il disparaît presque toujours, plus ou moins complètement, lorsque l'animal vieillit, c'est-à-dire lorsque les phénomènes de décroissance commencent à l'emporter sur les phénomènes de croissance. Chez la plupart des animaux sauvages, il ne se manifeste qu'au printemps. Chez les oiseaux et les mammifères domestiques, il dure plus longtemps, chaque année, que chez les animaux sauvages des mêmes espèces ou des espèces analogues, ou bien se manifeste plus souvent. Dans l'espèce humaine, les désirs génésiques apparaissent longtemps avant le besoin véritable de reproduction, persistent bien au delà de l'âge où la reproduction est possible et se font sentir pendant la majeure partie de la vie, d'une manière permanente. Comme les femelles des animaux supérieurs, les femmes ne sont, du reste, aptes à concevoir que pendant des périodes intermittentes;

mais, chez elles, ces périodes sont plus rapprochées que chez tous les animaux : l'espèce humaine est, en effet, la seule où elles soient mensuelles. Il est impossible de ne pas attribuer ce fait aux excitations incessantes dont la femme est l'objet de la part de l'homme; on peut le comparer à la permanence de la ponte chez les poules domestiquées, bien nourries et vivant sans cesse en compagnie des coqs.

La nature des relations auxquelles le besoin de reproduction pousse les individus des deux sexes n'est pas la même dans tous les groupes d'animaux supérieurs. Chez la plupart des poissons, il ne se produit aucun rapprochement entre les mâles et les femelles : ces dernières pondent dans l'eau, suivies par les mâles qui, en passant sur les œufs, les fécondent. Chez les oiseaux, il y a toujours rapprochement des individus des deux sexes, mais il n'y a pas, habituellement, d'organes sexuels extérieurs. Ces derniers existent chez tous les mammifères et chez l'homme.

Chaque période de reproduction est marquée, chez tous les animaux supérieurs et les hommes, par une activité plus grande de la vie, et, en particulier, par une accélération de la circulation sanguine, non seulement dans les organes reproducteurs, mais encore dans la plupart des organes et plus particulièrement dans les enveloppes cutanées et leurs dépendances. Chez les poissons, la peau rougit. Chez les oiseaux, la crête et les caroncules s'empourprent. Chez les mammifères, il se produit une agitation extraordinaire, souvent accompagnée de cris, de miaulements, de mugissements, etc.

Chez les oiseaux et les mammifères, dès qu'une femelle offre les signes extérieurs du besoin de reproduction, elle est entourée par tous les mâles qui ont reconnu son état. Ils se livrent autour d'elle à des actes non douteux de séduction : les pigeons roucoulent et gonflent les belles plumes de leur gorge; les paons et les dindons développent leur queue en éventail, font la roue, piétinent le sol en tournant sur eux-mêmes et prennent de grands airs majestueux; les rupicoles orangés du Brésil dansent devant les femelles en faisant des gestes de toutes sortes (1); les chiens ont des attitudes de mousquetaires en bonne fortune ; les chats hérissent tous leurs poils en poussant des cris ; chaque mâle, en un mot, fait étalage des qualités de force et de beauté dont il jouit.

En même temps qu'ils cherchent à conquérir les faveurs de la femelle convoitée, tous les mâles qui l'entourent se livrent à des menaces réciproques, bientôt suivies de combats acharnés. Les oiseaux se battent avec leurs pattes et leurs éperons, leur bec et leurs ailes. Les mammifères carnassiers se battent avec leurs griffes et leurs dents. Les grands herbivores se battent avec leurs pieds et avec leur front qui est souvent armé de bois ou de cornes. Et tous apportent dans ces batailles une telle fureur, que les plus petits et les plus faibles n'hésitent pas à se jeter sur les plus grands et les plus forts et ne se retirent du combat que grièvement blessés, prêts du reste à recommencer contre d'autres rivaux, jusqu'à ce qu'ils soient parvenus à la conquête d'une femelle. En général, les femelles assistent passives à ces batailles et n'opposent aucune résistance aux hommages passionnés du vainqueur (2).

(1) La danse sexuelle du rupicole orangé du Brésil a été bien observée par Richard Schomburgk : « Toute une bande de ces oiseaux, dit-il, était en train de danser sur un énorme rocher... Sur les buissons des alentours se trouvaient environ une vingtaine de spectateurs, mâles et femelles ; sur le rocher même était un mâle qui le parcourait en tous sens, en exécutant les pas et les mouvements les plus surprenants. Tantôt il ouvrait ses ailes à moitié, jetait sa tête à droite et à gauche, grattait la pierre de ses pattes, sautait sur place plus ou moins légèrement ; tantôt il faisait la roue avec sa queue, et d'un pas grave, se promenait fièrement tout autour du rocher, jusqu'à ce que, fatigué, il fît entendre un cri différent de sa voix ordinaire et s'envolât sur une branche voisine. Un autre mâle vint prendre sa place ; il montra aussi toute sa grâce, toute sa légèreté, et finit lui aussi, par céder la place à un troisième... Les femelles assistent sans se lasser à ce spectacle et, quand le mâle revient fatigué, elles poussent un cri, une sorte d'applaudissement. » (BREHM, Les Oiseaux, I, p. 625.)

(2) Ordinairement, chez les oiseaux, le combat pour la femelle cesse dès que l'un des mâles a été assez fort pour éloigner l'autre. Le couple étant formé, les autres mâles ne s'en occupent plus. Cependant, on a cité des cas dans lesquels le mâle d'un couple déterminé est obligé de se défendre sans cesse contre d'autres mâles qui veulent s'emparer de sa compagne. Un fait de ce genre a été signalé chez le pygargue vulgaire. « Il est probable, dit Brehm en parlant de ces rapaces (Les Oiseaux, I, p. 397), qu'ils contractent des unions indissolubles pour toute leur existence ; néanmoins, le mâle a des rivaux avec lesquels il a à soutenir de rudes combats ; s'il est vaincu, il peut perdre sa compagne... Deux pygargues mâles, que j'ai pu observer longtemps, dit le comte Wodzicki, étaient continuellement en lutte. Ils se frappaient à coups de bec et de serres, tombaient à terre ensemble, se relevaient pour se battre de nouveau ; des plumes, du

Dans l'espèce humaine, la conquête des femmes a été, sinon le premier but des guerres entre familles et tribus, du moins le but important des premières guerres, parce qu'il était plus difficile aux hommes primitifs de se procurer des femmes que des aliments. Aujourd'hui encore, certaines tribus africaines ont l'habitude d'organiser des expéditions contre d'autres tribus, dans le but de leur enlever des femmes. Il y a même des populations chez lesquelles il est tellement honorable d'aller conquérir sa femme, que la coutume interdit aux hommes de se marier dans la tribu à laquelle ils appartiennent. Le poème homérique de l'*Iliade* nous donne une idée des habitudes des Grecs et des habitants de l'Asie Mineure, en attribuant pour cause à la guerre de Troie l'enlèvement d'Hélène et en nous faisant assister aux querelles incessantes provoquées par le partage des femmes enlevées à l'ennemi. En Grèce et à Rome, la cérémonie nuptiale conservait le souvenir des rapts qui avaient dû faire partie des mœurs des Grecs et des Italiotes primitifs.

§ I

ORIGINE DES IDÉES DE FORCE ET DE BEAUTÉ

Les actes dont les animaux supérieurs nous donnent

sang même couvraient le sol. La femelle assistait au combat, mais sans y prendre part, et prête à se donner au vainqueur quel qu'il fût. Les deux mâles étant d'âge différent, il était facile de les distinguer. Ce jeu sanglant dura une quinzaine de jours ; ces oiseaux en étaient excités au point qu'ils négligeaient de manger. La nuit, ils se perchaient sur deux arbres, la femelle et le vainqueur sur l'un, le vaincu sur l'autre. Un mois après, on trouva dans la forêt une aire de pygargue. Quelques semaines plus tard, on dénicha les jeunes, et les parents revinrent sur le théâtre de leurs premières amours. Un nouveau mâle apparut et les combats recommencèrent de nouveau. Un jour, les deux mâles s'attaquèrent dans l'air et tombèrent ensemble sur le sol. L'un renversa son adversaire, lui porta de forts coups de bec, sauta sur lui, le saisit à la gorge avec une de ses serres et de l'autre le prit au ventre. Le vaincu se cramponna à la patte et à l'aile de son ennemi. Un bûcheron les surprit en ce moment et en assomma un d'un coup de bâton. L'autre, tout sanglant, se dressa sur le cadavre de son rival et fixa le bûcheron avec une telle expression de férocité que celui-ci recula, effrayé. Ce ne fut qu'au bout d'un instant que l'oiseau parut avoir conscience du danger qu'il courait et qu'il s'envola lentement... On peut admettre que le troisième pygargue avait passé tout le printemps solitaire, nourrissant sa vengeance et prêt à profiter de la première occasion pour la rendre éclatante. »

le spectacle dans leurs luttes sexuelles indiquent l'existence chez eux de deux idées morales très nettes : celle de la supériorité que donnent la force et le courage et celle de la beauté. Si passives qu'elles soient, les femelles se complaisent dans le spectacle qui leur est donné par les mâles, au point qu'il est impossible de douter qu'elles attachent une certaine importance à la force et à la beauté, et que leurs idées à cet égard exercent une impression sur les mâles (1). Ceux-ci, poussés par le désir impérieux de satisfaire leur besoin de reproduction, qu'exacerbent la vue, l'odeur et les gestes de la femelle, et par le désir non moins violent de l'emporter dans la lutte sexuelle où ils sont engagés, comprennent la nécessité de faire valoir toutes leurs qualités esthétiques et de déployer le maximum de leurs forces. Il en résulte le développement dans leur esprit des idées de force, de beauté et de courage.

§ II

ORIGINE DES IDÉES D'AMOUR. POLYGAMIE ET MONOGAMIE

La durée des liaisons sexuelles varie beaucoup dans les diverses espèces. Elle paraît dépendre en grande partie des facilités plus ou moins grandes de l'alimentation. Chez la plupart des grands carnassiers, tels que les tigres et les lions, dont l'alimentation est fort difficile, elle ne dépasse jamais la période de la gestation et de l'élevage des petits ; dès que ces derniers sont en état de se nourrir seuls, la famille se dissout. Parmi les chiens domestiques, quoique le mâle ne se pique guère de fidélité, il se montre souvent fort attaché à la femelle qui vit dans la même maison que lui : il reste volontiers auprès d'elle, manifeste de la joie quand il la voit et l'enveloppe d'une jalousie telle qu'il ne tolère, à aucun moment, l'ap-

(1) On a attribué au mâle de l'*Amblyornis inornata* de la Nouvelle-Guinée l'habitude d'orner les environs du nid où couve sa femelle avec des fleurs, des fruits, des mousses, des coquillages de couleurs éclatantes qu'il remplacerait dès que leurs couleurs se ternissent. (Voy. ROMANES, *L'intell. des anim.*, II, p. 44.)

proche d'aucun autre mâle. Lorsqu'elle est sous l'influence du besoin de reproduction, il ne la quitte plus. La femelle, de son côté, témoigne une affection véritable au compagnon habituel de sa vie; elle le caresse fréquemment, lui abandonne la première place autour du plat commun et la meilleure part des aliments. S'il s'absente, elle l'accueille, au retour, avec des témoignages non douteux d'une vive satisfaction. Si, cependant, elle le soupçonne d'une infidélité, son attitude est plus froide; elle devient tout à fait maussade lorsqu'elle en acquiert la certitude. Elle témoigne par là de la formation dans son esprit d'une idée très précise de *jalousie*. Néanmoins, il peut arriver qu'en dépit de la mauvaise conduite de son mari, elle lui reste fidèle. J'ai gardé depuis sa première enfance jusqu'à sa mort, une chienne caniche qui ne voulut jamais accepter d'autres hommages que ceux de son compagnon, dont elle connaissait cependant les mœurs détestables. Lorsqu'il fut devenu impuissant par l'effet de la vieillesse, elle acceptait encore les caresses qu'il pouvait lui faire et ne toléra jamais que son fils se substituât au vieillard. Il est évident que nous faisons avec ces animaux un grand pas vers un sentiment tout à fait distinct du simple désir génésique, quoiqu'il ait son point de départ, comme ce désir, dans le besoin de reproduction : je veux parler du sentiment de l'amour, dont celui de la jalousie est le corollaire naturel.

Parmi les grands herbivores dont la nutrition est très facile, tels que les bœufs, les daims, les antilopes, les chevaux, les ânes sauvages, etc., chaque mâle s'unit à un nombre variable de femelles (1) qui se fixent auprès de lui et dont il écarte avec un soin jaloux tous ses rivaux. Pour plus de sûreté, même, il entraîne son sérail dans quelque lieu reculé où les femelles, tranquilles, mettent au monde, allaitent et soignent leurs petits. Ces ménages polygames durent autant que le mâle qui en est le centre. Celui-ci se montre constamment, même en dehors des époques du rut, très attentif auprès de ses femelles : il surveille les

---

(1) Ordinairement de dix à quinze.

ébats auxquels elles se livrent avec leurs petits, les conduisent vers les meilleurs pâturages, les avertissent des dangers et les protègent contre les animaux carnassiers. Lorsque les mâles issus de ces ménages polygames arrivent à l'âge adulte, ils sont chassés par le père ou bien s'en vont d'eux-mêmes, en emmenant quelques jeunes femelles, avec lesquelles chacun d'entre eux forme un nouveau ménage polygame (1).

Parmi les oiseaux, la polygamie est rare ; on ne la constate que chez les Gallinacés et dans les espèces qui, étant omnivores, trouvent facilement à s'alimenter. Dans les ménages polygames formés par ces animaux, le mâle se montre plein de sollicitude pour ses femelles et les enveloppe d'une jalousie d'autant plus attentive qu'il les sait peu fidèles. Les poules ne savent pas, en effet, refuser les caresses qui leur sont offertes. Les coqs ne le peuvent ignorer et se montrent impitoyables pour tout rival qui s'approche de leur sérail. Si celui-ci s'obstine et est le plus faible, la lutte se termine presque toujours par sa mort. Cette humeur batailleuse est encore susceptible de s'accroître par l'éducation : d'où les coqs élevés en vue des combats dont les Anglais sont si friands et dans lesquels il suffit de l'excitation de l'éleveur pour mettre les lutteurs aux prises et les faire se battre jusqu'à la mort.

A partir du moment où elles commencent à couver leurs œufs, les poules ne trouvent plus chez le coq

(1) Les chevaux véritablement sauvages des steppes de la Mongolie, du Gobi et des montagnes du Nord de l'Inde, connus sous le nom de tarpans, vivent en troupes de plusieurs centaines d'individus. Les familles qui composent ces troupes sont formées chacune d'un mâle et d'une quinzaine de femelles. « L'étalon est le chef de la bande : il veille à sa sécurité, mais, en retour, il exige l'obéissance. Il chasse les jeunes mâles, et tant que ceux-ci n'ont pas réuni quelques juments autour d'eux, ils sont condamnés à ne suivre la bande que de loin. Dès que le troupeau aperçoit un objet qui ne lui est pas familier, le chef renifle, remue les oreilles, court la tête haute ; s'il flaire quelque danger, il hennit bruyamment, et toute la bande s'enfuit au galop, les juments en avant, les étalons fermant la marche et protégeant la retraite. Souvent les juments disparaissent comme par enchantement ; elles se sont cachées dans un bas-fond et attendent les événements. Les étalons ne craignent pas les carnassiers. Ils courent sus aux loups, et les frappent de leurs pieds de devant, comme les chevaux qui paissent dans les steppes de la Russie du sud... Un ours peut, de temps à autre, dévorer un tarpan ; le loup est régulièrement mis en fuite. » (BREHM, *Les Mammifères*, II, p. 307.) Des faits analogues se produisent dans toutes les bandes formées par les familles polygames des grands herbivores.

qu'indifférence sexuelle. Il ne s'occupe pas non plus de l'élevage des petits ; mais il veille attentivement à la sécurité de tout son sérail. Quand on chasse les poules sauvages, c'est presque toujours des mâles que l'on tue, parce qu'ils s'exposent en surveillant l'horizon.

Il est permis de considérer la polygamie des animaux comme résultant d'une sorte d'exaspération, chez les mâles, du besoin de reproduction, caractère qui se transmet par l'hérédité et assure la persistance des races où il atteint son plus haut degré.

Parmi les espèces sauvages, une pareille activité de la fonction reproductrice ne peut exister que si les individus se contentent d'aliments qu'ils puissent trouver partout et toujours en grande quantité. Aussi, parmi les Gallinacés, la polygamie est-elle moins développée chez les espèces qui, comme les faisans, les hoccos, etc., sont plus difficiles dans le choix de leurs aliments que les coqs et les poules et ne sont, par conséquent, jamais aussi abondamment nourris que ces derniers.

Dans l'immense majorité des oiseaux, chaque jeune mâle, au moment où il éprouve pour la première fois le besoin de la reproduction, se met à la recherche d'une femelle, se bat avec acharnement, s'il y a lieu, pour la conquérir, puis s'attache à elle pour toute sa vie. Il l'aide à faire son nid, à couver ses œufs, à éduquer ses petits, et, chaque année, au printemps, joue, avec la même ardeur et le même dévouement, son rôle de mari et de père. La satisfaction que manifeste sa femelle quand il chante auprès de son nid, quand il la soigne, quand il l'assiste dans ses fonctions maternelles, les caresses qu'elle lui prodigue incessamment, témoignent de l'existence incontestable, chez ces animaux, d'une forme de l'amour encore plus distincte du désir génésique que les formes déjà signalées plus haut. Il est incontestable que chez ces oiseaux, la liaison déterminée par les désirs génésiques est rendue plus étroite par la connaissance qu'ont les deux conjoints de leur beauté, de leurs agréments physiques et des services qu'ils se rendent réciproquement.

Dans l'espèce humaine, il est facile de constater toutes

les formes d'unions sexuelles et d'amour qui nous sont offertes par les diverses espèces animales, depuis l'union brutale et purement passagère des canidés sauvages, jusqu'à l'amour esthétique des oiseaux monogames. Puis, lorsque l'intelligence s'est encore développée, ce ne sont plus seulement les charmes physiques, les plaisirs sexuels ou les soins réciproques qui inspirent l'amour de l'homme et de la femme, ce sont aussi, à un haut degré, les qualités intellectuelles et morales de leur esprit. L'amour purement brutal des hommes primitifs s'est transformé graduellement, d'abord en amour esthétique, puis en amour intellectuel et moral. Et l'humanité a franchi par ce seul fait l'une des étapes les plus remarquables de son évolution.

La monogamie doit avoir été la seule forme des liaisons de l'homme et de la femme tant que nos ancêtres ne se sont nourris, comme les grands singes actuels, que de fruits, de graines, d'œufs d'oiseaux et autres aliments dont l'abondance n'est pas assez grande pour qu'un nombre considérable d'individus puissent vivre sur un même territoire sans se gêner réciproquement.

La polygamie n'a pu se montrer qu'à l'époque où, ayant inventé de puissants moyens de chasse et de pêche et s'étant mis à cultiver certaines plantes, les hommes purent se fixer en des lieux favorables à la vie, probablement à l'embouchure des fleuves et sur les bords des grands lacs où la terre était fertile, les animaux de toutes sortes nombreux et où ils trouvaient, par conséquent, une nourriture abondante.

La polygamie ne fut sans doute pratiquée d'abord que dans les pays où le nombre des femmes était notablement supérieur à celui des hommes, ce qui est la condition la plus habituelle. Mais, une fois introduite dans les mœurs, elle put régner même dans les lieux où le nombre des hommes et celui des femmes étaient à peu près égaux, parce que les premiers allaient à la chasse des femmes chez les populations voisines. Dans les rares localités, comme certaines parties du Thibet, l'ancienne Bretagne, etc., où le nombre des femmes s'est trouvé inférieur, d'une manière normale, à celui des hommes, la polyandrie exista toujours sous une forme quelconque. Elle fut la règle dans notre Bretagne jusqu'à une époque récente ; on la rencontre encore, sous une forme illégale mais admise par les mœurs, dans certains centres miniers où les ouvriers mâles sont en plus grand nombre que les femmes.

Dans toutes les races humaines, il s'est passé un fait analogue à celui que j'ai signalé plus haut chez certains Gallinacés. Par suite des contacts incessants qui existent entre les individus des deux sexes, il s'est produit une sorte de surexcitation des besoins génésiques qui se traduit par l'accomplissement des rapports sexuels en tout temps, par la fréquence des époques où la femme est apte à engendrer et par une recherche des plaisirs génésiques qui, chez un grand nombre d'individus, particulièrement parmi les mâles, devient une véritable frénésie. C'est un phénomène analogue à celui que j'ai signalé à propos de la nutrition ; le besoin se transforme en passion. Il en résulte des désordres organiques, intellectuels et moraux, plus graves encore que ceux auxquels donnent naissance les excès d'alimentation ou de boisson, et non moins nuisibles aux individus ou à la race.

§ III

L'AMOUR ET L'ALTRUISME

N'étant pas exclusivement égoïste, puisque sa satisfaction exige le concours de deux individus, le besoin de reproduction a été la source d'idées moins exclusivement égoïstes que celles nées du besoin de nutrition. Par exemple, l'idée de prévoyance que nous avons vue se produire, chez quelques animaux, sous l'influence du besoin de nutrition, prend chez les mammifères et les oiseaux formant des ménages durables, un caractère nouveau. Ce n'est pas seulement au profit de l'individu qu'elle se forme, mais en vue de sa progéniture. Par exemple, ce n'est pas pour eux-mêmes que les oiseaux font des nids, car ils les abandonnent en même temps que leurs petits ; c'est exclusivement pour ces derniers, pour les mettre à l'abri des intempéries de l'atmosphère et des attaques des ennemis.

Ce ne sont pas non plus des idées purement égoïstes, celles de la paternité et de la maternité, qui existent chez un certain nombre d'animaux et dont l'existence est indéniable chez beaucoup d'hommes et de femmes. Parmi les hommes, il en est un grand nombre qui, soit dans le mariage, soit même dans l'union libre, se montrent si désireux d'avoir des enfants qu'ils font passer après ce désir les considérations pratiques les plus propres à les détourner de le satisfaire. Beaucoup d'ouvriers, qui peuvent à peine satisfaire leurs propres besoins, auraient bien des motifs de limiter leur progéniture ou de n'en avoir pas du tout ; cependant, il est rare de constater chez eux la moindre prudence ; il semble même que plus ils sont pauvres et moins ils prennent de précautions pour éviter les charges nouvelles que leur imposeront les enfants. Beaucoup, sans doute, agissent sous l'impulsion du seul besoin génésique, mais d'autres se montrent très fiers d'avoir beaucoup d'enfants et s'en vantent comme d'une preuve de virilité et de courage civique. Des observations analogues peuvent être faites dans toutes les classes de la société.

Chez les femmes, l'idée de la maternité se manifeste dès la plus tendre enfance. Il n'est guère de fillette qui ne se plaise à jouer à la maman avec ses petits frères ou sœurs, avec les chiens, les chats et les poupées si on lui en donne. On pourrait dire qu'en se conduisant de la sorte la petite fille agit par simple imitation de sa maman et que, tour à tour dorlotée, grondée, fustigée par cette dernière, elle se borne à répéter les actes dont elle a été l'objet. Cette explication n'est pas dépourvue d'exactitude, mais elle est insuffisante, car les petits garçons n'agissent pas de la même manière. On peut dire encore, non sans raison, qu'en donnant aux petites filles des poupées, on les incite à jouer à la maman, qu'elles auraient beaucoup moins de goût pour cette sorte de jeux si l'on n'en favorisait pas l'éclosion, que si on les élève en compagnie des garçons et de la même manière qu'eux, elles s'habituent facilement à partager leurs jeux, etc. Il est impossible de contester la justesse de ces considérations, mais il n'en est pas moins vrai que dans toutes les races humaines les petites filles imitent plus volontiers leurs mères que les petits garçons, ce qui prouve la naissance très précoce en leur esprit de l'idée de maternité. Lorsqu'elles atteignent l'âge de la puberté, lorsque leurs seins deviennent turgescents à chaque période menstruelle, il est impossible qu'elles ne songent pas à l'usage de ces organes et ne s'imaginent pas, avec plus ou moins de justesse, les sensations qu'elles éprouveraient au contact des lèvres d'un petit bébé tout rose comme ceux qu'elles aiment tant à caresser et à soigner. Plus tard encore, quand elles ont été mères une première fois, combien en est-il qui refusent de le devenir encore? Et n'est-ce pas un fait d'observation courante que dans les ménages où le nombre d'enfants est limité, c'est presque toujours le mari qui a pris l'initiative de cette limitation et qui l'impose à sa femme? Ne sait-on pas encore, qu'un grand nombre de femmes, peu portées vers les plaisirs de l'amour sont, au contraire, très désireuses d'être mères et délaissent volontiers leur mari pour leurs enfants?

De tous ces faits, il me semble possible de conclure que chez l'homme et, surtout, chez la femme, le besoin de reproduction comporte deux sortes distinctes de désirs : ceux purement égoïstes qui ont pour objet la satisfaction du besoin génésique, et ceux, plus altruistes, qui ont pour objet la paternité ou la maternité, les uns et les autres pouvant, chez le même individu, se montrer avec des intensités fort inégales ou même inverses.

Enfin, le besoin de reproduction donne naissance, chez les animaux et chez l'homme, aux premières idées sociales. Il est rare, en effet, que le mâle et la femelle se séparent aussitôt après avoir satisfait le besoin de reproduction. Il n'en est ainsi que dans certaines espèces de carnassiers et, plus particulièrement, dans celles de petite taille qui éprouvent des difficultés exceptionnelles à se nourrir. Dans ces espèces, il arrive souvent que le mâle mange ses enfants lorsqu'il en trouve l'occasion. Pour éviter ces accidents, la femelle s'éloigne dès que son besoin de reproduction est satisfait et fait ses petits dans des lieux retirés où elle les cache avec de grandes précautions. On sait, par exemple, que cette habitude des chats sauvages a été conservée par nos races domestiques (1).

Dans la plupart des espèces d'animaux supérieurs et dans presque toutes les populations humaines, même les plus primitives, l'union sexuelle est suivie, comme je l'ai rappelé plus haut, de la vie en commun, de l'association dois-je dire, du mâle et de la femelle pendant un temps plus ou moins long. Afin de consolider sa conquête sexuelle et de conserver la jouissance des satisfactions de diverses sortes qu'elle lui procure, le mâle se montre très empressé auprès de sa femelle. Chez les oiseaux, il veille à sa nutrition et la distrait par des chants, parfois par des danses, l'assiste dans la construction du nid, le couvage des œufs et la nutrition des petits, etc. ; chez les mammifères, il veille à sa sûreté, l'aide dans l'élevage des petits, etc. Dans notre espèce, il a inventé pour la retenir, des ornements, des tissus, des bijoux, des agréments sans nombre. Tous ces actes ne sont d'abord que des manifestations de l'égoïsme sexuel du mâle, mais ils déterminent chez la femelle l'éclosion de sentiments affectueux particuliers, distincts de l'amour, même de l'amour intellectuel, sentiments amicaux, sociaux, dirai-je volon-

(1) On a constaté chez les chauves-souris une séparation complète des mâles et des femelles aussitôt après la fécondation : « Tandis que les femelles se réunissent entre elles pour habiter des trous communs, les mâles vivent isolés et même se retirent souvent dans des contrées fort éloignées. Mon père, qui a observé ces faits, a constaté qu'aucun mâle ne pénètre dans le gynécée. Sur des douzaines de chauves-souris qu'il a vues ainsi réunies, il n'a trouvé que des femelles en état de gestation et pas un seul mâle. Kaup et beaucoup d'autres naturalistes ont depuis confirmé ces faits... Les femelles mettent bas dans l'abri commun qu'elles habitent pendant la gestation. Dès que les petits peuvent voler, les mâles entrent de nouveau en rapport avec elles. » Il faut noter que les petits naissent tout nus, s'accrochent aussitôt au sein de la mère et ne la quittent pas quand elle vole à la recherche de sa nourriture. (BREHM, Les Mammif., I, p. 155.)

tiers, qui, par contre-coup, s'emparent du mâle lui-même et tempèrent par leur altruisme son égoïsme sexuel.

Néanmoins, l'égoïsme sexuel est le corollaire inévitable du besoin de reproduction; il subsistera aussi longtemps que lui, c'est-à-dire tant qu'il y aura des animaux et des hommes. Et le philosophe doit s'en réjouir, car il est l'un des fondements de la famille et, par conséquent, l'une des sources principales du progrès moral.

CHAPITRE VI

IDÉES MORALES DONT LE BESOIN D'ACTIVITÉ DÉTERMINE LA PRODUCTION

Le seul fait qu'il vit, crée à tout être le besoin d'agir dans la mesure qui lui est rendue possible par son organisation.

Comme les besoins de nutrition et de reproduction, le besoin d'agir, ou besoin d'activité, est le résultat d'une sensation interne plus ou moins vague, souvent inconsciente, mais assez puissante pour déterminer des idées, des mouvements et des actes. Cette sensation elle-même est provoquée par les phénomènes de nutrition qui se produisent dans les organes, les tissus et les cellules, et elle est d'autant plus vive que la nutrition est plus active.

L'expression vulgaire que l'on emploie volontiers en présence d'un homme plein de santé, « la vie coule chez lui à pleins bords », est une image très exacte des manifestations que le besoin d'activité détermine chez tous les êtres bien portants.

Le besoin d'activité est, à la fois, général, c'est-à-dire commun à tout l'ensemble de l'organisme, et particulier à chaque organe, à chaque tissu, à chaque cellule, si toutes ces parties jouissent à un égal degré de la plénitude de la vie.

Chez les animaux tout à fait rudimentaires, comme les amœbes, le besoin d'activité se joint au besoin de nutrition pour déterminer les contractions et les dilatations alternatives de la masse protoplasmique dont le corps est formé, d'où résulte le déplacement de ce dernier et la mise en contact de ses prolongements ou pseudopodes avec les corpuscules susceptibles de servir à sa nutrition. C'est encore très probablement le besoin d'activité qui est la cause déterminante des mouvements plus complexes par lesquels le corps protoplasmique de certains êtres inférieurs émet les appendices doués de vibrations auxquels on a donné le nom de flagellum, de cils vibratils, etc., et par lesquels les êtres qui en sont doués se déplacent dans l'eau, saisissent les proies infimes dont ils se nourrissent, etc. Le besoin d'activité est, dans ces deux cas, très manifestement créateur : il provoque la fonction qui, elle-même, détermine la formation de l'organe. Il agit, sans nul doute, de la même manière chez tous les êtres vivants.

Chez les animaux dont les éléments se différencient en fibres musculaires, en cellules nerveuses, etc., le besoin d'activité, né de sensations internes ayant leur point de départ dans les différentes sortes de cellules ou de tissus, intervient pour déterminer, en dehors de toute impression extérieure, les mouvements propres à chaque sorte de cellules et de tissus. Plus les phénomènes nutritifs s'accomplissent, dans chaque cellule, avec régularité et intensité, plus la sensation qui en résulte est énergique, plus aussi le besoin d'activité que cette sensation détermine est prononcé. La condition essentielle de la manifestation du besoin d'activité est donc l'accomplissement régulier des échanges chimiques nutritifs dont les cellules et les tissus sont le siège.

Chez les animaux supérieurs et l'homme, le besoin d'activité figure, comme cause déterminante, dans la plupart des mouvements et des actes. Il intervient dans tous ceux qui ont pour objet la nutrition et la reproduction, car le besoin de nutrition ou celui de reproduction cessent de se faire sentir lorsque les organes qui servent à ces fonctions ont perdu leur activité fonctionnelle. Le besoin d'activité est, en outre, la cause déterminante d'un nombre très considérable d'actes en apparence inutiles à la conservation de l'individu ou à la perpétuation de la race, mais, qui, cependant, sont susceptibles de jouer indirectement un rôle plus ou moins considérable dans l'une ou l'autre : tels sont, par exemple, les jeux qui, en activant la circulation, provoquent une excitation notable de l'innervation musculaire, des cellules psychiques, des organes de la nutrition, de la respiration, de la reproduction, etc.

Parmi les formes multiples que le besoin d'activité est susceptible de revêtir, il en est deux qui nous intéressent plus particulièrement au point de vue des questions étudiées dans ce livre : le besoin d'activité musculaire et le besoin d'activité cérébrale.

Les oiseaux ont un besoin d'activité musculaire ou de locomotion particulièrement remarquable. Observez un serin dans sa cage ou un moineau en pleine liberté dans votre jardin : l'un et l'autre sont en mouvement depuis la première jusqu'à la dernière heure du jour, et quelle que soit la longueur de ce dernier. Il semble qu'ils pourraient se dispenser d'une partie notable des mouvements que nous leur voyons faire. Ils le pourraient, en effet, dans des milieux où ils trouvent leur nourriture sans difficulté; mais ces conditions ne se présentent pas partout. Presque toujours les oiseaux sont obligés de parcourir de très grands espaces pour se procurer la quantité considérable de grains ou de petits insectes nécessaires à leur nutrition. Pour cela, il leur faut des ailes puissantes et des muscles pour ainsi dire infatigables. Il faut aussi qu'ils produisent une grande quantité de chaleur, car chaque battement des ailes détermine une consommation de calorique. Or, plus ils dépensent de chaleur et plus il faut que leur alimentation soit abondante. Mais plus ils mangent, plus le fonctionnement de leurs organes est intense et plus leur besoin d'activité devient grand. Il se produit ainsi chez eux, sous l'influence du besoin de nutrition et du besoin d'activité, une série de phénomènes étroitement enchaînés les uns aux autres et qui font aux oiseaux une place à part dans la nature vivante. Il n'y a pas d'animal dont la température intérieure soit aussi élevée que la leur (plus de 41° en moyenne); il n'y en a pas dont la circulation soit plus active, dont la digestion soit plus rapide, dont les membres soient mieux organisés pour une *locomotion* rapide et continue, dont la contractilité musculaire soit plus grande, dont la sensibilité soit plus délicate.

En temps normal, c'est le besoin d'activité musculaire qui est surtout intense chez eux et c'est ce besoin particulier qui les pousse à se mouvoir sans cesse, à changer de place, à voleter de branche en branche, d'arbre en arbre. Il semble, à première vue, que ces mouvements soient inutiles, mais, en réalité, ils servent à l'animal, car ils lui facilitent la découverte des innombrables petites graines ou petits insectes dont il se nourrit. Le besoin d'activité musculaire des oiseaux contribue donc puissamment à la satisfaction du besoin de nutrition qui, chez eux, est, pour ainsi dire, ininterrompu.

Pendant la saison des amours, au besoin d'activité musculaire s'ajoute, chez presque tous les oiseaux, un besoin d'activité cérébrale qui les aide puissamment dans la satisfaction du besoin de reproduction. Le mâle utilise alors son extrême mobilité pour voleter sans cesse autour des femelles et les courtiser par mille mouvements qui font valoir ses couleurs ou ses formes. Le redoublement d'activité circulatoire qui résulte de ces mouvements, se produisant dans le cerveau comme dans les autres parties du corps, les cellules nerveuses subissent une excitation très vive d'où résulte un besoin d'activité particulièrement intense. Le besoin d'activité cérébrale met, de son côté, en jeu les cellules nerveuses psychiques et provoque l'apparition d'idées très fortes qui, elles-mêmes, déterminent tout un ensemble de phénomènes spéciaux dont le rôle est considérable. Les mâles chantent alors d'autant plus bruyamment qu'ils mettent plus d'ardeur à faire leur cour aux femelles dont ils convoitent les faveurs. Aux chants s'ajoutent, dans certaines espèces, des sortes de danses qui ont également pour objet de séduire les femelles. Plus tard, le mâle aide sa compagne à choisir l'emplacement de leur nid, à en transporter et agencer les matériaux; il lui offre à manger, imagine cent moyens de lui plaire; il témoigne, en un mot, d'une activité cérébrale proportionnée à l'ardeur de ses manifestations génésiques. Le besoin d'activité cérébrale contribue donc puissamment à la satisfaction du besoin de reproduction.

Les mammifères prêtent tous à des observations analogues; celles-ci sont particulièrement intéressantes chez les animaux domestiques qui vivent dans notre compagnie. Mais, à l'inverse de ce qui existe chez les oiseaux, l'activité cérébrale est beaucoup plus intense chez nos mammifères domestiques, chez le chien notamment, que l'activité musculaire.

Il n'y a dans ce fait rien qui soit de nature à nous étonner, puisque le cerveau des mammifères est beaucoup plus développé que celui des oiseaux. Or, plus un organe est perfectionné, plus son besoin d'activité est puissant. Tandis que l'oiseau se meut d'une manière incessante pendant tout le jour, le chien passe volontiers de l'exercice le plus violent au repos le plus absolu. Par contre, tant qu'il est éveillé, son cerveau fonctionne activement. On le voit prêter attention aux moindres gestes et paroles de son maître, aux plus faibles bruits, aux plus minimes incidents qui se produisent autour de lui. Le besoin d'activité cérébrale qu'il éprouve se manifeste de cent manières et sans nulle interruption. Sa curiosité n'a pas de bornes; il s'occupe de tout et veut que l'on s'occupe sans cesse de lui. Aussi peut-on admettre sans crainte de se tromper, que le chien domestique vivant avec des maîtres intelligents a toutes les idées susceptibles d'être provoquées par les impressions extrinsèques et les sensations internes. Une observation analogue s'applique aux chats qui vivent dans l'intimité de leurs maîtres. Le chat est peut-être même plus curieux encore et plus observateur que le chien.

Chez les animaux supérieurs et chez l'homme, c'est dans le besoin d'activité qu'il faut chercher la source des idées d'où découlent les jeux et une foule d'autres actes que l'on peut qualifier d'inutiles. On sait combien les chiens, les chats, les chevaux, etc., aiment à jouer, surtout dans la jeunesse. Ils se poursuivent, se mordillent, luttent de cent façons, poussent des cris, parfois finissent par se battre réellement sous l'influence de l'excitation provoquée par le jeu. Les oiseaux se querellent pour jouer, se battent sans motifs, se tirent les plumes, chantent en dehors de la saison des amours pour le plaisir de chanter, pour faire du bruit. J'ai en ce moment sous les yeux un pinson qui chante depuis le lever jusqu'au coucher du jour, aussi fort que possible et sans s'arrêter jamais, si ce n'est pour manger ou boire, de temps à autre. Il est évident qu'il chante sans autre motif que celui d'exercer ses facultés et poussé par un besoin d'activité irrésistible.

L'homme donne lieu aux mêmes observations que les animaux supérieurs. Plus la vie est intense chez un individu, plus il fait de mouvements inutiles. Les enfants et les jeunes gens sont toujours en mouvement, comme les jeunes chiens. Ils jouent, courent, se battent, pour le plaisir de s'agiter. Les Gaulois se plaisaient à des jeux de toutes sortes et finissaient par se battre sous l'excitation provoquée par des mouvements excessifs auxquels s'ajoutait souvent l'ivresse produite pas l'hydromel ou la bière. Il n'y avait pas de festin qui ne commençât par des discours interminables et ne se terminât par des jeux bientôt transformés en duels toujours sanglants, parfois mortels.

Chez l'homme comme chez les animaux, les actes inutiles sont d'autant plus nombreux que l'activité vitale est plus grande. Celle-ci étant accrue par la chaleur et la lumière, on voit les oiseaux faire leurs mouvements les plus vifs et se livrer à leurs chants les plus bruyants à l'heure où le jour se montre. Certains singes saluent le lever du soleil par des cris. Dans toutes les sociétés humaines, c'est au printemps que les hommes et les femmes se livrent aux jeux les plus bruyants et célèbrent leurs fêtes religieuses les plus gaies.

Chez l'homme, le besoin d'activité musculaire et le besoin d'activité cérébrale sont, d'ordinaire, très inégalement développés. Chez les individus de notre espèce appartenant aux populations primitives, c'est le premier qui l'emporte, tandis que le second est plus intense chez les individus parvenus à un certain degré de civilisation et surtout chez ceux qui ont reçu une éducation intellectuelle. Il existe même un antagonisme marqué, dans chaque individu, entre les deux sortes de besoins. Il est impossible de faire le même jour un exercice physique violent et un travail intellectuel intense.

L'homme est l'être chez lequel le besoin d'activité cérébrale se fait sentir le plus impérieusement, parce que c'est celui dont les cellules cérébrales, dans lesquelles se produisent les idées, atteignent le plus haut degré de développement. D'un autre côté, le besoin d'activité cérébrale devient, chez un même individu, d'autant plus impérieux qu'il a davantage contracté l'habitude du travail intellectuel. Il en est, en effet, de la substance grise du cerveau comme de tous les organes; plus elle fonctionne et plus elle se développe, pourvu, toutefois, que son fonctionnement ne dépasse pas certaines limites et qu'il alterne avec des périodes de repos suffisamment prolongées. Il en est des cellules grises du cerveau comme des fibres des muscles : elles ne peuvent faire, en un temps donné, qu'un travail déterminé.

C'est principalement dans le besoin d'activité cérébrale qu'il faut chercher la source des idées abstraites et celle du travail intellectuel désintéressé. Ce travail-là ressemble singulièrement aux actes par lesquels l'homme satisfait son besoin de nutrition ou son besoin de reproduction, c'est-à-dire qu'il est essentiellement égoïste. Le vrai philosophe pense pour lui-même, réfléchit pour le plaisir de réfléchir, observe pour le plaisir d'observer; le poète fait des vers pour le plaisir de donner une forme élégante à ses idées et à ses imaginations; le sculpteur et le peintre sculptent et peignent pour le plaisir de reproduire les formes et les couleurs qu'ils ont observées ou imaginées; le mathématicien s'attache à la solution d'une foule de problèmes qu'il est seul parfois à pouvoir poser et résoudre; le métaphysicien s'enfonce dans des recherches où il trouve d'autant plus de satisfactions intellectuelles qu'il est seul à en avoir conçu l'objet et que seul il est capable de suivre la voie par laquelle il atteindra son but. En un mot, tout vrai savant, tout vrai littérateur, tout vrai philosophe ou artiste travaille surtout pour se procurer un plaisir en satisfaisant son besoin d'activité cérébrale. Par l'habitude, le travail intellectuel devient pour ces individus un besoin plus impérieux que le besoin de locomotion, plus impérieux même, fort souvent, que le besoin de nutrition ou de reproduction. Il n'est pas rare de rencontrer des savants, des philosophes, des littérateurs ou des artistes pour lesquels le plaisir du travail intellectuel remplace tous les autres, et qui ruineraient leur santé, à la fois par l'abus de l'activité cérébrale et par la négligence de la satisfaction des autres besoins, si leurs parents ou leurs amis ne les obligeaient à prendre quelque repos.

Il en est, en effet, du besoin d'activité comme de ceux de la nutrition et de la reproduction : le plaisir que l'on trouve dans sa satisfaction fait que l'on pousse facilement cette dernière au delà des limites rationnelles. Il donne lieu à des passions comparables à celles qui naissent des plaisirs résultant de la nutrition ou de la reproduction, et non moins égoïstes que ces dernières. C'est ainsi que s'expliquent, chez les animaux et chez les hommes, le passage du jeu à la lutte et de la lutte au combat, qui se produit à chaque instant. C'est aussi l'abus du plaisir procuré par la satisfaction du besoin d'activité cérébrale qui détermine le surmenage dont les travailleurs intellectuels offrent tant d'exemples, surtout dans la jeunesse, c'est-à-dire au moment où la vie atteint son maximum d'intensité.

Le besoin d'activité ne provoque pas directement et par lui-même le développement des idées morales. De même que le besoin d'activité musculaire n'est pas susceptible de provoquer, seul, tel mouvement plutôt que tel autre, mais seulement d'inciter l'animal, d'une manière générale, à faire des mouvements, de même le besoin d'activité cérébrale n'est pas susceptible de produire telle ou telle idée précise, mais seulement incite l'homme à transformer en idées ses impressions extrinsèques ou ses sensations internes. A cet égard, le besoin d'activité ressemble à celui de la nutrition et à celui de la reproduction. Parmi ces derniers, l'un provoque à manger sans indication de ce qui sera mangé ; l'autre provoque à l'acte génésique sans indication de la manière dont cet acte s'effectuera.

Les métaphycisiens commettent donc une erreur lorsqu'ils affirment que le besoin d'activité ou, comme ils disent, l'intensité de la vie est la source de l'altruisme. Comme le besoin de nutrition et le besoin de reproduction, le besoin d'activité est purement individuel et ne provoque directement que des idées et des actes égoïstes. L'activité cérébrale elle-même ne conduit à l'altruisme que si le travailleur intellectuel vit dans une société où il peut échanger ses idées, faire connaître le résultat de ses études, partager ses plaisirs cérébraux avec ceux d'autres personnes qui en éprouvent d'analogues.

En résumé, tous les plaisirs résultant de la satisfaction de nos besoins naturels sont d'abord des plaisirs égoïstes. Pour qu'ils deviennent altruistes, il faut que l'homme vive en famille ou en société, il faut que se développent chez lui, sous l'influence de la vie familiale ou sociale, des idées et des sentiments d'une nature particulière, dont nous aurons à faire ultérieurement l'étude.

CHAPITRE VII

IDÉES MORALES DONT L'ÉGOISME INDIVIDUEL DÉTERMINE LA PRODUCTION CHEZ L'HOMME

Les besoins primordiaux auxquels l'homme est soumis par la nature sont tellement impérieux que la plupart des individus ne reculent, pour les satisfaire, devant aucun obstacle, ne tiennent compte d'aucune considération, se montrent, en un mot, foncièrement égoïstes et rien qu'égoïstes. L'égoïsme déterminé par ces besoins est, d'ailleurs, surexcité par le plaisir que l'homme trouve à les satisfaire, au point que la recherche du plaisir l'emporte souvent, dans ses préoccupations, sur celle de l'apaisement des nécessités physiologiques. Le besoin devient passion; l'égoïsme peut devenir férocité. Le but de toutes les entreprises belliqueuses des hommes primitifs est la conquête des biens ou des femmes du voisin. L'égoïsme engendre chez eux la guerre, comme il pousse le tigre à tuer la brebis pour s'en nourrir, à déchirer un rival pour avoir une femelle.

Dans le cerveau encore rudimentaire de l'homme primitif, peu d'idées jaillissent et toutes ont leur source en son égoïsme. Il a *l'idée de la liberté individuelle* poussée jusqu'à l'ignorance des actes qu'il ne peut accomplir sans nuire aux autres et à lui-même, et il ne se soucie pas plus de la liberté de ses semblables que de leur vie. Son égoïsme lui inspire *l'idée de la domination*, et il l'applique à tous les objets comme à tous les êtres qui l'entourent. Lorsqu'il s'est emparé d'un bien quelconque, fruit ou gibier, caverne ou coin de forêt, il a l'idée fort nette qu'il en est le *propriétaire* et *maître* exclusif, comme de la hutte qu'il a construite, du bâton qu'il a façonné, de la hache qu'il a fabriquée. Si ce bien est un animal vivant ou une femme, du premier il exige tous les services qu'il en peut tirer; à la seconde il demande ses plaisirs génésiques, tout en lui imposant la plus grande part possible de son travail. Son égoïsme de mâle fort n'est entièrement satisfait que si elle le brise de caresses et le dispense de labeur.

Il a aussi l'idée de la *crainte*, car il lui arrive, chaque jour, d'être attaqué par des animaux ou des hommes plus forts que lui-même, et d'être assailli par des forces cosmiques à l'égard desquelles il a reconnu son impuissance. Il tremble et fuit devant le tigre, contre lequel il n'a pas d'armes encore; il frissonne aux coups du tonnerre, dont il ignore la nature. Mais l'idée de la crainte ne saurait étouffer chez lui l'idée de la domination. Il cède quand il est le plus faible, il domine lorsqu'il est le plus fort.

L'égoïsme irrésistible qui inspire toutes ses pensées et dirige tous ses actes, le condamne à des efforts incessants, tantôt pour satisfaire ses besoins et ses passions, tantôt pour échapper aux dangers sans nombre qui lui viennent des autres êtres et de la nature. Sous l'influence de ces efforts, son intelligence se développe, en même temps que ses forces s'accroissent et que ses organes s'adaptent aux conditions diverses du milieu dans lequel il vit.

Pour s'emparer des animaux dont il aime plus particulièrement la chair, il invente des instruments de chasse et de pêche. Il se sert d'abord de morceaux aigus de silex, trouvés par hasard au milieu des rochers; puis il s'avise de tailler lui-même cette pierre avec une autre, ou de la polir et aiguiser, afin de la mieux adapter aux usages qu'il en fait, et il invente tour à tour : la hache pour couper les arbres ou pour tuer le tigre et le chevreuil; la flèche pour abattre les oiseaux; le harpon ou le hameçon pour prendre les poissons; le couteau pour dépecer ses victimes et les dépouiller de leurs peaux dont il se vêt; l'aiguille pour réunir les diverses peaux dont il fait une couverture imperméable pour sa hutte ou un costume ample et chaud pour son propre corps.

Au besoin de se nourrir et de se reproduire s'est ajouté, en effet, celui de se vêtir, pour se mettre à l'abri des intempéries des saisons, et celui de se loger afin de dormir, manger et aimer à l'abri des animaux féroces ou des accidents cosmiques.

Il ne pense encore qu'à lui-même, mais il y pense mieux ; et chaque progrès qu'il fait dans la recherche des moyens les plus propres à satisfaire ses besoins et ses passions, détermine un progrès nouveau de son intelligence. L'arbre abattu par sa hache rudimentaire et qui flotte à la surface du fleuve ou du lac, lui inspire l'idée du radeau ou de la barque avec lesquels il traversera les cours d'eau qui l'arrêtent dans ses pérégrinations à la recherche du gibier ou des plantes dont il se nourrit. Dans les pays où il n'y a pas d'arbres, il fait, avec la peau des bêtes, des outres au moyen desquelles il se maintient à la surface de l'eau pour traverser les fleuves ou les lacs. Avec les arbres, il fera aussi des pilotis et des poutres pour supporter sa hutte au-dessus de l'eau, dans l'isolement des bêtes ou des hommes dont il redoute les attaques.

Les étincelles qui jaillissent du silex ou la chaleur qui se dégage du frottement de deux morceaux de bois secs attirent un jour son attention, et le conduisent à la découverte du feu (1). Ayant trouvé le moyen de produire et d'entretenir le feu, il ne dut pas tarder à s'en servir pour détruire les broussailles et les arbres tout autour de sa

(1) On a la coutume d'attribuer la découverte du feu à l'homme. Il se pourrait fort bien, cependant, que le mérite ne lui en revînt pas entièrement. D'abord, il y a sur un grand nombre de points de la terre des volcans dont les laves brûlantes et les flammes n'ont pu échapper à l'attention des premiers hommes. D'autre part, dans les forêts, par un temps très chaud, il suffit que deux branches sèches frottent l'une contre l'autre, sous l'impulsion du vent, pour qu'il y ait production de chaleur et combustion du bois. C'est ainsi que les populations de beaucoup de pays allument du feu quand elles n'ont pas pu conserver celui de leurs foyers. Les incendies qui se produisent si souvent dans notre pays pendant l'été, surtout dans les forêts de pins et de sapins, peuvent fort bien naître souvent de cette manière. Les hommes primitifs n'ont-ils pas été les témoins de faits de cette nature ? Enfin, il suffit que deux blocs de grès, de granit ou de silex soient choqués fortement l'un contre l'autre pour qu'il en jaillisse des étincelles et que des herbes ou feuilles sèches environnantes prennent feu. Voilà autant de faits qui peuvent se produire en dehors de l'intervention humaine et qui permettent de douter que l'invention du feu doive être attribuée à nos ancêtres. Elles conduisent à croire que l'homme a imité la production du feu par la nature plutôt qu'il ne l'a inventée.

hutte ou de sa caverne afin d'en éloigner les bêtes malfaisantes. Puis, ayant vu qu'au lieu et place des herbes brûlées, poussait une herbe verte et fraîche, il mit le feu aux steppes desséchées par le soleil, afin de renouveler les plantes dont se nourrissaient les bœufs ou les chevaux objets de ses chasses. Il brûla aussi, pour s'en débarrasser ou pour se chauffer, les débris graisseux des animaux dont il se nourrissait. Ayant goûté de la chair cuite et la trouvant plus savoureuse que la crue, il contracta la coutume de cuire ses aliments. Il découvrit ensuite la fusion des minerais et leur transformation en un métal dont il se fit des armes et des instruments de chasse, de pêche, de guerre, etc.

L'influence de la découverte du feu sur l'évolution des idées purement imaginatives, je dirais volontiers métaphysiques, ne fut pas moindre que sur l'évolution du progrès matériel. Les oiseaux, les singes et beaucoup d'autres animaux sauvages avaient, depuis des temps immémoriaux, la coutume de saluer de leurs chants ou de leurs cris le soleil à son lever, témoignant ainsi de la joie que leur faisait éprouver l'apparition de ce foyer de chaleur et de lumière, dont ils ignoraient la nature, mais dont ils ressentaient les bienfaits (1). L'homme lui-même, à l'exemple de ses prédécesseurs sur la terre, vénéra cet astre dont les rayons éclairaient et dirigeaient sa marche en réchauffant ses membres alourdis par le froid des nuits et l'humidité des forêts. Dès les temps historiques les plus reculés et à peu près sur tous les points du globe, l'homme eut pour le soleil une vénération qui se transforma graduellement en culte et finit par devenir une véritable religion.

(1) D'après un excellent observateur, Duvaucel, les gibbons de la péninsule malaise et des îles voisines ont « l'habitude de saluer le soleil à son lever et à son coucher par des cris épouvantables, qu'on entend de plusieurs milles et qui, de près, étourdissent lorsqu'ils ne causent pas d'effroi. C'est le réveille-matin des Malais montagnards... Par compensation, ils gardent un profond silence pendant la journée, à moins qu'on n'interrompe leur repos ou leur sommeil. » (Voy. BREHM, *Les Mammifères*, I, p. 47.) Le fait est intéressant, surtout si l'on se rappelle que l'un de nos ancêtres le *Pithecanthropus erectus*, dont les restes ont été trouvés à Java, est intermédiaire entre le gibbon et les hommes de la race dite australoïde.

On sait, d'autre part, que la plupart des oiseaux réservent leurs chants les plus bruyants pour le moment où le soleil se lève.

LANESSAN. — Morale.

Ce fut celle des Aryas de l'Inde primitive, des habitants les plus anciens de la Chine, et, probablement, des premiers Sémites dont l'Asie et l'Afrique ont conservé les traces.

Dès que l'homme eut découvert le feu, il ne manqua pas de le comparer au soleil, et lorsqu'il eut créé le foyer toujours actif, toujours lumineux et réchauffant, de sa rudimentaire demeure, il imagina une religion du foyer qui se confondit d'abord avec celle du soleil, puis finit par prendre sa place. Les hymnes des Védas nous montrent le chef de la famille Arya dressant, à l'heure du soleil levant, un foyer dont il avive les flammes avec la graisse des victimes et le soma sacré. Chez les Grecs et les Romains de l'antiquité, le foyer de la maison est devenu le seul objet du culte familial et le père en est le prêtre.

Plus tard, en se rappelant qu'il avait lui-même créé son foyer, l'homme dut se demander quel était le créateur du gigantesque foyer de chaleur et de lumière qui, chaque matin, s'allume et chaque soir s'éteint à l'horizon, et il fut pris de respect ou de crainte pour ce mystérieux personnage. Il le redouta, comme il redoutait déjà la foudre, les éclairs et le tonnerre, les vents tempéteux et les nuages d'où tombent la pluie, la neige et la grêle, les brouillards qui endolorissent les membres, le silence des forêts et les grondements de la mer, la maladie qui tue les hommes comme les animaux, la mort qui les conduit à la putréfaction. Dans son ignorance, ou bien il anima ces choses et finit par les adorer, comme ont fait partout les Aryas, ou bien il imagina, comme les Hébreux, des forces inconnues, des esprits, des Eloïms dont le soleil, les vents, les pluies, les nuages, le tonnerre et la foudre, le marécage mortel, la forêt terrifiante, l'océan dévastateur, la maladie et la mort ne seraient que les instruments et les agents.

Il avait créé les dieux; mais, contre eux, déjà, son irrésistible égoïsme et son incommensurable orgueil se révoltaient. Après avoir divinisé toutes les forces de la nature, les malfaisantes comme les bienfaisantes, après avoir institué, par-dessus tous les autres, le culte du Soleil source de vie sur la terre, il divinisa et adora l'organe par où la vie se transmet dans l'humanité. Le culte de la génération, forme première du culte des ancêtres, se répandit parmi toutes les races de notre espèce, à peu près en même temps que celui du soleil et du feu.

Pendant de nombreux siècles, le pouvoir générateur a été considéré comme résidant dans le mâle seul. La femelle n'était, en quelque sorte, que le champ dans lequel se développait la semence déposée par le mâle. En conséquence, lorsque le culte de la génération fut conçu, ce qui advint de très bonne heure, l'homme ne déifia que son propre organe générateur, celui qui répandait la semence humaine. Il n'y a que dans l'Inde où il ait consenti à vénérer, à la fois, l'organe femelle et l'organe mâle, en les réunissant dans une même idole, le lingam. Mais, dans cette image, le premier est toujours placé au-dessous du second, et c'est sur ce dernier seul que sont faits les dépôts de fleurs ou les libations; c'est lui seul qui reçoit les hommages des fidèles et des prêtres.

La croyance que l'homme était le seul procréateur de l'enfant ne pouvait qu'être utilisée par son égoïsme pour corroborer ses prétentions à la domination de la famille. « Il fut de règle, chez les Grecs et les Romains, que le culte domestique passât toujours de mâle en mâle, que la femme n'y participât que par l'intermédiaire de son père et de son mari et enfin qu'après la mort, la femme n'eût pas la même part que l'homme au culte et aux cérémonies du repas funèbre. Il en est résulté encore d'autres conséquences très graves dans le droit privé et dans la constitution de la famille. » (1) Chez les peuples où la polygamie fut consacrée tour à tour par les coutumes et les lois religieuses ou civiles, le père était encore le chef et le maître de la famille et il en fut le prêtre à l'époque des cultes du soleil et de la génération, mais la parenté s'établit par les femmes. Ne sont considérés comme véritablement frères (amadelphes), chez les Hébreux, que les enfants nés de la même femme; chez les Musulmans, c'est le frère et non le fils qui succède au chef de l'Etat. Quelques

---

(1) Fustel de Coulanges, *La cité antique*, l. I. ch. IV.

anthropologistes en ont conclu que ces peuples avaient primitivement attribué la faculté génératrice, non à l'homme, mais à la femme (1). Cette opinion est contredite par le fait que chez les Hébreux primitifs, comme dans tous les autres peuples sémites, le seul objet vénéré, dans le culte de la génération, était l'organe mâle. Les idées et les lois relatives à la parenté utérine ont évidemment leur source dans la polygamie ou la polyandrie. Quand une femme a plusieurs maris, on sait toujours qu'elle est la mère de ses propres enfants, tandis qu'on n'en connaît pas le père. Si c'est l'homme qui a plusieurs femmes, il est nécessaire que

---

(1) Ch. Letourneau, qui a proposé cette opinion, croyait que les hommes, en général, n'avaient d'abord admis que la filiation utérine, dans la pensée que « le père n'était point le parent de ses enfants. » L'homme primitif a « recherché, dit-il, l'union sexuelle seulement pour la volupté génésique ; puis, il a constaté que les enfants naissaient des femmes, et, quand il s'est soucié de déterminer la parenté, il a tout naturellement institué la famille utérine, ne pouvant même imaginer qu'il en existât une autre. Enfin, quand cette manière de voir si primitive eut été rectifiée, il arriva souvent que la famille utérine, sur le sens de laquelle personne ne s'abusait plus, persista dans la loi, dans la transmission de la parenté, même dans celle des biens, uniquement parce qu'il s'agissait d'une coutume établie depuis une très ancienne époque, ainsi qu'il arriva en Égypte et dans beaucoup d'autres centres. » (La psychologie ethnique, p. 305.)

Letourneau invoque à l'appui de son opinion la croyance répandue un peu partout, jadis, de la possibilité pour la femme de concevoir et d'engendrer sans avoir eu aucun rapport avec un homme. Il cite une légende des Aztèques, d'après laquelle « une jeune fille fut fécondée par une tête de mort poussée sur un calebassier ; cette tête cracha dans la main de la jeune fille qui en devint mère. » Il rappelle encore le récit légendaire de Bouddha s'incarnant « lui-même dans les flancs de sa mère Maya-Dévi, pendant qu'elle dormait et rêvait seulement qu'un éléphant blanc pénétrait dans son sein. » Il invoque un conte de l'ancienne Égypte, dans lequel « une femme est fécondée par un copeau provenant d'un Acacia dans lequel s'était logée l'âme d'un jeune homme ; » un récit de la mythologie irlandaise où « une femme est fécondée pour avoir bu dans une coupe d'or où s'était logée la déesse Étaïn. » Il aurait pu rappeler encore la cavale de Virgile fécondée par le vent. Il aurait pu également invoquer la légende chrétienne d'après laquelle Marie conçoit Jésus sans avoir eu de rapport avec son mari. Mais, en y regardant de près, on s'aperçoit que dans ces légendes, contes et mythes, il y a toujours une influence extérieure qui s'exerce sur la femme ; pour la mère de Bouddha, c'est l'éléphant blanc ; pour la femme aztèque, c'est le crachat d'une tête de mort ; pour la jeune fille irlandaise, c'est une déesse ; pour la cavale de Virgile, c'est le vent ; pour l'Égyptienne, c'est un copeau d'acacia dans lequel s'est incarné un jeune homme ; pour la mère de Jésus, c'est le saint Esprit annoncé par un ange. On en peut déduire que les auteurs de toutes ces légendes croyaient qu'une action extérieure quelconque était indispensable à la conception d'un enfant par la femme.

Quant à l'opinion d'après laquelle les hommes primitifs auraient ignoré que les enfants sont produits par les mâles, elle est contredite par ce que nous savons des animaux supérieurs. Chez presque tous, le mâle s'attache aux petits produits par sa femelle, et il assiste cette dernière dans leur alimentation, leur élevage et leur éducation. Pour que la théorie adoptée par Letourneau fût vraie, il faudrait que les premiers hommes eussent été moins intelligents que leurs ancêtres et moins attachés à leurs enfants, ce qui ne peut être admis.

chaque enfant soit rattaché directement à sa mère, parce que jamais toutes les femmes d'un même mari ne jouissent de la même considération et des mêmes droits. La plupart du temps, la famille polygame, chez les Sémites, se composait d'une première femme appartenant à la même classe sociale que le mari et de concubines provenant d'une classe plus inférieure, ou même de simples esclaves. Quoique faisant partie de la famille, les enfants des concubines et des esclaves n'avaient pas les mêmes droits que ceux des femmes de classe supérieure (1). Mais il est bien évident que le mari se considérait comme le père de tous ses enfants, comme leur procréateur direct, puisque c'était le premier enfant mâle issu de la première femme qui lui succédait dans la direction de la famille et qui, dans les temps les plus reculés, exerçait après lui les fonctions sacerdotales dans le culte des ancêtres. Chez tous les peuples, en un mot, le père s'est attribué la domination de la famille et la propriété des biens familiaux, non seulement en vertu de son égoïsme d'être plus fort, mais encore parce que, d'après la croyance générale, il était seul véritable procréateur des enfants.

Pendant une longue série de siècles, l'homme ne s'était point occupé de ce qui advenait de sa personnalité après la mort. Aryas et Sémites, Jaunes et Noirs considéraient la fin de leur vie comme la fin de tout leur être et la terminaison de leur destin. Lorsqu'ils eurent imaginé les dieux

---

(1) Chez les Hébreux, « le chef de famille, dit E. Renan (*Hist. du peuple d'Israël*, I, p. 18), n'avait le plus souvent qu'une seule femme en titre. Dans certains cas, cependant, le patriarche avait pour épouses, en même temps, deux femmes égales, de sang noble, parfois deux sœurs. Ce régime entraînait ses conséquences ordinaires, c'est-à-dire de mauvaises relations entre frères. Les fils d'une même mère étaient seuls de vrais frères (*amadelphes* ou *adelphes*, ayant sucé le même sein). Le patriarche possédait, en outre, comme concubines, toutes les esclaves de sa tente, en particulier celles de sa femme, et il en avait des enfants au su et quelquefois à la demande de sa femme. Ces enfants de concubines n'avaient pas des droits égaux à ceux des fils d'épouse noble ; ils faisaient cependant tout à fait partie de la famille... Il n'y avait pas d'enfants illégitimes. » Dans ces tribus, l'on tenait tellement à ce que chacun eût un rang dans la société que « le droit d'aînesse entre les fils d'épouse noble, ajoute Renan, créait un privilège considérable. Dans le cas de jumeaux, l'accoucheuse prenait soin de passer un fil rouge autour du bras qui sortait d'abord. »

Dans toutes ces coutumes on voit que l'homme occupe une place prépondérante. C'est lui qui est le chef de la famille, et c'est son premier enfant qui est son successeur désigné. Il est impossible de ne pas en conclure que l'homme s'est toujours considéré comme le procréateur de ses enfants.

immortels, ils voulurent être immortels comme eux, et tous, rivalisant d'égoïsme et d'orgueil, se firent, après la mort, des destins nouveaux, variables d'après les tempéraments, les aspirations et les époques, mais toujours analogues aux destins des divinités enfantées par l'imagination, la crainte ou l'espérance de chaque peuple.

Inébranlablement attaché à la liberté, malgré les servitudes sous lesquelles il était presque partout courbé, et, peut-être même, en raison de ces servitudes, l'homme ne pouvait, quand son intelligence eut atteint un certain degré de développement, échapper à la pensée que tous ses actes dépendaient de sa propre volonté, qu'il pouvait, à sa fantaisie, régler son destin, tour à tour, sur cette terre et dans les mondes inconnus où il prétendait continuer de vivre après sa mort. Il inventa son libre arbitre, comme il avait inventé son immortalité, pour ressembler aux dieux, et il imagina des paradis où il jouirait éternellement d'un bonheur semblable à celui des dieux.

Cependant, une longue expérience l'ayant convaincu de son impuissance personnelle à régler la marche des saisons, à faire cesser ou provoquer les pluies, à calmer les tempêtes, à modérer la violence des vents, à détourner les orages de ses champs et la maladie de ses animaux ou de lui-même, il se mit en tête d'influencer les dieux auxquels, dans sa foi naïve, il attribuait les événements de la nature, et il se dota d'une véritable maîtrise sur la divinité. Il prétendait lui dicter des résolutions par ses prières et ses sacrifices. De sa soumission aux êtres mystérieux créés par ses terreurs, il faisait un moyen de les apaiser ou même de les plier à ses désirs. Il donnait ainsi satisfaction, d'une part, à sa crainte de l'inconnu et, d'autre part, à son indomptable orgueil.

Poussé par celui-ci, il finit par diviniser sa propre personne et s'assit, de son vivant, sur l'autel sacré du dieu, en même temps que sur le trône des omnipotents césars.

Il me paraît à peine utile de noter que l'égoïsme, l'orgueil et l'esprit de domination devaient fatalement inspirer aux membres les plus audacieux des diverses sociétés humaines, la pensée de soumettre à leur autorité et d'exploiter à leur profit la masse de leurs semblables. Deux voies différentes les conduisirent à ce résultat : les uns, faisant usage de leur force, s'érigèrent en chefs politiques, militaires et administratifs ; les autres, employant de préférence les moyens d'ordre intellectuel, donnèrent à la religion plus ou moins vague des peuples une forme cultuelle et se firent les pontifes, les représentants des dieux sur la terre. C'est par eux qu'il fallait passer pour arriver jusqu'aux pieds de la divinité, et l'on ne pouvait obtenir leur intervention qu'en leur prodiguant honneurs et argent. Enfin, il était inévitable que le pontife d'une part, le roi d'autre part tendissent à réunir sur une même tête les pouvoirs, les honneurs et les profits du pontificat et de la royauté. Chez les Hébreux, c'est le chef de la religion qui se fait roi ; chez les Romains, c'est le chef de l'Etat qui se fait souverain pontife, en attendant qu'on le déifie ; chez les Egyptiens, il suffit au roi de monter sur le trône pour devenir dieu.

Parvenu à l'apogée de son égoïsme, de son orgueil et de son esprit de domination, l'homme inventa enfin toute une philosophie métaphysique, pour consacrer les rêves de son imagination. Les Grecs eurent Platon, et les Romains Cicéron qui faisaient l'homme parent des dieux ; les Juifs eurent Jésus qui se disait fils de Dieu, et les modernes eurent Spinoza dont le panthéisme fait de tous les hommes des êtres inséparables de la Divinité.

Cependant, au cours même de cette évolution des idées égoïstes, la nature imposait à l'homme le besoin de reproduction qui devait, par l'amour, le conduire à la vie familiale, et elle le soumettait aux nécessités inéluctables de la lutte pour l'existence, d'où devait résulter pour lui, comme pour tous les autres êtres vivants, l'association pour la lutte et l'altruisme social.

CHAPITRE VIII

LA VIE FAMILIALE ET LES IDÉES MORALES DONT ELLE DÉTERMINE LA PRODUCTION

Parmi les animaux monogames, la vie familiale est ordinairement de courte durée, mais elle offre, en revanche, presque toujours, le spectacle d'un attachement très vif des parents, surtout de la mère, pour les enfants. Parmi les oiseaux, nombreuses sont les espèces dans lesquelles le père collabore avec la mère pour confectionner le nid, couver les œufs, réchauffer les petits et les nourrir, puis leur apprendre à voler, à chercher eux-mêmes leurs aliments, à se défier de leurs ennemis et à surprendre leurs proies.

Chez les mammifères carnassiers, l'amour paternel est peu prononcé; les espèces dans lesquelles le père s'occupe de l'alimentation et de l'élevage des enfants sont relativement peu nombreuses. Par contre, les mères montrent toujours un attachement très vif pour leurs petits; elles les nourrissent avec un grand zèle, les défendent avec la plus courageuse énergie contre tous les dangers, même si ces derniers viennent du père, et jouent ensuite avec une intelligence remarquable leur rôle d'éducatrices; rôle difficile, car il s'agit d'enseigner aux petits animaux toutes les ruses qu'ils devront employer pour s'emparer de proies toujours défiantes.

Les grands mammifères herbivores et la plupart des petits granivores ou frugivores donnent le spectacle de pères de famille ordinairement peu attachés à leur progéniture. Tout l'élevage de cette dernière est abandonné à la mère.

Parmi les singes, il est fréquent de voir le père s'occuper des enfants, en même temps que la mère. Les gibbons, les gorilles et d'autres espèces forment des familles dont la durée se prolonge jusqu'à ce que les enfants aient atteint l'âge adulte, et dans lesquelles le père ne se montre guère moins attaché à ses enfants que la mère, surtout quand il s'agit de les défendre.

Dans toutes les espèces animales, l'affection des petits pour leurs parents est beaucoup moins vive que celle des parents, surtout de la mère, pour leurs petits. C'est parmi les animaux chez lesquels la tendresse des parents pour leur progéniture atteint son apogée, qu'il est le plus facile de constater jusqu'à quel point l'amour familial est plutôt descendant qu'ascendant. On sait que dans l'espèce humaine cette vérité est mise chaque jour en lumière par un nombre incalculable de faits.

Il y a lieu de noter l'existence, dans les familles animales, d'une subordination très marquée de la femelle et des petits au mâle. Celui-ci, en vertu de son égoïsme, cherche constamment à dominer tous les membres de sa famille; il y parvient sans peine en raison de la supériorité de sa force et de l'audace que cette supériorité lui inspire. Même à l'heure de la satisfaction du besoin de reproduction, les femelles se laissent prendre plutôt qu'elles ne se donnent. Ensuite, elles subissent d'une manière permanente l'ascendant du mâle. Il en est de même des petits, de sorte que la famille entière obéit au père. Celui-ci en est réellement le chef, à tous les égards.

De la soumission des petits au père et à la mère résulte une véritable éducation morale fort utile au groupe. Les petits imitent, de gré ou de force, les actes de leurs parents. Ceux-ci, par exemple, leur apprennent à ne pas souiller leurs nids, à en écarter les détritus putréfiés, etc., à ne point se quereller entre eux, à ne pas se regimber contre la volonté du père ou de la mère. C'est dans ces faits qu'il faut chercher la source des idées de respect, d'obéissance, de châtiment et de récompense.

Il est facile, en effet, de suivre dans la conduite des parents à l'égard de leurs petits une graduation très rationnelle des actes d'autorité. C'est d'abord une prescription bienveillante, donnée sous la forme d'un exemple ou d'un cri particulier ; puis, c'est un coup de bec ou de patte, si le jeune oiseau ou mammifère n'obéit pas, les coups étant répétés jusqu'à ce qu'il se soit résigné à l'*obéissance*, qui est chez lui, comme chez l'homme, la plus tangible manifestation du *respect*. Les mêmes invitations se produisant chaque fois que la mère veut que ses petits accomplissent un acte déterminé, les petits animaux ne tardent pas à concevoir l'*idée du châtiment*. Dès lors, il suffit d'une simple menace ou même d'un ordre, pour qu'ils fassent les volontés de leurs parents, et, comme, alors, ils ne reçoivent plus que des caresses, il est impossible qu'ils ne conçoivent pas l'idée de la *récompense*.

Dans la plupart des espèces animales dont les femelles produisent plusieurs petits à chaque portée, les unions sexuelles paraissent être assez rares entre les petits d'une même portée. Les jeunes mâles semblent rechercher les femelles plus âgées qu'eux, sans doute parce que, en raison de leur allure, de leur force, de leur beauté parvenue à son apogée, des exhalaisons de leurs organes génitaux, etc., elles sont plus aptes que les vierges à exciter les désirs génésiques. Toutefois, chez les pigeons, la femelle produit habituellement deux petits dont, presque toujours, l'un est mâle et l'autre femelle, et il y a, d'ordinaire, accouplement et liaison sexuelle entre le frère et la sœur. Chez les perdrix et les cailles, les petits issus d'une même couvée s'unissent également presque toujours ensemble.

Ces derniers faits tendent à établir la fausseté d'une opinion très répandue dans le grand public et d'après laquelle les unions consanguines seraient préjudiciables au progrès de la race. Ils sont corroborés, d'ailleurs, par beaucoup d'expériences. On cite, par exemple, des étalons de course remarquables, issus de parents consanguins et qui ont eux-mêmes, pendant des années, donné des chevaux et juments doués de très grandes qualités. Des expériences analogues ont été faites avec des taureaux. Dans l'espèce humaine, on a cité également des familles dont tous les membres étaient sains, vigoureux et intelligents, quoique les mariages consanguins y fussent très fréquents. Bien entendu, dans toutes les observations et expériences où l'on voit les mariages consanguins donner de bons produits, les parents étaient eux-mêmes dépourvus de toute tare. Il semble donc que l'opinion d'après laquelle les unions consanguines seraient nuisibles au progrès de la race n'est qu'un préjugé. Peut-être vient-il des interdictions formulées par l'Église chrétienne (1).

(1) Cette question a été discutée, non sans raison, par les médecins et les physiologistes. Jusqu'au commencement du dix-neuvième siècle, l'opinion générale était que la consanguinité est néfaste à la race. « On l'accusait de produire la scrofulose, le rachitisme, l'albinisme, le crétinisme, l'imbécillité et toutes les formes de la folie, la surdi-mutité, le sexdigitisme, la stérilité, l'impuissance et encore beaucoup d'autres états qualifiés de dégénérescences. Bon nombre d'éleveurs insuffisamment éclairés, au sentiment de qui Darwin s'en est rapporté, même parmi ceux qui passent pour être des meilleurs, se montrent encore convaincus qu'elle n'a que des inconvénients, et ils se préoccupent, dans leur élevage, de rafraîchir, comme ils le disent, le sang; ce qui veut dire emprunter à des familles étrangères leurs reproducteurs mâles... Le préjugé était tellement enraciné que, pour essayer de le détruire,... il fallut faire connaître les faits si nombreux et si précis, empruntés aux connaissances zootechniques, qui démontrent la parfaite innocuité propre de la consanguinité. L'histoire de la variété des chevaux de course et celle de la variété bovine des courtes-cornes en sont remplies. En consultant le *Stud-Book* et le *Herd-Book* anglais de ces variétés, il me fut facile alors d'en trouver de très significatifs... Toute une série d'étalons célèbres par leurs victoires dans les courses et par leur carrière de reproducteurs, signes certains d'une constitution vigoureuse, indépendamment de leurs mérites spéciaux,... étaient issus de parents consanguins aux degrés les plus rapprochés, et souvent la consanguinité, dans leur ascendance, s'était en quelque sorte accumulée, en ce sens que leurs parents directs n'avaient pas seulement un père et une mère, mais encore un grand-père et une grand'mère, et parfois un bisaïeul, communs... Les éleveurs de chevaux de course n'ont pas cessé de montrer, par leur conduite, que contrairement à l'opinion commune ils étaient loin de redouter les effets de la consanguinité. Ils ont en cela suivi la pratique générale des éleveurs anglais qui, dans la création des variétés améliorées de leur bétail, ont toujours fait un large usage de ce qu'ils appellent *breeding in and in*... Le taureau *Favourite*, du troupeau de Charles Colling, le principal améliorateur des courtes-cornes de Durham... féconda six générations consécutives de ses propres filles et petites-filles, ayant fait, chose rare, la monte durant seize ans. C'est avec sa propre mère, la vache *Phœnix*, qu'il engendra le taureau *Comet*, l'un des plus remarquables de la variété... Les faits semblables ne manquent pas en France, dans nos races de bétail, avec des conditions peut-être encore plus remarquables... En Bretagne, les bêtes bovines se reproduisent en consanguinité depuis les temps les plus reculés. Le mâle y est toujours pris dans le troupeau vivant sur la lande et féconde par conséquent sa mère, ses tantes et ses sœurs. De même en Auvergne. Au moment où les vaches, qui ont passé l'hiver dans l'étable du domaine de la vallée, partent pour le pâturage de montagne, où elles restent tout l'été, un jeune taureau de l'année précédente, choisi parmi ceux qui sont nés dans le troupeau même, les accompagne et les saillit ensuite à mesure qu'elles deviennent en rut; les vaches étant toujours, elles aussi, quand elles sont réformées, remplacées par des génisses également nées dans le troupeau, c'est encore, comme on le voit, de la consanguinité accumulée... Les choses se passent ainsi depuis des siècles et pourtant il n'y a point de populations bovines plus vigoureuses, plus

Parmi les hommes comme parmi les animaux, l'attachement des pères et des mères pour leurs enfants est très variable et l'on trouve des familles de durées très inégales. Chez les Australiens, les Boschimans, les Hottentots et un certain nombre de Nègres africains, le père ne s'occupe pas plus de ses enfants que la plupart des animaux carnassiers ne s'inquiètent des leurs. Souvent même, la promiscuité des femmes et des hommes est telle, que la mère serait fort en peine d'indiquer le père de ses enfants.

On constate, dans quelques-unes de ces sociétés rudimentaires, comme parmi les animaux, une tendance des jeunes gens à s'en aller chercher leurs femmes en dehors de la famille ou même du clan dont ils font partie. Peut-être faut-il attribuer ce fait à ce que femmes et hommes ont leurs désirs plus fortement excités par des personnes avec lesquelles ils ne vivent pas dans un contact quotidien que par celles dont le contact est habituel. Quoi qu'il en soit de cette explication, les croisements entre familles et même entre tribus sont devenus, dans la plupart des races humaines, une habitude consacrée par les traditions et même par des règles plus ou moins sévères. Chez les Australiens, par exemple, l'union entre garçons et filles d'un même clan est sévèrement interdite, tandis que toutes les femmes et tous les hommes de clans

---

rustiques, plus résistantes, de constitution plus solide que celles de la Bretagne et de l'Auvergne. Elles sont à juste titre réputées l'une et l'autre pour leur bon tempérament. » (SANSON. *L'hérédité normale et pathologique*, pp. 118-125.)

A. Voisin, cité par Sanson, a présenté, en 1868, une observation analogue à celles qui précèdent, faite sur notre espèce, en France : « La commune de Batz (Loire-Inférieure) est située dans une presqu'île bordée de rochers, et compte une population de 3.300 habitants qui ont avec le reste du département des rapports très limités. Leur intelligence est très développée. Tous les adultes savent lire. Leur tenue et leurs mœurs sont excellentes. Les enfants y sont tous allaités par leurs mères. L'alimentation y est bonne, les maladies chroniques y sont rares, les plus graves d'entre elles inconnues. Il existe en ce moment dans la commune 46 unions entre consanguins... Ces 46 unions ont produit 174 enfants dont 29 ont succombé à des maladies aiguës. Tous les autres se portent parfaitement et sont d'une excellente constitution ainsi que leurs parents... Cette étude m'a convaincu que la consanguinité n'est nullement préjudiciable aux enfants lorsque le père et la mère n'ont aucune diathèse, aucune maladie héréditaire, sont de bonne santé et de forte constitution, dans de bonnes conditions hygiéniques et climatériques, et que dans ces cas la consanguinité ne nuit d'aucune façon au produit et à la race, mais au contraire exalte les qualités comme elle ferait pour les défauts et les autres causes de dégénérescence. » (*Ibid.*, p. 126.)

différents sont autorisés à s'unir quand et comme il leur convient et pour le temps qu'il plaît à leur fantaisie de fixer. Chez les anciens Perses, au contraire, les mariages entre frères et sœurs étaient très fréquents et très estimés.

Parmi les hommes, de même que parmi les animaux, les liens familiaux ne se resserrent, les affections ne se développent entre l'homme et la femme d'abord, entre les parents et les enfants ensuite, que dans les lieux où la vie est facile. Dès que l'homme et la femme sont dispensés de consacrer leur vie entière à la recherche de leur nourriture, ils se comportent comme les mâles et les femelles des animaux dont l'alimentation est aisée : ils renoncent aux unions passagères dans lesquelles toutes les charges de la famille retombent sur la mère; ils forment des ménages durables, tantôt monogames comme ceux de la plupart des oiseaux, tantôt polygames comme ceux des bœufs et des chevaux sauvages.

Alors encore, c'est le besoin de reproduction qui pousse l'homme à rechercher la compagne avec laquelle il perpétuera sa race; mais, n'étant plus incessamment tiraillé par le besoin de nutrition, il s'attarde à la satisfaction répétée du besoin de reproduction. Du plaisir qu'il y trouve, naissent dans son cerveau des idées qu'il n'avait pour ainsi dire pas eu le temps de concevoir quand il vivait sous la pression continue de la faim. Il s'attache alors, d'une façon durable, à la femme qu'il a conquise, comme à la source près de laquelle il s'est fixé et qui le désaltère, à la terre giboyeuse ou au lac poissonneux qui le nourrissent, à l'arbre qui le protège contre les brûlants rayons du soleil, à la peau de bête qui le vêt, à la caverne ou à la hutte qui l'abritent contre la pluie, le froid et les animaux féroces, à tout ce dont il a fait sa propriété, à tout ce qu'il a créé de ses mains, à tout ce qui satisfait des besoins dont le nombre et l'étendue s'accroissent à mesure que son intelligence se développe et que ses organes deviennent plus habiles.

La femme ne fut pour lui, d'abord, qu'un bien peu différent des autres, conquis comme les autres par la force et conservé par la force. Mais, insensiblement, il se prit d'affection pour sa compagne, comme elle-même s'éprit de lui et, dans ces deux êtres, l'amour sexuel naquit des plaisirs sans cesse renouvelés et se fortifia ensuite par la répétition quotidienne de toutes les souffrances et de toutes les joies auxquelles les exposait la vie alternativement rude et molle qu'ils menaient ensemble.

Chez la femme, l'amour sexuel devient plus fidèle en raison du besoin plus grand de protection et d'aide qu'elle éprouve pendant la grossesse et l'allaitement. Chez l'homme, il est fortifié par l'orgueil qu'inspire la supériorité physique et qu'entretient la satisfaction intime provoquée par les services rendus. Dans l'un et dans l'autre, au cours des siècles, à mesure que l'intelligence se développe, que les idées se multiplient par l'observation des objets et des êtres et par les expériences accumulées, l'amour prend un caractère moins exclusivement physique. Il s'y ajoute, dans les natures d'élite, cette confiance réciproque, cette aide mutuelle et incessante d'où découlent les joies et les consolations les plus précieuses et les plus solides de la vie, et d'où sort la force de résister aux accidents et aux malheurs. Et la légende de tous les peuples civilisés conserve pieusement, pour l'édification de la jeunesse, ces admirables poèmes où l'amour constant est si vivace que la vieillesse elle-même est incapable de ternir sa douceur et sa sérénité.

Avec l'enfant, apparaissent des sentiments nouveaux et des idées nouvelles. Entre la mère et l'enfant, chair de sa chair, les relations sont si intimes, si lointaines et si puissantes, que l'*amour maternel* naît au cœur de la femme avant même que le fruit de son amour sexuel se soit détaché de son sein. Il s'avive et s'accroît par la vue du nouveau-né, par l'allaitement, par les soins de chaque heure et par l'éclosion des sentiments qui, en retour des soins maternels, se développent chez le nourrisson.

L'enfant est d'abord exclusivement égoïste. Il n'a que des besoins et des exigences. Il ne connaît sa mère qu'aux heures où s'aiguisent ses besoins, et c'est à peine s'il daigne accepter les caresses qu'elle lui prodigue. Petit à petit, cependant, la sensation de la faim, la notion du sein où elle se satisfait et l'idée de la nourrice toujours prête au premier appel, toujours bonne, toujours caressante, se lient et s'enchaînent dans son esprit. Par intérêt d'abord, par reconnaissance ensuite, il s'attache à celle qui le nourrit et le soigne; il tourne la tête à son appel, rit quand elle rit, ouvre les bras à ses appels. La mère, attentive à l'éclosion de la moindre idée dans ce cerveau fait de son propre cerveau, à la formation du moindre sentiment dans ce cœur fait de son propre cœur, la mère ravie voit naître et grandir, de jour en jour, dans l'être qui prolonge sa propre existence, cet *amour filial* qui est la récompense de ses douleurs et l'espoir de sa vie.

L'affection vouée par l'enfant à sa mère s'étendra bientôt au père qui s'occupe de lui, le soigne et le caresse, lui ouvre des horizons plus larges sur le monde, lui procure des plaisirs inconnus et flatte son orgueil naissant de petit homme. Mais cette affection revêt, par la force même des choses, un caractère particulier. De même que l'amour paternel est toujours doublé de l'autorité que l'homme exerce sur le petit être, de même l'amour qui naît au cœur du fils à l'égard de son père est accompagné du respect que lui inspirent pour ce dernier la rudesse de la voix, les signes extérieurs de la force, la parcimonie relative des soins et des caresses.

Ce respect sera plus grand encore pour l'aïeul, même le plus affectueux et le plus aimé, en raison de son âge, que les enfants exagèrent toujours, et de la déférence qui lui est déjà témoignée par les divers membres de la famille.

Voilà désormais la famille fondée, à la fois sur les services que ses membres se rendent les uns aux autres, sur l'affection qui rayonne de tous les cœurs, sur l'autorité que l'on reconnaît aux anciens et sur le respect qu'on leur manifeste. Et, tout naturellement, de cette source féconde de sentiments, naissent, dans les familles humaines parvenues à un certain degré d'évolution intellectuelle, toutes les idées d'où les religions et les philosophies tireront les préceptes relatifs à ce qu'elles appelleront les devoirs familiaux.

§ I

ORIGINE DE L'IDÉE DU DEVOIR

Le mécanisme par lequel les idées relatives à ces devoirs se sont formées est des plus simples. L'observation établit que les liens d'affection par lesquels les parents sont unis à leurs enfants et ces derniers à leur mère, à leur père, à leurs frères et sœurs et à leurs aïeux deviennent de plus en plus étroits à mesure que les familles sont plus intelligentes. A un moment déterminé, la mère qui abandonne son enfant ou le maltraite, le fils qui se conduit mal envers sa mère, qui manque de respect ou d'obéissance à son père, à son frère aîné, à son aïeul, la fille qui ne se montre pas suffisamment déférente à l'égard de ses frères, heurtent les habitudes traditionnelles de la famille, des familles voisines, de la société plus ou moins grande, dont ces familles font partie, et provoquent les observations malveillantes de tout le monde. Les habitudes d'affection, de respect contractées dans ces familles depuis une époque déjà reculée, donnent lieu à une sorte de convention tacite par laquelle chacun se considère comme lié obligatoirement.

Lorsque l'idée de cette obligation est devenue suffisamment nette et dès que la langue atteint un certain degré de précision, on dit que la mère a le *devoir* d'aimer ses enfants, de les nourrir, de les élever, de les éduquer; que les enfants ont le *devoir* d'aimer leur mère, leur père, leurs aïeux, de leur rendre en dévouement et en respect les services et l'affection qu'ils en ont reçus, de les nourrir et de les soigner pendant leur vieillesse, comme ils furent eux-mêmes nourris et soignés pendant leur jeune âge. Les *devoirs familiaux* deviennent, dès lors, l'objet de préceptes plus ou moins nettement formulés, dont la place est tout indiquée dans les poèmes des poètes, les méditations des philosophes, les livres sacrés des religions et les codes des peuples. Et si ces préceptes sont à peu près les mêmes chez tous les peuples et dans les diverses productions de l'esprit humain, c'est qu'ils ont partout leur origine dans les mêmes faits naturels.

Malgré l'affection qui l'attache à sa femme et à ses enfants, et alors même que l'idée des devoirs familiaux a pris tout son développement et produit tous ses effets utiles, le père est loin de renoncer à la domination qu'il exerce. Son égoïsme ne s'efface pas devant l'altruisme dont il est désormais animé. Il se considère toujours comme le maître, je dirais volontiers le propriétaire de sa femme et de ses enfants. Il est même utile de noter que, dans l'espèce humaine, l'égoïsme paternel est plus développé que chez les animaux. Il semble que le chef de la famille devient d'autant plus égoïste et dominateur, que sa raison lui permet de mieux appliquer à son profit son esprit de domination.

§ II

ORIGINE DE L'IDÉE DE DOMINATION DU PÈRE DE FAMILLE

Des sentiments égoïstes et dominateurs du père de famille est née tout naturellement l'idée du pouvoir que toutes les sociétés, les religions et les lois lui ont reconnu, jusqu'à ce jour, sur ses enfants. Et plus la population est primitive, plus les pouvoirs exercés par le père vis-à-vis de ses enfants sont absolus.

Chez un grand nombre de peuples primitifs, le père de famille, encore aujourd'hui, vend ses enfants pour se débarrasser de la charge qu'ils lui imposent ou se procurer quelques bénéfices. C'est, en Afrique, l'une des sources les plus importantes de l'esclavage. En Chine, c'est encore ainsi que se recrutent les eunuques du palais. Chez les Hébreux, la même coutume était assez répandue. Il en était de même chez les Grecs et les Romains des premiers siècles. Les Gaulois, les Germains se laissaient également tenter par les offres des marchands d'esclaves de l'Italie ou de la Sicile. D'un autre côté, chez tous les peuples sémitiques de l'antiquité, les pères n'hésitaient pas à sacrifier leurs enfants à la divinité, afin d'obtenir les faveurs de cette dernière. Les religions consacrèrent cette pratique tant que l'état des mœurs le permit. Plus tard, elles exigèrent que le père de famille rachetât la vie des enfants qu'il ne sacrifiait plus sur les autels des dieux. Puis, elles lui conseillèrent de les vouer à la divinité, de les consacrer au service des autels, en lui promettant qu'il en serait récompensé par les dieux ou le Dieu. On voit encore, dans nos sociétés modernes, des pères et des mères de famille pousser l'égoïsme jusqu'à condamner leurs fils ou leurs filles à rompre tous les liens qui les rattachent à la société, à se rebeller contre les besoins les plus impérieux de leur corps et à faire même le sacrifice de leur liberté individuelle, avec la persuasion que Dieu les récompensera de lui avoir voué ainsi les êtres qui leur sont les plus chers. Encouragé par la religion, l'égoïsme paternel et maternel voue ainsi à la vie monastique ou au sacerdotat, une foule d'enfants des deux sexes qui, s'ils étaient élevés librement, n'auraient jamais l'idée de renoncer ni à leur liberté ni aux plaisirs de la vie familiale et sociale. Ainsi, à travers les siècles et malgré les progrès de la civilisation, s'est perpétué, sous des formes variables, le droit que le père s'attribuait, chez les peuples les plus primitifs, de tuer ses enfants, de les vendre ou de les sacrifier à la divinité, en vue de son propre intérêt.

Les religions et les lois de tous les peuples civilisés ont également consacré, sous des formes diverses, les pouvoirs que l'homme primitif s'attribue, en vertu de son égoïsme et de son esprit de domination, sur sa femme et sur ses enfants. Chez les Hébreux, la loi religieuse accordait au mari le droit de répudier la femme stérile ; on pourrait dire même que la loi le lui prescrivait, tant la paternité passait pour chose indispensable. En cas d'infidélité, le mari pouvait tuer sa femme. La même loi donnait au père de famille les droits les plus étendus sur ses enfants : il disposait d'eux à peu près comme de ses animaux domestiques.

Chez les anciens Grecs et Romains, les coutumes

d'abord, les lois ensuite ne furent guère moins favorables que chez les Hébreux à l'esprit de domination du père de famille. Le mariage religieux lui soumettait la femme et les enfants d'une manière absolue. Il pouvait prêter sa femme à un ami; la répudiait à sa fantaisie; la punissait et pouvait la tuer, quand elle était infidèle, à la suite d'une sorte de jugement rendu par lui-même. Le père disposait de la vie, du sort et des biens de ses enfants pendant toute la durée de sa propre existence. Il était le propriétaire de tout ce qu'ils acquéraient, des salaires qu'ils gagnaient, des héritages qui leur incombaient. Il incarnait la famille en sa personne, au point qu'il s'était érigé en pontife indépendant et absolu d'une religion dont l'étendue ne dépassait pas les limites de son foyer.

Le christianisme a consacré l'esprit des mœurs, des religions et des lois anciennes : il n'admet la famille que si le mariage a revêtu la forme d'un sacrement religieux, et à la famille ainsi constituée, il impose les mêmes règles générales que les religions antiques. A ses yeux comme à ceux du jéhovisme d'Israël ou du paganisme de la Grèce, le père est un maître, la femme et les enfants sont des sujets. Le père a tout particulièrement le devoir d'inculquer sa croyance à ses enfants et il pourra les châtier s'ils ont la prétention de se soustraire à sa direction intellectuelle ou religieuse. Il travaille pour sa femme et ses enfants, mais ceux-ci lui doivent obéissance en tout.

La législation de tous les peuples modernes et, en particulier, celle de la France consacre dans une large mesure la doctrine du christianisme. Nos lois obligent le père à nourrir, loger et entretenir sa femme et ses enfants; mais elles imposent à la femme « l'obéissance à son mari ».et l'obligation « de le suivre partout où il juge à propos de résider. » Si la femme refuse de le suivre, le mari « peut l'y contraindre *manu militari.* » (1) La femme ne peut ester en jugement sans l'autorisation de son mari; elle ne peut ni donner, ni aliéner, ni hypothéquer, ni acquérir à titre gratuit ou onéreux, sans son autorisation, même quand

---

(1) *Code civil*, art. 213, 214, et *Cassat.*, 9 août 1826.

elle est « non commune ou séparée de bien. » (1) Elle ne peut même pas disposer librement du salaire que lui procure son travail et le mari « administre tous les biens de la communauté. » (2) Jusqu'à ces dernières années, le mariage était aussi indissoluble, dans notre pays, aux yeux des lois qu'à ceux de l'Eglise catholique. Cette dernière ne s'est, d'ailleurs, pas encore inclinée, ne s'inclinera jamais devant la loi qui a rétabli le divorce.

Cette loi elle-même est encore tout imprégnée des idées religieuses sur le mariage, car elle n'autorise pas le divorce par consentement mutuel, et elle interdit aux divorcés d'épouser l'homme ou la femme connus pour avoir été complices de l'adultère qui a légitimé le divorce. Après avoir accordé la dissolution du mariage à deux êtres qui se déplaisent au point de trahir la foi conjugale, la loi les contraint à vivre dans le concubinage avec ceux qui les ont aidés à se tromper réciproquement.

La séparation de corps elle-même est entourée d'obstacles de toutes sortes. « Elle ne peut avoir lieu par le consentement réciproque des époux. » (3) Si elle est prononcée pour cause d'adultère de la femme, celle-ci « sera condamnée par le même jugement, et sur la réquisition du ministère public » c'est-à-dire au nom de l'Etat, agissant comme dans la poursuite d'un délit ou d'un crime, « à la réclusion dans une maison de correction pendant un temps déterminé qui ne pourra être moindre de trois mois ni excéder deux années. » (4) L'autorité du mari en cette matière est encore soulignée par ce fait qu'il peut, en reprenant sa femme, arrêter l'effet de la condamnation (5).

Les lois modernes n'accordent plus au mari le droit de répudier sa femme, même en cas d'adultère, mais elles soulignent la prépotence du mari d'une singulière façon, en décidant : « Dans le cas d'adultère, le meurtre commis par l'époux sur son épouse, ainsi que sur le complice, à l'instant où il les surprend en flagrant délit dans la maison

---

(1) *Code civil*, art. 217.
(2) *Ibid.*, art. 1421.
(3) *Ibid.*, art. 307.
(4) *Ibid.*, art. 308.
(5) *Ibid.*, art. 309.

conjugale, est excusable. » (1) Et le magistrat chargé d'appliquer cet article blesserait gravement l'opinion générale de ses compatriotes, s'il s'avisait de ne point acquitter l'époux coupable de ce double assassinat. D'autre part, la loi condamne la femme adultère à la prison, quel que soit le lieu où son infidélité a été commise (2), tandis qu'elle ne punit l'adultère du mari que s'il a « entretenu une concubine dans la maison conjugale » et elle ne lui inflige, dans ce cas, qu'une amende (3). Ce qu'elle punit chez la femme, c'est réellement l'adultère, tandis que chez le mari elle condamne seulement le concubinage envisagé comme un acte de polygamie. Nos lois traitent, en somme, la femme, à l'exemple de certaines lois anciennes, comme la propriété du mari.

Les dispositions relatives aux droits du père sur les enfants soulignent le caractère essentiellement religieux que nos lois, inspirées par l'Eglise, ont donné au mariage. « L'enfant conçu pendant le mariage a pour père le mari, » (4) même si celui-ci déclare que physiquement, il lui est impossible d'en être le père. En effet, « le mari ne pourra, en alléguant son impuissance naturelle, désavouer l'enfant. » (5) Il ne peut renier celui-ci que s'il a été éloigné ou placé dans l'impossibilité absolue de cohabiter avec sa femme « depuis le 300ᵉ jusqu'au 190ᵉ jour avant la naissance de cet enfant. » (6) En cas d'adultère nettement établi, il faut que la naissance de l'enfant lui ait été cachée, pour qu'il soit « admis à proposer tous les faits propres à justifier qu'il n'en est pas le père. » (7)

Quant aux enfants dits « naturels, » c'est-à-dire nés en dehors du mariage légal, alors même qu'ils seraient reconnus par le père ou la mère, ils sont traités, au point de vue de la succession de celui qui les a reconnus, d'une tout autre façon que les enfants dits « légitimes, » c'est-

---

(1) *Code pénal*, art. 324.
(2) *Ibid.*, art. 337.
(3) *Ibid.*, art. 339.
(4) *Code civil*, art. 312.
(5) *Ibid.*, art. 313.
(6) *Ibid.*, art. 312.
(7) *Ibid.*, art. 313.

à-dire nés de parents liés par le mariage. La loi ne reconnaît, en quelque sorte, la légalité de la paternité ou de la maternité que dans le mariage (1).

Les devoirs des enfants envers les parents sont également établis par nos lois sur les bases qu'a posées le christianisme, à l'imitation des religions antérieures. « L'enfant, à tout âge, doit honneur et respect à ses père et mère. — Il reste sous leur autorité jusqu'à sa majorité ou son émancipation. » (2) Même après sa majorité, il ne peut se marier qu'avec leur consentement ou en faisant des sommations qui témoignent encore de sa dépendance à leur égard. Tant que le père et la mère sont vivants, c'est au premier, comme dans les lois et religions anciennes, que revient exclusivement l'autorité sur les enfants. « Le père seul, dit le Code civil, exerce cette autorité durant le mariage. » (3)

Afin d'avoir une idée exacte des conséquences que peut avoir, dans la pratique, l'autorité reconnue au père par la loi sur ses enfants, il suffit de jeter un coup d'œil sur les différentes classes de notre société. Dans les familles misérables et vicieuses, l'enfant peut à peine marcher que ses parents le condamnent à la mendicité, quand ils ne vont pas jusqu'à lui apprendre à voler comme ils le font eux-mêmes. Parmi les pauvres honnêtes, on a vu, jusqu'à ces dernières années, des pères livrer leurs enfants aux besognes les plus pénibles dès l'âge de sept et huit ans, sans se préoccuper, ni du tort que le travail faisait à leur organisme encore débile, ni de l'infériorité sociale à laquelle ils seraient condamnés par l'ignorance dans laquelle on les confinait. Dans les familles riches, bien rares sont les

---

(1) L'article 338 du Code civil décide : « L'enfant naturel reconnu ne pourra réclamer les droits d'enfant légitime. » D'autre part, comme pour bien faire souligner par la loi le caractère religieux du mariage, l'article 333 décide : « Les enfants (naturels) légitimés par le mariage subséquent auront les mêmes droits que s'ils étaient nés de ce mariage. » En vertu de l'article 340, « la recherche de la paternité est interdite aux enfants naturels. » La loi n'accorde des droits à l'enfant par rapport à son père que si celui-ci veut bien le reconnaître. Il y a là un véritable encouragement à l'abandon, par l'homme, de ses enfants naturels et de leur mère. La loi autorise « la recherche de la maternité » par l'article 341, mais dans les cas seulement où la reconnaissance est autorisée (art. 342).

(2) *Code civil*, art. 371 et 372.
(3) *Ibid.*, art. 373.

pères et les mères qui ne contraignent pas leurs enfants, dès le plus jeune âge, aux pratiques de leur propre religion et qui ne leur inculquent pas leurs croyances en même temps qu'ils leur enseignent les premiers mots de la langue maternelle. Le père ne peut plus être le bourreau de ses enfants ; il ne peut plus ni les tuer, ni les vendre ; mais, il lui est toujours permis, il lui est prescrit même d'être le tyran de leur cerveau (1).

Si, dans nos sociétés modernes, la domination égoïste du père de famille est moins impérieuse que dans les sociétés anciennes, il le faut attribuer beaucoup moins au progrès de l'altruisme paternel, qu'au développement, chez les femmes et les enfants, de l'*idée de liberté* dont nous avons déjà constaté l'existence et le mode de formation chez tous les animaux supérieurs. Afin de se rendre libre, la femme cherche par tous les moyens à devenir l'égale de l'homme, tandis que celui-ci, pour la conserver, est contraint de lui faire sans cesse des concessions nouvelles.

On trouve la trace de ces concessions dans les religions et les lois. Tout en accordant au mari les droits exorbitants rappelés plus haut, elles admettent, à certains égards, une sorte d'égalité de l'homme et de la femme. Chez les Aryas primitifs de l'Inde, la femme occupait au foyer familial une place considérable. La jeune fille choisissait librement son mari ; la femme était respectée et obéie par les serviteurs. Devenue veuve, elle devait être recueillie, nourrie et soignée, ainsi que ses enfants, par le frère de son défunt mari. Elle ne pouvait pas, il est vrai, remplir la fonction de prêtre dans la famille, fonction exclusivement réservée à l'homme, mais elle assistait au sacrifice et c'est à elle qu'incombait la mission presque religieuse de préparer le soma sacré. Chez les Hébreux, quoique la femme fût condamnée au rôle de servante, elle

(1) Les droits correctionnels accordés au père sur ses enfants sont encore très considérables. D'après l'article 376 du Code civil, tant que l'enfant n'a pas atteint l'âge de 16 ans, « le père pourra le faire détenir pendant un temps qui ne pourra excéder un mois ; et, à cet effet, le président du tribunal d'arrondissement devra, sur sa demande, délivrer l'ordre d'arrestation. » Il résulte de ce texte que le père seul, en réalité, prononce la condamnation et ordonne l'exécution. C'est seulement lorsque l'enfant a atteint l'âge de 16 ans que les demandes de détention formulées par le père sont soumises à un véritable jugement de la part du magistrat (art. 377).

avait une place dans la société. Les lois l'autorisaient à demander le divorce; elles faisaient garantir ses biens par ceux de son mari, même après la mort de ce dernier; elles protégeaient les veuves contre toute injure et elles contraignaient le fils du maître à épouser l'esclave mineure dont il avait abusé.

Chez les anciens Grecs et les Romains, les droits de l'homme sur la femme étaient presque absolus en droit, mais tempérés, dans la pratique, par les coutumes sociales ou les croyances religieuses. De même que chez les Aryas de l'Inde, la femme et la fille du Grec ou du Romain assistent au culte que le chef de famille rend au dieu du foyer; elles ornent ce dernier de fleurs aux jours de fête et l'invoquent directement. C'est devant le foyer, sous la protection du dieu familial, que se fait la cérémonie du mariage, pendant laquelle les deux époux offrent un sacrifice, versent la libation sacrée sur la flamme, prononcent les prières sacramentelles et mangent, devant les parents réunis, le gâteau qui représente la communion matrimoniale. Ce sont les dieux eux-mêmes qui, selon le mot de Platon, introduisent l'épouse dans la maison de l'époux et la font asseoir à son foyer. Désormais elle ne connaîtra plus que la religion de sa nouvelle famille et c'est aux parents seuls de son époux, non aux siens, qu'elle rendra le culte des ancêtres. Un mariage aussi solennel, aussi profondément religieux, ne pouvait manquer de procurer à la femme des droits considérables. Le fils auquel elle donnait naissance pouvait seul succéder au mari défunt dans le service du culte familial. Si le mari venait à mourir sans avoir eu d'enfants, la famille ne pouvait se continuer que par sa veuve, d'où l'obligation pour cette dernière d'épouser le frère du défunt. Le mariage pouvait être rompu par la volonté seule du mari, et il l'était assez fréquemment, surtout pour cas de stérilité, mais le divorce résultait d'une cérémonie religieuse détruisant, en quelque sorte, l'effet de celle qui avait réalisé l'union. Enfin, dans les mariages, très fréquents à Rome, qui n'étaient pas accompagnés d'un acte cultuel, la femme n'était pas soumise légalement à l'autorité maritale.

En Chine et dans l'Annam, où existe encore le culte des

ancêtres, la femme devient, après la mort de son mari, chef de famille et remplace le défunt dans le culte des ancêtres.

Chez les Germains de l'antiquité, c'est encore l'homme qui était le chef de la famille et il exerçait sur la femme une autorité telle qu'en cas d'infidélité, il avait le droit de la répudier, après l'avoir promenée nue à travers le village. Cependant, la femme jouait dans la société germaine un rôle fort important. Elle y pouvait être prêtresse, et ses avis étaient souvent recherchés dans les circonstances graves, par les chefs de la nation. Il paraît en avoir été de même en Gaule.

Aussi doit-on peu s'étonner de la place considérable que la femme prit dans les sociétés occidentales du moyen âge, alors qu'à l'influence des mœurs et des lois romaines, s'ajoutèrent celle des coutumes des Germains et des Gaulois et surtout les nécessités créées par la pérennité du mariage chrétien et par l'organisation féodale de la société. Plus naturelle encore doit nous apparaître la place que la femme occupe dans nos sociétés modernes, par le fait du progrès des idées.

Il importe, d'ailleurs, de distinguer la situation faite à la femme par les religions ou les lois des diverses sociétés humaines et celle dont elle a joui ou jouit encore chez la plupart des peuples. Il n'y a pas, à coup sûr, de société, dans laquelle la femme jeune, jolie et aimable n'ait trouvé le moyen de faire sentir son autorité, soit dans la direction de la famille, soit sur les mœurs et même sur la conduite des affaires politiques. Il n'y a peut-être pas de peuple qui n'ait eu des femmes pour reines. Quant à ceux chez lesquels les fonctions sacerdotales furent interdites à la femme, ils connurent des pythonisses et des sorcières plus puissantes encore que les prêtres, car les superstitions sont toujours plus fortes que la foi religieuse. Enfin, il n'y en a pas un seul chez lequel la femme n'ait trouvé le moyen de se créer, en dehors de la famille, une situation d'autant plus élevée qu'elle était édifiée sur les passions les plus aveugles du sexe fort. En Grèce, les hétaïres jouissaient d'une grande influence sur les hommes d'État et les philosophes les plus considérables. A Rome, elles jouèrent souvent un rôle de très grande importance. Dans les nations occidentales, elles ont soumis à leur empire les monarques les plus absolus. Enfin, on les a vues, dans l'Eglise même, gouverner les prélats, faire et défaire les souverains pontifes et diriger la religion.

En résumé, dans tous les temps et dans tous les pays, l'homme s'est arrogé au sein de la famille, tantôt par la supériorité de sa force, tantôt par son habileté de législateur religieux ou civil, tous les droits et tous les pouvoirs; mais, toujours et partout, en face de son égoïsme de mâle, s'est dressé l'égoïsme non moins tenace, quoique plus humble, de la femme; et dans cette lutte incessante des deux sexes, ce n'est pas toujours le plus fort, ce n'est pas toujours celui qui se faisait attribuer le plus de droits par les religions ou les lois, qui a remporté la victoire.

Le conflit incessant des deux égoïsmes sexuels fut de tout temps et est encore nuisible à un grand nombre d'individus; mais, cela ne l'a point empêché de contribuer puissamment à l'évolution ascendante de notre espèce, par les efforts que font les deux sexes pour se dominer réciproquement.

Ce que je viens de dire de la femme s'applique aussi aux enfants. N'éprouvant jamais pour leurs parents une affection égale à celle dont ils sont l'objet, les enfants ne supportent, d'ordinaire, qu'avec peine les avis ou les directions qui leur sont donnés et ne rêvent, pour la plupart, que de se rendre indépendants. C'est seulement par beaucoup de tendresse, de soins, de faiblesse même qu'on les peut retenir. Les lois les plus rigoureuses ont été impuissantes à comprimer les idées de liberté, d'indépendance, d'égalité qui se développent chez eux en même temps que les forces physiques. Il est fort heureux, du reste, qu'il en soit ainsi; car de l'égoïsme et de l'esprit de liberté des enfants jaillit nécessairement, à chaque génération et dans chaque peuple, une source nouvelle de progrès matériel, intellectuel et moral.

En somme, dans l'espèce humaine comme chez les animaux supérieurs, la famille se constitue d'abord par l'union de deux individus de sexes différents que le besoin de reproduction pousse l'un vers l'autre et qui sont maintenus en contact par des plaisirs et une aide réciproque. Unis par le besoin, ils se lient par l'amour. Entre eux et les enfants auxquels ils transmettent, avec la vie, leurs caractères physiques, s'établissent des relations d'abord purement intéressées, puis affectueuses. A l'amour sexuel succèdent l'amour maternel et paternel d'une part, l'amour filial de l'autre. Enfin, de ces sentiments affectueux, de l'habitude où l'on est de les constater, à partir d'une certaine phase de l'évolution de la famille, chez tous les individus qui composent une même société, du trouble qu'apportent dans cette habitude les faits occasionnels de mauvais traitements infligés aux enfants par leurs parents ou à ceux-ci par leurs enfants, naît l'idée des devoirs familiaux. L'altruisme familial a fait alors son apparition.

Mais, en regard des idées de devoir qui en forment la base, l'égoïsme de l'homme, celui de la femme et celui des enfants subsistent, poussant chacun d'entre eux à se préoccuper plutôt de soi-même que des autres, créant dans l'esprit de chacun une lutte incessante entre ses affections et ses intérêts, entre le devoir né des premières et le droit qu'inspire le souci des seconds.

L'objet de l'éducation morale, en ce qui concerne la famille, est de concilier ces deux éléments contraires, en faisant produire à chacun tout ce qu'il est possible d'en tirer pour le progrès général de l'humanité.

CHAPITRE IX

LA VIE SOCIALE ET SES ORIGINES. IDÉES MORALES DONT ELLE DÉTERMINE LA PRODUCTION.

§ 1

LA LUTTE POUR L'EXISTENCE ET L'ASSOCIATION POUR LA LUTTE

Tous les êtres vivants sont en butte à des attaques perpétuelles de la part du milieu cosmique dans lequel ils vivent, des organismes divers qui les entourent, et enfin, de leurs semblables. Le chêne est sans cesse menacé par le froid et la chaleur excessifs qui gèlent ou brûlent ses bourgeons; par les chenilles et les hannetons qui dévorent ses feuilles; par les oiseaux ou les insectes qui percent son tronc, labourent ses tissus et facilitent la pénétration de la pluie avec les microbes de la putréfaction; par les autres chênes qui, autour de lui, appauvrissent le sol et consomment les aliments que ses racines y cherchent; par l'homme enfin, qui l'abat et le débite pour construire ses maisons, fabriquer ses meubles ou alimenter son foyer.

Le bœuf sauvage est menacé par les intempéries des saisons à l'abri desquelles il ne sait pas se mettre, par le tigre ou le lion qui convoitent sa chair, par les parasites animaux ou végétaux qui pénètrent jusque dans l'intimité de ses tissus, par les autres herbivores qui mangent les herbes dont il se nourrit, par les poisons de certaines plantes, par l'homme qui le chasse pour s'en nourrir ou le réduire en captivité.

Le tigre, qui est carnivore, est menacé par les grands

animaux dont il se nourrit et dont la plupart sont munis d'armes redoutables, par les parasites que contiennent les chairs des victimes de sa férocité et qui, avec ces chairs, s'introduisent dans son organisme, par l'homme qui le détruit afin de mettre ses troupeaux et lui-même à l'abri de ses déprédations.

L'homme, à son tour, est menacé, comme la plante et l'animal, par les intempéries des saisons, par les poisons des plantes, par la dent des carnassiers, par la corne des grands herbivores, par les parasites animaux ou végétaux, et enfin par ses semblables qui le tuent à la guerre, tantôt pour s'en nourrir, tantôt par pure ambition ou simple fantaisie ou qui ruinent sa santé en le contraignant à un travail excessif.

Contre ces menaces et attaques, le chêne, le bœuf sauvage le tigre, l'homme auxquels je viens de faire allusion sont condamnés à se défendre d'une manière incessante. C'est à ce fait qu'a été donné le nom de *lutte pour l'existence*. Il est facile de s'assurer qu'il est commun à tous les êtres vivants, à tous les corps même peut-on dire, car tous sont menacés de destruction par des causes diverses ou se menacent entre eux. La lutte pour l'existence doit donc être considérée comme un fait absolument général.

La conséquence de la lutte incessante et universelle à laquelle sont condamnés les êtres vivants, est la disparition de tous les individus qui ne sont ni assez robustes ni assez habiles pour échapper aux causes multiples de destruction qui les assaillent. Ceux-là seuls persistent qui sont assez forts ou dont la reproduction est assez active pour que la destruction d'un nombre même très considérable d'unités à chaque génération ne puisse pas déterminer la disparition de l'espèce (1).

(1) Buffon, le premier, a nettement compris l'importance de la lutte pour l'existence et celle de la sélection, qui en résulte parmi les êtres vivants : « Les animaux ne sont, à beaucoup d'égards, dit-il, que des productions de la terre... en faut-il plus pour être convaincu que leur forme n'est pas inaltérable, que leur nature... peut se varier et même se changer absolument avec le temps, que par la même raison, les espèces les moins parfaites, les plus délicates, les plus pesantes, les moins agissantes, les moins armées, etc..., ont déjà disparu ou disparaîtront. » (Voyez BUFFON, *Œuvres complètes*, édit. DE LANESSAN, t. IV, p. 593, Mémoire sur les *Animaux communs aux deux continents*. Introduction, pp. 440 et suiv.)

Il se fait ainsi parmi tous les êtres vivants, une sorte de choix, de sélection disent les naturalistes, au profit des individus les mieux adaptés aux diverses conditions dans lesquelles ils vivent, les mieux armés, peut-on dire encore, en vue de la lutte pour l'existence.

Les moyens employés par les diverses espèces d'êtres vivants pour résister aux innombrables causes de destruction qui les entourent sont aussi divers que nombreux. Chaque espèce, pour ainsi dire, a les siens.

Les êtres les plus petits, qui sont les plus exposés à succomber, se tirent d'affaire grâce à l'extrême rapidité de leur multiplication, à des formes et à des colorations qui les font ressembler aux objets sur lesquels ils vivent, à des organes de locomotion leur permettant de se sauver avec rapidité devant leurs ennemis, etc. Les plus grands ont vu se développer, sous l'influence du climat, de la nourriture, de l'usage, et, avouons-le, de causes inconnues, les organes divers dont ils se servent pour leur défense; le bœuf a ses cornes, le chevreuil ses bois, le cheval ses sabots, l'homme les armes qu'il s'est fabriquées, etc. Tous, enfin, grands et petits, ont surtout leur intelligence, qui toujours se développa dans la direction des ruses à employer pour échapper à leurs ennemis et pour assurer la satisfaction de leurs besoins de nutrition et de reproduction. Tous aussi ont, comme arme particulièrement puissante, la réunion des individus, leur association en nombre plus ou moins considérable.

Tous les individus, à quelques espèces qu'ils appartiennent, qui sont isolés de leurs semblables par des causes diverses ou qui s'en isolent d'eux-mêmes, sont condamnés à une destruction à peu près totale.

Il n'est pas jusqu'aux minéraux qui ne présentent à notre observation ce fait capital. Qui n'a vu sur nos côtes, quelque rocher isolé des falaises? La mer l'entoure de toutes parts; tantôt le flot paisible lèche amoureusement sa surface qu'il use avec une extrême lenteur; tantôt la vague furieuse le frappe en rugissant et en arrache des débris; la pluie ajoute ses innombrables petits coups aux rudes chocs des lames; les galets soulevés par la mer joignent leurs efforts à ceux des autres agents; le lichen apporté par le vent se cramponne à ses flancs et accomplit lentement sur eux son œuvre destructive. Si, dans quelque fissure produite par la foudre, par l'eau ou par toute autre cause, il existe un peu de terre, une graine déposée par les oiseaux ne tarde pas à germer dans ce sol étroit, la plante enfonce ses racines entre les lèvres de la fissure, les écarte, et bientôt la fente est assez large pour offrir un abri aux oiseaux. La pluie pénétrera par là jusqu'au cœur du rocher et y exercera une action dissolvante d'autant plus efficace que l'eau pourra plus longtemps séjourner au contact de la pierre.

Tandis que vers le haut tous ces efforts s'exercent pour détruire la roche, des tentatives analogues sont faites à sa base. Des animaux marins, des organismes infimes et en apparence absolument inoffensifs, se creusent des tanières qui sont autant de portes ouvertes à la mer pour pénétrer jusqu'aux entrailles du rocher. Tout cela dure depuis de nombreuses années sans que l'œil du promeneur puisse reconnaître le danger qui menace la roche; cependant, un jour, elle s'écroule sous le seul choc d'une vague plus robuste que les autres; en tombant elle se brise, et ses fragments ne tardent pas à être réduits à l'état de galets, avec lesquels les enfants joueront sur le rivage.

Traduisant ces faits en langage scientifique, nous disons que la roche a « lutté pour son existence » contre la mer, contre la pluie, contre les animaux qui ont creusé ses flancs, contre les lichens qui ont rongé sa surface, contre la foudre qui l'a fendue et les arbustes qui ont élargi ses fissures. Tous ces agents sont des ennemis de la roche, ennemis restés vainqueurs dans « le combat pour son existence » que pendant des années, peut-être des siècles, elle a soutenu contre eux.

Nous connaissons les armes offensives des ennemis de cette roche; nous devons rechercher quelles sont ses armes défensives. Au premier rang, figure sa dureté. Le granit résistera plus longtemps que le calcaire, et le calcaire sera détruit moins facilement que l'argile; mais, quelle que soit sa dureté, la roche succombera sous les coups de ses adversaires, elle sera fatalement vaincue dans « la lutte pour l'existence, » si elle est isolée. Au contraire, si ses flancs sont protégés par d'autres rochers, même moins durs, la lutte pourra se prolonger assez pour qu'elle-même et ses protecteurs, ses associés, dirai-je volontiers, soient sauvés par quelque exhaussement du sol qui les mettra à l'abri des atteintes de leur plus redoutable ennemi : la mer. Leur association les aura préservés de la destruction que chacun d'eux, isolé, n'aurait pu éviter.

Partout, les corps bruts se présentent, comme ces roches, à l'état d'association, disons de groupement, pour indiquer que cette réunion d'individus minéraux n'a rien de conscient; et il en est ainsi parce que tout corps isolé ne tarde pas à être détruit par la pluie, par la mer, les vents, les chocs des autres corps, la pénétration des plantes ou des animaux, etc.

Les êtres vivants nous offrent des phénomènes de même ordre, plus accentués encore.

Les végétaux sont tous exposés à des causes très nombreuses de destruction, sans parler des intempéries des saisons, contre lesquelles ils sont entièrement désarmés. Chacun d'entre eux, envisagé isolément, ne peut avoir, pour se défendre contre les animaux végétivores, que ses épines, son odeur, sa saveur, ou ses poisons; or, la plupart sont dépourvus de ces moyens de défense; aussi presque tous seraient-ils rapidement détruits s'ils n'avaient pas d'autres moyens de protection. L'un de ces moyens est constitué par la multiplication des individus. Il est important de noter que plus une espèce a d'ennemis et plus sa reproduction est rapide. Les champignons, les herbes et autres végétaux de petite taille sont ceux qui se multiplient le plus rapidement, comme si toutes les espèces analogues, ne jouissant pas de la même qualité, avaient été détruites, dans le cours des temps, sous l'influence de la lutte pour l'existence.

Un autre moyen de résistance aux causes de destruction, une autre arme, si je puis dire, dans la lutte pour l'existence à laquelle les espèces végétales et animales doivent de ne pas disparaître dans cette lutte, c'est l'association des individus d'une même espèce ou d'espèces différentes.

Quelques grains de blé semés dans un champ n'échapperaient pas aux multiples dangers qui les menacent; les fourmis ou les oiseaux les emporteraient avant même qu'ils eussent germé; et, si quelques-uns se développaient, les jeunes plantes seraient mangées par les chenilles, épuisées par quelque parasite, avant d'avoir fructifié. Jetons, au contraire, à pleines poignées, dans ce même champ, des milliers et des milliers de grains de blé, d'orge ou d'avoine, et si nombreux que soient les ennemis de ces céréales, nous verrons, à l'été prochain, d'innombrables épis, dorés par le soleil, se balancer au souffle de l'air, promettant au cultivateur d'abondantes moissons. En somme, plus sera riche en individus la société végétale qui couvre la plaine, plus nombreuses seront les chances de triomphe de la masse, dans la lutte pour l'existence qu'elle est condamnée à soutenir contre les intempéries des saisons et contre ses multiples ennemis.

Certaines plantes nous offrent l'exemple d'associations entre individus d'espèces distinctes et parfois très éloignées les unes des autres. Les violettes, par exemple, ne peuvent vivre qu'à l'abri des arbustes ou des arbres où elles trouvent l'humidité constante du sol dont elles ont besoin et une protection contre les rayons du soleil. Aux plantes qui les abritent elles rendent, à leur tour, un service précieux, en formant à leurs pieds des tapis qui ralentissent l'évaporation de l'eau contenue dans le sol. Elles fournissent même à leurs protectrices des aliments représentés par les feuilles qu'elles perdent chaque hiver et qui pourrissent sur la terre.

Tout cela est inconscient, déterminé par le seul jeu de la vie dans l'immense nature, mais tout cela n'en a pas moins cette conséquence d'une extraordinaire gravité, que seuls peuvent former des races ou des espèces, les végétaux auxquels les circonstances cosmiques ou la volonté de l'homme permettent de vivre en sociétés nombreuses. Nous en devons conclure que pour les végétaux, l'association, si inconsciente qu'elle soit, n'en est pas moins une arme absolument indispensable dans la lutte pour l'existence.

Pour les animaux comme pour les plantes, la vie en société est une nécessité à laquelle les différentes espèces peuvent d'autant moins se soustraire qu'elles comptent davantage d'ennemis et que ceux-ci sont plus redoutables.

Chez les poissons, la vie en société résulte manifestement du fait que tout individu isolé n'a presque aucune chance de laisser une postérité. Comme, chez ces animaux, il n'y a pas de rapprochement du mâle et de la femelle et que cette dernière pond en quelque sorte inconsciemment quand ses œufs sont parvenus à maturité, ceux-ci seraient condamnés à n'être pas fécondés si la femelle vivait dans un isolement complet de ses congénères. Si, au contraire, elle fait partie d'une société nombreuse, il se trouvera toujours quelque mâle pour rencontrer ses œufs et les féconder au moment même où elle vient de les pondre. Les poissons carnassiers eux-mêmes ne vivent jamais dans l'isolement que présentent les carnivores terrestres. Comme les petits poissons dont ils se nourrissent vivent en sociétés très considérables, les carnassiers aquatiques forment toujours eux-mêmes des bandes d'autant plus importantes que la nourriture est plus abondante dans un lieu déterminé.

Parmi les oiseaux, les espèces qui présentent la vie sociale à un degré plus ou moins prononcé sont extrêmement nombreuses. Il me suffira de citer les manchots qui, dans certaines îles du Pacifique sud, forment des sociétés ne comptant pas moins de trente à quarante mille individus; les lummes d'Islande, qui se réunissent également par milliers et font leurs nids côte à côte sur les falaises; la plupart des oiseaux qui habitent les côtes des mers et les grands lacs saumâtres ou d'eau douce, tels que les anhingas si remarquables par leur cou allongé comme celui d'un serpent, les fous, les goelands et les mouettes, les canards et les oies sauvages, les ibis, les hérons, les grues; la plupart des espèces qui vivent dans les forêts ou dans les champs cultivés, tels que les pigeons, les moineaux, les perroquets, etc.; enfin, d'une façon générale, toutes les espèces qui habitent des lieux où la nourriture est abondante, la vie facile et les ennemis peu nombreux.

Par contre, les grands oiseaux carnivores qui se nourrissent d'animaux vivants paraissent être condamnés à l'isolement par la difficulté de leur alimentation. Tels sont les aigles, les pygargues, la plupart des falconidés, etc. Ces animaux vivent ordinairement par couples, le mâle et la femelle chassant ensemble et se réservant un périmètre de territoire d'où ils expulsent tous les oiseaux rapaces plus faibles qu'eux. Cependant, les condors des hautes montagnes de l'Amérique du Sud se réunissent en grandes bandes pour chasser le cerf, le puma, la vigogne et même les veaux. Les falconidés qui vivent en familles pendant la saison des amours, se réunissent en bandes pour voyager. Les carnassiers qui vivent d'animaux morts, comme la plupart des vulturidés, se réunissent en bandes dont le nombre des membres est d'autant plus considérable que la nourriture est plus abondante : tous s'en vont à la recherche des cadavres dont ils se nourrissent et se préviennent réciproquement par leurs cris lorsqu'ils ont découvert une proie; tous aussi s'entr'aident pour chasser les autres carnivores qui tentent de la leur disputer; l'association paraît, chez eux, avoir un double but : faciliter la recherche des cadavres et se défendre contre les autres carnassiers.

Les oiseaux aquatiques pêchent souvent en bandes; « j'ai maintes fois vu, dit M. Buck, des pélicans s'aligner en travers d'un lac et chasser le poisson devant eux, dans le sens de sa longueur, absolument comme le feraient des pêcheurs avec un filet. » (1)

Parmi les petits oiseaux, il en est un grand nombre qui se plaisent à vivre dans la société d'individus appartenant à d'autres espèces que la leur, sans autre motif constatable que le plaisir qu'ils y trouvent. Il en est ainsi, par exemple pour le torchepot. « Un des traits qui dominent tout son caractère (2), c'est son amour de la société, non

(1) Voy. ROMANES, *L'intelligence des animaux*, II, p. 80.
(2) BREHM, *Les Oiseaux*, II, p. 34.

de ses semblables, mais d'autres oiseaux, notamment des mésanges et des grimpereaux. Jamais je n'ai vu plus de deux à quatre torchepots réunis ensemble, à moins qu'ils ne formassent une famille. Obligés qu'ils sont de conquérir péniblement leur nourriture (qui se compose d'insectes, d'araignées, de baies et de graines dont ils font des provisions pour l'hiver comme certains pics), ils vivent épars, suivis d'ordinaire par les mésanges, les pinsons auxquels s'adjoignent quelques nonnettes, quelques roitelets ou quelques grimpereaux. Parfois un pic se mêle à cette société, et vit avec elle plus ou moins longtemps... Chacun obéit au signal donné par un autre, jusqu'à ce que les soucis de la reproduction viennent mettre fin à la communauté. Dans toutes nos forêts on rencontre fréquemment de pareilles bandes. Il n'y a aucun lien intime qui réunisse ainsi toutes ces diverses espèces, et cependant elles demeurent réunies. » Les hérons font volontiers leurs nids au milieu d'autres oiseaux d'espèces diverses et se plaisent à vivre en leur compagnie. Les grues agissent volontiers de la même manière, mais elles ne montrent de l'amitié qu'aux individus appartenant à des espèces voisines de la leur. Les canards, les oies, les cygnes vivent fréquemment en compagnie d'oiseaux d'autres espèces, mais il ne se forme chez eux de véritables associations qu'entre individus de la même espèce. Les lummes, qui constituent toujours d'immenses sociétés sur les montagnes de l'Irlande, au voisinage de la mer, acceptent en leur compagnie toutes les espèces qui veulent bien y venir, et ne montrent aucune frayeur à la vue de l'homme (qui n'a pas l'habitude de les chasser), tandis qu'un « gerfaut met en émoi toute la montagne d'oiseaux dès qu'il paraît. » (1)

Il n'est pas rare que des oiseaux de petite taille et même non carnassiers s'unissent pour donner la chasse à leurs ennemis de la famille des rapaces. Il en est ainsi par exemple pour les aracaris, les vanneaux, les huîtriers, etc. Les vanneaux sont bien connus pour la hardiesse avec

---

(1) Brehm, *Les Oiseaux*, II, p. 877.

laquelle ils attaquent leurs ennemis : « Le vanneau témoigne à tous les carnassiers la plus grande haine, mais, en même temps, il fait preuve de courage, de témérité. Il se précipite furieux sur le chien qui suit sa piste et arrive quelquefois si près de lui que le quadrupède cherche à le happer... Avec non moins de hardiesse, le vanneau attaque les rapaces, les mouettes, les hérons, les cigognes, qu'il sait ne pas l'égaler au vol. Il les poursuit sans cesse, jusqu'à ce qu'il les ait chassés de son domaine; mais il évite prudemment ceux des oiseaux de proie qui volent mieux que lui. Des vanneaux attaquant une buse, un corbeau, un milan ou un aigle, offrent un spectacle des plus divertissants. On voit qu'il sont sûrs de la victoire, et l'on est témoin de la colère de l'oiseau de proie. Dans ces circonstances, les vanneaux se prêtent mutuellement secours, et leur courage augmente avec leur nombre. L'oiseau de proie en est tellement harcelé que, de guerre lasse, il finit par abandonner la partie. » (1) Les huîtriers se comportent comme les vanneaux à l'égard de leurs ennemis. « Dès qu'un de ceux-ci apparaît, que ce soit un corbeau, une corneille ou une grande mouette, un huîtrier donne le signal de l'attaque; tous se lèvent, fondent sur l'ennemi, crient pour dénoncer sa venue aux autres oiseaux, et le poursuivent avec fureur. » (2) Les aigles eux-mêmes sont souvent attaqués par des bandes de petits falconidés, de corbeaux et même d'hirondelles et de petites bergeronnettes, qui les détestent et qui « témoignent leur haine par des attaques, impuissantes il est vrai, mais qui tracassent ces fiers rapaces au point qu'ils s'enfuient pour se débarrasser de cette poursuite importune. » (3) Ce sont surtout les falconidés qui se montrent grands ennemis des aigles. Au moment de leurs voyages, ils se réunissent en grandes bandes, dont l'association peut durer des semaines et des mois, et qui « témoignent une haine violente aux aigles et aux hiboux et ne laissent jamais échapper l'occasion de les attaquer. » (4)

(1) Brehm, *Les Oiseaux*, II, p. 567.
(2) *Ibid.*, II, p. 575.
(3) *Ibid.*, I, p. 374.
(4) *Ibid.*, I, p. 340.

Chez les mammifères comme chez les oiseaux, c'est dans les espèces dont l'alimentation est facile, que l'on trouve les sociétés formées par le plus grand nombre d'individus. Il me suffira de citer les grands troupeaux de bœufs, de chevaux, de cerfs, de chevreuils, de bisons, de vigognes, etc., qui peuplent les steppes des deux mondes, c'est-à-dire des régions où l'herbe croit sur des étendues tellement considérables de terrains que les bandes d'herbivores, en se déplaçant, sont toujours assurées de trouver une alimentation abondante. De même que chez les oiseaux, ce sont encore les grandes espèces de carnassiers qui offrent le spectacle de l'isolement des individus ou des familles, à cause des difficultés que présente leur alimentation.

Les oiseaux ou les mammifères qui vivent en société n'ignorent pas qu'ils trouvent dans leur association une protection efficace. Une vache sauvage isolée dans un coin de prairie, occupée à satisfaire sa faim, n'ayant que ses propres sens pour l'avertir de l'approche du carnassier qui la guette, serait dévorée tôt ou tard; elle court beaucoup moins de risques — et elle le sait — si elle vit en compagnie d'un nombre plus ou moins considérable de ses congénères, qui sont, comme elle, aux aguets, ou dont la bande est surveillée par quelque vieux mâle expérimenté, dont la défiance propre est encore aiguisée par le souci qu'il a de ses femelles, sinon de ses petits. Aussi voit-on rarement une vache ou un bœuf sauvage s'isoler des troupeaux dont ils font partie.

Les condors qui se réunissent en bandes pour chasser la vigogne, les petits falconidés qui s'unissent pour chasser l'aigle, les petits oiseaux qui se précipitent en grand nombre contre le carnivore, les pélicans qui pêchent ensemble, etc. n'ignorent certainement pas les avantages qu'ils retirent des associations qu'ils forment en vue d'une œuvre commune.

Les fourmis qui sollicitent le concours de leurs semblables pour transporter dans le nid commun des brindilles dont le poids est au-dessus de leurs forces, apprécient, sans aucun doute, les avantages de la vie en société. Les chiens sauvages n'ignorent pas qu'en s'unissant ils seront plus habiles à s'emparer du cerf ou du bœuf dont ils convoitent la chair, et cela les conduit à former des sociétés permanentes souvent fort nombreuses. Les perroquets et la plupart des oiseaux qui se réunissent en bandes ne sauraient ignorer les avantages de cette manière de vivre, car on voit constamment, dans les lieux où ils s'ébattent, certains membres de la troupe, dispersés comme des sentinelles d'avant-garde, surveillant ce qui se passe et avertissant la bande par des cris significatifs, toutes les fois qu'un ennemi s'approche.

Dans les sociétés de mammifères herbivores et d'oiseaux gallidés, c'est le mâle qui exerce cette surveillance, en même temps qu'il jouit d'une autorité non douteuse sur les femelles et les jeunes. Les singes qui vivent en troupes obéissent docilement aux mâles les plus vieux et les plus expérimentés et les suivent partout. Quand la bande se répand à travers un champ de riz ou de maïs pour se livrer à ses maraudes habituelles, ce sont les vieux qui surveillent les alentours, et qui, en cas de danger, donnent le signal de la fuite. N'est-ce point aussi en vue d'une aide mutuelle, dont la nécessité leur a été démontrée par une longue expérience, que les hirondelles, les cigognes, les grues, les canards, les cailles, les grives et les autres oiseaux migrateurs se forment en grandes bandes, avant d'entreprendre leurs pénibles et dangereux voyages?

Dans les associations formées par les animaux appartenant à des espèces différentes, il est également facile de constater l'importance du rôle joué, dans la formation de la société, par la connaissance qu'a chacun de ses membres des avantages personnels qu'il y trouve. Il est impossible, par exemple, que les bœufs ne soient pas reconnaissants aux buphages (1) des services que ces oiseaux leur

---

(1) Les buphages de l'Afrique du Sud, de l'Abyssinie et du Sénégal et ceux du centre de l'Afrique sont des oiseaux voisins des étourneaux et connus sous le nom vulgaire de pique-bœuf à cause du trait le plus essentiel de leurs mœurs. Ils vivent toujours, par petites troupes de sept ou huit, en compagnie des grands mammifères. Ils suivent les troupeaux de bœufs et de chameaux sur le dos desquels ils s'abattent. Dans le sud de l'Afrique, ils vivent en compagnie des éléphants et des rhinocéros. Un peu partout, ils suivent aussi les antilopes. « Ils s'attachent, dit Brehm (*Les Oiseaux*, I, p. 270), surtout aux animaux blessés, dont les plaies attirent les mouches. Les Abyssins les détestent pour cette raison; ils croient qu'ils irritent la plaie et qu'ils en retardent la guérison. Les

rendent en dévorant leurs parasites. Aussi voit-on ces bœufs et ces oiseaux vivre dans les meilleurs termes. Il en est de même, en Asie, pour les buffles et les aigrettes, en Egypte, pour le pluvian et le crocodile, les bubulcus et les buffles, etc.

Les associations des animaux sont donc, en général, déterminées, non seulement par la sélection qui détruit d'une façon à peu près inévitable les individus isolés, mais aussi par une connaissance plus ou moins nette des avantages que la vie sociale est susceptible de procurer à ceux qui la mènent.

Enfin, la vie en société détermine la formation d'idées et de sentiments dont la source se trouve dans les relations qu'entretiennent les uns avec les autres les divers

vrais coupables sont les larves de certaines mouches qui se sont fixées sous la peau de ces animaux et dont les pique-bœuf savent à merveille les débarrasser. Les mammifères, qui sont habitués de bonne heure à la société des pique-bœuf, ne témoignent jamais d'impatience contre eux; ils les traitent plutôt avec une certaine amitié et ne les éloignent même pas avec leur queue... Un chameau ou un cheval couvert de pique-bœuf offre un spectacle curieux. Ehrenberg dit avec raison que ces oiseaux grimpent autour des mammifères comme les pics autour des arbres. Les pique-bœuf se pend au ventre de l'animal, il monte, il descend le long des jambes; se perche sur le dos, sur le museau. Il prend avec adresse les mouches et la vermine; il retire les larves de dessous la peau. Quoi qu'il fasse, l'animal reste tranquille; il sait, dirait-on, que la petite douleur qu'il a à supporter est pour son bien. » Il le sait si bien que les mammifères auxquels les pique-bœuf sont inconnus, les évitent avec terreur et les chassent énergiquement. Les mammifères sauvages savent que les pique-bœuf se sauvent à l'approche de l'homme et en profitent pour se sauver dès que les pique-bœuf quittent leur dos et s'envolent.

Le garde-bœuf Ibis (Bubulcus Ibis) vit aussi des parasites des grands mammifères et « ceux-ci lui permettent toutes les familiarités. » Un buffle en a souvent huit à dix sur le dos, et il faut avouer qu'ils lui font une parure superbe avec leur plumage d'un blanc éclatant... Les chiens même lui permettent de fouiller leur pelage. Les indigènes les traitent comme des animaux sacrés. (Ibid., II, p. 660.)

Le pluvian d'Egypte entretient avec le crocodile des relations qui, pour être moins amicales, n'en sont pas moins étroites. « Habitant des lieux où le crocodile vient dormir et se chauffer au soleil, il le connaît, il sait comment il doit se comporter vis-à-vis de lui. Il court sur sa carapace comme il le ferait sur le gazon; il mange les vers et les sangsues qui y sont demeurés attachés. Il lui nettoie la gueule, il enlève les débris d'aliments qui sont restés entre ses dents, les animaux qui sont fixés à ses gencives et à ses mâchoires. Je l'ai vu et bien des fois... Le cri qu'il pousse en voyant quelque chose de suspect éveille le crocodile et lui permet de se réfugier à temps au sein des flots. » A cause de ce dernier trait de ses mœurs, on lui a donné l'épithète d'*avertisseur*. (Ibid., II, p. 550.)

Beaucoup d'autres oiseaux vivent en compagnie surtout des grands mammifères et leur rendent des services, soit en dévorant leur vermine, soit en les avertissant, par leurs cris ou leurs envolées, des dangers qui les menacent. Et il n'est pas douteux que les deux sortes d'associés ont une connaissance parfaite des services qu'ils se rendent mutuellement.

membres d'une même société animale. Chacun se trouve, au moment de sa naissance, en présence d'animaux semblables à lui-même, ayant les mêmes formes, la même collaboration, les mêmes besoins et les mêmes habitudes Les premières formes aperçues se gravent profondément dans la mémoire; elles ne se confondront jamais avec celles des organismes différents. Quant à ces derniers, ils produisent toujours sur les jeunes animaux, une impression pénible. Sous l'influence de la crainte qu'ils éprouvent à la vue de ces inconnus, ils se rapprochent les uns des autres comme pour se demander assistance et, souvent, prennent la fuite.

Les jeux que les parents provoquent entre leurs petits, l'instruction qu'ils leur donnent en commun, et, enfin, l'apparition des besoins de reproduction qui attirent les uns vers les autres tous les mâles et toutes les femelles d'une même espèce habitant un lieu déterminé, renforcent les liens primitifs, et il finit par se développer, chez tous les individus d'une même société, des sentiments affectifs assez analogues à ceux qui, dans chaque famille, unissent les petits à leurs parents.

L'association des animaux domestiques et de l'homme offre une phase plus élevée encore de l'évolution vers l'altruisme social. En raison de l'idée de liberté qui existe à un haut degré chez tous les animaux supérieurs, l'homme n'a pu en domestiquer quelques-uns qu'en leur offrant, en échange de la renonciation à la vie libre, des avantages de diverses sortes. Comme la facilité et l'abondance de l'alimentation sont ce qui manque le plus aux animaux sauvages, c'est par là d'abord que l'homme a gagné ceux qu'il voulait domestiquer. Le cheval, le bœuf, l'âne, ainsi que le chacal ou le loup qu'il a fini par transformer en chien, ont été nourris par lui avec abondance. Ils ont été, en même temps, mis à l'abri du froid et de la chaleur excessifs, de la pluie, de la neige, du vent. Puis, comme ce bien-être aiguisait leur besoin de reproduction, l'homme leur a fourni à discrétion les femelles qu'ils avaient tant de peine à conquérir quand ils menaient la vie libre, mais très rude d'autrefois. Les ayant apprivoisés par l'assiduité de ses soins, il leur demanda de travailler pour lui, et l'on vit ce spectacle singulier : des chevaux, des bœufs, des chèvres pérégrinant dans leurs pâturages héréditaires en compagnie des pasteurs qu'ils nourrissent de leur lait; des bœufs et des chevaux labourant les champs avec l'agriculteur et faisant avec lui le transport de ses récoltes; des chiens et des faucons poursuivant, pour le compte du chasseur, le gibier que leurs congénères chassent pour s'en nourrir égoïstement; des animaux devenant, en un mot, les commensaux et les collaborateurs de l'homme, et s'attachant à lui au point de ne plus rechercher la fréquentation de leurs semblables qu'à certaines heures physiologiques (1).

(1) Entre certains animaux sauvages et l'homme il existe des associations d'intérêt fort remarquables. Les animaux se rapprochent en général volontiers des habitations à cause des facilités qu'ils y trouvent pour leur alimentation et ils s'attirent les uns les autres, depuis les plus petits jusqu'aux plus grands. Il en est que l'homme détruit, mais il en est d'autres avec lesquels il vit en bonne intelligence, qu'il protège même, comme les oiseaux insectivores, et auxquels il inspire assez de confiance pour qu'ils se multiplient autour de lui. La cigogne blanche est, à cet égard, particulièrement remarquable. Si elle est devenue pour nous un animal presque sacré, il ne faut l'attribuer, sans doute, qu'à la confiance avec laquelle, depuis les temps immémoriaux, elle recherche la compagnie de l'homme. Elle fut attirée probablement, comme l'hirondelle, le moineau, etc. vers les habitations humaines, par l'abondance des aliments qu'elle trouvait dans leur voisinage. La confiance qu'elle montra en établissant son nid sur les toits des maisons et la constatation qu'elle détruisait beaucoup de rats, de serpents et autres animaux nuisibles, lui valut les bonnes grâces des hommes; elle finit par être considérée comme intangible, s'en aperçut et répondit aux amabilités qui lui étaient faites par une confiance absolue dans ceux qui lui font des avances. Dans les pays où la cigogne blanche se reproduit, il suffit de disposer sur le toit des maisons ou au sommet d'une perche, une roue horizontale pour qu'elle y fasse son nid et y revienne pendant de nombreuses années. Les hommes qui lui offrent un asile voient en elle une sorte de porte-bonheur, et elle voit en eux des amis auxquels elle reste fidèle.

D'après divers observateurs dignes de foi, l'indicateur à bec blanc du sud de l'Afrique formerait avec les indigènes une véritable association d'intérêt qui lui a fait donner par eux le nom de *guide au miel*. Cet oiseau est un peu plus gros qu'un moineau et très friand des larves des abeilles. D'après Sparmann, « le soir et le matin sont probablement les heures où son appétit se réveille, au moins c'est alors qu'il sort le plus ordinairement, et par ses cris perçants : *cherr, cherr, cherr*, semble chercher à exciter l'attention des ratels, des Hottentots ou des colons. Il est rare que les uns ou les autres ne se présentent pas à l'endroit d'où part le cri : alors l'oiseau, tout en le répétant sans cesse, vole lentement et d'espace en espace vers l'endroit où l'essaim d'abeilles s'est établi... Il faut, comme je l'ai vu faire à un de mes Boshis, habile à cet exercice, répondre à l'oiseau par un sifflement fort doux, comme pour lui faire connaître qu'on fait attention à son appel. J'ai observé que si les nids d'abeilles sont un peu éloignés, l'oiseau fait de longues volées et se repose par intervalles, attendant son compagnon de chasse et l'encourageant par de nouveaux cris à le suivre; mais à mesure qu'il approche du nid, il abrège l'espace des stations, rend son cri plus fréquent et répète ses *cherr* avec plus de force... Enfin, lorsqu'il est arrivé au nid des abeilles, soit qu'il soit bâti dans une fente de rocher, dans le creux

Le chien rivalise auprès de son maître avec les meilleurs et les plus fidèles de ses amis; son affection peut aller même jusqu'à la jalousie la plus violente, et l'on voit deux êtres que la nature sépare par des distances énormes, se prenant l'un pour l'autre d'amitié, se rendant l'un à l'autre des services incessants et se comportant, en tous leurs actes, comme s'ils obéissaient aux règles d'une morale qui leur serait commune, dont ils auraient établi ensemble les principes. Le chien, si rapace à l'état sauvage, respecte, quand il est domestiqué et convenablement éduqué, les mets les plus savoureux, — non seulement ceux qu'il sait être destinés à son maître, mais encore ceux qu'on a la coutume de lui donner, — jusqu'à ce qu'il reçoive l'autorisation d'y toucher. Il a renoncé à la rapacité née de son besoin de nutrition comme à sa liberté. Il y a renoncé d'abord sous l'influence de la contrainte qui lui a été imposée; puis en raison des avantages que cette renonciation lui procure; et enfin, manifestement, pour plaire à son maître, pour gagner sa confiance et son amitié. Il connaît son devoir social, en ce sens qu'il sait par quels actes il est agréable et par quels autres il déplaît. Il n'accomplit jamais l'un des premiers sans manifester qu'il a voulu plaire, et s'il lui arrive de commettre un des seconds, il ne le fait, d'ordinaire, qu'avec une attitude indiquant, à n'en pas douter, qu'il a conscience de mal agir; si l'on s'en aperçoit, il en demande tout de suite pardon; il lui arrive même d'en marquer un remords non douteux, sans qu'aucune influence étrangère soit intervenue. Il remplit son devoir social, en un mot, sans restriction, avec plaisir et surtout à cause de l'affection qu'il porte à celui qui le soigne et le traite en ami. Son égoïsme naturel, dirais-je volontiers, s'est effacé, dans une large mesure, devant l'altruisme social que la vie en commun avec l'homme a fait naître dans son esprit. J'ai

d'un arbre ou dans quelque trou souterrain, il plane immédiatement au-dessus pendant quelques secondes (j'ai moi-même été deux fois témoin de ce fait); après quoi il se pose en silence, et se tient ordinairement caché sur quelque arbre ou buisson voisin, dans l'attente de ce qui va arriver et dans l'espoir d'avoir sa part de butin... Après avoir ainsi découvert et déterré, grâce à l'oiseau, les nids d'abeilles, et les avoir pillés, les Hottentots, en reconnaissance, lui laissent ordinairement une bonne portion de cette partie du rayon qui contient les œufs et les petits... » (BREHM, *Les Oiseaux*, II, p. 168.)

à peine besoin d'ajouter que le fait se produit d'autant plus facilement que, par son intelligence et son cœur, l'homme se montre plus digne de l'affection du chien (1).

Nous avons vu les idées de respect, d'obéissance, de châtiment et de récompense, apparaître chez les animaux sauvages, comme une conséquence toute naturelle de la domination exercée sur leurs petits par le père et la mère. Chez les animaux domestiques, les mêmes idées résultent à la fois de l'action des parents sur leurs petits et de l'influence de l'homme. Les animaux domestiques respectent l'homme et lui obéissent, surtout en raison de la prépotence intellectuelle qu'ils lui reconnaissent, car il est impossible que certains d'entre eux n'arrivent pas à avoir conscience de la supériorité de leurs forces physiques (2).

(1) Certains chiens vivant constamment avec l'homme arrivent à perdre la plupart des traits de caractère de leur race. J'ai en ce moment un caniche âgé de huit ans et demi, dont je puis dire sans exagération, qu'il est beaucoup plus homme que chien. Elevé par sa mère sous mes yeux, dans mon cabinet de travail, puis éduqué par moi-même, il s'est tellement attaché à moi qu'il me suit pas à pas partout où je vais, reste couché auprès de moi tant que je travaille et ne va même pas au jardin quand je n'y vais pas. Lorsqu'il m'arrive de remonter dans mon cabinet de travail aussitôt après le déjeuner, il refuse de sortir, même pour aller manger et remonte avec moi. Jamais il n'est sorti seul du jardin et ne cherche pas à en sortir, quoique rien ne soit plus facile et quoiqu'il ait vu son père, pendant plusieurs années, en sortir chaque jour par des trous qu'il faisait lui-même dans les barrières ou les haies. La seule fois qu'il soit venu avec moi dans le bois qui entoure mon jardin, il montra une inquiétude telle qu'il ne quittait pas le contact de mes jambes et sautait sans cesse pour me lécher la main. Il en fut ainsi pendant toute la durée de la promenade. Dès qu'il voit un chien, il aboie avec colère et s'il en entre un dans le jardin il lui donne la chasse, quel que soit son sexe, sans vouloir faire connaissance avec lui le moins du monde. Il n'a connu, en fait de congénères, que son père et sa mère. Quelquefois il s'approcha de sa mère au moment du rut de cette dernière, mais il fut toujours repoussé avec dédain et colère. Aussi n'a-t-il jamais eu de relations avec aucune chienne. Tant que je travaille, il se tient tranquille ; mais aussitôt que je quitte la plume, il vient me demander une caresse. Il connaît toutes mes habitudes, celles de ma femme, celles des domestiques, vit en très bonne intelligence avec tout le monde et joue volontiers avec les chats. Si peu que nous nous absentions, il nous reçoit au retour, avec les manifestations d'une joie délirante. Il en est de même tous les matins lorsqu'on lui permet de monter dans nos chambres. En ce moment, il est en outre très jaloux d'un petit chat que j'élève auprès de moi ; dès que j'appelle celui-ci, il accourt et me fait des amitiés, mais il ne montre aucune mauvaise humeur ni au chat ni à moi. A peine ai-je besoin d'ajouter qu'il devine toutes celles de mes pensées qui se manifestent par un mot ou un geste susceptibles d'attirer son attention. Il est un compagnon et un ami comme on en a rarement et il est devenu aussi homme que ses facultés le lui permettaient.

(2) M. Bostock (*Le dressage des fauves*, p. 77), après avoir dit qu'en général les « lions n'ont pas d'affection, s'accoutument à leur dompteur et le tolèrent, » ajoute : « Leur obéissance et leur docilité sont dues en partie, sinon entièrement, à leur ignorance, et à leur terreur pour tout ce qu'ils ne comprennent

Quant à *l'idée de récompense*, elle naît, chez les animaux domestiques, des moyens employés par l'homme pour les soumettre. On n'a pu les domestiquer qu'en leur rendant la vie plus heureuse qu'à l'état sauvage ; on les amène à faire ce que l'on veut, beaucoup plus en leur promettant et en leur donnant quelque chose qui leur plaît, qu'en les menaçant ou les frappant. Avec la promesse d'un morceau de sucre, on obtient tout d'un chien et même d'un cheval. J'ai vu des vaches qui refusaient de se laisser traire, y consentir si on leur donnait à manger pendant l'opération des pommes dont elles sont très friandes. Par ces moyens, nous avons inculqué aux animaux domestiques l'idée de la récompense et celle des efforts à faire pour être récompensé. C'est, sans doute, l'un des progrès moraux les plus grands que nous leur ayons fait réaliser.

Des idées de châtiment et de récompense naît naturellement *l'idée des échanges*, que l'on a souvent refusée à tort aux animaux. Le chien, le cheval, le chat, l'oiseau qui s'attachent à l'homme ont parfaitement conscience des avantages que leur procure la renonciation à leur liberté. Il n'est pas rare que l'un de ces animaux, étant maltraité par l'homme, lui en marque sa rancune jusqu'à en tirer vengeance. Il agit comme un ouvrier à qui l'on demande d'échanger un travail contre un salaire et qui, ayant fourni le travail, ne reçoit pas le salaire. Comme l'homme, du reste, l'animal veut bien donner quelque chose en échange d'une autre chose ; mais, en vertu de son égoïsme, il s'efforce habituellement, toujours comme l'homme, de donner le moins possible en recevant le plus possible. Les animaux domestiques témoignent volontiers par leur conduite qu'ils seraient enchantés d'être bien nourris et bien soignés, en ne faisant rien. C'est seulement par une éducation attentive qu'on les amène à travailler, à faire telle sorte de travail plutôt que telle autre et à la faire avec zèle.

pas. Ils ne comprennent pas apparemment pourquoi leur dompteur ne les craint pas, et ne semblent pas même soupçonner qu'un coup de patte le tuerait. C'est seulement quand le dompteur a perdu son prestige, parce qu'il a contracté de mauvaises habitudes ou qu'il n'a pas toujours été sur ses gardes et leur a montré qu'il était nerveux, alors seulement ils sentent sa faiblesse relativement à eux, ne tardent pas à se retourner contre lui. »

Et l'on sait que pour obtenir ce dernier résultat, il faut multiplier les bons traitements.

L'idée d'échanges, qu'ils manifestent dans leurs relations avec l'homme, les animaux l'introduisent dans les rapports qu'ils ont les uns avec les autres. Deux chiens ou deux chats qui vivent ensemble font à chaque instant échange de bons procédés, jusqu'à se soigner réciproquement; et plus ils vivent ensemble, plus, par une éducation réciproque, ils en viennent à multiplier ces échanges. Nous avons vu que des faits analogues se produisent parmi les animaux sauvages, où ils donnent naissance, sans nul doute, aux mêmes idées.

Pour que les animaux domestiques soient devenus sociables au point d'être les collaborateurs bénévoles et souvent très zélés de l'homme, il a fallu qu'ils fussent entièrement séparés des groupes naturels et sauvages dont ils faisaient partie; une fois domestiqués, il a fallu qu'aucune influence extérieure ne pût les soustraire à celle de l'homme et qu'ils n'eussent plus, en quelque sorte, pour famille et pour société que les familles et les sociétés humaines. De même que pour former une race de pigeons, il faut non seulement sélectionner les individus dont on veut développer les caractères, mais encore les séparer de tous les autres et ne les laisser se reproduire qu'entre eux, de même, pour domestiquer rapidement des animaux, on a dû les isoler de leurs congénères sauvages. On en a fait des races et même des espèces distinctes de celles d'où ils sont issus et leur intelligence, ainsi que leurs qualités morales, se sont d'autant plus développées qu'ils vivent sans cesse dans l'intimité d'êtres plus intelligents et plus moraux qu'eux. Je ne parle, bien entendu, que des bons maîtres, car, si le maître est mauvais, l'animal le devient aussi, presque inévitablement. « Chaque chien, a dit non sans raison un naturaliste, est la copie du maître. » (1)

---

(1) Brehm, *Les Mammifères*, I, p. 348.

§ II

RAPPORTS DE LA FAMILLE AVEC LA SOCIÉTÉ

Parmi les animaux comme parmi les hommes, la première et la plus rudimentaire forme de l'association, est la famille, mais il y aurait erreur à croire que la famille est nécessairement le point de départ de la société.

La société proprement dite, c'est-à-dire l'union permanente, dans un même lieu, d'un nombre plus ou moins considérable d'individus appartenant à des familles différentes, a revêtu et revêt encore des formes très variables, mais qu'il est facile de ramener à deux types.

Dans le premier, la famille proprement dite n'existe pas, la société n'est formée que d'individus asexués ou ne contractant que des liaisons passagères. Dans le second, au contraire, elle est formée de familles plus ou moins nombreuses, dans lesquelles mâles et femelles vivent ensemble d'une manière permanente, en conservant auprès d'eux leur progéniture pendant un temps plus ou moins long.

Parmi les animaux, les abeilles offrent, au plus haut degré, l'exemple du premier type. Chacune des sociétés formées par ces petits êtres ne contient qu'une seule femelle, dont le rôle unique est de donner naissance aux membres du groupe social. Avant d'avoir été fécondée, chaque femelle produit un nombre d'individus neutres assez considérable pour former une véritable société. A la suite de l'action du mâle, elle ne produit encore qu'un très petit nombre d'individus sexués; presque tous ceux auxquels elle donne naissance n'ont que des organes femelles avortés et sont destinés à ne jouer que le rôle d'ouvrières et de nourrices. Le mâle meurt aussitôt après la fécondation. Si deux femelles naissent dans une même ruche, elles se battent jusqu'à ce qu'une d'elles succombe. Voilà donc une société animale qui n'a jamais connu la famille complète et qui, cependant, acquiert un tel développement, est dotée d'une organisation si remarquable, et d'une police si minutieuse, qu'elle peut être considérée comme parfaitement adaptée à son but, société du reste essentiellement démocratique, car elle ne connaît ni roi, ni dictateur, ni aristocratie, et société laborieuse au premier chef, car elle ne contient que des travailleurs et ceux-ci ne pensent jamais qu'à leur besogne.

Les chiens sauvages ou redevenus sauvages, tels que les colsuns de l'Inde, les chiens marrons d'Egypte et de Constantinople, donnent le spectacle d'une vie sociale permanente, de chasses en meutes, etc., avec des familles fort rudimentaires, si même on en peut admettre l'existence. Aucune femelle, en effet, ne se pique de la moindre fidélité, et aucun mâle ne prend souci, ni de la femelle qu'il a fécondée ni des petits qu'elle engendre.

Par contre, chez les grands carnassiers (lion, tigre, etc.) et les espèces supérieures de singes, la famille persiste au moins pendant toute la durée de l'élevage des petits, mais elle reste isolée et il ne se forme pas de société composée de plusieurs familles.

Chez les oiseaux migrateurs, il n'est pas rare de voir les familles monogames s'isoler les unes des autres pendant toute la durée de la construction du nid, de la ponte et de l'élevage des petits et se réunir après l'émancipation des enfants. Elles restent unies en sociétés plus ou moins considérables pendant toute la durée de l'émigration, pour s'isoler de nouveau, l'année suivante, au moment de la ponte.

Chez les oiseaux qui habitent constamment un même pays, il y a souvent coexistence de la famille et de la société. Les pères et mères ne cessent pas de se mêler à leurs semblables, même pendant la ponte et l'élevage des petits; dès que ceux-ci peuvent se nourrir seuls, ils prennent part à la vie sociale, dans le groupe le plus voisin du lieu où ils sont nés. Chez un grand nombre d'espèces de singes, les familles sont bien constituées, mais elles se réunissent en des sortes de tribus comportant un nombre plus ou moins considérable d'individus, suivant le degré de facilité de la nutrition.

Il résulte de ces faits l'existence, chez les animaux, d'un antagonisme plus ou moins prononcé entre le développement complet de la famille et celui de la société. Les espèces dans lesquelles la famille atteint son plus haut degré d'organisation, telles que les oiseaux monogames, les grands singes, les carnassiers, etc., ne forment jamais de sociétés ou ne forment que des sociétés accidentelles, tandis que dans les espèces où la vie sociale est très développée, comme les chiens, les abeilles, etc., la famille n'existe pas ou n'a qu'une existence momentanée ou même n'existe jamais à l'état complet.

Dans l'espèce humaine comme dans les espèces animales, le développement de la vie familiale et celui de la vie sociale ne marchent jamais parallèlement : si la première se développe beaucoup, la seconde progresse peu ; inversement, si l'évolution de la première se ralentit, celle de la seconde s'accentue.

Dans les clans australiens, la famille proprement dite n'existe pas. Chaque femme s'unit à autant d'hommes qu'il lui convient et les unions qu'elle contracte sont si peu durables qu'elle ne connaît jamais les pères de ses enfants. Cette absence de la famille est due, sans doute, aux difficultés de l'alimentation. Un Australien qui ne mange pas tous les jours, malgré des efforts incessants, est peu disposé à s'embarrasser de femme et d'enfants. Mais comme il est fort mal outillé en vue de la lutte pour l'existence, tandis qu'il est exposé à des dangers sans nombre, toujours menacé par les individus des autres clans, incapable de faire seul les efforts considérables qu'exigent les opérations de chasse ou de pêche par lesquelles il se procure sa nourriture, il lui est absolument impossible de vivre seul. Il peut bien éviter les charges de la famille, mais il ne saurait se priver de l'assistance de ses congénères. Il n'aura ni femme permanente ni enfants connus et aimés, mais il sera d'un clan, ou bien il ne tardera pas à succomber, soit par les privations, soit sous les coups des ennemis.

Dans ces sociétés, la misère a produit un double effet : elle a détruit la vie familiale, mais elle a rendu la vie sociale nécessaire. Il est intéressant de voir le zèle que développent tous les membres d'un clan australien, chaque fois qu'il s'agit de s'entr'aider pour éviter un danger ou pour exécuter un travail quelconque : une sorte de législation coutumière va même jusqu'à prescrire tous les actes que le clan considère comme d'utilité générale et à condamner tous ceux qui paraissent contraires à l'intérêt commun.

Les petites sociétés qui peuplent les îles de l'Océanie étaient autrefois organisées sur le même type que les clans australiens. En raison des difficultés de l'alimentation, les hommes évitaient de s'attacher aux femmes et aux enfants, et il n'existait pas de famille digne de ce nom. Depuis que les Européens fréquentent ces îles et y ont fait des établissements, cette organisation s'est beaucoup modifiée. Grâce à leur beauté relative, à leur gaîté, à leurs allures caressantes et à la légèreté de leurs mœurs, les femmes furent très recherchées par les blancs et en tirèrent de faciles ressources. Les unions qu'elles forment avec les indigènes devinrent, à partir de ce moment, plus durables et plus solides, en raison des profits que les maris tiraient de la prostitution de leurs femmes; la famille naquit, chez ces peuples, des désordres qui, ailleurs, la détruisent.

Les sociétés humaines formées par la réunion de familles qui conservent plus ou moins leur autonomie malgré l'institution de la vie sociale, sont infiniment plus nombreuses que les précédentes. Il est facile de s'assurer que la vie sociale y est née d'une véritable extension des intérêts, des sentiments et des idées qui président à la fondation de la famille. Par suite des relations qu'ils entretiennent les uns avec les autres, des services qu'ils se rendent réciproquement, etc., tous les membres des familles habitant un même lieu finissent par éprouver les uns à l'égard des autres, un sentiment affectif qui les rapproche, les unit, et, en s'ajoutant aux intérêts matériels qu'ils retirent de la vie en commun, les décide à s'unir en sociétés. Mais, l'antagonisme de la société et de la famille persiste toujours, et c'est tantôt la première, tantôt la seconde qui prédomine, suivant les conditions du milieu cosmique et les facilités plus ou moins grandes de l'alimentation.

Dans les immenses steppes qui couvrent le plateau central de l'Asie, les pasteurs qui se nourrissent du lait des juments errent, avec leurs troupeaux, de pâturages en pâturages, et sont condamnés par leur genre de vie à ne pas connaître d'autre forme de société que la confédération familiale. Les troupeaux sont surveillés et soignés par tous les membres du groupe et le lait qu'ils fournissent représente, comme les animaux, une propriété commune. Le plus âgé des membres de chaque confédération est considéré comme son chef et jouit sur l'ensemble des familles de la même autorité que le père sur chacune d'elles. La langue elle-même s'inspire de cette organisation. Le Chef est le grand aïeul, le patriarche ; tous les vieillards sont traités de pères par tous les jeunes gens ; ceux-ci sont considérés par tous les vieillards comme des fils et ils se regardent entre eux comme des frères. Aucun des membres de cette confédération familiale ne peut être tenté de s'en séparer, car, en dehors des troupeaux, le pays n'offre aucune ressource ; or, les troupeaux sont une propriété collective dont aucun sociétaire ne peut revendiquer aucune part. La vie constamment errante de la confédération et de ses animaux n'a permis la formation d'aucun organisme politique et administratif. La constitution familiale est la seule qui ait pu être connue par ces populations ; ses règles traditionnelles ne reposent que sur des idées d'intérêt mutuel, d'affection et de respect que la vie en commun a fait naître, depuis des temps immémoriaux, dans l'esprit de chacun des membres de la confédération.

Ce qui, à toutes les époques, fit la simplicité de la morale sociale de ces sortes de groupements, c'est que la guerre ne figurait dans leur existence que comme un accident presque toujours évitable, car les territoires étaient assez vastes pour que les contacts de confédérations distinctes fussent rendus difficiles. Les conflits entre confédérations se bornaient, du reste, presque toujours à des rapts individuels d'hommes, de femmes ou d'enfants en vue de l'esclavage et en vols d'objets de consommation, d'armes, d'outils, etc. C'est seulement lorsque ces peuples tentèrent de sortir de leurs steppes pour se répandre soit du côté de la Sibérie, soit vers la Chine ou l'Asie centrale, soit vers les pays de l'Occident, qu'ils acceptèrent l'autorité de chefs distincts des patriarches. Attila, Tamerlan, Gengiscan, etc., dont l'histoire a conservé de si terribles souvenirs, ne pouvaient laisser de successeurs, parce que leur autorité ne répondait à aucune organisation politique ni même sociale. Suivis par toutes les familles nomades parmi lesquelles ils avaient fait pénétrer leur influence, ils étaient abandonnés, dès la première défaite, par ces mêmes familles, qui reprenaient leur train de vie antérieur, qui, plutôt, n'avaient jamais renoncé à ce train, car les hommes se faisaient suivre de leurs chevaux, de leurs tentes, de leurs femmes, de leurs enfants, de tout ce qui constitue la propriété des nomades.

En somme, la caractéristique de ces populations est une vie familiale très intense et une organisation sociale à peu près nulle.

Le même caractère est offert par les populations nomades des déserts torrides de l'Asie méridionale et de l'Afrique. Probablement formées par des individus qui se sont séparés, pour des motifs divers, et à une époque fort reculée, soit des familles pastorales du plateau central de l'Asie, soit des sociétés sédentaires que l'on trouve encore tout autour des déserts, ces populations sont contraintes par l'aridité du sol, de se déplacer sans cesse, d'aller, d'oasis en oasis, chercher les rares plantes et l'eau plus rare encore que le désert avare met à leur disposition et à celle de leurs chameaux. Ce genre de vie ne comportait, comme celui des pasteurs nomades du plateau central de l'Asie, ni organisation politique, ni organisation administrative. Aussi la confédération familiale est-elle la seule forme que revêt la vie sociale dans les déserts. Une société proprement dite ne se constitue que dans les tribus dont la vie devient sédentaire; mais, alors, les liens de la famille se relâchent d'autant plus que la société prend une organisation plus forte et plus complète.

La famille forme encore la seule base des groupements sociaux des Esquimaux et des Lapons, qui sont aussi des peuples pasteurs, obligés de se déplacer chaque année avec leurs rennes, tantôt pour descendre dans les plaines, tantôt pour remonter sur les montagnes, toujours à la recherche des endroits les plus favorables à l'alimentation des animaux dont le lait les nourrit. La pêche et la chasse fournissent, il est vrai, à ces populations, un contingent d'alimentation qui complète le lait des rennes, mais les ressources qu'ils en tirent ne sont pas suffisantes pour qu'un individu ou une famille soient tentés de se séparer du groupe patriarcal auquel appartiennent les troupeaux nourriciers de rennes et les grands filets de pêche.

Les Peaux-rouges des steppes à bisons de l'Amérique du Nord, populations émigrées des régions circompolaires de l'Asie, où elles avaient mené l'existence dont je viens de tracer le tableau, offrent l'exemple de sociétés en train de passer du régime familial exclusif au régime social, qu'elles ne connaîtront sans doute jamais complètement. Lorsque les émigrants asiatiques parvinrent dans les steppes immenses qui s'étendent entre le Mississipi et les montagnes Rocheuses, ils avaient encore la puissante organisation familiale des peuples pasteurs, mais ils n'avaient plus les troupeaux de chevaux qui font vivre les nomades du plateau central de l'Asie, ni les rennes qui alimentent ceux des régions circompolaires ; et ils se trouvèrent en présence de bandes énormes de bisons très sauvages, très méchants, fortement armés pour la défense de leur vie contre des hommes très mal outillés en vue de l'attaque. Les bisons résistèrent avec une telle énergie aux envahisseurs de leur territoire, que ceux-ci durent, pour leur faire la chasse, s'unir en grand nombre, former des sortes d'armées, comme s'il se fût agi de guerres contre d'autres hommes. Le gibier, du reste, méritait cet effort : un seul bison fournissait à tout un groupe d'hommes une nourriture abondante, autrement propre à exciter l'appétit et à provoquer la gourmandise, que le lait du renne ou le khoumis fait avec celui des juments.

Comme les femmes, les vieillards et les enfants ne pouvaient pas, à cause de leur faiblesse, prendre part aux chasses, il se constitua, dans ces petites sociétés, deux groupements distincts : celui des forts et celui des faibles. La vie sociale n'existait réellement que pour les jeunes gens et les adultes, c'est-à-dire pour ceux qui prenaient part aux dangers, aux fatigues et aux joies des expéditions. Ceux-là s'entr'aidaient sans cesse, et ne pouvaient manquer de concevoir les uns pour les autres l'affection particulière qui naît des rapports sociaux. Par contre, les affections familiales que leurs ancêtres avaient connues dans la vie pastorale, s'atténuaient notablement. Elles s'affaiblirent davantage encore lorsque les bisons devinrent plus rares et plus habiles à se soustraire à la poursuite des hommes : les expéditions étant devenues alors peu fructueuses, les chasseurs trouvaient pénible d'en partager les rares profits avec des vieillards, des enfants ou même des femmes qui n'y pouvaient prendre aucune part. En même temps que l'on contracta l'habitude de manger, à défaut de bisons, les individus des tribus contre lesquelles on guerroyait pour la conquête des territoires de chasse, on prit le parti de supprimer les bouches inutiles : on tua les vieillards des deux sexes et même tous les enfants, en particulier les filles, qui offraient une tare quelconque (1).

---

(1) La destruction des filles à leur naissance était une coutume fort répandue aussi parmi les Arabes, aux époques anciennes. « Les Arabes préislamiques, dit Letourneau (*La psychologie ethnique*, p. 315), pratiquaient couramment l'infanticide des filles. Il faut invoquer, comme circonstante atténuante, le fait qu'aujourd'hui encore ces nomades souffrent plus ou moins de la disette pendant une partie de l'année et sont, par suite, fréquemment tentés de supprimer les bouches inutiles. L'infanticide se commettait, chez les Arabes, tout simplement et sans effusion de sang : on enfouissait rapidement la petite fille dans une fosse creusée au pied même de la couche où la mère l'avait mise au monde. Non seulement la morale du désert ne défendait pas ces meurtres d'enfants, elle y voyait même des actions non seulement vertueuses mais généreuses; car, de même que toutes les morales sérieusement pratiquées, elle était dictée par l'idée que l'on s'était faite de l'utilité sociale. » La coutume de l'infanticide était si générale encore du temps de Mahomet que le Prophète crut utile de la condamner : « Ne tuez pas vos enfants par crainte de pauvreté; nous leur donnerons leur nourriture ainsi qu'à vous. Les meurtres que vous commettez sont

On voit, chez ces peuples, les difficultés d'alimentation agir, dans un sens, pour rapprocher les adultes et créer une vie sociale relativement intense, avec toutes les idées et les sentiments qui la caractérisent, et, dans un autre sens, pour relâcher les liens de la famille et dissiper les idées qui en découlent au point d'amener les adultes à détruire, à la fois, leurs pères et une partie de leurs enfants.

Ceux des émigrants de l'Amérique qui s'établirent dans la région des grands lacs canadiens, et parmi lesquels figurent les tribus auxquelles on donna plus tard le nom de Hurons, Iroquois, etc., s'adonnèrent d'abord à la chasse du bison comme leurs congénères; mais comme ils occupaient une région très fertile et facilement cultivable, il s'opéra dans chaque famille une sorte de sélection en vue de besognes différentes. Tandis que les jeunes gens et les adultes se consacraient exclusivement à la chasse et à la pêche, les femmes et les vieillards créèrent des établissements sédentaires et s'adonnèrent à la culture, particulièrement à celle du maïs. Les produits du sol étant plus abondants que ceux de la chasse et de la pêche, ce furent les femmes qui, finalement, fournirent à l'ensemble de la société, ses ressources les plus certaines. La femme devint, en conséquence, le chef véritable de la famille. Pouvant nourrir plusieurs hommes, elle en prit à son service et en fit travailler à son profit et à celui de ses enfants, autant qu'elle en pouvait faire vivre. Comme il était impossible d'attribuer chacun de ses enfants à chacun de ses maris, l'organisation de la famille reposa sur elle et on ne connut, pour la répartition des héritages, que la filiation maternelle; avec la polyandrie coïncida nécessairement ce que l'on a nommé le matriarcat.

---

des péchés atroces. » On voit que Mahomet a bien soin, en stigmatisant l'infanticide, de rassurer les parents au point de vue de la cause de ces actes. Si Allah lui-même se charge de nourrir les enfants, il n'y a plus de raison pour les supprimer. A des dates beaucoup plus récentes, on a vu des Arabes, en temps de disette, vendre ou donner leurs enfants, même revenir au cannibalisme primitif et spécialement au « cannibalisme d'enfant. » L'infanticide des filles, en provoquant la rareté des femmes, paraît avoir déterminé, à certaines époques anciennes, et dans quelques parties de l'Arabie, la coutume de la polyandrie. (Voy. SMITH, *Kinship and marriage in early Arabia.*)

Enfin, l'autorité exercée par la femme dans les familles polyandres ne pouvait manquer de s'étendre sur la société tout entière, société bien rudimentaire, car les adultes menaient presque constamment une vie de chasses et de guerres très apte, sans doute, à les unir entre eux, mais peu propre à déterminer la production d'aucun organisme social.

Comme tous les peuples sédentaires et agriculteurs, les Grecs et les Romains présentent, au début de leur histoire, une organisation familiale très forte avec une vie sociale très rudimentaire. Chaque famille, groupée autour de son chef, a son habitation, ses champs, ses animaux domestiques, et plus tard, ses esclaves, étroitement unis sous l'autorité du père. Les liens affectueux qui naissent de la communauté des intérêts et des travaux sont encore fortifiés par les croyances et les pratiques religieuses. Chaque famille a son culte particulier, sa religion propre, distincte de celle de toutes les autres familles et même de celle de la cité. Chaque famille constitue, en somme, un véritable gouvernement monarchique, se préoccupe beaucoup plus de ses affaires que des intérêts généraux. Aussi vit-on les législateurs d'Athènes, de Sparte, de Rome, multiplier les prescriptions pour protéger l'organisme social contre la famille.

En Grèce, ils y réussirent si peu que jamais les Hellènes ne parvinrent à former une nation. C'est pour briser les résistances des familles à la constitution du corps social que Platon, dans son livre de la *République*, proposa d'arracher les enfants à leur mère aussitôt après leur naissance, et de les faire nourrir, instruire, éduquer par la cité. Il voulait édifier la société sur les ruines de la famille. La nature fut plus forte que lui.

A Rome, il fallut plusieurs siècles de guerres incessantes, où vingt fois la cité risqua de périr, et l'institution de la plus formidable dictature militaire que le monde ait connue, pour faire triompher, avec les Auguste, à la fois césars, pontifes et dieux, le principe d'une autorité sociale supérieure à l'autorité familiale.

Le christianisme lui-même eut beau préconiser, par la voix des plus autorisés de ses apôtres et par la plume de ses écrivains, le mépris des affections familiales, il fut impuissant contre elles. Chez tous les peuples chrétiens, la famille est restée tellement forte qu'elle contrebalance l'autorité de la société. Pendant toute la période féodale, elle empêche les Etats de se constituer et règne, par les seigneurs, sur l'Europe presque entière. Aujourd'hui encore, par l'intermédiaire des classes sociales supérieures, qui ne sont que des agglomérations de familles ayant les mêmes intérêts, elle détient, chez tous les peuples, une partie considérable du pouvoir. Pas plus, en effet, que l'égoïsme individuel, l'égoïsme familial n'a pu et ne pourra être détruit. Tant qu'il y aura des familles, c'est-à-dire tant qu'il y aura des hommes et des femmes aimant leurs enfants, travaillant pour eux, désireux de leur faire un sort, de leur assurer un avenir de liberté et de bonheur, l'égoïsme familial et ses effets persisteront. Le moraliste, d'ailleurs, doit s'en réjouir, car s'il n'est pas possible de contester que l'égoïsme familial se soit dressé en travers de beaucoup de progrès sociaux, il n'est pas davantage permis de nier qu'il ait rendu aux peuples modernes l'énorme service de barrer la route, en maintes circonstances, aux édificateurs de sociétés chimériques, dans lesquelles toutes les libertés individuelles auraient pu sombrer.

Dans les sociétés étendues, à mesure que les intérêts individuels prennent de l'importance, que l'inégalité physique et intellectuelle se prononce, entraînant des inégalités corrélatives dans la répartition des richesses et des influences morales, à mesure que le nombre des membres de la société s'accroît et que les tribus ou les villages s'unissent en une nation, les nécessités de la vie sociale déterminent la division du travail, la constitution d'organismes distincts pour les différentes fonctions, et le partage des individus d'abord, des familles ensuite, dans des groupements à chacun desquels incombe un rôle particulier. Aristocraties ou oligarchies politiques, militaires, judiciaires, ploutocratiques, se forment par le groupement de familles qui s'isolent de la masse, s'attribuent des privilèges divers et deviennent d'autant plus puissantes que la société est soumise à des attaques plus vives et plus continues de la part des sociétés voisines. On voit alors, fatalement, se développer, dans chaque classe de la société, des sentiments égoïstes non moins étroits, non moins ardents que l'égoïsme personnel de chaque individu. Sous l'influence de ces sentiments, chaque classe ne tarde pas à concevoir des idées particulières relativement aux devoirs sociaux, et bientôt il existe autant de morales sociales distinctes qu'il y a de classes dans chaque nation.

La même évolution se produisant dans les diverses nations, il se développe, dans chacune d'entre elles, un égoïsme national non moins âpre que l'égoïsme des classes et des individus. A toutes les époques de l'histoire et dans tous les lieux, tuer un membre quelconque de la nation dans laquelle on est né, est un crime puni de mort. Massacrer un aussi grand nombre que possible des membres de toutes les autres nations, piller leurs maisons, leurs navires ou leurs caravanes, détruire ou incendier leurs moissons, furent, au contraire, pendant de nombreux siècles, des actes encouragés par la morale sociale particulière à chaque peuple; et ce sont encore aujourd'hui des actes éminemment producteurs de lauriers et de gloire, quand ils sont accomplis dans certaines conditions. Autant de nations, autant de morales ; mais toujours la morale nationale est une morale essentiellement égoïste, ne tenant guère compte que des goûts et des intérêts particuliers de la nation.

Les religions elles-mêmes franchissent rapidement, à mesure que les sociétés se développent, le cadre très étroit où elles se trouvaient primitivement enfermées. Elles en arrivent vite à être des institutions sociales et politiques; elles s'imprègnent des idées, des passions, des préjugés du milieu où elles fonctionnent; leur dieu unique ou leurs divinités multiples deviennent des dieux particularistes, puis des dieux nationaux, c'est-à-dire responsables de tout ce qui arrive de bien ou de mal à la nation, tenus de la protéger envers et contre tous et de combattre pour elle, sans discuter, si j'ose dire, la légitimité ou l'injustice de ses revendications (1).

A chaque religion, désormais, correspondra un corps particulier de prêtres, formant une classe sociale distincte de toutes les autres, ayant aussi, comme elles, ses intérêts particuliers. Les religions se montrent alors non moins égoïstes que les individus, que les nations, que les classes

(1) Fustel de Coulanges, qui a très bien décrit ces faits, ne les envisage qu'à partir du moment où les religions et même les lois les eurent consacrés ; mais on ne saurait mettre en doute qu'ils existassent avant que les religions se fussent constituées. Les conceptions de ces dernières ont découlé des faits déjà accomplis, des idées sociales préalablement formées ; elles n'en ont pas été la cause déterminante, mais la conséquence. Avec cette réserve, les observations de Fustel de Coulanges doivent trouver leur place ici : « Deux cités, dit-il (*La Cité antique*, l. III, ch. xv), étaient deux associations religieuses qui n'avaient pas les mêmes dieux. Quand elles étaient en guerre, ce n'étaient pas seulement les hommes qui combattaient, les dieux aussi prenaient leur part à la lutte... On était convaincu qu'ils combattaient dans la mêlée ; les soldats les défendaient et ils défendaient les soldats... Il faut se représenter deux petites armées en présence ; chacune a au milieu d'elle ses statues, son autel, ses enseignes qui sont des emblèmes sacrés ; chacune a ses oracles qui lui ont promis le succès, ses augures et ses devins qui lui assurent la victoire... On se bat des deux côtés avec cet acharnement sauvage que donne la pensée qu'on a des dieux pour soi et qu'on combat contre des dieux étrangers. Pas de merci pour l'ennemi ; la guerre est implacable ; la religion préside à la lutte et excite les combattants. Il ne peut y avoir aucune règle supérieure qui tempère le désir de tuer ; il est permis d'égorger les prisonniers, d'achever les blessés... Le vainqueur pouvait user de sa victoire comme il lui plaisait. Aucune loi divine ni humaine n'arrêtait sa vengeance ou sa cupidité... Après la prise de Platée, les hommes furent égorgés, les femmes vendues, et personne n'accusa les vainqueurs d'avoir violé le droit. On ne faisait pas seulement la guerre aux soldats : on la faisait à la population tout entière, hommes, femmes, enfants, esclaves. On ne la faisait pas seulement aux êtres humains : on la faisait aux champs et aux moissons. On brûlait les maisons, on abattait les arbres ; la récolte de l'ennemi était presque toujours dévouée aux dieux infernaux et par conséquent brûlée. On exterminait les bestiaux ; on détruisait même les semis qui auraient pu croître l'année suivante. Une guerre pouvait faire disparaître d'un seul coup le nom et la race de tout un peuple et transformer une contrée fertile en un désert. C'est en vertu de ce droit que Rome a étendu la solitude autour d'elle ; du territoire où les Volsques avaient vingt-trois cités, elle a fait les marais pontins. »

En Grèce, au sixième siècle avant notre ère, c'est ainsi que fut traitée la ville de Cirrha. « Les prêtres de Delphes, infatués, enrichis, supportaient la sujétion matérielle que leur imposait Cirrha, la ville maritime, le port,— dans le golfe de Corinthe, — où débarquaient les pèlerins venant consulter la Pythie. Les Cirréens qui connaissaient les pratiques des prêtres, qui avaient continuellement sous les yeux le spectacle de la crédulité publique si effrontément exploitée, n'éprouvaient aucun respect pour l'Apollon « loucheur » et se moquaient de la Pythie. Le conseil amphyctionique obtint que les Thessaliens et les Sicyoniens vinssent saccager Cirrha, ce qui fut fait (595). Et pour éviter la reconstruction de la ville châtiée, détruite, le conseil ordonna que la « terre ravagée », consacrée à Apollon, demeurerait « vouée à la stérilité. » Vivre sur cette terre, y essayer une culture, ce fut commettre un sacrilège. Les prêtres de Delphes, seuls, avaient le droit d'y entretenir des pâturages, pour les bêtes que les pèlerins achetaient et payaient avec l'intention de les offrir au dieu. » (Marius Fontanes, *Hist. universelle : La Grèce*, p. 350.)

entre lesquelles le peuple est fractionné; et chaque religion édifie pour ses adeptes, en dehors des quelques grands et simples préceptes moraux de ses débuts, tout un code très particulariste et souvent fort compliqué, de morale sociale.

Ai-je besoin de rappeler les terribles effets qu'eurent pour l'humanité le particularisme étroit et l'exclusivisme brutal préconisés par certains d'entre les plus fervents adorateurs de diverses divinités ? Y a-t-il une seule page

Chez les Hébreux, à partir du jour où Jéhovah devient un dieu national, les mêmes haines et les mêmes épouvantables pratiques de guerre deviennent la base des relations du peuple d'Israël avec ses voisins. Mais, chose remarquable, Jéhovah ou Iahvé ne devient un dieu national, le dieu particulier des Hébreux, qu'à partir du jour où ceux-ci sont fixés au sol, cessent d'être nomades pour devenir agriculteurs. « Ce qui, dit Renan (*Hist. du peuple d'Israël*, I, p. 261), changea le plus profondément par la conquête israélite de la Palestine, ce fut la situation du dieu Iahvé... L'individualisme national veut un dieu particulier. A partir de ce moment, Iahvé est le dieu protecteur d'Israël, engagé à lui donner raison, même quand il a tort. Une victoire d'Israël est une victoire de Iahvé; les guerres d'Israël sont des guerres de Iahvé. Les faveurs grâce auxquelles on s'imaginait qu'Israël avait traversé le désert furent les faveurs de Iahvé... Iahvé a donné Chanaan aux Israélites. C'est un dieu national, identifié avec la nation, victorieux avec elle, vaincu avec elle. » Il montre Iahvé devenant égoïste et féroce à partir du jour où il est, non plus le dieu universel des nomades du désert, mais le dieu particulier d'une tribu devenue nation. « Dans le désert, Iahvé n'est encore qu'un dieu de nomade, un dieu sans terre, ne disposant encore d'aucun canton. Maintenant il a conquis une terre; cette terre, il l'a donnée à ses serviteurs. Il s'agit bien de savoir s'il est juste ou non; il favorise Israël, cela suffit... L'essence d'une nation est de croire que le monde entier existe pour elle, que Dieu n'est occupé que d'elle... Quand Iahvé devint un dieu local, patriote, national,... il fut féroce. Ce nouveau Iahvé n'est plus l'antique source de la force et de la vie dans le monde. C'est un politique massacreur, un dieu qui favorise une petite tribu *per fas et nefas*. Tous les crimes vont être commandés au nom de Iahvé. »

Passant de ces époques reculées à l'histoire contemporaine, Ernest Renan ajoute aussitôt : « Une telle évolution est bien dans la nature des choses, et nous l'avons vue se passer de nos jours. L'Allemagne, par la haute philosophie sortie de ses entrailles, par la voix de ses hommes de génie, avait proclamé mieux qu'aucune autre race le caractère absolu, impersonnel, suprême, de la Divinité. Or, quand elle est devenue une nation, elle a été amenée, selon la voix de toute chair, à particulariser Dieu. L'empereur Guillaume Ier, à diverses reprises, a parlé de *Unser Gott*, et de sa confiance en ce Dieu des Allemands. C'est que nation et philosophie ont peu de chose à faire ensemble. L'esprit national, entre autres petitesses, a la prétention d'avoir un dieu qui lui appartienne. *Iahvé elohênou*, Iahvé notre Dieu, dit l'Israélite. *Unser Gott*, dit l'Allemand. Une nation est toujours égoïste. Elle veut que le Dieu du ciel et de la terre n'ait d'autre pensée que de servir ses intérêts. Sous un nom ou sous un autre, elle se crée des dieux protecteurs. »

Il est à peine besoin d'insister sur ce que ces considérations s'appliquent à toutes les nations du monde et à toutes les époques, jusqu'à nos jours. De la conception religieuse du patriotisme découle naturellement celle qui a dominé toutes les guerres entre nations : du moment où chaque nation agit au nom de son dieu particulier, avec son assistance, toutes les atrocités des guerres se trouvent légitimées. Et c'est pour cela que les guerres religieuses ont été de tous temps les plus atroces.

de l'histoire d'aucun peuple qui ne soit maculée par le sang que les religions firent verser? Sans parler de ces événements extraordinaires, ne sait-on pas combien il est difficile de faire vivre en bonne harmonie, dans un même pays, des hommes professant des religions qui comportent des préceptes sociaux différents, qui, par exemple, n'entendent pas le mariage, l'héritage, les devoirs envers la femme de la même façon? N'avons-nous pas le spectacle des discordes qui, un peu partout dans le monde, naissent encore, à notre époque, à peu près inévitablement, du simple contact de religions différentes?

Du conflit des intérêts familiaux, sociaux et religieux devait nécessairement sortir la guerre. Seules, les tribus nomades circulant à travers des espaces assez étendus pour qu'elles ne puissent se rencontrer que difficilement, ont échappé, pendant un temps plus ou moins long, à ses horreurs. Dès qu'elles furent assez nombreuses pour se rencontrer dans leurs pérégrinations, elles se volèrent leurs troupeaux ou leurs femmes et se battirent pour les territoires qu'elles convoitaient.

Néanmoins, c'est surtout entre les peuples fixés au sol, devenus agriculteurs, que la guerre prit, de très bonne heure, la plus grande intensité et la plus grande fréquence. Ne pouvant pas se déplacer, ces sociétés étaient contraintes de se constituer des moyens de défense contre tous ceux auxquels l'idée pouvait venir de convoiter leurs récoltes, leurs femmes, leurs enfants ou leur sol. Et ces moyens durent être d'autant plus puissants qu'elles étaient plus riches, plus prospères, établies sous un climat plus doux et sur un sol plus fertile, c'est-à-dire dans des conditions propres à tenter les convoitises des voisins.

Tel fut le cas des sociétés grecques, italiennes, tyriennes, carthaginoises, indiennes, persanes, etc. dans l'antiquité; tel est encore celui de toutes les sociétés modernes. Dans les sociétés antiques de l'Europe et de l'Asie occidentale dont l'histoire nous a conservé les gestes, le caractère impitoyable de la guerre produisit le développement excessif de cette forme particulière de l'altruisme à laquelle on a donné le nom de patriotisme.

Dans ces sociétés, la morale sociale est réduite presque exclusivement au devoir patriotique, et celui-ci est tellement impérieux que les sentiments personnels et les droits individuels s'effacent devant lui. De même qu'aux yeux des Grecs le dieu de la cité était supérieur à celui de la famille, de même dans leurs conceptions législatives tout ce qui avait pour objet l'intérêt de la cité primait les règles relatives aux intérêts de la famille et de l'individu. Aucune liberté individuelle ou familiale ne tenait devant le droit que l'Etat s'attribuait sur chaque citoyen, au nom des intérêts de sa défense, de sa conservation ou de ses ambitions.

Il était impossible, en effet, que les ambitions des classes sociales dominantes, des gouvernements ou des chefs militaires (1), n'excitassent pas à leur profit les sentiments patriotiques fort légitimes nés de l'altruisme social. Après avoir inspiré aux citoyens l'amour de la société dont ils faisaient partie, on les excitait contre les autres sociétés, soit en provoquant la convoitise de leurs richesses, soit en les représentant comme des ennemis qu'il fallait

(1) Parmi les fléaux de l'humanité, il n'est point douteux qu'il faille inscrire au premier rang, à côté des passions religieuses, les ambitions guerrières, nées chez certains chefs militaires de l'égoïsme individuel et de l'esprit de domination. Nul écrivain moderne n'a flétri la guerre et les ambitions des guerriers avec plus de vigueur que les philosophes de l'antiquité païenne. « Nous réprimons, écrit Sénèque à son ami Lucilius (*Lettre* xcv), l'homicide et le meurtre individuel; mais qu'est-ce que la guerre, et ce crime glorieux qui consiste à égorger des nations entières?... L'autorité publique commande ce qui est défendu aux particuliers. Des actions qu'un homme, s'il les faisait à la dérobée, payerait de sa vie, nous les louons quand elles se font sous le costume militaire. »

Jamais non plus, à notre époque, la passion guerrière des grands conquérants que les peuples honorent n'a été stigmatisée plus justement que par le philosophe romain : « On voit beaucoup d'hommes, écrit encore Sénèque à Lucilius (*Lettre* xciv), porter la flamme dans les villes, renverser des remparts qu'avaient trouvés inexpugnables l'action de plusieurs siècles et les bras des guerriers pendant maintes générations... chasser devant eux des armées... et, tout couverts du sang des peuples, arriver jusqu'à l'Océan. Mais ces mêmes hommes, avant de vaincre l'ennemi, avaient été vaincus par une passion. Nul n'a pu résister à leur attaque; mais eux-mêmes n'avaient résisté ni à l'ambition ni à la cruauté ; et alors qu'ils semblaient chasser les populations devant eux ces passions les chassaient devant elles. Il cédait, le malheureux Alexandre, à la fureur dont il était possédé, lorsqu'il dévastait des contrées étrangères, et cherchait des terres inconnues. Pensez-vous qu'il fut sain de tête, lui qui commença par ravager la Grèce, sa nourrice? qui à chaque cité enleva ce qu'elle avait de plus précieux? qui voulut que Lacédémone cessât d'être libre, et Athènes d'élever la voix? Non content des ruines de tant de cités que Philippe avait ou vaincues ou achetées, il va renversant çà et là d'autres villes ; il porte ses armes dans tout l'univers, et nulle part sa cruauté ne s'arrête de lassitude, à l'exemple des bêtes féroces qui mordent et qui

détruire si l'on voulait jouir de quelque tranquillité. Et l'on provoqua les haines de peuple à peuple, afin de perpétuer des guerres d'où les dirigeants tiraient autant de profits matériels que de gloire. Car dans l'antiquité, le pillage était la première récompense du vainqueur. On sait que Bonaparte le promettait encore à ses soldats au moment d'entrer en Italie et qu'il leur tint largement parole.

Aujourd'hui, le pillage est considéré comme un acte immoral, mais les armées des peuples civilisés ne se font presque jamais faute de s'y livrer partout où elles sont les plus fortes. La guerre elle-même est condamnée par notre morale sociale, et pourtant tous les peuples dépensent des sommes énormes en armements maritimes ou terrestres et privent la terre ou l'industrie de ses bras pour renforcer leurs armées.

En résumé, ce qui domine aujourd'hui encore dans toutes les sociétés humaines les plus civilisées, c'est, d'une part, l'égoïsme individuel qui donne à la lutte pour la vie une extraordinaire âpreté, d'autre part, l'égoïsme familial et l'égoïsme des classes qui rend la concurrence sociale

déchirent plus que n'exige la faim. Déjà il a englouti plusieurs royaumes en un seul; déjà, les Perses et les Grecs redoutent le même homme; déjà même des nations, que Darius n'avait point comptées sous ses lois, reçoivent de lui le joug. Il veut aller au-delà de l'Océan et du soleil; il s'indigne de quitter les traces d'Hercule et de Bacchus, et de faire rebrousser chemin à ses armes victorieuses; il va faire violence à la nature. Ce n'est pas qu'il veuille avancer; mais il ne peut s'arrêter, semblable aux corps graves qui, une fois lancés, ne cessent d'aller que lorsqu'ils gisent sur la terre. Et Pompée lui-même, ce n'était ni le courage, ni la raison qui lui conseillait les guerres étrangères ou civiles; c'était l'amour insensé d'une fausse grandeur. C'est cette passion qui l'envoyait tantôt en Espagne attaquer Sertorius, tantôt acculer, traquer les pirates et pacifier les mers : tels étaient les prétextes dont il se servait pour prolonger sa puissance. Quel motif l'entraîna, et en Afrique, et au Septentrion, et contre Mithridate, et dans l'Arménie, et dans tous les recoins de l'Asie? L'insatiable désir de s'agrandir, Pompée étant le seul auquel Pompée ne parût pas assez grand. Qui poussa C. César à sa perte et en même temps à celle de la République? La vaine gloire, l'ambition, le désir immodéré de monter au plus haut rang. Il ne pouvait supporter qu'un seul homme fût au-dessus de lui, tandis que la République en avait deux au-dessus d'elle. Et C. Marius, qui fut une fois consul (car on ne lui déféra qu'un consulat; il extorqua les autres), quand il taillait en pièces les Teutons et les Cimbres; quand, à travers les déserts de l'Afrique, il poursuivait Jugurtha fugitif, pensez-vous que ce fût par un instinct de valeur qu'il cherchât tous ces dangers? Marius guidait son armée; l'ambition guidait Marius. Tandis qu'ils bouleversaient le monde, ces hommes étaient bouleversés tout les premiers, semblables à ces tourbillons qui, faisant tourner ce qu'ils enlèvent, obéissent eux-mêmes à une force de rotation; en sorte que leur choc est d'autant plus violent qu'ils ne peuvent se maîtriser. Aussi, après avoir semé partout les désastres, ils subissent à leur tour la même influence qui a fait tout ce mal. Ne croyez pas que personne trouve sa félicité dans le malheur d'autrui. »

plus âpre encore que la lutte individuelle et, enfin, l'égoïsme national qui, exaspérant le patriotisme, fait courir sans cesse à chaque peuple le danger d'être attaqué par des voisins plus forts ou aussi forts que lui-même.

La France peut se vanter, avec un légitime orgueil, d'avoir été la première des nations civilisées à se préoccuper de la solution des problèmes sociaux et à comprendre qu'il existe entre ces problèmes et la politique un lien si étroit que le progrès social ne saurait être réalisé en dehors du progrès politique. Au moment même où une certaine catégorie de politiciens s'efforce de faire croire à la masse ignorante que des révolutions violentes sont indispensables à la réalisation des réformes sociales, il n'est pas inutile de rappeler les lois favorables aux travailleurs et aux malheureux qui ont été votées par des bourgeois, dont quelques-uns fort riches, depuis la fondation de la troisième République. N'est-ce pas à des chambres formées presque exclusivement de membres de la bourgeoisie que l'on doit les lois par lesquelles la gratuité, l'obligation et la neutralité de l'enseignement primaire ont été instituées, les lois sur la protection de la salubrité publique, sur l'hygiène des ateliers et des établissements insalubres, sur la sécurité des mines et sur les accidents du travail, par lesquelles la vie des pauvres et des ouvriers est protégée comme jamais elle ne le fut à aucune époque ? L'assistance publique et la prévoyance n'ont-elles pas considérablement progressé pendant ces vingt dernières années, grâce aux lois votées par des bourgeois qui, eux-mêmes, pourraient parfaitement se passer de l'une et de l'autre et qui, en conséquence, ont travaillé pour les classes laborieuses et pauvres avec la certitude que les classes riches feraient les frais de ces progrès sociaux? N'est-ce point de la même source que sont sorties les lois relatives à la limitation du travail des femmes, des enfants, des adultes eux-mêmes ? Et quoique les classes riches doivent être gravement affectées dans leurs intérêts par ces réformes, ne sait-on pas que plusieurs de leurs membres ont figuré avec honneur dans les majorités qui ont provoqué et réalisé ces progrès sociaux?

Toutefois, il importe de noter que jamais ces progrès n'auraient été obtenus, si l'on avait attendu que les classes supérieures en prissent l'initiative. Ils n'ont pu être entrepris et menés à bien qu'à partir du moment où le régime républicain eut donné au peuple tout entier l'instruction nécessaire pour qu'il acquît la connaissance de ses besoins et le pouvoir de faire triompher ses volontés. L'égoïsme des familles et des classes sociales est trop conforme à la nature humaine, pour qu'il ne soit pas nécessaire de vaincre ses résistances à des progrès dont il souffre inévitablement. Sans doute, le développement de l'altruisme dans toutes les parties du corps social est de nature à contre-balancer dans une certaine mesure l'égoïsme des classes, mais il serait illusoire de ne compter que sur cette évolution morale. Si l'on considère de quelle façon les réformes sociales ont été accomplies depuis un siècle, on s'assure aisément que la masse principale des oligarchies ploutocratiques leur a opposé une résistance constante et inlassable. Il a fallu pour les obtenir que la partie des classes supérieures à laquelle j'ai fait allusion plus haut, s'associât à la masse sociale qui souffre et se fît l'interprète de ses volontés dans les assemblées législatives, après l'avoir inspirée et guidée dans ses révolutions.

Il a fallu que la République restaurât dans notre société la conception romaine de l'Etat, envisagé comme l'incarnation du corps social tout entier et qu'elle donnât à l'Etat des pouvoirs suffisants pour qu'il pût briser, au nom de l'intérêt général, toutes les oppositions des intérêts particuliers. Tant que l'ouvrier a été livré à lui-même, tant que le gouvernement et la loi lui ont laissé le soin de défendre individuellement ses intérêts auprès des classes riches, il a été à leur merci. Dans les pays autocratiques modernes, il n'en va pas autrement. Partout où la concurrence sociale ne trouve aucun tempérament dans les lois, la classe salariée est écrasée par les classes riches, car celles-ci, prises dans leur ensemble, sont toujours assez aveugles pour ne pas voir que la misère, l'ignorance et l'avilissement des pauvres ont, tôt ou tard, leur répercussion parmi les riches, nuisent au progrès général des nations et compromettent l'avenir de la race elle-même. Il se trouve des socialistes révolutionnaires pour nier l'utilité du régime républicain et se déclarer indifférents à la forme politique, sous le prétexte que certaines réformes sociales ont déjà été accomplies par des gouvernements monarchiques et même autocratiques. Ceux-là oublient que si de tels gouvernements accordent à leurs sujets des améliorations sociales, ce n'est pas spontanément qu'ils agissent, mais sous la pression de l'évolution morale qui s'est produite autour d'eux. Menacés de voir leurs peuples réclamer une organisation analogue à celle des pays où la démocratie triomphe, les monarques et les aristocraties ou oligarchies qui désirent conserver leur puissance font à la masse sociale les concessions les plus indispensables. Envisagées de ce point de vue, notre grande Révolution et notre troisième République méritent, sans aucun doute, la reconnaissance de la partie laborieuse de tous les peuples.

Ainsi apparaît nettement la relation étroite qui existe entre la politique et la morale sociale. Or, la politique elle-même est placée sous la dépendance de la morale individuelle. Dans un pays où chaque individu serait exclusivement conduit par son égoïsme, la lutte pour la vie pourrait amener une certaine évolution ascendante des plus forts ou des plus intelligents, mais tout progrès général serait impossible. Les plus forts intellectuellement ou physiquement abuseraient impitoyablement de leurs muscles ou de leur intelligence pour exploiter les plus faibles et les moins habiles ; on arriverait peut-être ainsi à l'apparition du « surhomme » de Nietzsche, mais ceux d'entre les habitants d'un tel pays qui auraient atteint le plus haut degré d'évolution ne laisseraient après eux que des ruines habitées par des esclaves et des idiots.

Le résultat serait le même si, négligeant les droits de l'individu et la nécessité de la lutte individuelle pour la réalisation du progrès, on prétendait niveler les esprits et supprimer les inégalités en courbant toutes les têtes sous le despotisme irresponsable de la collectivité. Ce n'est plus, il est vrai, au « surhomme » de Nietzsche que l'on pourrait atteindre, mais à l'avilissement de tout le corps social sous un pouvoir irresponsable et qui, étant autocratique, n'aurait aucun besoin de rien savoir en dehors des connaissances qu'exige l'emploi de la force brutale et anonyme.

Par contre, dans une société évoluant d'une manière conforme à la nature humaine, chaque individu puise dans ses relations avec les autres des idées et des sentiments altruistes qui le disposent à leur être utile et agréable, comme il désire qu'on le soit à son égard ; l'altruisme contrebalance, dans chacun des membres de la société, l'égoïsme naturel et tous finissent par se mettre d'accord pour adopter une organisation politique et sociale dans laquelle chacun trouve le maximum de liberté et de bonheur possible. Le régime républicain, tel que nous le possédons aujourd'hui, est encore, sans contredit, bien loin de remplir toutes les conditions auxquelles devrait répondre une pareille organisation, mais il est une étape vers le but à atteindre, et, à ce titre, il ne saurait être dédaigné par aucun esprit soucieux de l'avenir de l'humanité.

Plus la morale individuelle évoluera dans le sens de l'altruisme, plus aussi la morale familiale et la morale sociale réaliseront des progrès dans la même direction, plus enfin la politique, c'est-à-dire la morale gouvernementale se montrera conforme à tous les véritables intérêts particuliers, en même temps qu'à l'intérêt général des nations et de l'espèce humaine.

La première préoccupation de tous ceux qui s'intéressent au progrès humain doit donc être de travailler de toutes leurs forces à l'évolution ascendante de la morale individuelle. Si l'on tient compte des faits exposés dans les parties antérieures du présent livre, on sera convaincu que le seul moyen de faire progresser la morale individuelle réside dans l'éducation. C'est d'elle que je m'occuperai dans les chapitres suivants.

CHAPITRE X

L'HÉRÉDITÉ ET L'ÉDUCATION MORALE

§ I

EN QUOI CONSISTE ET SUR QUOI PORTE L'HÉRÉDITÉ

Le caractère essentiel de l'hérédité, chez les animaux supérieurs et l'homme, est de produire des individus qui tout en ressemblant plus à leurs parents qu'à tous les autres êtres s'en distinguent par des traits plus ou moins prononcés. Il n'en saurait être autrement, d'abord parce que les deux parents ne sont jamais semblables, et ensuite, parce que les circonstances extérieures agissent sur chaque individu, pendant le cours de son développement, pour lui imposer des caractères spéciaux. Aussi, Buffon avait-il raison de dire qu'il n'y a parmi les êtres vivants, ni familles, ni genres, ni espèces, mais seulement des individus plus ou moins semblables les uns aux autres, sans être jamais identiques (1).

---

(1) « La nature, écrit-il dans son discours sur l'Homme, n'a ni classes ni genres ; elle ne comprend que des individus ; les genres et les classes sont l'ouvrage de notre esprit, ce ne sont que des idées de convention. » (Voy. BUFFON, *Œuvres complètes*, édit. Lanessan, t. XI, p. 5.)
A propos des systèmes de classification adoptés pour les animaux et les végétaux, il dit encore : « Parcourant successivement et par ordre les différents objets qui composent l'univers, et se mettant à la tête de tous les êtres créés, il (l'homme) verra avec étonnement qu'on peut descendre par des degrés presque insensibles de la création la plus parfaite jusqu'à la matière la plus informe, de l'animal le mieux organisé jusqu'au minéral le plus brut ; il reconnaîtra que ces nuances imperceptibles sont le grand œuvre de la nature ; il en trouvera les nuances, non seulement dans les grandeurs et dans les formes, mais dans les mouvements, dans les générations, dans les successions de toute espèce. » Et il conclut : « On voit clairement qu'il est impossible de donner un

Etres purement matériels, les animaux et les hommes ne peuvent transmettre par l'hérédité à leurs descendants que l'organisation matérielle dont chacun d'entre eux est pourvu. Pour employer une comparaison qui, malgré son apparence paradoxale, rend bien ma pensée, si une montre avait des enfants, il ne lui serait pas possible de leur transmettre autre chose que les organes dont elle est formée. Mais, ses enfants étant constitués comme elle, chacun d'eux fonctionnerait de la même manière qu'elle dès qu'on le mettrait en mouvement. Les animaux et l'homme ne diffèrent, en réalité, de la montre que par la vie, c'est-à-dire par la forme spéciale de mouvement dont ils sont animés et que chacun transmet à sa progéniture en même temps que son organisation. Supposons qu'une montre en marche ait des enfants, et que ceux-ci héritent à la fois des organes et du mouvement de leur mère, ils marcheraient comme elle dès qu'ils arriveraient au monde. Dans ces conditions, la montre et sa progéniture nous donneraient une idée parfaite de ce qu'est l'hérédité chez les animaux et les hommes. Ceux-ci transmettent à leurs descendants leur organisation et leur mouvement, c'est-à-dire leur vie; mais ils ne leur transmettent pas autre chose.

Parler de l'hérédité des idées, c'est commettre une erreur manifeste. Les actes cérébraux auxquels on donne le nom d'idées ne peuvent pas être héréditaires, parce qu'ils sont purement accidentels, momentanés, et excessivement variables chez un même individu, suivant les conditions dans lesquelles il se trouve, suivant son âge, son état de santé ou de maladie, de vacuité ou de plénitude de son estomac, etc. Jamais, en somme, un individu déterminé ne reste identique à lui-même, pendant toute la durée de

système général, une méthode parfaite, non seulement pour l'histoire naturelle entière, mais même pour une seule de ses branches; car pour faire un système, un arrangement, en un mot une méthode générale, il faut que tout y soit compris; il faut diviser ce tout en différentes classes, partager ces classes en genres, sous-diviser ces genres en espèces et tout cela suivant un ordre dans lequel il entre nécessairement de l'arbitraire. Mais la nature marche par des gradations inconnues, et par conséquent elle ne peut pas se prêter à ces divisions, puisqu'elle passe d'une espèce à une autre espèce, et souvent d'un genre à un autre genre, par des nuances imperceptibles. » (Voy. *ibid.*, t. I, pp. 6-7.)

son existence. Tout au contraire, il n'y a pas d'instant où il ne diffère de ce qu'il était à l'instant précédent et de ce qu'il sera à l'instant suivant.

Aussi l'impression sensorielle produite sur un individu quelconque par un même objet pourra-t-elle déterminer des sensations et des idées très différentes suivant les circonstances. Si l'individu est bien portant, gai, se promenant en pleine campagne par un beau soleil, la vue d'un costume rouge, par exemple, pourra lui être agréable, tandis qu'elle lui déplaira s'il est triste ou s'il pleut, s'il fait du brouillard, etc. On sait combien paraissent ridicules à la plupart des voyageurs les costumes qu'ils ont admirés loin de leur pays et qu'ils revoient dans celui-ci. Voilà donc l'idée du beau variant d'un jour à l'autre chez un même individu. Si l'on admettait que les idées sont héréditaires, il faudrait demander quelle est celle des deux idées contradictoires dont je viens de parler qui serait transmise par l'hérédité.

Autre exemple : un homme élevé très religieusement par sa famille, a été croyant jusqu'à vingt ou vingt-cinq ans. Puis, sous l'influence d'études scientifiques approfondies, il a répudié ses idées religieuses, mais celles-ci sont restées gravées dans sa mémoire où elles côtoient, pour ainsi dire, les idées antireligieuses. Pendant cette seconde période, il a des enfants. Si les idées étaient héréditaires, quelles sont celles qu'il leur transmettrait? Celles qui sont nées dans son cerveau pendant sa jeunesse et qui s'y maintiennent par la mémoire, ou celles qui se sont formées ultérieurement?

La plupart des métaphysiciens eux-mêmes ont compris qu'il leur était impossible de maintenir la vieille théorie spiritualiste de l'hérédité des idées. Ils se rabattent sur l'hérédité de l'intelligence et sur celle des sentiments, des passions, des instincts, des gestes émotionnels, etc.

Relativement à l'intelligence envisagée d'une manière générale, il semble, au premier abord, qu'il ne puisse pas y avoir de discussion. L'intelligence étant une des fonctions essentielles du cerveau, on pourrait croire qu'elle doit être nécessairement transmise par l'hérédité en même temps que le cerveau lui-même, comme la respiration est transmissible avec les poumons, la circulation avec le cœur et les vaisseaux sanguins, etc. (1) Toutefois, il importe de noter que, par l'hérédité, le père transmet à ses enfants non son intelligence elle-même, non sa circulation ou sa respiration, mais seulement son cerveau, son cœur, ses vaisseaux, ses poumons, etc.

Au moment de sa naissance, tout enfant normal possède, il est vrai, un cerveau plus semblable à celui de ses parents qu'à celui de tous les autres individus de sa race, mais cet organe est encore trop insuffisamment développé pour être en état de fonctionner. Le cerveau existe, l'intelligence n'existe pas encore et si quelque trouble de nutrition ou quelque maladie arrête le développement des cellules cérébrales, il pourra se faire que l'enfant ne possède jamais ni l'intelligence de ses parents, ni même une intelligence beaucoup plus réduite que la leur. Pour que des parents très intelligents aient un enfant idiot, il suffit que le cerveau de ce dernier s'arrête, dans son développement, au point où il est au moment de la naissance. Un enfant de parents intelligents peut encore rester plus ou moins arriéré, quoique le développement de son cerveau s'effectue d'une manière normale : il suffit pour cela, soit que l'un des instruments indispensables de l'intelligence, tels que l'ouïe, la vue, les cordes vocales, etc., ne se développe pas suffisamment ou devienne malade, soit qu'on maintienne l'enfant à l'écart de ses semblables, soit qu'on ne lui donne aucune instruction. Dans tous ces cas, même avec l'organisation cérébrale la plus parfaite, il ne deviendra qu'un impotent de l'intelligence. Il aura l'organe, mais il n'aura pas la fonction, ou ne la possédera que plus ou moins imparfaite. Dans ce cas, l'organe lui-même,

---

(1) Th. Ribot (*L'hérédité psychologique*, p. 67) dit à ce sujet : « En ce qui touche l'hypothèse matérialiste, il n'y a pas difficulté, on le voit tout de suite : car, si l'on admet que la pensée n'est qu'une propriété de la matière vivante, comme l'hérédité est une des lois de la vie, elle sera par là même une des lois de la pensée. En termes plus précis : l'intelligence est une fonction dont le cerveau est l'organe; le cerveau est transmissible comme tout autre organe, comme l'estomac, les poumons et le cœur; la fonction est transmissible avec l'organe; l'intelligence est donc transmissible avec le cerveau. L'hérédité physiologique entraîne, comme conséquence forcée, l'hérédité psychologique sous toutes ses formes. » (F. Alcan, édit.)

souvent, ne tardera pas à s'atrophier par défaut d'usage, comme une jambe que l'on tient emprisonnée et immobile dans un appareil à fracture (1).

Par conséquent, ce dont l'enfant hérite, en réalité, ce n'est pas de l'intelligence de ses parents, mais seulement de leur cerveau, et encore faut-il que cet héritage ne vienne pas à être compromis, soit par quelque arrêt d'évolution du cerveau lui-même ou de ses organes accessoires, soit par l'absence d'éducation. M. Th. Ribot commet donc une erreur lorsqu'il affirme qu'au point de vue matérialiste l'hérédité de l'intelligence ne saurait être mise en doute.

A plus forte raison se trompe-t-il en affirmant l'hérédité de « l'imagination créatrice de l'art », du « don des couleurs et des formes », du « sentiment de la musique », du « don de la poésie », de celui des mathématiques, etc. (2) Il suffit de parcourir la liste des noms de musiciens, de poètes, de mathématiciens, etc., qu'il donne à l'appui de son assertion, pour s'assurer qu'il n'a tenu aucun compte du rôle joué, dans l'évolution intellectuelle de tous ces hommes, par l'éducation qu'ils ont reçue de leur famille et de leur milieu social ou qu'ils ont acquise par eux-mêmes. Il suffit qu'ils aient eu des ancêtres musiciens, poètes ou mathématiciens pour que M. Th. Ribot attribue à l'hérédité les facultés spéciales dont ils ont fait preuve. En réalité, comme nous l'avons dit plus haut, ce dont ils héritèrent, c'est uniquement de l'organisation cérébrale et sensorielle de leurs parents.

En vertu de cette organisation, certains individus sont plus sensibles que d'autres à telles ou telles impressions extrinsèques et forment plus facilement certaines idées que tous ceux dont l'organisation est différente. Je suppose que l'on habitue un chien, puis ses enfants, ses petits-enfants, arrière-petits-enfants, etc., à exercer leur odorat sur la piste du sanglier et à se lancer à la poursuite de l'animal dès qu'ils l'ont trouvée, il est à peine besoin de dire que

---

(1) Les mêmes considérations peuvent être présentées à propos des poumons et de la respiration, du cœur et de la circulation, etc.
(2) Th. Ribot, *L'hérédité psychologique*, pp. 65 et suiv.

par ces exercices répétés on déterminera chez eux une sensibilité très grande des organes olfactifs et un développement considérable de tous les muscles qui prennent part à la locomotion, à la respiration, etc. On aura fait des chiens spécialement adaptés à la chasse du sanglier, comme on peut fabriquer une montre spécialement organisée en vue de l'indication de la marche des secondes. Mais si longue que soit la série de chasseurs de sangliers d'où naîtra un petit chien, celui-ci n'apportera pas, en venant au monde, l'idée ou l'instinct de chasser le sanglier; il réunira seulement toutes les qualités d'odorat, de locomotion, etc., nécessaires à cette chasse, comme la montre spéciale dont j'ai parlé plus haut réunira les qualités nécessaires pour l'indication des secondes. De même qu'il faudra mettre la montre en marche pour qu'elle indique les secondes, il faudra mettre le jeune chien en marche vers la chasse du sanglier pour qu'il s'y montre habile. Ce sera le rôle de l'éducation. Celle-ci atteindra rapidement son but, parce que le jeune chien est spécialement organisé en vue de ce but; mais elle sera absolument indispensable. Par l'hérédité, le chien a acquis tout ce qui est nécessaire à la formation des idées ayant trait à la chasse du sanglier; par l'éducation, il acquerra ces idées elles-mêmes.

Il en est ainsi pour tous les prétendus « instincts innés » des animaux et des hommes. Dans le domaine de ce que l'on appelle les instincts, comme dans celui des idées, ce qui est héréditaire, c'est simplement l'organisation et les besoins spéciaux dont elle détermine la production. Par exemple, un oiseau pourvu d'ailes à muscles puissants éprouvera, dès que ses ailes auront acquis tout leur développement, le besoin de voler, et il volera plus ou moins haut suivant que ses organes respiratoires et circulatoires seront organisés de manière à supporter une diminution plus ou moins prononcée de la pression atmosphérique, etc. D'autre part, un mammifère naissant avec des jambes et leurs muscles très développés, éprouvera un besoin de marcher ou de courir d'autant plus prononcé que ses organes locomoteurs seront mieux organisés pour la marche et la course, mais il ne pourra courir très vite que si ses poumons et son appareil circulatoire sont capables de résister à l'essoufflement que détermine la course. Dans l'élevage des chevaux de course, on s'efforce de développer ces qualités particulières. Il en résulte des besoins spéciaux, mais on ne fera du cheval le mieux doué, un cheval de course que par une éducation très soignée.

C'est pour avoir négligé ou méconnu ces faits, que Darwin et son école ont été conduits à formuler la théorie de l'hérédité des instincts. De ce que, par exemple, les condors volent jusqu'au sommet des plus hautes montagnes, ils ont conclu à l'existence chez eux d'un instinct héréditaire les poussant à voler jusqu'aux nues; de ce que les chevaux de course atteignent une vitesse extraordinaire, ils concluent à l'existence, chez eux, d'un instinct héréditaire de la course; de ce que les petits canards, même élevés par une poule, vont à l'eau dès qu'ils l'aperçoivent, on en conclut que tous les canards héritent de leurs ancêtres « l'instinct » d'aller à l'eau. De ce que les ânes se roulent volontiers dans le sable, on en conclut qu'ils ont hérité de leurs ancêtres des déserts « l'instinct » de se rouler dans le sable (1). Sur la foi de quelques on-dit, on croit que les chiens issus de chiens d'arrêt *arrêtent* le gibier dès la première fois qu'on les conduit à la chasse et on en conclut qu'ils ont hérité de « l'instinct » d'arrêter (2). De ce que, dans un pays où l'homme chasse habituellement, on voit les jeunes animaux appartenant aux espèces chassées se sauver dès qu'ils aperçoivent un homme, on en conclut que ces animaux ont hérité de « l'instinct » de la défiance (3), etc.

---

(1) Voyez Ch. DARWIN, *De la variat. des anim. et des plant. sous l'influence de la domestication*, I, p. 197. « Nous avons, dit-il, des raisons pour admettre que les habitudes primitives se conservent longtemps, même après une domestication prolongée. Ainsi, l'âne commun a conservé quelques restes des habitudes qu'il avait acquises pendant son existence primitive dans le désert, la forte répugnance, par exemple, qu'il éprouve à traverser le plus petit cours d'eau et le plaisir avec lequel il se roule dans la poussière. »

(2) KNIGHT, *On the hereditary propensities of animals*, cité avec approbation par Th. RIBOT, in *L'hérédité psychologique*, p. 26.

(3) Ch. DARWIN, *Origine des espèces*, p. 280. « La crainte d'un ennemi particulier est certainement une faculté instinctive, comme on peut le voir chez les jeunes

Ces explications sont, en réalité, plus simplistes que scientifiques. Si le petit canard se rend volontiers à l'eau, ce n'est point parce qu'il en a « l'instinct inné », mais parce que son organisation est celle d'un animal aquatique et parce que les sensations internes produites par le besoin d'activité l'incitent à faire usage de cette organisation. Quand un âne se roule dans le sable, il obéit tout simplement au désir de se gratter pour supprimer ses démangeaisons, comme ses ancêtres l'ont fait jadis dans le désert sous l'impulsion des mêmes besoins. Les chevaux, les chiens, les poulets, les moineaux agissent, chaque jour, sous nos yeux, de la même manière et pour le même motif. Si le chien d'arrêt se met volontiers à la recherche du gibier, c'est qu'il a hérité de ses

oiseaux encore dans le nid, bien que l'expérience et la vue de là même crainte chez d'autres animaux tendent à augmenter cet instinct. » Rappelant ces observations M. Th. Ribot écrit (*loc. cit.*, p. 26) : « On ne peut douter que l'instinct de la peur soit acquis chez beaucoup d'animaux sauvages et transmis à leur descendance. » Et M. Ribot, exagérant encore la pensée de Darwin, conclut : « La ténacité des instincts est si grande et leur transmission héréditaire si sûre, qu'on les voit quelquefois survivre, pendant des siècles, aux conditions d'existence auxquelles ils étaient appropriés. » (*Ibid.*, p. 23.)

J'ai montré précédemment, à l'aide de nombreux faits, que les instincts sont, au contraire, susceptibles de variations et que les actes dits « instinctifs » des animaux se modifient suivant les circonstances. En voici un exemple topique : « Le docteur Erasme Darwin... affirme que les abeilles que l'on transporte à la Barbade où il n'y a pas d'hiver, cessent de faire provision de miel... D'après une notice qui a paru dans *Nature*... les abeilles d'Europe que l'on transporte en Australie, n'y conservent leur amour du travail que pendant deux ou trois ans. Au bout de ce temps, elle cessent peu à peu de récolter du miel et finissent par vivre dans l'oisiveté. La même revue publie la lettre d'un correspondant d'après lequel les abeilles transportées en Californie se comporteraient d'une façon analogue. » (Cité par ROMANES, *L'intell. des anim.*, I, p. 177.) Charles Darwin lui-même, quoique très partisan de l'hérédité des instincts, reconnaît qu'ils varient et admet même que leurs variations et leurs transmissions par l'hérédité, sont indispensables à l'action de la sélection naturelle. A propos des abeilles, il écrit : « Je me suis assuré qu'elles peuvent façonner et utiliser la cire durcie avec du vermillon ou ramollie avec de l'axonge. Andrew Knight a observé que ses abeilles, au lieu de recueillir péniblement du propolis, utilisaient un ciment de cire et de térébenthine dont il avait recouvert des arbres dépouillés de leur écorce. On a récemment prouvé que les abeilles, au lieu de chercher le pollen dans les fleurs, se servent volontiers d'une substance très différente, le gruau. » (Ch. DARWIN, *Origine des espèces*, p. 280.)

Les métaphysiciens ont, d'une façon générale, accueilli avec faveur les idées de Darwin au sujet de la transmission héréditaire des instincts, des gestes expressifs des émotions, etc. parce qu'ils y ont vu un moyen de remplacer l'innéité des idées à laquelle il n'est vraiment plus possible de s'arrêter. Dans un ouvrage tout récent, M. Th. Ribot admet encore l'innéité des passions (*Essai sur les passions*); il confond la passion proprement dite avec les caractères organiques, le tempérament, etc., qui, étant héréditaires, prédisposent aux passions, mais peuvent être modifiés par l'éducation physique au point de permettre à l'éducation morale d'empêcher la naissance des passions.

ancêtres un odorat très impressionnable, que son organisation est adaptée à l'alimentation carnée et qu'il est poussé à se procurer cette alimentation par le besoin spécial d'activité nutritive résultant de son organisation ; mais il n'arrête pas le premier jour qu'on le conduit à la chasse. Pour qu'il devienne chien d'arrêt, il faudra lui donner une éducation spéciale (1).

Si les jeunes oiseaux manifestent de la peur dans leur nid, c'est qu'ils voient leurs parents trembler au moindre bruit. Si, dans un pays où l'homme a la coutume de chasser le lapin, les jeunes se sauvent à la vue de l'homme, ce n'est point qu'ils aient hérité de l'instinct de la défiance, mais tout bonnement parce que, dès leur plus jeune âge, ils ont vu leurs parents s'enfuir ou se cacher dès qu'ils apercevaient un homme. Il faut, en outre, tenir compte de ce que tous les animaux se défient plus ou moins des êtres qui leur sont inconnus et se sauvent ou se cachent à leur aspect. Cependant, si la chasse était absolu-

(1) Diezel, qui s'est donné, pendant plusieurs années, la tâche de comparer l'intelligence des divers animaux de nos pays, a acquis la conviction que, sous ce rapport, aucun ne l'emporte sur le chien d'arrêt. « J'ajouterai cependant, dit-il, que cette assertion n'est vraie que pour un chien de souche bien pure, et doué de toutes les qualités que la nature lui a départies, de l'odorat surtout. Il doit, de plus, *avoir été élevé*, avoir grandi sous l'œil de son maître, apprenant dès sa jeunesse à comprendre le moindre signe, le moindre mot. Le maître lui-même doit avoir des qualités : d'abord la patience, puis un tir très juste ; autrement, le chien n'arriverait pas à atteindre le degré d'obéissance, de soumission, d'habileté qu'il nous présente souvent. » D'après les observations de Diezel, non seulement le chien d'arrêt n'arrête pas « d'instinct », mais encore ce qu'il y a de plus difficile à lui faire perdre, c'est l'idée qui pousse tous les carnassiers à poursuivre le gibier. « La chose la plus difficile à obtenir du chien, dit-il, c'est que, en dépit de son impulsion naturelle, il ne poursuive pas tous les lièvres qui passent devant lui. » (Voy. Brehm, *Les Mammifères*, I, pp. 414-415.)

Parmi les habitudes auxquelles on donne l'épithète d'instinctives et que l'on considère généralement comme héréditaires, l'une des plus singulières est celle des pigeons culbutants. Ces oiseaux, en s'élevant dans l'air, font des culbutes tête sous queue dont le but est absolument inexplicable. Cette habitude a été acquise à la suite d'un dressage spécial, et elle est, dit-on, observable chez des jeunes pigeons qui n'ont pas vu agir leurs semblables. « J'ai élevé, dit M. Romanes, et fait voler de jeunes culbutants qui ne pouvaient absolument pas avoir vu de leurs pareils : après quelques tentatives, ils culbutaient dans l'air. » On pourrait dire, sans parler d'instinct héréditaire, que le pigeon culbutant fait la culbute dès qu'il peut voler, comme l'épervier plane, en vertu d'une organisation héritée de ses ancêtres et qui détermine en lui une forme particulière du besoin d'activité se traduisant par les mouvements de culbute. Mais à ce besoin particulier l'éducation doit être jointe. M. Romanes ajoute en effet : « Cependant, l'imitation vient en aide à l'instinct, car tous les dresseurs conviennent qu'il est très utile d'élever les jeunes oiseaux avec des adultes bien dressés. » (Voy. Romanes, *L'évolut. ment. des animaux*, p. 186.)

ment interdite dans un pays à lièvres ou à lapins, on verrait ces animaux perdre petit à petit leurs idées de défiance et de peur. Lorsque je me suis installé à Ecouen, on ne chassait plus depuis plusieurs années dans le bois qui touche à mon jardin et où les lapins abondaient. Il n'y avait pas de jour où, dans mes promenades, je ne rencontrasse plusieurs lapins isolés ou groupés; ils me laissaient toujours approcher sans montrer de défiance et, si je ne faisais rien pour les effrayer, je pouvais passer à quelques pas d'eux sans qu'ils prissent la fuite. Depuis qu'on les chasse, je n'en rencontre plus un seul, sauf parfois dans mon jardin où on les laisse tranquilles. En 1877, dans la vallée de Schwarzatall, où la chasse des chevreuils et des cerfs était interdite; j'ai pu m'approcher à quelques pas de ces animaux, sans qu'ils montrassent la moindre défiance.

En résumé, dans tous les cas qui ont été invoqués en faveur de l'innéité des instincts chez les animaux supérieurs, on se trouve en présence d'erreurs d'observation ou d'interprétation.

Les instincts ne sont pas plus héréditaires et innés que les idées; ce qui est héréditaire, c'est seulement l'organisation et les besoins particuliers qu'elle détermine. Mais l'organisation peut être modifiée par l'éducation, au point qu'un animal dont les ancêtres ont été éduqués, pendant un certain nombre de générations, d'une manière déterminée, naît avec une organisation et des besoins qui le rendent davantage propre à recevoir cette même éducation que tous les autres individus de son espèce. Les fils, petits-fils et arrière-petits-fils de chiens d'arrêt seront plus facilement éduqués à arrêter, que les chiens nés de parents n'ayant jamais arrêté, mais ils ne naissent pas avec l'instinct d'arrêter et ils n'arrêteraient pas s'ils n'étaient pas instruits à le faire.

Des faits analogues sont constatables dans l'espèce humaine. L'enfant engendré par un musicien qui fut lui même le fils, le petit-fils, l'arrière-petit-fils de musiciens, viendra au monde non point, comme on le dit, avec « l'instinct » de la musique, mais avec une organisation de l'ouïe, des centres sensoriels, etc., telle que l'éducation en fera très vite un musicien, alors qu'elle sera inefficace ou moins efficace sur un enfant dont aucun des ascendants n'a été musicien (1).

Il en est de même pour les qualités morales proprement dites. Les lions, les tigres, les panthères nés dans les ménageries, de parents bien nourris et élevés eux-mêmes dans des conditions telles que leur besoin de nutrition est constamment satisfait, sont beaucoup moins féroces que les individus sauvages appartenant aux mêmes espèces (2). Par la continuité du bien-être pendant une série de générations, l'organisation de ces animaux s'est suffisamment

---

(1) Les études faites depuis Gall sur la localisation des facultés cérébrales tendent à établir que certaines parties de la couche corticale des hémisphères cérébraux sont spécialement affectées à certaines fonctions. Par exemple, on sait aujourd'hui, que les lésions du tiers postérieur de la troisième circonvolution frontale, déterminent l'aphasie ou perte de la mémoire de l'articulation des mots, tandis que cette même région est très développée chez les grands orateurs. On a constaté aussi que chez les musiciens illustres les circonvolutions du lobe temporal prennent un développement tel qu'il en résulte des saillies notables de la boite cranienne, au-dessus de l'oreille. Plus récemment encore, on a signalé chez les mathématiciens un développement très marqué du lobe cérébral situé dans l'angle externe du front, au-dessus de l'orbite. D'autres localisations sensorielles ou motrices ont été signalées dans les hémisphères cérébraux de l'homme et de certains animaux. Comme tous les caractères organiques sont transmissibles par l'hérédité, les enfants d'un orateur, d'un musicien, d'un mathématicien pourront présenter le même développement des circonvolutions cérébrales que leurs parents et seront, par suite, prédisposés à recevoir plus facilement que d'autres enfants l'éducation musicale, oratoire ou mathématique, mais s'ils ne reçoivent pas cette éducation, ils ne deviendront, ni musiciens, ni orateurs, ni mathématiciens, pas plus que le fils d'un chien d'arrêt ne saurait arreter si on ne le lui enseignait pas.

(2) Il ne faut pas en conclure qu'ils seront plus faciles à dresser que les animaux pris à l'état sauvage. M. Bostock (*Le dressage des fauves*, p. 113) affirme le contraire. « L'animal capturé, dit-il, est plus facile à dresser que celui qui naquit dans la captivité. La raison en est manifeste. L'animal né dans la captivité ne craint rien de l'homme, il comprend sa force et la peur qu'il inspire; il est dorloté dès son enfance et accoutumé aux plus grands soins. Le jour arrive où il apprécie la valeur de ses griffes, car leur emploi lui a montré que les humains n'aiment point ses égratignures. » Il s'aperçoit que quand il griffe on le laisse tranquille, et il le fait chaque fois qu'on l'ennuie. En somme, il est insensible aux bons soins parce qu'il y est accoutumé et il est disposé à se révolter parce qu'il connait la puissance de ses griffes. C'est seulement au bout de plusieurs années, « quand on se croit sûr qu'il a oublié que donner des coups de griffe représente l'indépendance » que le dressage peut commencer. Il est probable aussi qu'il éprouve alors un très grand ennui de vivre toujours dans la solitude, et qu'il accepte le dressage comme un moyen de sortir de son isolement. L'animal que l'on capture à l'état adulte arrive chez le dompteur dans des conditions très différentes. Depuis le jour de sa capture, il a été constamment mal soigné, mal nourri, ballotté par la mer, maltraité de cent façons. L'arrivée dans la ménagerie marque pour lui l'entrée dans une période de tranquillité et de bien-être à laquelle il ne peut qu'être fort sensible. Comme c'est toujours le même homme qui lui donne à manger et à boire, qui nettoie sa cage car « nul ne doit l'approcher ni même le regarder » en dehors du dompteur, il finit par s'habituer à ce dernier et le dressage peut commencer, d'ordinaire, au bout de quelques semaines.

transformée pour que leurs sensations ne soient plus exactement les mêmes que celles des individus sauvages et déterminent chez eux des idées différentes. Un lionceau sauvage d'Algérie, par exemple, ne pourra pas voir un chien sans avoir l'idée de s'en emparer pour le manger; un lionceau de ménagerie, issu de parents élevés en ménagerie pendant plusieurs générations et très confortablement nourri lui-même pourra rester indifférent à la vue du chien; peut-être même pensera-t-il à jouer avec lui. Ne voit-on pas souvent, dans les ménageries, des enfants vivre en camarades avec des petits lions ou des petits tigres ?

Les chiens et les chats domestiques nous offrent chaque jour le spectacle d'une transformation profonde des idées habituelles à leurs congénères sauvages. J'ai gardé pendant plusieurs années, à l'état de liberté, dans un appartement de Paris, une gerboise d'Algérie à laquelle non seulement jamais mon chat ne fit aucun mal, avec laquelle, au contraire, il jouait volontiers à cache-cache. Aussi pouvait-on les laisser tous les deux seuls pendant des journées entières. Kiki savait, il est vrai, qu'il serait châtié s'il faisait du mal à la gerboise, mais cette menace n'aurait produit, à coup sûr, aucun effet sur un chat non modifié par la domestication et par une éducation spéciale. Celles-ci, en somme, transforment l'organisation des chiens et des chats au point que les impressions extrinsèques ne déterminent chez eux ni les mêmes sensations ni, par conséquent, les mêmes idées que chez leurs congénères sauvages ou simplement non éduqués.

Il est facile de constater dans l'espèce humaine des faits analogues. Pour mieux dire, l'histoire entière de l'humanité témoigne des modifications organiques déterminées chez les hommes par leur genre de vie, et des transformations corrélatives qui se sont produites dans leurs idées morales. Si l'on ne tenait compte que du caractère et de la conduite, il serait difficile de considérer comme appartenant à une même espèce zoologique les anthropophages du Congo et les Parisiens. Même sans sortir de Paris, n'y a-t-il pas une différence profonde entre l'apache des boulevards extérieurs, toujours en quête de quelque crime à commettre, et le bourgeois paisible, craintif même, qui promène sa flânerie élégante sur les grands boulevards?

Pour expliquer la différence qui existe, au point de vue moral, entre l'apache des boulevards extérieurs et le bourgeois du boulevard Montmartre, les métaphysiciens ont imaginé des instincts, des passions et des sentiments *héréditaires*. Il y aurait des « instincts » du vol, de l'assassinat, de la débauche, de l'alcoolisme, etc., que l'apache transmettrait à sa progéniture et qui pousseraient celle-ci, d'une manière irrésistible, à voler, à assassiner, à commettre des excès sexuels, à s'alcooliser, etc. « L'hérédité de la tendance du vol, écrit M. Théodule Ribot, est si généralement admise qu'il est superflu d'entasser ici des faits dont fourmillent tous les journaux judiciaires. Nous n'en citerons qu'un seul, mais, décisif » et il énumère les vols, parfois compliqués d'assassinat, commis par les trois enfants et les douze petits-enfants d'un voleur ayant nom Jean Chrétien; puis, il conclut : « Nous avons cité ce cas parce qu'il coupe court à toutes les explications tirées de l'influence de l'éducation et de l'exemple. » (1) Quoi qu'en puisse penser M. Th. Ribot, il m'est impossible d'admettre sa conclusion. Je voudrais d'abord savoir quelle éducation les enfants et les petits-enfants de Jean Chrétien ont reçue, quels exemples ils ont eus sous les yeux pendant leur enfance, leur jeunesse, leur âge mur, dans quels milieux ils ont vécu, en un mot quelles influences morales ont pu s'exercer sur leur esprit. M. Th. Ribot ne dit rien de tout cela ; mais, en revanche, il contredit ses propres conclusions lorsqu'il écrit : « Remarquez la tendance de ces familles à s'unir entre elles, ce qui affermit la transmission héréditaire. » Il n'est pas douteux, en effet, que ces unions facilitent l'hérédité de l'organisation ; mais elles témoignent aussi du rôle joué par l'éducation dans l'évolution morale des personnages visés. S'ils se mariaient entre eux, c'est qu'ils vivaient ensemble, c'est que leurs

---

(1) Th. Ribot, *L'hérédité psychologique*, p. 98. (F. Alcan.)

enfants se fréquentaient et que tous avaient été élevés dans les habitudes du crime.

Des observations analogues peuvent être présentées au sujet de la prétendue hérédité que M. Th. Ribot appelle « l'instinct de l'assassinat. » Aucun des faits qui ont été cités par les auteurs ne permet de conclure à l'action de cette hérédité. Pour être en état d'assassiner son semblable, il faut compter un certain nombre d'années pendant lesquelles l'exemple et l'éducation jouent nécessairement leur rôle. Je parle, bien entendu, des assassins professionnels, ceux qui suppriment la vie de leurs victimes soit afin de les voler, soit pour faire disparaître des témoignages gênants. Or, tous les assassins de cette sorte ont vécu dans un milieu tel qu'il est impossible de ne pas attribuer leurs dispositions criminelles aux exemples et à l'éducation qu'ils ont reçus (1).

Des considérations semblables s'appliquent aux prétendus instincts innés de débauche sexuelle, d'alcoolisme, etc., par lesquels les métaphysiciens tentent d'expliquer la conduite des malfaiteurs de profession. En examinant de près tous les cas cités dans les ouvrages spéciaux, il est facile de s'assurer que les individus atteints de ces vices avaient été soumis, pendant leur enfance, à des exemples et à une éducation qui suffisent largement pour expliquer leurs délits ou leurs crimes.

Les métaphysiciens citent volontiers comme exemple « d'instincts héréditaires de lubricité, » l'histoire de certaines familles célèbres. « Sur tout ce qui tient à l'appétit sexuel et à sa transmission héréditaire, dit M. Th. Ribot, il est à peine besoin d'insister. Cette passion est liée à un organe qui dépend de la loi d'hérédité. Des noms célèbres de l'histoire s'offrent en foule à l'appui : Auguste et les

---

(1) On objectera sans doute que les meurtres commis par des enfants même très jeunes ne sont pas rares, et l'on proposera d'en conclure, comme l'ont déjà fait divers métaphysiciens ou criminalistes, que ces enfants avaient apporté en naissant « l'instinct » du meurtre. Avant d'adopter cette conclusion, je voudrais savoir si jamais on n'a parlé de meurtre devant les petits coupables auxquels je fais allusion, s'ils n'ont pas assisté à l'égorgement d'un poulet, d'un cochon, à la pendaison d'un chien, à quelque acte, en un mot, qu'ils aient pu avoir l'idée d'imiter et qu'ils ont imité d'autant plus facilement que l'appréciation exacte de la valeur de leur propre action leur faisait entièrement défaut.

deux Julie, Agrippine et Néron, Marozie et Benoît IX, Alexandre VI et ses enfants, Louise de Savoie et François Ier, etc. Dans toutes les classes de la société, on peut citer des faits analogues, et tout le monde peut connaître des familles où cette *disposition est héréditaire.* » (1) Il est facile de constater, l'histoire à la main, que chacun des personnages de l'un ou l'autre sexe cités plus haut fut élevé dans un milieu où la débauche s'étalait cyniquement sous toutes ses formes, de telle sorte que l'influence de l'exemple et de l'éducation sur le développement de leurs passions génésiques ne saurait être niée.

En examinant avec soin les faits de prétendue hérédité de « l'instinct alcoolique, » il est non moins facile de constater que toujours les individus adonnés avec passion à l'alcool ont subi l'influence éducatrice de leurs parents ou celle du milieu dans lequel s'écoula leur enfance.

Est-ce à dire que l'hérédité ne joue aucun rôle dans la formation des caractères moraux qui divisent en deux classes si distinctes, à Paris même, les apaches criminels et les bourgeois ou ouvriers honnêtes? Nullement. Tout au contraire, je crois que l'hérédité joue un rôle considérable dans la formation de ces deux catégories si distinctes d'individus, mais ce n'est point en transmettant d'une génération à l'autre des instincts de vol, d'assassinat, de lubricité, de dipsomanie, etc., qu'elle agit, c'est tout simplement en perpétuant, dans une génération déterminée, l'organisation matérielle des individus de la génération précédente.

De cette organisation elle-même résultent ce que les physiologistes appellent le *tempérament* et les psychologues le *caractère*. Sous l'influence d'une manière habituelle de vivre où les divers besoins naturels sont transformés en passions, l'organisme tout entier subit une modification d'autant plus profonde que les passions sont plus fortes. Si, par exemple, un individu se livre à des excès d'alimentation et de boisson, s'il se nourrit trop sans que, cependant, il en résulte aucune maladie, et sans qu'il

(1) *Loc. cit.*, p. 96.

ajoute à sa passion de nutrition aucune passion déprimante, comme la passion génésique, il ne tardera pas à acquérir le tempérament que les physiologistes qualifient de *sanguin*, et son caractère, devenu *violent*, le prédisposera aux actes de brutalité, aux attentats et même à l'assassinat passionnel. S'il a des enfants, il leur transmettra son tempérament par l'hérédité, leur inculquera par l'exemple et l'éducation ses goûts et ses passions, de sorte qu'il pourra se constituer une famille dans laquelle se perpétuera l'organisation d'où résultent le tempérament sanguin et le caractère violent qui en est la conséquence. Si les individus appartenant à cette famille vivent dans un milieu social où la violence est condamnée par l'opinion, si on leur inspire par l'éducation l'horreur de ce défaut, ils pourront échapper à ses conséquences et ne commettre aucun acte nuisible aux autres. Si, au contraire, ils vivent dans un milieu où la brutalité est coutumière, on peut affirmer, sans crainte de se tromper, qu'ils succomberont, à une heure donnée, aux impulsions de leur caractère et commettront des violences criminelles ou même des assassinats.

L'histoire de l'évolution de nos sociétés est fort instructive à cet égard. Sans sortir de notre pays, ne vit-on pas, au moyen âge, la brutalité, la violence, le crime contre les personnes être habituels dans les familles aristocratiques ou épiscopales, et coïncider avec l'abus très honoré de la table. Les femmes elles-mêmes, pendant la majeure partie de cette longue époque de barbarie, atteignent un degré de brutalité dont il nous est difficile aujourd'hui de nous faire une idée. Tandis que les excès de la nutrition déterminaient dans les hautes classes la production du tempérament sanguin et du caractère violent, les membres des basses classes, réduits à la misère et affaiblis, à la fois, par l'insuffisance de l'alimentation et par l'abus des plaisirs génésiques, — les seuls qui leur fussent permis, — se montraient, en général, paisibles, humbles et soumis. Leur tempérament lymphatique les mettait à l'abri des violences contre les personnes, mais les prédisposait aux vices de second ordre : le mensonge, l'hypocrisie, la cupidité, d'où pouvaient résulter, sous des influences diverses, le vol, l'incendie par vengeance ou envie et même l'empoisonnement, c'est-à-dire les crimes que j'appellerai volontiers honteux, les seuls qui conviennent au caractère faible que détermine le tempérament lymphatique.

Pendant la même époque, on voit l'abus des pratiques cultuelles déterminer chez les moines, les nonnes, et la partie la plus croyante de la bourgeoisie ou du peuple, des passions religieuses violentes. Les fonctions nutritives et génésiques troublées par ces passions, déterminent une surexcitation excessive des nerfs et l'apparition d'un tempérament nerveux si prononcé, que le mysticisme, les extases, la possession démoniaque, la sorcellerie, etc., règnent souverainement aussi bien dans les monastères et couvents que dans le peuple et troublent au plus haut degré la société tout entière.

Passant de la France du moyen âge à celle du vingtième siècle, nous nous trouvons en face d'une société soumise à des conditions tout à fait différentes. Il y a toujours, il est vrai, des individus qui acquièrent le tempérament sanguin et le caractère violent par l'abus des aliments ou des boissons, d'autres qui sont conduits au tempérament lymphatique et au caractère faible par l'insuffisance de l'alimentation et par l'abus des plaisirs génésiques; d'autres, enfin, qui sont condamnés au tempérament nerveux et au caractère exalté par l'abus des excitations cérébrales et deviennent les victimes des passions diverses qui en résultent (religieuses, génésiques, politiques, esthétiques, etc.). Mais, par suite du progrès considérable réalisé par les mœurs et en raison de la puissance de coercition des pouvoirs publics, les violents n'ont plus les mêmes facilités qu'autrefois de se livrer aux brutalités et aux attentats contre les personnes; les faibles, dont la situation matérielle s'est beaucoup améliorée, n'ont plus les mêmes raisons d'envier et de haïr leurs semblables; les exaltés n'ont plus assez de foi religieuse pour devenir des extatiques ou des possédés, et ne rencontrent plus la crédulité qui, jadis, contribuait à produire et à entretenir l'exaltation de leurs semblables. Aussi voit-on dans les pays civilisés, les grands crimes et les grands délits devenir sans cesse moins nombreux et se confiner de plus en plus dans une catégorie particulière de familles qui vivent en dehors de la civilisation.

Chez ces êtres, il y a toujours abus permanent des fonctions physiologiques, avec les conséquences inévitables que cet abus entraîne. A des excitations trop fréquentes et trop vives succèdent, d'abord, une exacerbation des fonctions dont il est fait un usage excessif, puis, un affaiblissement de ces mêmes fonctions qui rend nécessaire un redoublement des excitations, et enfin, au bout d'un certain temps, la dégénérescence des organes auxquels il a été demandé des efforts trop considérables.

Il est important de noter que chez tous les individus auxquels je fais allusion, il y a, d'ordinaire, abus simultané de toutes les fonctions. Chacun de nos apaches se livre à tous les excès à la fois, est envahi par toutes les passions, est l'esclave de tous les vices et ne saurait résister à aucune impulsion criminelle. Il en a été de même dans toutes les familles historiques connues par leurs vices et qui étaient assez puissantes pour se permettre de les satisfaire jusqu'au crime. L'histoire des Césars, des papes, des Médicis, des rois francs, etc., nous montre les vices se multipliant d'autant plus chez un même homme et ses crimes devenant d'autant plus atroces que ses pouvoirs étaient plus grands.

La conséquence inévitable de l'usage excessif de tous les organes, qui caractérise les grands vicieux, est une dégénérescence plus ou moins généralisée de l'organisme, nécessairement accompagnée d'une dégénérescence intellectuelle plus ou moins prononcée et que l'on constate, en effet, chez beaucoup de criminels. Ils présentent, comme les sauvages et les enfants, un caractère impulsif ordinairement très développé, un égoïsme presque absolu, une exagération très marquée de l'émotivité, unie à l'absence de sensibilité altruiste, en un mot un développement exagéré de toutes les qualités réflexes du système nerveux, tandis que les qualités inhibitives ou modératives sont toujours plus ou moins réduites. Le réflexe et l'inconscient prédominent chez eux sur le conscient et le rationnel. C'est par là qu'ils deviendront très facilement criminels.

Mais, faut-il admettre, avec certains criminalistes et psychologues, que de la dégénérescence organique, dont la transmission héréditaire est incontestable, doit découler nécessairement une tendance innée au crime, des « instincts » criminels, héréditaires comme l'organisation? Aucun fait ne le prouve. Ainsi que je l'ai montré plus haut, il n'y a pas un seul criminel dont il soit possible d'affirmer qu'il n'a pas été conduit au crime par l'exemple et l'éducation. Il ne suffirait pas, d'ailleurs, de constater, chez un criminel moderne, des caractères organiques ou intellectuels analogues à ceux des hommes primitifs, pour admettre que ce criminel a apporté en naissant des « instincts » de vol ou d'assassinat. Parmi les sauvages, qui ont la vie facile, il se commet beaucoup moins de crimes ou de délits que chez les peuples les plus civilisés. Quant aux animaux qui trouvent facilement à satisfaire leurs besoins de nutrition et de génération, ils entretiennent d'ordinaire les uns avec les autres, les relations les plus paisibles.

D'autre part, les enfants que l'assistance publique et les sociétés privées enlèvent de bonne heure à des familles vicieuses ou criminelles et plus ou moins dégénérées ne deviennent pas criminels quand on les élève convenablement, dans un milieu honnête, et qu'on leur assure une existence normale. Les observations publiées par les institutions qui assument cette charge sont, à cet égard, tout à fait concluantes. Dans un travail très intéressant sur l'assistance publique en France, M. Henri Monod, directeur de ce service, écrit au sujet de l'application de la loi de 1889 sur la protection des enfants moralement abandonnés : « Cette loi, rompant avec les dures traditions du droit romain, permet de retirer la puissance paternelle aux parents indignes, c'est-à-dire à ceux qui l'exercent non pour protéger, mais pour maltraiter, pour exploiter et pour corrompre leurs enfants. Elle est entrée aujourd'hui dans la pratique courante et, au contraire de ce qui avait été prédit, elle n'a pas soulevé de sérieuses difficultés d'application. Je n'ai à parler ici que des enfants confiés, en vertu de cette loi, à nos services publics d'assistance. Ces enfants étaient, au 31 décembre 1899, au nombre de 20.204... C'est dans le service des enfants assistés que les enfants protégés par la loi de 1889 dits « moralement abandonnés » sont recueillis. Plus de 20.000 enfants ont donc été, grâce à la loi de 1889, tirés des milieux les plus abjects; maintenus dans ces milieux, ils n'eussent pas manqué, en se perdant eux-mêmes, de devenir pour la société, des charges, des hontes et des dangers; et actuellement, ces vingt mille enfants placés dans d'honorables familles, quelques-uns peut-être maintenus pour un temps en observation, deviendront en grande majorité — *le passé nous permet de répondre ici de l'avenir* — de braves gens, de bons citoyens et de bonnes mères de famille. Il y a là un fait nouveau, considérable et qui doit faire battre de joie tous les cœurs. » (1) Un philanthrope très expérimenté, M. Loys Brueyre, dit, de son côté : « Par les milliers d'enfants dont nous avons eu à nous occuper, et dont nous nous occupons encore, nous avons acquis l'intime conviction que la moralité de l'enfant est identique, dans son ensemble, à celle de ses parents ou de ses nourriciers. Nous avons fait élever des enfants trouvés ou abandonnés à la campagne, ils sont devenus des ruraux à l'esprit lourd et lent, mais à jugement solide et grave; nous en avons placé dans les villes, chez des ouvriers, ils sont devenus des gamins vifs, alertes, précoces, avides de plaisir; nous avons fait élever des filles dans des internats bien dirigés et d'éducation solide, et nous avons constaté qu'à leur sortie elles devenaient des épouses et des mères modèles. Pendant ce temps, leurs frères et leurs sœurs demeurés chez leurs parents, dans des milieux corrompus, devenaient malfaisants et vicieux. Le hasard de leur milieu éducatif avait donc décidé de leur moralité future. En résumé l'enfant est le produit du milieu où il vit. » (2)

Un de nos généraux les plus instruits me racontait, il

---

(1) H. MONOD, *L'assistance publique en France* en 1889 et 1900.
(2) Voyez H. THULIÉ, *Le dressage des jeunes dégénérés*, p. 362.

y a quelques jours, l'histoire d'un militaire qui, né dans une famille de voleurs nomades, se laissa battre par son père, à partir de l'âge de dix ou onze ans, plutôt que de consentir à voler, finit par s'échapper de sa famille, devint apprenti, puis ouvrier chez de braves gens et jouit aujourd'hui dans l'armée d'une situation aussi respectée qu'honorable. Dès qu'il le put, il arracha son frère à ses parents, s'occupa de son instruction et réussit à en faire un jeune homme excellent. Dans ce cas, il est évident qu'il s'est produit chez l'enfant une sorte d'auto-éducation morale. Soit qu'il fût irrité par les mauvais traitements qu'on lui infligeait pour le contraindre à voler, soit qu'il eût peur de représailles de la part des victimes des vols auxquels on voulait le contraindre, il se produisit dans son esprit une réaction violente contre les mœurs de ses parents. Ayant été battu et attaché pour refus de vol, il comprit la nécessité de s'enfuir, afin de se soustraire aux mauvais traitements et fut, en somme, rendu honnête par les violences que l'on employait pour le rendre malhonnête.

Pour démontrer qu'il existe réellement un « instinct du vol » ou un « instinct de l'assassinat » héréditaires, il faudrait établir par l'expérience que des enfants de voleurs et d'assassins, isolés de leurs parents aussitôt après la naissance et élevés par des gens honnêtes, instruits dans une profession qui leur permette de vivre d'une façon convenable et maintenus constamment dans un milieu profondément honnête, sont devenus tout à coup, et sans excitation extérieure, voleurs ou assassins. Or, il est impossible de citer un seul exemple de ce genre.

En résumé, ce qui est héréditaire dans l'espèce humaine, comme chez les animaux, c'est uniquement l'organisation avec les besoins qu'elle détermine, avec les perfectionnements ou les dégénérescences qu'elle a subis, et non les qualités morales ou les vices que possèdent les parents. Mais plus est longue la série des générations tarées d'où sort un individu, plus grandes sont les tares physiques de ce dernier, et plus, par conséquent, il est difficile de les faire disparaître. Cependant, la puissance de l'éducation physique, intellectuelle et morale est tellement considérable que l'on a pu améliorer, dans de très fortes proportions, les imbéciles et les idiots eux-mêmes, en les soumettant de bonne heure à un régime alimentaire déterminé, à des soins physiques très assidus, et à une éducation graduelle de l'intelligence (1).

§ II

EN QUOI CONSISTE L'ÉDUGATION ET CE QU'ELLE DOIT ÊTRE.

a) L'éducation chez les animaux.

Chez les animaux sauvages, l'éducation a toujours un rôle très simple. Les besoins de ces êtres étant fort limités, leur conduite se résume en un petit nombre d'actes, toujours les mêmes, et qui, sans cesse répétés par un nombre indéfini de générations successives, déterminent, dans tous les individus d'une même espèce, une organisation cérébrale d'autant plus simple que l'espèce s'éloigne davantage du sommet de l'échelle animale. Il y a moins de différence cérébrale entre deux carpes qu'entre deux pinsons, entre deux pinsons qu'entre deux loups, entre deux loups qu'entre deux chiens domestiques. Aussi, la carpe n'a-t-elle besoin d'aucune éducation maternelle pour accomplir les actes nécessaires à sa nutrition et à sa reproduction; l'expérience personnelle qu'elle acquiert en vivant avec ses congénères lui suffit pour régler sa conduite au mieux de son intérêt et de sa défense; sa mère, qu'elle ne connaît pas, ne lui a rien appris ; elle n'apprendra rien à ses enfants, qui ne la connaîtront jamais. Plus intelligent que la carpe, le pinson s'est créé, au cours des siècles, des besoins plus nombreux, son organisation cérébrale s'est adaptée à ces besoins et ses idées sont d'autant plus variées que ses besoins sont plus

---

(1) On trouvera un exposé très complet de cette question dans l'excellent livre de M. le Dr H. Thulié cité ci-dessus.

nombreux. Un jeune pinson qui serait, dès sa naissance, abandonné par ses parents, ne saurait pas se nourrir, ne le pourrait même pas, puisqu'il serait incapable de se mouvoir ; il lui faut non seulement l'aide de ses parents, mais encore une véritable éducation. Les mêmes considérations s'appliquent, à plus forte raison, au jeune loup, dont l'organisation est encore plus complexe et qui est obligé, pour se nourrir, de chasser des animaux presque toujours très défiants et difficiles à prendre. Toutefois, l'éducation du pinson et même celle du loup sont très simples, parce que leurs besoins sont limités à la nutrition, à l'activité et à la reproduction.

L'éducation des petits, chez tous les animaux supérieurs, commence aussitôt après leur naissance, quel que soit l'état de développement plus ou moins parfait dans lequel ils viennent au monde. Chez les oiseaux, l'éducation débute par l'enseignement des moyens à l'aide desquels le petit être se nourrira. Dans les espèces où les petits viennent au monde sans plumes, les yeux fermés, les jambes incapables de servir à la locomotion, les parents doivent d'abord apprendre à leur progéniture à ouvrir le bec. Pour cela, après avoir bien broyé des graines et les avoir humectées de sa salive, la mère s'approche de son petit et lui touche le bec avec le sien jusqu'à ce qu'il l'ouvre, ce qui a lieu par un simple mouvement réflexe. La mère pousse alors avec sa langue, dans le bec ouvert, les aliments qu'elle avait préparés. Grâce à une série de mouvements réflexes, les aliments sont avalés. Désormais, la machine nutritive du petit animal est en quelque sorte montée : chaque fois que son père ou sa mère lui toucheront le bec, il l'ouvrira, recevra la becquée et l'ingurgitera. Il est facile de constater que les mouvements purement réflexes par lesquels, au début, il ouvrait le bec, se transforment assez vite en mouvements conscients et intentionnels, qui ne tardent pas à être accompagnés de petits cris de satisfaction, imités de ceux que la mère pousse elle-même en donnant la becquée. Comme, en même temps, elle agite ses ailes, les petits, dès qu'ils le peuvent, imitent ce geste. Lorsque leurs yeux se sont ouverts, ils suivent avec une attention incessante tous les mouvements de leur père ou de leur mère, et dès qu'ils les voient s'approcher, ouvrent le bec, poussent des cris d'appel, agitent leurs petites ailes, reproduisent, en un mot, tous les actes qu'ils ont vu faire par leurs parents. Les principes essentiels de l'éducation relative à la nutrition sont désormais posés : dès que le petit oiseau éprouve la sensation de la faim, il sait que pour la satisfaire il doit appeler son père ou sa mère et ouvrir le bec, afin de recevoir la becquée. Les parents, de leur côté, savent ce que signifient ces actes et s'empressent d'accourir. Si les petits sont nombreux, les parents prennent à peine le temps de se nourrir eux-mêmes ; leur journée se passe presque tout entière à préparer des becquées pour leur progéniture dont l'appétit est sans cesse éveillé.

Plus tard, lorsque les petits ont des plumes et peuvent sortir du nid, les parents leur apprennent à voler et à chercher leur nourriture. Ils leur montrent aussi comment il faut rouler une graine dans leur bec pour en briser l'enveloppe ; ils les mènent boire, ils leur indiquent les aliments qu'il faut prendre et ceux qu'il faut laisser de côté. Leur prudence, à cet égard, est très remarquable. Un jour, on donna chez moi, à un couple de serins, de la bourse à pasteur ; comme c'était la première fois qu'ils en voyaient, ils hésitaient à en manger. L'un des petits s'en étant approché et faisant mine d'en saisir un fruit, la mère l'en empêcha par un petit cri très significatif. Pendant ce temps, des jeunes d'une couvée précédente, et qui se nourrissaient déjà sans aucune aide de leurs parents, se précipitaient sur les mêmes fruits et s'en gavaient. La jeunesse se montrait audacieuse et s'en trouva si bien que la mère goûta les fruits à son tour, les trouva bons et laissa s'en approcher le petit qu'elle en avait d'abord écarté. A l'état sauvage, il aurait pu en coûter cher aux jeunes audacieux de dédaigner les conseils prudents de l'âge mûr ou de la vieillesse (1). C'est, sans nul doute,

(1) D'après Darwin « les agneaux laissés au pâturage sans leurs mères sont très aptes à manger des herbes vénéneuses, et il semble certain que le bétail introduit pour la première fois dans un pays meurt pour avoir mangé des herbes vénéneuses que le bétail déjà introduit a appris à éviter. »

grâce à une éducation qui se poursuit pendant une série ininterrompue de générations, que chaque espèce d'oiseaux est arrivée à se nourrir toujours des mêmes aliments.

Pendant que les serins nourrissent leurs petits, ils leur enseignent la propreté. Dans les premiers jours, comme les petits font inconsciemment leurs ordures, le père et la mère ne leur adressent aucune remontrance; ils se contentent d'enlever du nid les ordures au fur et à mesure de leur production. Mais, dès que les petits manifestent qu'ils ont conscience de leurs actes, les parents leur enseignent à faire leurs ordures en dehors du nid et toujours par le même point de ce dernier. Dès qu'ils s'aperçoivent qu'un des petits est sur le point de satisfaire son besoin, le père ou la mère le poussent de telle sorte que son derrière soit dirigé en dehors du nid et sur un point déterminé de ce dernier; ils le maintiennent ainsi jusqu'à ce que l'évacuation se soit produite. Après quelques leçons de ce genre, les petits savent à quoi s'en tenir et font d'eux-mêmes, intentionnellement, les mouvements qui leur ont été enseignés: Quand ils y manquent, les parents se fâchent et même les corrigent par quelques coups de bec dont la signification n'échappe pas aux coupables, car il est rare qu'ils commettent plusieurs fois la même faute. La propreté qui leur est ainsi enseignée leur devient si familière que l'on voit des nids ne présenter aucune souillure malgré la présence continue de deux ou trois petits serins pendant une vingtaine de jours.

Dès que les petits oiseaux peuvent sortir, leurs parents leur apprennent à voler, à chanter, à se baigner, etc., tout ce que, en un mot, ils savent eux-mêmes faire et ils l'enseignent avec des marques d'affection tout à fait touchantes, mais aussi avec une sévérité qui pourrait être qualifiée d'impitoyable si elle n'était pas tout imprégnée d'amour maternel ou paternel.

C'est seulement lorsque leur éducation est terminée et qu'ils peuvent manger seuls tous les aliments dont l'usage leur a été enseigné, que les petits se détachent tout à fait de leurs parents. Même avant cette époque, il n'est pas rare de leur voir nouer amitié avec des individus plus âgés qu'eux et qui semblent se complaire à leur apprendre à manger, à voler, à se baigner, etc. Ces amitiés sont parfois tout à fait assimilables aux affections paternelle et filiale.

Dans la plupart des espèces d'oiseaux qui se nourrissent de graines et contractent des unions monogames, le père et la mère prennent une part égale à l'instruction des petits. Dans certaines espèces monogames dont l'alimentation est carnée, il arrive souvent que la mère seule s'adonne à l'éducation des petits, tandis que le mâle chasse pour toute la famille. Dans les espèces polygames, chaque femelle fait seule l'éducation de ses petits; le mâle ne s'en occupe pas.

Chez les mammifères, c'est ordinairement la mère seule qui prend soin des petits et qui procède à leur éducation. Les chats et les chiens domestiques nous en offrent un exemple remarquable. L'éducation commence toujours par une leçon de propreté. Aussitôt qu'ils sont nés et qu'elle a coupé avec ses dents le cordon du placenta, la mère lèche ses petits avec le plus grand soin, afin de les débarrasser du liquide et des mucosités dont ils sont couverts; puis, elle se couche sur le flanc et met ses mamelles à portée de leurs museaux afin qu'ils puissent téter. Ils n'y arrivent jamais qu'après beaucoup de tâtonnements et guidés sans doute vers les mamelons par l'odeur spéciale qui s'en dégage, dont ils ne connaissent pas encore la nature, mais qui les attire. Si la mère n'a pas encore eu de petits et qu'elle ait peu de lait, comme dans le cas cité plus haut (p. 97, note 1), il doit arriver très souvent que les petits ne trouvent pas les mamelons — car il ne s'en dégage sans doute aucune odeur spéciale — et qu'ils meurent de faim. Dès qu'ils auront tété une seule fois, ils retrouveront les mamelles maternelles sans peine, à l'odeur, car ils ont encore les yeux fermés. Pendant les premiers jours, les soins et l'éducation donnés par la mère se bornent à tenir les petits très propres, en les nettoyant minutieusement avec sa langue. Lorsqu'ils ont les yeux ouverts et qu'ils ont pris quelques forces, la mère les provoque à faire des mouvements en s'écartant d'eux et les appelant à elle. Elle leur enseigne ensuite à aller faire leurs ordures en dehors du lieu où elle les maintient d'ordinaire (1). Quand ils sont plus forts, elle joue avec eux. Lorsque leurs dents sont devenues capables de manger quelques aliments solides, elle leur apporte de ceux dont elle-même se nourrit. La chatte alors chasse les oiseaux, les mulots, les souris, les petits lapins même, s'il se trouve un bois dans le voisinage, et montre à ses petits comment il faut s'y prendre pour déchirer les proies et les manger. Constamment elle leur parle, tantôt avec douceur et comme en solliciteuse pour leur faire faire ce qu'elle désire, tantôt avec sévérité, s'ils ne lui obéissent pas docilement. Enfin, quand ils sont assez grands, elle les amène à la maison et les initie aux rapports qu'elle entretient elle-même avec ceux qui l'habitent.

Dans les espèces sauvages de mammifères carnivores, la mère et le père amènent de bonne heure leurs petits à la chasse et leur enseignent, par leur exemple, les ruses à employer pour s'emparer des animaux dont ils se nourrissent. Les herbivores vivent généralement en troupeaux, mais chaque femelle conserve près d'elle ses petits et procède elle-même à leur éducation. Celle-ci est d'ailleurs complétée par les exemples que tous les individus du troupeau donnent aux jeunes.

Aussi bien parmi les mammifères que parmi les oiseaux, l'éducation morale des enfants se fait en peu de temps,

(1) L'éducation relative à cette hygiène particulière est extrêmement remarquable. J'en ai suivi toutes les phases pendant l'élevage d'un petit chat dont j'ai déjà parlé. Etonné de voir qu'après plusieurs jours les linges blancs du panier où il se tenait avec sa mère n'avaient subi aucune souillure, je surveillai alternativement la conduite de la mère et du petit au point de vue des excrétions urinaires et fécales. Aussitôt je constatai que la mère provoquait elle-même, fréquemment, ces excrétions en léchant les organes d'évacuation de son fils. A mesure que les excrétions se produisaient, elle les absorbait. Cela dura jusqu'à ce que le petit animal commença de prendre d'autres aliments que le lait maternel. Déjà il courait dans mon cabinet de travail où j'avais fait placer dans un coin une petite caisse avec de la cendre. La première fois que le petit Pierrot éprouva le besoin d'évacuer ses ordures, il chercha dans les coins, en poussant de petits miaulements plaintifs. On le prit aussitôt et on le plaça dans la caisse où il satisfit tout de suite ses besoins. A partir de ce jour-là, il n'a jamais fait ses ordures que dans les caisses destinées à cet usage ou dans le jardin. Il a donc suffi d'une seule leçon pour lui apprendre la propreté ; mais il faut que la cendre de ces caisses soit entretenue très propre et très sèche.

d'abord parce qu'elle porte sur un petit nombre d'idées et d'actes, ensuite parce que les parents s'y adonnent avec un tel zèle qu'ils ne font pas autre chose tant qu'elle dure, et, enfin, parce que les petits ont toujours leur curiosité en éveil, suivent des yeux tous les gestes de leurs parents pour les imiter et apportent autant de zèle à recevoir l'éducation qu'il en est mis à la leur donner.

Les procédés d'éducation employés par les animaux supérieurs sont les mêmes dans toutes les espèces et se réduisent à quelques principes très simples. Les parents font, avant tout, usage de l'exemple, en ayant soin d'attirer par le geste ou la voix l'attention du jeune animal sur chacun des actes qu'ils exécutent. Ils n'ont, du reste, pas de peine à obtenir ce qu'ils désirent, car les qualités dominantes de tous les jeunes animaux — qualités résultant de leur besoin d'activité — sont la curiosité, l'attention dans l'observation, et le désir d'imiter tous les mouvements, tous les gestes, tous les sons de voix émis par leurs parents ou les autres individus de leur espèce avec lesquels ils vivent. Cependant, s'il arrive que le jeune animal soit inattentif ou n'exécute pas l'acte qui lui est indiqué, les parents usent volontiers de sévérité. C'est d'abord un rappel à l'ordre par la voix, d'autant plus énergique qu'il paraît davantage nécessaire; ou bien c'est un coup de bec ou de patte donné avec d'autant plus de force que le manquement aux indications a été plus grave. Mais les reproches ou les châtiments sont rares. Ce qui domine, chez tous les animaux qui font l'éducation de leurs enfants, c'est une extrême douceur dans la voix et dans les gestes, et une disposition marquée à récompenser le petit élève par des caresses plutôt qu'à le punir par des grondements ou des coups. Aucune femme ne déploie dans l'éducation de ses enfants autant de patience, d'égalité d'humeur et de bonté que n'en montre la tigresse la plus sauvage dans l'élevage et la protection de ses petits. Cependant, quelque grande que soit leur bonté, les parents paraissent avoir soin de ne jamais satisfaire le besoin de nutrition de leurs petits au delà des nécessités physiologiques. Ils les nourrissent bien, mais pas plus qu'il n'est réellement nécessaire. On dirait qu'ils tiennent à être considérés par leur progéniture comme indispensables. Même dans une cage où ils ont des aliments en surabondance à leur disposition, les oiseaux laissent leurs petits avoir faim et n'accourent pas, d'ordinaire, dès leur premier appel. Cette conduite — qu'elle soit ou non calculée — inspire aux jeunes animaux l'idée de la nécessité de l'aide de leurs parents.

Au moyen de ces procédés très simples d'éducation, les animaux exercent sur leurs petits une action de tous les instants, toujours identique à elle-même, toujours dirigée vers le même but et de nature, par conséquent, à produire des effets très efficaces. Ceux-ci sont tellement durables que, lorsque les jeunes animaux auront des petits à leur tour, il ne leur viendra pas à l'idée d'employer d'autres moyens d'éducation que ceux par lesquels ils ont été eux-mêmes élevés.

b) *L'éducation des animaux par l'homme*

Les dresseurs et dompteurs emploient vis-à-vis de leurs sujets les procédés dont les animaux font usage dans l'éducation de leurs petits, en tenant compte du degré d'intelligence des individus qu'ils ont à dresser ou à dompter. Moins l'animal est intelligent et plus la contrainte tient de place dans le dressage.

Pour dresser, par exemple, des pigeons à se poser tous à la fois sur les bras ou la tête d'un homme, il faut d'abord les priver de nourriture, puis les empêcher avec le fouet de se poser ailleurs que sur une colonne supportant un plateau rempli de graines. Quand ils ont pris l'habitude d'aller directement et sans contrainte de leur cage à la colonne, on remplace celle-ci par un homme portant le plateau de graines. Dès qu'ils sont habitués à ce nouvel exercice, on supprime le plateau et les graines et on les oblige à se poser sur les bras de l'homme. Au bout de quelques jours, ils y vont d'eux-mêmes lorsqu'on ouvre leur cage. En les privant de nourriture et en les empêchant de se poser ailleurs que là où on veut qu'ils se posent, le dresseur a fait comprendre aux pigeons ce qu'il voulait d'eux et a fini par l'obtenir. C'est par un procédé analogue que l'on dresse les lapins à sauter des barrières, à traverser des cerceaux, etc.

M. Hachet-Souplet (1) à qui j'emprunte le récit de ces expériences nie que les pigeons domestiques puissent être éduqués autrement que par la contrainte. Il ne les croit pas assez intelligents pour qu'on puisse les dresser par la seule persuasion. Il me semble, cependant, qu'il y a dans ses expériences, deux parties distinctes. Au début, il emploie la privation de nourriture et le fouet pour obliger les animaux à se poser là où il veut qu'ils se posent. C'est, en effet, le seul moyen qu'il ait de leur faire comprendre et de leur imposer sa volonté. Mais ils s'habituent si vite à exécuter les ordres du dresseur, qu'il me paraît impossible de nier qu'ils aient compris cet ordre et que ce soit intentionnellement qu'ils l'exécutent. Une fois dressé, l'animal étant appelé à montrer ses talents d'une façon incessante, les mouvements qu'on lui a enseignés deviennent des habitudes qu'il finit par exécuter presque inconsciemment, comme je manie ma plume en ce moment même. J'ai un caniche qui s'est refusé pendant longtemps à « faire le beau » pour avoir du sucre, c'est-à-dire à se tenir droit et les pattes antérieures repliées contre le corps. Pourtant, ce geste lui est aujourd'hui habituel au point qu'il le fait presque inconsciemment, chaque fois qu'on lui montre du sucre ou qu'il en désire. C'est par simple persuasion que ce caniche a été dressé : je n'ai jamais employé la contrainte pour l'amener à faire le beau. C'est, d'après M. Hachet-Souplet, de la même manière que l'on dresserait la plupart des animaux des cirques. Mais il fait une remarque fort intéressante, au point de vue de l'éducation en général : « Dans le dressage, dit-il, plus un animal est intelligent, plus on est forcé de dépenser de temps pour le routiner à un exercice exact. » (2)

Il résulte, en outre, de tous les faits observés, que plus un animal est intelligent et moins on doit employer la con-

(1) *Examen psychologique des animaux*, pp. 33 et suiv.
(2) *Loc. cit.*, p. 90, note.

trainte pour le dresser. Scheitlin dit à propos du cheval (1) :
« Pour apprendre à un cheval à faire quelque chose d'humain, il faut le traiter humainement; ne pas le prendre par la force, par les coups, par la faim, mais par les bons traitements, comme on le ferait pour un homme bon et intelligent... Ne veut-il pas, par exemple, lever le pied, on lui donne de bonnes paroles,... on lui présente de l'avoine et pendant qu'il la mange, on essaie de lui lever le pied; s'y oppose-t-il, on lui enlève l'avoine; paraît-il la désirer, on la lui redonne et on essaie encore de lui lever le pied, etc. On dresse ainsi tous les chevaux qui n'ont pas été maltraités auparavant. »

Le premier moyen que le dresseur emploie pour amener le cheval à faire ce qu'il désire est celui-là même dont les animaux font usage dans l'éducation de leurs petits, c'est-à-dire l'exemple. Si l'on veut apprendre au cheval à ramasser un objet et à le porter, « par la mimique, dit M. Hachet-Souplet (1), vous indiquez à l'animal où se trouve l'objet à prendre; vous lui montrez que, pour le porter, il faut le prendre avec ses dents; vous touchez l'objet, vous touchez les dents. Vous établissez une association entre l'idée de prendre l'objet avec les dents et l'idée de l'objet. Le moyen d'arriver au but est, pour le cheval, de baisser la tête vers la terre et de saisir l'objet. Or, après un nombre de leçons indéterminé, il se décide à le faire. Il s'est donc décidé pour l'obéissance, il est persuadé. » (2) Il importe de noter que pour obtenir ces résultats par la persuasion seule, il faut « une dose énorme de patience. » Mais on peut arriver ainsi à faire faire par le cheval des exercices très remarquables. « C'est par persuasion, dit M. Hachet-Souplet, par le système des associations d'idées, que nous avons dressé un poney russe à jouer aux quilles avec le nez et à renvoyer, au moyen d'une raquette fixée à sa muserolle, le ballon qu'on lui jette. » (3)

Cependant, il y a des exercices que l'on ne peut pas

---

(1) M. Brehm, *Les mammifères*. II, p. 333.
(2) *Loc. cit.*, p. 60.
(3) *Ibid.*, p. 60. Voyez aussi du même auteur. *Le dressage des animaux*, où se trouvent des observations très intéressantes.

obtenir par la persuasion seule, parce qu'il est impossible d'expliquer par la parole ou par le geste à l'animal ce qu'on désire de lui. Dans ce cas, il faut user d'une certaine contrainte, celle exactement qui est nécessaire pour que l'animal comprenne ce qu'il doit faire. Il en est ainsi, par exemple, pour les exercices de mouvement au pas, au trot, au galop, etc., que le cheval est appelé à faire en liberté dans le cirque. La chambrière et la longe, toujours accompagnées des excitations de la voix, jouent dans cette éducation spéciale un rôle important, car suivant le mot de M. Hachet-Souplet, il faut trouver « les points sensibles » du cheval. Quand il a bien compris ce qu'on lui demande, il exécute à la voix seule tous les mouvements qu'on lui a enseignés, et il est probable qu'il y prend plaisir, surtout s'ils lui valent des applaudissements, car tous les animaux des cirques sont très sensibles aux succès qu'ils obtiennent (1).

Dans le dressage des animaux féroces, c'est encore la persuasion qui joue le rôle le plus important. M. Bostock écrit, au sujet du dressage des lions, des tigres, des ours, des panthères, etc. : « Le dressage de mes compagnons muets n'est jamais cruel, beaucoup moins peut-être — quand on tient compte de la différence d'organisation — que la fermeté déployée parfois dans la correction d'un enfant méchant. La bonté est le seul fouet employé pour

---

(1) « Quand l'animal, dit M. Bostock à propos des fauves, sait sa leçon et joue bien son rôle, il reste encore l'épreuve de son début devant le public ; source de grandes inquiétudes pour le dompteur, car les animaux ont le trac sur la scène. La vue d'une foule les bouleversera très probablement et détournera leur attention du dompteur, de sorte qu'ils ne voient pas le signal qui leur indique que leur tour est venu d'agir. Pourtant, une fois habitués à la scène, ils paraissent y trouver une sorte d'ivresse, très semblable à celle qu'éprouvent les humains. Presque tous les dompteurs affirment que les animaux sont influencés par l'attitude de l'assistance ; qu'ils sont stimulés par les applaudissements d'une salle enthousiasmée et figurent pour l'amour de Dieu devant une assistance froide. Le plaisir de figurer et de s'étaler devant le public est peut-être plus accentué chez les ours que chez tout autre animal. La bonne opinion d'eux-mêmes dont jouissent quelques ours savants est très amusante. Un dompteur, Roberto, a fort habilement dressé quelques oursons à faire divers tours de force. L'un d'entre eux est dressé à grimper sur une échelle, à déployer un drapeau et à s'asseoir en haut de cette échelle, jusqu'à ce que son dompteur ait achevé un morceau de violon qu'il exécute tout en balançant l'ours sur l'échelle. Ce petit ourson est si fier de son talent qu'aussitôt qu'il se sent regardé, il joue tout son rôle de lui-même, évidemment pour le seul plaisir de le faire, et nul ne peut ignorer la fatuité qu'il déploie en le faisant. » (Bostock, *Le dressage des fauves*, p. 153.)

amener les fauves à l'obéissance. Sans elle, on ne peut jamais se faire comprendre d'eux. La confiance, établie et soutenue par la douceur, peut transformer l'animal le plus féroce en élève plein de bonne volonté et même d'enthousiasme. » (1) Cependant, il est indispensable que le dompteur se fasse constamment obéir et respecter (2). D'après M. Bostock, ce résultat est assez facile à obtenir, en raison de la crainte superstitieuse, en quelque sorte, que l'homme inspire à l'animal par la supériorité de son intelligence (3).

En résumé, dans le dressage des animaux supérieurs, on prend pour point de départ la tendance qu'ils ont à imiter les gestes de leurs semblables ou de l'homme, afin de les amener à faire des actes qui sont en dehors de leurs habitudes. On leur indique d'abord en quoi consistent ces actes, puis on les leur fait exécuter, soit en n'usant que de l'exemple et de la persuasion, soit en y joignant une certaine contrainte, comme le font les animaux eux-mêmes dans l'éducation de leurs petits. Les moyens de contrainte sont eux-mêmes empruntés à l'éducation des petits

---

(1) *Loc. cit.*, préface, p. VII. — Il raconte l'histoire d'un lion qui fut frappé au nez par mégarde. L'animal ne manifesta que de l'étonnement, mais « ce même soir, pendant la représentation, le dompteur ayant fait claquer sa chambrière vers le lion qu'il avait accidentellement frappé, l'animal, au lieu de prendre le claquement comme signal de son tour de force, s'excita, se rassembla, et, un instant plus tard, fondit sur le dompteur... Dès ce soir-là, il fut absolument impossible de faire figurer ce lion. Il entrait dans l'arène et même s'installait sur son piédestal, mais au premier claquement de la chambrière dirigé vers lui, il se rassemblait pour s'élancer. Ainsi, par suite d'un léger accident fortuit, — un petit coup auquel on ne s'imaginerait pas qu'une aussi grosse bête fût sensible — nous perdions un de nos meilleurs animaux savants. » (*Ibid.*, p. 234.) M. Bostock en conclut : « On ne doit jamais punir les fauves en les battant; quelques mots sévères suffisent généralement pour les décider à l'obéissance; il peut même arriver que ces quelques mots soient de trop. » (*Ibid.*, p. 232.)

(2) « L'obéissance absolue des animaux, dit M. Bostock (*ibid.*, p. 193), est la base capitale du dressage : sans elle point d'animaux savants et point de dompteurs. J'ai vu des dompteurs passer des heures et quelquefois une journée entière pour obtenir d'un animal récalcitrant une très petite chose. La chose elle-même n'est peut-être pas importante; peut-être n'appartient-elle pas à la représentation, mais il est question d'obéissance et on doit exiger l'obéissance à n'importe quel prix. »

Il dit encore : « Un des plus grands facteurs dans le dressage des fauves, c'est d'exiger une prompte obéissance des animaux, non seulement au début, mais toujours. Une fois qu'un animal sait qu'il doit se placer sur un certain piédestal, la première leçon qui suit dans son dressage, c'est de lui faire nettement comprendre qu'il doit y rester jusqu'à ce qu'il reçoive l'ordre de s'en aller. » C'est de là que découle la sécurité du dompteur car « aucun fauve, presque aucun ne s'élancera sur le dompteur de son piédestal. » (*Ibid.*, p. 188.)

(3) M. Bostock dit des fauves dans leurs rapports avec l'homme : « Ils ne sont pas capables de comprendre ses mœurs, ni de pénétrer son état mental, ni de deviner ce qu'il va faire, et ils sont épouvantés par le mystère de sa conduite. » (*Ibid.*, p. 8.)

animaux par leurs parents : limitation ou privation des aliments, menaces de la voix, du geste, du fouet, etc., suivis au besoin, de quelques coups, mais en évitant toujours d'irriter ou d'affoler l'animal. Après l'emploi de ces procédés et lorsqu'ils ont produit l'effet désiré, il faut récompenser l'élève en lui donnant les aliments pour lesquels il a un goût particulier : sucre ou gâteau pour les chiens, carottes ou sucre pour les chevaux, viande pour les fauves, etc. Il faut, en un mot, pour que l'éducation soit efficace, que le dresseur apparaisse toujours à l'animal comme un ami, en même temps qu'un maître. Mais il n'obtient de résultats que s'il fait toujours faire aux animaux les mêmes mouvements, de manière qu'ils en contractent l'habitude et finissent par les exécuter presque par simple action réflexe. Il doit se conduire envers eux avec une parfaite égalité d'humeur et une absolue fidélité dans l'emploi constant des mêmes moyens (1). Il faut, en somme, que le dompteur et le dresseur appliquent les procédés dont usent les animaux eux-mêmes dans l'éducation de leurs petits.

c) *L'éducation morale des enfants*

L'éducation des enfants doit nécessairement reposer sur les mêmes principes que celle des petits animaux supérieurs, puisque la similitude de tous ces petits êtres est complète ; mais l'éducation des enfants exige d'autant plus de soins et ses procédés doivent être d'autant plus variés, que l'organisation cérébrale de l'homme est plus complexe. Il faudra surtout ne pas perdre de vue l'observation rappelée ci-dessus, que plus un animal est intelligent et plus il est difficile de le « routiner à un exercice exact. » Or, procéder à l'éducation morale d'un enfant n'est point

---

(1) « Il faut, dit M. Bostock (*loc. cit.*, p. 146) que tout acte fait un jour soit refait le lendemain exactement de la même façon... Si, à son entrée dans l'arène, le premier jour, on envoie un animal à droite, à partir de ce jour-là on l'envoie toujours à droite ; de même la direction qu'il suit en quittant son piédestal, avant de prendre sa place dans le groupe, est toujours la même. Chaque animal a ainsi sa place dans un groupe, son moment de la prendre, et s'il la quitte une fois, il y aura danger de désordre durant toute la représentation. Le dompteur aussi, en circulant dans l'arène, circule toujours de la même manière. »

autre chose que le « routiner » à faire certains actes, à penser d'une certaine façon, à se conduire d'une certaine manière à l'égard de soi-même, de ses parents, de ses amis, de ses concitoyens, de ses congénères de l'espèce humaine et de tous les autres êtres vivants.

Chez l'enfant, au moment de la naissance, les cellules de la substance grise du cerveau ne sont qu'incomplètement formées et sont incapables d'exercer les fonctions qui leur sont assignées par la nature. L'enfant ne reçoit que peu d'impressions sensorielles et n'a probablement aucune conscience de celles qui agissent sur lui (1). Les premières impressions qu'il paraît susceptible de ressentir sont celles que produisent le contact des objets extérieurs avec la muqueuse de ses lèvres. Dès qu'on applique sur celles-ci soit le mamelon de la mère, soit la tétine d'un biberon, soit un morceau de bois, etc., l'enfant fait des mouvements réflexes de succion. Il n'a pas conscience de la nature de la sensation qu'il éprouve, puisque la succion se produit quel que soit l'objet mis en contact avec ses lèvres. Peut-être en est-il de même, pendant les premiers jours, relativement aux saveurs. Il grimace quand on lui met dans la bouche du vinaigre ou de la quinine tandis qu'il suce si

(1) Cependant, les enfants crient aussitôt après leur venue au monde. Il en faut conclure qu'avant d'éprouver les sensations produites par les impressions de l'extérieur sur les sens, ils reçoivent les sensations internes résultant de la faim ou des troubles fonctionnels des organes. Mais il est permis de se demander s'ils ont conscience de ces sensations ou si les cris qu'elles provoquent ne résultent pas de simples mouvements réflexes, inconscients. Etant donné l'état d'imparfait développement des cellules grises du cerveau, au moment de la naissance, cette dernière hypothèse est, sans nul doute, la plus plausible.

Les pleurs ne se produisent, d'ordinaire, chez les enfants, que plusieurs semaines après la naissance, quoique les glandes lacrymales commencent à les sécréter beaucoup plus tôt. Ch. Darwin raconte (*L'expr. des émot.*, p. 164) qu'ayant effleuré avec son paletot l'un des globes oculaires de son enfant âgé de 77 jours, « il en résulta un larmoiement abondant: mais, bien que l'enfant poussât des cris violents, l'autre œil resta sec, ou du moins ne s'humecta que très légèrement. » Chez ce même enfant, les pleurs ne commencèrent à accompagner les cris qu'à l'âge de cent trente-neuf jours. Ce n'est d'ordinaire qu'entre le soixantième et le centième jours qu'ils se montrent. Chez l'enfant, ils accompagnent habituellement les cris, soit dans la souffrance, soit dans le mécontentement, la colère, etc. Chez l'homme adulte, il est rare que les pleurs se produisent sous l'influence de la douleur physique, et ils sont beaucoup moins fréquents chez les civilisés que chez les primitifs. Chez nos ancêtres anthropomorphes et chez la plupart des mammifères, les pleurs n'existent pas, quoiqu'il y ait des glandes et une sécrétion lacrymales pour la lubréfaction de l'œil. Les pleurs entrent donc, comme les cris, dans la catégorie des gestes expressifs, c'est-à-dire des actes par lesquels les émotions sont traduites à l'extérieur.

on y met du sucre, mais il est fort possible que ces mouvements soient purement réflexes et inconscients. Pendant plusieurs jours, il est si peu sensible aux rayons lumineux, que ses paupières ne font aucun clignement quand on pose devant lui une lumière artificielle ou qu'on le place devant celle du soleil. Beaucoup de petits mammifères et d'oiseaux ont même leurs paupières closes pendant les huit ou dix premiers jours.

Les odeurs figurent parmi les premières sensations dont l'enfant paraît avoir conscience. Quelques heures seulement après sa naissance, il semble distinguer des odeurs qui lui sont agréables ou désagréables. A cet égard, il ressemble au petit chien. Celui-ci, après avoir tété une seule fois, reconnaît le mamelon de sa mère à l'odeur qui s'en dégage, tandis qu'il ne peut pas le voir, ses paupières n'étant pas encore ouvertes. Si, avant qu'elles s'ouvrent, on lui coupe le nerf olfactif, il ne retrouve plus le mamelon maternel, parce qu'il n'en perçoit plus l'odeur. Lorsque l'enfant commence à éprouver des sensations lumineuses, le rouge et le jaune sont les premières couleurs qu'il distingue. Pendant plusieurs mois, il ignore les différentes parties de son corps : il se mord les doigts, les bras, offre du biscuit à son pied comme à une personne étrangère (1). A cinq mois, l'enfant d'un de mes amis ne savait pas encore porter une cuiller directement à sa bouche; il n'y parvenait qu'après l'avoir appliquée sur divers points de ses joues.

A l'âge de deux ou trois mois, l'enfant rit s'il voit rire, par simple imitation et sans connaître la signification qu'a pour nous le rire. Sa physionomie peut exprimer, par divers mouvements musculaires imités, des sentiments tels que la raillerie ou l'étonnement, dont il ne peut même pas avoir l'idée. Il prend l'habitude de tous ces mouvements en les voyant faire et il la conservera pendant toute sa vie. Il en est de même pour une foule de gestes qu'il fait d'abord par simple imitation et sans y attacher la moindre

(1) Voyez PREYER, L'Ame de l'enfant. L'auteur raconte que son enfant déjà âgé de plusieurs semaines offrait un biscuit à son pied. A dix-neuf mois, il saisissait son pied pour le passer à son père comme il le faisait de son soulier.

importance, comme celui d'envoyer des baisers avec la main. Pendant bien des mois, il fera ces gestes sans savoir ce qu'ils signifient et en les employant parfois à contre-sens, mais il en contractera l'habitude et les refera plus tard en les adaptant aux circonstances; puis, il les enseignera à ses enfants comme ses parents les lui ont enseignés. C'est ainsi que se perpétuent, chez les divers peuples, un certain nombre de jeux de physionomie et de gestes expressifs des émotions, qui deviennent, dans une certaine mesure, caractéristiques de ces peuples.

Du reste, l'enfant est, avant tout, comme les animaux, un imitateur. Il l'est non seulement pour tous les gestes et mouvements qu'il voit faire, mais aussi pour les mots qu'il entend prononcer. Il répète d'abord les mots sans y attacher aucun sens, comme les perroquets au début de leur éducation (1). On croit, par exemple, qu'en disant « papa » après sa nourrice ou sa mère, il entend désigner son père. Il n'en est rien. « Papa » n'est d'abord pour lui qu'un mot vide de sens. Plus tard, il l'applique à toutes les personnes ressemblant plus ou moins à son père, qu'on a pris l'habitude de lui montrer, en lui faisant dire papa. Il apprend ainsi petit à petit tous les mots qu'on prononce devant lui, mais d'abord sans leur attribuer aucune signification. Il les prononce à tort et à travers, dans l'ordre où ils reviennent à sa mémoire et presque toujours en les estropiant. S'il leur donne un sens, il leur fait dire souvent tout autre chose que ce qu'ils disent réellement. Il prononce même d'abord des phrases entières sans en comprendre la signification et en s'efforçant de les reproduire exactement comme il les a entendues, les mots étant placés dans le même ordre. Ce n'est que petit à petit qu'il acquiert la connaissance de la valeur de chaque mot et qu'il finit par les employer avec leur véritable sens. Notons, en outre, que l'enfant commence à essayer de parler plusieurs mois seulement après avoir acquis la connaissance intime de la signification des mots les plus usuels. Il est visible qu'il lui faut beaucoup de temps pour apprendre à faire les mouvements musculaires de la prononciation.

(1) Voyez ci-dessus, ch. III, p. 88.

Les premiers jeux auxquels les enfants isolés se livrent sont aussi des imitations plus ou moins parfaites des scènes auxquelles ils ont assisté, surtout de celles où ils ont eux-mêmes joué un rôle. La petite fille d'un de mes amis, qui était fort capricieuse et s'attirait de fréquents reproches, punitions ou corrections, reproduisait, quand elle était seule avec sa poupée, les scènes qui avaient le plus attiré son attention. Elle mettait dans la bouche de sa poupée ses propos insolents et prenait le rôle que sa maman avait tenu vis-à-vis d'elle-même.

C'est encore la tendance à l'imitation qui porte presque tous les enfants, même très jeunes, à faire des dessins. Ils ont vu quelque personne de leur entourage se servir d'un crayon ou d'une plume pour écrire ou dessiner, et ils tiennent à en faire autant. D'abord, ils ne tracent que des lignes désordonnées, puis, ils essaient de reproduire ce qu'ils voient, surtout l'homme et les animaux dont l'image sans doute, se grave dans leur mémoire plus fortement que celle des objets inanimés, mais les détails ne doivent que peu les intéresser, car ils n'emploient que quelques ronds ou quelques barres pour représenter la tête, le corps et les membres d'un homme ou d'un chien.

C'est également par imitation qu'ils se conduisent, imitant avec la même facilité, les actes de brutalité, de violence, de lubricité, etc., que les actes affectueux dont ils sont les témoins. Il en est de même pour les propos mauvais ou bienveillants que tiennent les personnes de leur entourage. Ce fait mérite d'autant plus d'être noté que les enfants sont, à l'exemple des animaux, très observateurs et que leur intelligence est encore trop faible pour leur permettre de réfléchir et de raisonner. Aussi est-il facile de les suggestionner. Un enfant est tombé, il s'est écorché la jambe et la petite plaie saigne; il souffre, il a peur et il pleure. Son mal est réel. Cependant, il suffira de lui dire avec autorité qu'il ne souffre pas, pour que ses pleurs s'arrêtent, que ses cris cessent et qu'il pense à autre chose.

Il importe aussi de noter que l'imagination se développe beaucoup plus vite chez les enfants que le jugement. Des objets ou des êtres qu'ils ont observés et des scènes dont ils ont été témoins, ils tirent une foule de scènes purement imaginaires, à l'existence desquelles ils finissent par croire. Aussi mentent-ils avec la plus grande facilité et apportent-ils dans leurs mensonges une sérénité qui ne saurait exister sans une foi très vive. C'est ce qui rend leur témoignage extrêmement dangereux.

Pendant les six ou huit premières années de leur vie, la plupart des enfants ressemblent assez bien à ces malades que l'on hypnotise facilement et auxquels on peut suggérer tour à tour les idées et les actes les plus contradictoires.

Tout enfant, en un mot, est à la fois très imitateur, très impressionnable et très suggestionnable.

Il est imitateur parce qu'il est curieux, et il est curieux parce que le besoin d'activité le pousse à exercer ses sens sur les objets ou êtres qui l'entourent et qui, tous, lui sont inconnus.

Il est très impressionnable parce que ses centres nerveux sont encore vierges d'impressions. Son cerveau ressemble à une plaque photographique, sur laquelle les rayons lumineux produisent un effet d'autant plus puissant qu'elle a été tenue avec plus de soin à l'abri de la lumière.

Il est très suggestionnable parce qu'il est, à la fois, très impressionnable, peu capable de raisonner et si pauvre encore de connaissances acquises par l'observation ou l'expérience qu'il ne peut exercer la moindre critique sur les idées ou les actes qu'on lui inspire. Si l'on agit sur son esprit avec énergie, on l'amène à penser et à faire tout ce que l'on veut qu'il pense et fasse.

L'éducateur de l'enfant devra évidemment tirer parti de sa curiosité, de son impressionnabilité et de sa suggestibilité. Or le meilleur moyen de faire rendre à ces qualités tout l'effet désirable, est d'entreprendre l'éducation intellectuelle et morale de l'enfant dès la première heure de son apparition dans le monde.

L'éducateur ne devra pas oublier non plus que l'enfant est toujours, au début, exclusivement égoïste. Les besoins de nutrition et d'activité qu'il ressent d'une manière continue le poussent à y penser constamment et à exiger impérieusement les moyens de les satisfaire. Il crie pour avoir le sein ; il crie pour qu'on lui permette d'agiter ses membres ; il crie pour qu'on mette entre ses mains tous les objets qui lui font envie, etc. Il commande incessamment et veut que sans cesse on lui obéisse. Il ne mesure son attachement aux personnes que d'après la docilité qu'elles montrent à satisfaire ses caprices. Jusqu'à deux ou trois ans, il est rare que les enfants ne préfèrent pas une bonne, une voisine, une parente, etc., à leur mère, parce que celle-ci se montre moins obéissante à leurs ordres, moins respectueuse de leur égoïsme que les autres personnes. Sous ce rapport encore, les jeunes enfants ressemblent tout à fait aux jeunes animaux. Les petits chiens et les petits chats jouent volontiers avec les personnes qui se prêtent à leurs goûts ; ils accourent aux heures où l'on a coutume de leur donner à manger, mais ils ne manifestent aucun sentiment affectif aux personnes qui les soignent. Ils appellent leur mère quand ils ont besoin de téter, mais ils ne la caressent pas. C'est seulement à deux mois qu'un petit chat, dont j'ai surveillé très attentivement l'éducation, commença de ronronner en tétant sa mère. C'est seulement beaucoup plus tard qu'il répondit à mes caresses par le même ronron. Les petits chiens et les petits chats ne commencent généralement à montrer de l'affection aux personnes qui les soignent que vers six mois, au moment où ils manifestent le désir de rechercher les femelles qui, d'ailleurs, ne prêtent encore aucune attention à leurs avances.

En somme, enfants et animaux sont d'abord exclusivement égoïstes. C'est seulement en réponse aux soins dont ils sont l'objet qu'ils deviennent petit à petit plus ou moins affectueux, suivant qu'ils sont plus ou moins bien éduqués. L'altruisme n'est jamais que la conséquence de l'éducation. Et si l'on veut qu'il se développe, il faut s'en occuper dès les premiers jours de la naissance.

Cette première éducation ne peut, en conséquence, être faite que par la mère ou la nourrice, ou bien par la mère et la nourrice simultanément, si elles vivent ensemble. Aussitôt se pose la question de savoir dans quelle mesure nos femmes sont préparées à leur rôle d'éducatrices et si elles sont en état de le remplir.

La réponse à cette question est peu favorable. D'abord, un très grand nombre de mères ne disposent pas de tout le temps qu'elles devraient consacrer à la première éducation de leurs enfants. Les unes sont astreintes par des obligations mondaines à des sorties fréquentes, qui les éloignent, pendant un temps plus ou moins long, de l'enfant dont elles ne devraient jamais se séparer, si elles voulaient imiter l'excellent et très utile exemple qui leur est donné par les mères animales. D'autres sont condamnées par le besoin de gagner leur vie à des absences qui durent pendant la majeure partie de chaque journée. D'autres, enfin, sont si misérables qu'elles n'ont ni assez de lait pour nourrir elles-mêmes leurs enfants, ni l'argent nécessaire pour les élever au biberon avec du bon lait de vache. Voilà autant de conditions matérielles qui font à la femme, en tant qu'éleveuse et éducatrice, une situation très inférieure à celle des femelles de la plupart des animaux.

Au point de vue moral, sa situation, fort souvent, n'est pas meilleure. Toutes les femelles des animaux supérieurs reçoivent de leurs mères, dans une espèce déterminée, une éducation identique, admirablement adaptée à leur genre de vie et qu'elles appliqueront tout naturellement à leur progéniture. La plupart des femmes, au contraire, arrivent à la maternité sans avoir la moindre idée de la manière dont elles devront se comporter vis-à-vis de leurs enfants, soit pour soigner leur corps, soit pour éduquer leur esprit. Beaucoup d'entre elles ont même été élevées dans la haine de la maternité et la poussent si loin que leur première pensée, dès qu'elles sont enceintes, est de se débarrasser d'un être qui leur apparaît comme un fardeau dans le présent et un trouble-fête dans l'avenir. Parmi les meilleures, parmi celles qui ont au plus haut degré le sentiment de la maternité, combien en est-il auxquelles on a enseigné leurs devoirs de mère et qui pourront régler leur conduite sur autre chose que leur amour maternel ou sur les conseils plus ou moins fantaisistes qui leur seront donnés par d'autres femmes non moins ignorantes, quoiqu'elles aient déjà eu des enfants? Aux jeunes filles qui passent par les écoles ou les lycées, on apprend un peu de tout, sauf ce qu'elles devraient savoir pour remplir convenablement leur double rôle de mères et d'éducatrices.

De la part des femmes chez lesquelles le besoin de maternité est particulièrement développé, l'enfant est tellement aimé, dès avant sa naissance, que son éducation risque fort d'être viciée par l'amour maternel. Une telle mère aimera tant ses enfants qu'elle les « gâtera » — le mot vulgaire n'est pas trop dur — en satisfaisant tous leurs caprices. Tandis que les femelles des animaux se bornent à satisfaire strictement les besoins naturels de leurs petits, la femme à laquelle je fais allusion excitera ceux de son enfant, les transformera en passions et fera du petit être un insupportable névrosé.

L'extrême facilité avec laquelle l'enfant est suggestionné, doit nous faire poser comme première règle de son éducation d'éloigner de lui toutes les personnes et les influences qui seraient susceptibles de lui inculquer des idées différentes de celles qui inspirent son éducateur.

Tout à fait ignorant de ce que nous appelons le bien et le mal et de la prétendue « loi naturelle » des religions, l'enfant imite tous les actes qu'il voit faire et accepte toutes les idées morales qu'on lui suggestionne. Ce n'est donc pas seulement dans le choix de ses maîtres qu'il faut apporter le plus grand soin, mais aussi et d'abord dans celui de ses camarades.

Sous ce dernier rapport, rien n'est plus détestable que le système d'éducation imposé à nos sociétés par les conditions de la vie moderne. Certes, aucun homme croyant à la nécessité de répandre le plus d'instruction possible parmi tous les membres de la société française, n'oserait blâmer le parti républicain d'avoir établi l'obligation de l'enseignement primaire; mais aucun observateur sagace ne peut nier qu'en réunissant dans une même classe et, surtout, dans une même cour de récréation, des enfants issus de familles très inégalement moralisées, on ne fasse courir à un certain nombre d'entre eux les plus grands dangers de contagion morale.

C'est peut-être dans ce fait que se trouve l'argument le plus sérieux en faveur de la liberté de l'enseignement. Dans les grandes villes, beaucoup de parents hésitent à envoyer leurs enfants aux écoles publiques, en raison des exemples détestables et des principes plus détestables encore qu'ils sont exposés à y recevoir de la part de certains de leurs camarades.

A l'époque où l'instruction primaire n'était pas obligatoire, la plupart des parents vicieux n'envoyaient pas leurs enfants à l'école et les contagions dont je viens de parler étaient moins redoutables. D'un autre côté, beaucoup de parents étaient surtout préoccupés de faire donner à leur progéniture une instruction adéquate à leurs idées religieuses ou politiques et les envoyaient dans les écoles congréganistes. Il était permis de discuter théoriquement si l'Etat devait tolérer ou interdire une liberté dont le résultat était de créer une sorte de nation dans la nation, une société particulière, soumise à l'Eglise, dans une société générale qui a pour principe essentiel de ne pas connaître l'Eglise, mais la question morale proprement dite n'était pas posée.

Avec l'obligation de l'instruction primaire, il s'agit de savoir si l'Etat aurait le droit, en supprimant la liberté d'enseignement, de contraindre toutes les familles françaises à envoyer leurs enfants dans des écoles où aucune sélection morale ne serait opérée. La question est, d'ailleurs, posée déjà par le seul fait qu'en raison de l'obligation, toutes les familles trop pauvres pour confier leurs enfants aux écoles libres sont contraintes de les envoyer dans les écoles publiques. Or, il n'est pas douteux que l'obligation expose l'école publique à des contagions dangereuses, qu'il est indispensable de faire disparaître. On n'y parviendra qu'en multipliant assez les écoles et les classes pour que l'on puisse opérer parmi les élèves une sélection morale aussi parfaite que possible.

Pour des raisons analogues, il n'y a pas de moraliste expérimenté qui ne recommande la suppression de l'internat pour tous les enfants auxquels il n'est pas imposé par l'éloignement de leurs familles ; la multiplication des collèges et des lycées, de manière à ne réunir dans le même établissement qu'un petit nombre d'élèves ; et la multiplication des divisions dans un même établissement, afin de pousser aussi loin que possible la sélection morale des élèves.

En résumé, l'idéal serait que chaque enfant pût n'avoir que sa mère pour éducatrice pendant la première enfance, puis un seul ou un très petit nombre de maîtres et de camarades bien choisis, jusqu'à la fin de son éducation. Cet idéal n'étant pas réalisable, le devoir moral des familles et de la société est de s'en rapprocher autant que possible.

On arriverait à réduire considérablement le nombre des maîtres et à permettre que ceux-ci suivissent leurs élèves pendant tout le cours de leur éducation, si l'on voulait se résoudre à ne donner aux enfants, jusqu'à l'âge de quinze ou seize ans, qu'une instruction générale commune à tous. Mais c'est une réforme à laquelle je ne crois pas que jamais personne ait songé dans l'Université. Celle-ci est même lancée dans une direction absolument opposée, au grand préjudice intellectuel et moral de notre jeunesse.

Quant au choix des camarades, il est impossible d'y songer avec l'organisation actuelle de nos enseignements primaire et secondaire. Nous en sommes encore, pour l'enseignement secondaire, à la période impériale des collèges-casernes. Nous avons, d'autre part, créé un enseignement primaire indisciplinable, en réunissant dans une même école un nombre tel d'élèves, que les maîtres sont dans l'impossibilité de les surveiller. En somme, nous avons fait beaucoup pour l'instruction intellectuelle, mais presque rien pour l'éducation morale des enfants de la France. Il y a là, pour la société française et la République, une très grande réforme à opérer et un très important devoir à remplir.

Parmi les influences suggestionnantes qu'il est utile d'écarter de l'enfant, il faut ranger celles qui seraient susceptibles de détourner son esprit de la méthode d'observation d'après laquelle j'estime que son éducation tout entière devrait être réglée. Il n'est pas rare de voir des pères ou mères intelligents et instruits abandonner leurs enfants à des bonnes qui farcissent leur esprit de racontars, de faussetés, de préjugés, de terreurs de toutes sortes. Si on leur présente à ce sujet quelques critiques, ils répondent que l'enfant se débarrassera plus tard de toutes ces « sornettes », qu'il les oubliera ou qu'elles seront effacées par l'instruction scientifique. Or il n'est pas rare de voir certaines idées, inculquées aux enfants par les nourrices ou les servantes, persister pendant toute la vie et résister même à la science la plus profonde. Un des plus éminents biologistes de notre temps, homme très dégagé des principes métaphysiques et religieux, m'a raconté qu'il ne pouvait pas entrer la nuit dans la chambre mortuaire de ses parents sans penser aux revenants et éprouver une terreur telle qu'il sentit, dans une circonstance, ses cheveux se hérisser sur sa tête. Il sait fort bien, scientifiquement, que les morts ne peuvent pas revenir, mais il a été impressionné, dans son enfance, par les histoires de revenants contées autour de lui, au point que ses terreurs de petit enfant reparaissent chaque fois qu'il se trouve dans les conditions exposées plus haut.

En se plaçant au même point de vue, les parents sages devraient écarter de la première éducation et instruction de leurs enfants, toutes les matières religieuses. J'ai à peine besoin de rappeler les procédés dont l'Eglise fait usage pour amener à ses pratiques et à ses croyances les tout petits enfants. Comme ses prêtres connaissent la disposition des enfants à imiter les gestes que l'on fait devant eux, c'est par les gestes de la prière qu'ils font débuter leur éducation religieuse. La mère doit se mettre à genoux, croiser ses mains, élever sa tête et ses yeux vers le ciel, murmurer une prière, obliger son enfant à prendre la même position et à faire les mêmes gestes. On lui recommande d'employer au besoin la contrainte, sachant fort bien qu'après avoir fait les gestes de la prière par force, l'enfant les exécutera par simple imitation, en prendra l'habitude et les fera plus tard, presque inconsciemment, tandis qu'on lui apprendra les formules de la prière. Il aura ainsi prié Dieu avant d'être en état de savoir qu'il y a ou qu'il n'y a pas de Dieu et ce que c'est que prier. Aussitôt qu'il est en état d'apprendre par cœur, avant même qu'il ne sache lire, l'Eglise s'efforce de lui inculquer, par les formules succinctes et impératives du Catéchisme, tous ses dogmes et toute sa morale (1). Puis, dès l'âge de sept ans, parfois plus tôt, elle le courbe sous son autorité, en lui imposant l'obligation de la confession. Par tous ces moyens, elle imprègne si parfaitement les cerveaux enfantins de sa doctrine, de ses règles morales, de son autorité, qu'il leur sera fort difficile ultérieurement, de s'en débarrasser. Ceux-là mêmes qui arrivent par l'éducation scientifique à s'émanciper des croyances qu'on leur a inculquées dans leur enfance, les conservent indélébilement fixées dans leur mémoire et sont exposés à y revenir lorsque la maladie ou la vieillesse détermineront l'affaiblissement de leurs forces cérébrales. On ne saurait donc trop blâmer les pères de famille qui permettent de placer l'enseignement religieux au début de l'éducation de leurs enfants. Comme tout enseignement qui ne repose pas sur l'observation, celui de la religion devrait être réservé pour l'époque où l'enfant sera capable de raisonner, de juger, de croire ou de ne pas croire en toute connaissance de cause.

Les autres devoirs de l'éducateur, qu'il s'agisse des parents ou des maîtres, découlent naturellement des carac-

---

(1) Fénelon a très bien tracé les principes de cette méthode dans le chapitre de l'*Education des filles*, où il examine « comment il faut faire entrer dans l'esprit des enfants les premiers principes de la religion. » Au sujet de l'âme, il dit : « Mais la vérité la plus difficile à faire entendre, est que nous avons une âme plus précieuse que notre corps. On accoutume d'abord les enfants à parler de leur âme, et on fait bien : car ce langage, *qu'ils n'entendent point*, ne laisse pas de les *accoutumer à supposer confusément* la distinction du corps et de l'âme, en attendant qu'ils puissent la concevoir. Autant les préjugés de l'enfance sont pernicieux, qui mènent à l'erreur; autant sont-ils utiles lorsqu'ils accoutument l'imagination à la vérité, en attendant que la raison puisse s'y tourner par principes. » En somme, Fénelon et l'Eglise « routinent » l'enfant à croire avant qu'il soit en état de raisonner, avec la persuasion, très justifiée par les faits, que la raison sera plus tard incapable de détruire la foi. J'ai connu un physicien distingué qui allait à la messe tous les jours, communiait tous les dimanches et refusait d'enseigner dans les universités religieuses parce qu'il était, selon ses propres expressions, « matérialiste en science. » Il avait reçu dans sa première enfance une éducation religieuse qui résistait à son matérialisme scientifique. Et je dois ajouter que sa foi fut toujours aussi désintéressée que sa science.

tères organiques et intellectuels des enfants. Je répète, en insistant, que l'éducation morale doit commencer aussitôt après la naissance. Sur ce point, nous devons imiter les animaux. Or, à ce moment, le caractère essentiel et presque unique de l'enfant est la suggestibilité. C'est d'elle, par conséquent, qu'il faut d'abord tirer parti.

Comme chez les animaux, l'éducation du tout petit enfant se borne à la propreté et à la réglementation rigoureuse de l'alimentation, sans se préoccuper de savoir s'il a ou n'a pas conscience des habitudes qu'on lui impose. De même que les petits oiseaux, l'enfant évacue ses ordures sans le savoir, et mange sans se rendre aucun compte de l'étendue de ses besoins. Si on l'abandonnait à lui-même, il serait toujours sale et gavé de lait jusqu'à la gorge. Il faut le tenir propre malgré lui — car souvent il résiste aux soins de propreté qu'on lui donne — et régler son alimentation d'une façon très rigoureuse. Petit à petit, il prendra l'habitude de la propreté et finira par réclamer les soins nécessaires, en même temps qu'il s'accoutumera à ne téter qu'à des heures régulières.

On peut affirmer, sans crainte de se tromper, que les premiers mois de la vie sont ceux pendant lesquels se forment les gourmands, sous l'influence de tétées trop fréquentes ou trop abondantes. Les nourrices doivent imiter les mères animales et ne donner le sein ou le biberon à leurs élèves qu'au moment où ils manifestent d'une manière non douteuse le besoin d'être alimentés. Elles satisferont ainsi au principe le plus élémentaire de l'hygiène et s'assureront l'autorité qui leur est nécessaire. Si, d'autre part, elles se montrent toujours prêtes à satisfaire sans retard les besoins réels de l'enfant, elles auront vite fait de gagner sa reconnaissance et son affection. Celles-ci s'accroîtront rapidement, à mesure que l'intelligence de l'enfant se développera, si elles savent le distraire et l'occuper sans, toutefois, l'importuner et l'énerver. Les mères animales sont, à cet égard, très intéressantes : on ne les voit jamais réveiller leurs petits, ni pour leur donner la mamelle ou la becquée, ni pour les faire jouer. C'est un exemple qu'il n'est pas inutile de recommander aux mères, aux nourrices et aux bonnes, de nos enfants, car il en est beaucoup qui considèrent ces derniers comme des joujous plutôt que comme des élèves et qui aiment leurs enfants non pour eux mais pour elles-mêmes.

Une seconde règle capitale à appliquer dans l'éducation morale des tout petits enfants, est de leur montrer toujours une figure souriante et de leur parler avec douceur, sur le ton de la joie. C'est ainsi, nous l'avons vu, que se comportent toutes les mères animales et tous les dresseurs d'animaux, même quand ceux-ci sont des bêtes féroces. Le petit enfant qui voit et entend rire sa mère, en éprouve une sensation d'où résultent, par suite d'une excitation nerveuse réflexe et inconsciente, les contractions musculaires caractéristiques du rire, contractions des muscles faciaux qui produisent les mouvements particuliers des lèvres, du menton et des yeux et contractions des muscles thoraciques qui déterminent une accélération des mouvements respiratoires. Tous ces phénomènes sont accompagnés d'une accélération de la circulation cérébrale et d'un sentiment particulier auquel on a donné le nom de joie. L'enfant est devenu joyeux par le seul effet de la joie de sa mère, et par une imitation inconsciente des manifestations joyeuses qui se sont produites sous ses yeux. Il se passe chez lui les mêmes phénomènes psychiques et expressifs que chez les oiseaux qui entendent parler bruyamment ou chanter. J'ai vu cent fois des serins, fort tranquilles et silencieux dans leur cage, commencer à s'agiter et à chanter aussitôt que des bruits de voix venaient à se produire auprès d'eux. Le petit enfant qui rit, agite ses mains et pousse des cris à la vue de sa mère riante, ressemble tout à fait à ces petits oiseaux, et il en résulte chez lui, comme chez eux, une accélération des fonctions vitales très profitable à son développement. Ainsi que Lange l'a fort justement fait remarquer, la dilatation des vaisseaux et l'accélération de la circulation, qui caractérisent la joie, qui, pour mieux dire, la déterminent, « amènent une riche alimentation des organes et tissus comme ferait naturellement une activité nutritive rapide et puissante ; toutes les parties du corps profitent bien et se conservent plus longtemps ;

l'homme content, dispos, est bien nourri et reste jeune longtemps. » (1)

Pour l'enfant, dont l'esprit est si facilement suggestionnable, une mère, une nourrice, un maître, un entourage toujours gais et riants constituent l'élément le plus essentiel peut-être de l'éducation morale. Il faut écarter avec le plus grand soin les gens moroses et grognons qui, par la contagion de leur tristesse, détermineraient chez les enfants le ralentissement de la circulation et l'anémie consécutive dont ils souffrent eux-mêmes.

L'extrême suggestibilité des enfants doit également induire les éducateurs à ne jamais hausser la voix devant eux jusqu'au ton de la colère et à ne faire que des gestes affectueux. Ces gestes n'ont d'abord aucune signification pour l'enfant; mais, souvent répétés, ils provoquent la formation chez lui des idées auxquelles ils correspondent chez l'éducateur. L'enfant, imitant les gestes de sa mère ou de sa nourrice, envoie d'abord des baisers de la main à toutes les personnes qu'il voit; plus tard, il les réserve à celles qu'il connaît et qu'il affectionne et enfin ne les fait qu'au moment même où ses sentiments affectifs se réveillent sous l'influence d'une impression agréable.

Dans l'éducation des tout petits enfants, il faut donc attacher beaucoup plus d'importance aux gestes qu'à la parole : l'enfant voit le geste et l'imite, tandis qu'il ne comprend pas la parole. Il est également frappé, comme tous les animaux, par le ton que l'on emploie en lui parlant. On peut en profiter, comme on fait dans le dressage des animaux, pour lui imposer l'imitation des mouvements qu'on veut lui enseigner, changer l'état de son esprit, attirer son attention sur tel acte à faire ou telle attitude à prendre, etc. Il faut avoir, en somme, toujours présente à l'esprit, cette pensée que chez lui les actes et les habitudes précèdent toujours les idées et doivent être considérés comme le meilleur excitant à employer en vue du développement de l'intelligence.

Lorsque l'enfant est parvenu à l'âge où il comprend

---

(1) *Les Emotions*, p. 49. (F. Alcan.)

les paroles et peut recevoir par elles une certaine éducation intellectuelle et morale, le devoir de la mère, du père et du maître est d'appliquer sa curiosité au plus grand nombre possible d'objets et d'êtres vivants, en lui apprenant à bien observer et en lui inculquant, petit à petit, les idées scientifiques ou morales qui découlent naturellement de l'observation. Par cette méthode, il acquerra non seulement des connaissances scientifiques, mais encore les idées morales sur lesquelles il dirigera sa conduite pendant toute la durée de sa vie. Dans le domaine de l'éducation morale, rien ne me paraît plus inutile que les manuels, les leçons théoriques, ou les catéchismes. L'enfant ne lit que peu ou fort mal les manuels de morale que l'on met entre ses mains. Ils l'ennuient, d'ordinaire, profondément. Il n'y voit que des préceptes très froids et très pédantesques. Si on les lui fait apprendre par cœur, il a soin de les oublier le lendemain du jour où il les a récités, comme il fait pour les leçons de l'histoire, de la géographie et pour tout ce qu'on l'oblige à introduire dans sa mémoire. Quant aux catéchismes, ils sont considérés par la majorité des enfants comme tout à fait étrangers à la vie courante, et ils le sont, en effet, en raison du mélange des dogmes et des mystères avec les préceptes moraux. Il y a déjà plus de trente ans qu'Herbert Spencer(1) a essayé de dissiper la croyance que « l'action d'accepter par l'intelligence certains préceptes de morale produit l'obéissance à ces préceptes. » Il a montré que les « preuves fournies par notre propre société, passée et présente, mettent absolument à néant ces grandes espérances. » Il a établi par des faits l'impuissance de l'enseignement moral théorique, aussi bien celui donné au nom de la religion que celui distribué au titre de la philosophie, aussi bien celui des livres que celui des leçons orales ; mais il a parlé dans le désert. On n'imprime aujourd'hui ni un manuel ni un catéchisme de moins qu'il y a trente ans et l'on a multiplié dans d'énormes proportions les leçons théoriques de la morale. Aucun homme expérimenté n'oserait cependant affirmer

---

(1) *Introduct. à la science sociale*, p. 391. (F. Alcan.)

que l'on a, par ces moyens, accru la moralité de nos contemporains.

La moralité, en effet, ne résulte pas des connaissances morales théoriques, plus ou moins étendues, que l'on possède, mais des sentiments que l'on éprouve au contact des divers membres de la société. Or, ces sentiments sont le résultat, non de l'éducation intellectuelle, mais de la sensibilité plus ou moins grande que nous avons acquise pendant notre jeune âge. Un enfant qui voit sa mère lui consacrer toutes ses heures, ne prendre aucun repos tant que lui-même ne repose pas, ne dormir que quand il dort, ne manger que quand il n'a plus faim, le veiller et le soigner lorsqu'il est malade, se sacrifier, en un mot, tout entière pour son bien-être, ne peut manquer de ressentir avec le temps un amour profond pour elle (1). Il l'aimera sans qu'on ait besoin de lui apprendre à l'aimer. On ne pourrait même qu'amoindrir son affection en lui représentant celle-ci comme un devoir prescrit par la religion ou les lois. Il aimera de la même façon son père, ses frères et sœurs, ses maîtres, ses amis, si, d'après leur conduite à son égard, il acquiert la certitude qu'il en est aimé. Il ne discutera pas leur affection, il la sentira et la rendra sans raisonner, ainsi que font les petits animaux pour leurs parents, les chiens ou les chevaux domestiques pour leurs maîtres. C'est, en un mot, en aimant les enfants qu'on les rend affectueux, en leur montrant de la patience et de la tolérance qu'on les rend patients et tolérants, en les traitant avec politesse qu'on les rend polis, en les respectant qu'on les rend respectueux, en faisant preuve devant eux et à leur profit, s'il y a lieu, de désintéressement et de dévouement,

---

(1) On objectera peut-être que les exemples d'ingratitude des enfants à l'égard de parents qui leur ont prodigué les soins les plus assidus ne sont pas rares. Quand on rencontre un cas de ce genre, il faudrait avoir soin de s'enquérir minutieusement des procédés d'éducation qui ont été employés par les parents. Si ceux-ci ont, par affection ou faiblesse, laissé leurs enfants faire toutes leurs volontés, ils les ont rendus profondément égoïstes et, par conséquent, ingrats. Dans d'autres cas, on constate que les parents n'ont pas su développer chez leurs enfants les sentiments de reconnaissance qu'ils se plaignent de ne pas rencontrer. Ils se sont, tour à tour, montrés faibles et très sévères, doux et durs ; ils ne doivent pas s'étonner de ne trouver qu'ingratitude chez leur progéniture. L'éducation est la chose la plus difficile du monde, mais on n'ose pas l'avouer et l'on met sur le compte de l'hérédité la conséquence des erreurs ou des fautes qu'elle commet.

qu'on les rend désintéressés et dévoués. Si leur père ou leur maître voit quelqu'un en train de se noyer, il ne se contentera pas d'appeler au secours, il se jettera lui-même dans une barque ou à l'eau pour sauver son semblable, et il apprendra ainsi à son élève à se dévouer pour autrui.

En raison de l'extrême suggestibilité des enfants, il faut non seulement être bon avec eux, mais encore leur persuader qu'ils sont eux-mêmes bons et affectueux, et que la bonté domine dans le monde. Ainsi que l'a fait observer très justement Guyau (1), « l'amour produit toujours un retour d'amour, qui est le ressort le plus puissant dans toute l'éducation. » Platon (2) ne voulait pas que l'on mit sous les yeux des enfants les récits des actes de violence, de débauche, de fourberie, etc., des héros et des dieux, dont sont remplis les poèmes d'Homère; il craignait que l'on n'encourageât par ces récits les enfants à se montrer ou à devenir méchants, fourbes, violents, débauchés, etc. Platon n'avait pas tort. Les considérations qu'il présente au sujet de l'*Odyssée* ou de l'*Iliade* peuvent être appliquées avec autant de justesse à toutes les histoires que nous mettons aux mains des enfants, à la plupart des fables que nous leur faisons réciter, à tous les récits de crimes qui remplissent les journaux.

D'un autre côté, on ne pourra jamais connaître tout le mal qui a été fait à l'humanité par la doctrine chrétienne du péché. Inculquer à un enfant l'idée que lui-même et tous les autres enfants viennent au monde à l'état de péché, lui enseigner qu'il est exposé à pécher cent fois par jour, qu'il ne pourra échapper au péché que par la grâce et que le prêtre peut d'un mot effacer le péché, n'est-ce point le familiariser avec l'idée que le mal est inévitable, qu'il y est condamné par nature, qu'il y succombera quoiqu'il fasse? N'est-ce point, en même temps, l'encourager à n'y attacher aucune importance? N'est-ce point même lui suggestionner le mal? Pendant les longs siècles du moyen âge où l'Eglise fut la directrice morale de l'humanité, chaque chrétien croyait avoir en lui un démon le poussant vers le

(1) *Education et hérédité*, p. 24. (F. Alcan.)
(2) *La République*, livre III.

mal, et nombreux étaient ceux qui, en réalité, se livraient à tous les vices et parfois allaient jusqu'au crime, sous la suggestion de l'invincible et funeste démon introduit dans leur esprit par la foi religieuse. Aussi est-ce surtout une préoccupation d'ordre moral qui devrait engager les mères et les pères de familles modernes à préserver leurs enfants de la détestable métaphysique morale des religions. Les parents et les maîtres dégagés de cette métaphysique éviteront même de dire à l'enfant qu'il est mauvais. Comme le fait très justement remarquer Guyau (1), « supposer le vice, c'est souvent le produire... Toute constatation à haute voix sur l'état mental d'un enfant joue immédiatement le rôle d'une suggestion : « Cet enfant est méchant..., il est pa-« resseux..., il ne fera pas ceci ou cela..., » que de vices sont ainsi développés, non par une fatalité héréditaire mais par une éducation maladroite. » J'ai eu l'occasion d'observer un fait qui corrobore pleinement la judicieuse remarque faite par Guyau. La mère d'une petite fille très capricieuse répétait sans cesse, devant elle, à son mari : « Elle ne se corrigera jamais ; elle a hérité cela de ta mère,... elle est le portrait vivant de ta mère,... elle est aussi désagréable et capricieuse que ta mère, etc. » Et plus la petite entendait ces propos, plus il était visible pour moi qu'elle s'attachait à son vice. Elle était toute fière de ressembler à sa grand' mère (2).

On attirera l'attention des enfants sur les actes bons, généreux, affectueux qui se produisent à chaque instant dans notre société, et sur ceux dont les animaux eux-mêmes nous donnent l'exemple. L'enseignement de l'histoire naturelle fournira, chaque jour, au maître l'occasion d'attirer l'attention de l'enfant sur l'amour des mères et des pères animaux pour leurs petits, sur l'attachement, la

---

(1) *Loc. cit.*, p. 19.
(2) M. Lang, directeur de la Martinière de Lyon, m'a souvent répété que, d'après son expérience personnelle, le meilleur moyen d'apprendre aux enfants à ne pas mentir est de les croire sur parole. « Lorsque je suis arrivé à la Martinière m'écrit-il en ce moment même, il était entendu que les élèves interrogés sur une faute commise par eux ou par un de leurs camarades étaient d'avance suspects de mensonge. Et ils mentaient généralement. J'ai employé immédiatement le système contraire, de les croire sur parole, de confiance. Et, à quelques exceptions près, ils ne mentent plus. »

reconnaissance et le respect que les petits témoignent à leurs parents et sur les associations que presque tous les animaux forment pour s'entr'aider. Passant des animaux aux hommes, il lui fera constater la manière dont se sont formées les sociétés humaines, le respect dont y jouissent les parents et les vieillards, les amitiés qui s'y nouent entre les jeunes gens les plus vertueux, le courage, le désintéressement avec lesquels chaque citoyen défend l'honneur et les biens de la patrie commune, les sources, enfin, d'où découlent ces sentiments et les avantages personnels qu'en tirent les hommes qui les possèdent au plus haut degré. L'histoire de tous les peuples est tellement riche en faits de cet ordre, que le maître y trouvera, comme dans celle des animaux, une mine inépuisable de récits à faire lire ou copier par les enfants. Ceux-ci acquerront de la sorte des connaissances morales de la plus haute valeur et seront devenus des êtres profondément moraux, avant même de savoir ce que c'est que la morale.

De très bonne heure aussi, il faut mettre sous les yeux des enfants le spectacle des travaux auxquels se livrent les hommes et celui des misères humaines. On leur montrera, dans les usines, des ouvriers travaillant du matin au soir pour gagner leur vie et celle de leurs enfants; on leur fera voir et soigner des malades, des blessés par les accidents de travail; on leur fera connaître, en un mot, tous les côtés de la vie, les mauvais comme les bons. On les rendra par là beaucoup plus compatissants pour les misères, beaucoup plus altruistes et plus humains, qu'en fatiguant leur esprit par des leçons théoriques ou en encombrant leur mémoire par les préceptes arides de manuels ou de catéchismes.

On ne leur dira pas que les hommes doivent être bons, on sera bon envers eux. On ne leur dira pas que les hommes doivent être généreux, on usera de générosité envers eux. Mais on aura soin de leur donner une idée juste de la véritable bonté et de la véritable générosité. On sera, à leur égard, bon toujours, faible jamais. On leur fera connaître la valeur de tous les objets : celle des jouets qu'on leur donne, celle des douceurs qu'on leur offre et même celle des vêtements dont on les couvre ou des aliments qu'ils consomment. Je voudrais que tout enfant à qui on donne un polichinelle ou une poupée apprît à quelle quantité de travail de son père ou de sa mère correspond chacun de ces jouets, combien il représente de morceaux de pain, de côtelettes ou de verres de vin. En se montrant simplement généreux envers les enfants, on leur enseigne un vice et non une vertu : on les habitue à désirer des objets de pure fantaisie avec d'autant plus d'impétuosité qu'ils n'en connaissent pas le prix. Lorsque Jean Valjean fait cadeau à la misérable petite Cosette d'une poupée princière, il lui donne une détestable leçon de morale. Il en est de même quand un père ayant une fortune médiocre apporte à son garçonnet ou à sa fillette des jouets de haut prix, des soldats ou des poupées beaucoup mieux habillés qu'ils ne peuvent l'être eux-mêmes. On inculque ainsi aux enfants le désir d'avoir de beaux vêtements, de superbes jouets et toutes autres choses superflues, sans leur apprendre ce que ces objets coûtent de travail à leur père ou à leur mère. Ce n'est pas la générosité qu'on leur enseigne, c'est la prodigalité et l'envie.

Ce ne serait pas non plus la générosité qu'on enseignerait à un enfant en lui donnant un sou pour qu'il allât le remettre à un pauvre, si on ne lui avait pas appris d'abord ce que vaut ce morceau de bronze. Il l'apprend vite, si on lui donne des sous comme récompense de son travail et si on lui laisse le soin d'acheter lui-même les douceurs ou les jouets qu'il éprouve le désir d'avoir. Il saura ainsi ce qu'un sou représente de bonbons et lorsqu'à l'imitation de sa mère, il tirera un sou de sa poche pour le donner à un pauvre, il fera véritablement acte de générosité, parce qu'il connaîtra la valeur de ce qu'il offre et dont il se prive.

L'heure sera venue alors de lui apprendre ce qu'est la prévoyance et quels avantages il en pourrait tirer s'il commençait tout de suite à la pratiquer. On lui fera calculer les sommes auxquelles il aurait droit dans vingt, trente, quarante ans, s'il versait dès maintenant, chaque semaine ou chaque jour, un des sous qu'on lui donne en échange des bonnes notes que lui valent son travail ou sa conduite. On l'engagera à entrer dans les sociétés mutualistes scolaires, qui ont pris tant d'extension en France depuis une dizaine d'années et qui représentent l'œuvre la plus morale peut-être des écoles laïques. Son père et sa mère lui donneront, du reste, un bon exemple, en entrant eux-mêmes dans quelque société de prévoyance et en lui mettant sous les yeux les avantages qu'ils en retirent. S'ils sont assez riches pour n'avoir pas besoin de ces avantages, ils se feront inscrire comme membres d'honneur, afin de pouvoir mettre sous les yeux de leurs enfants un témoignage de leur altruisme. N'ayant pas besoin d'être prévoyants pour eux-mêmes, ils montreront qu'ils le sont pour ceux auxquels la prévoyance est indispensable.

La morale, en un mot, ne doit pas être présentée aux enfants, ainsi qu'on le fait dans tous les établissements d'instruction et dans les temples de toutes les religions, comme un pure doctrine théorique, philosophique ou religieuse, mais comme une science d'observation, reposant sur les faits et l'expérience, comme une simple branche de l'histoire naturelle. D'une façon générale, chaque leçon aura pour objet d'établir par des faits que l'égoïsme poussé à l'excès est plus nuisible qu'utile à l'égoïste, que l'altruisme excessif est également nuisible, que la transformation des besoins naturels en passions fait courir le plus grand danger à tous ceux qui la subissent, que le bonheur, enfin, résulte de la satisfaction modérée de tous les besoins naturels et du juste équilibre de l'amour de soi et de l'amour des autres.

La plupart des moralistes sont tombés dans des exagérations systématiques que notre éducateur devra éviter avec soin. Les uns préconisent le développement exclusif de l'égoïsme, tandis que les autres voudraient le voir disparaître entièrement devant l'altruisme. Les premiers désirent que l'on excite principalement les enfants à vouloir et à vouloir avec une inébranlable ténacité, sans s'apercevoir qu'ils en feraient ainsi d'insupportables arrivistes et ambitieux, tandis que les seconds prétendent faire converger tous les effets de l'éducation vers le désintéressement absolu de chaque individu au profit de la société. Les premiers, en un mot, font consister toute la morale dans l'exaltation de l'individualité, les seconds dans celle de la collectivité. Les uns et les autres sont dans l'erreur et notre éducateur professera pour tous la même défiance.

L'enfant élevé conformément aux principes que l'observation de la nature nous révèle, sera suffisamment égoïste pour chercher à développer sans cesse ses forces physiques et ses facultés intellectuelles, parce qu'il sait que de ses efforts dans cette direction résulteront l'évolution ascendante de tout son être et l'accroissement de son bonheur; mais, en même temps, il sera suffisamment altruiste pour contribuer, dans toute la mesure de ses forces, à l'accroissement du bonheur parmi tous les membres de sa famille, de la société dont il fait partie et de l'humanité tout entière. Il aura été convaincu, en effet, par l'étude des sociétés animales et humaines, que le bonheur d'un individu ne saurait être durable s'il ne s'harmonise pas avec le bonheur de tous. Il aura appris également, de la même manière, que tout individu isolé est condamné à succomber dans la lutte personnelle pour l'existence et à être broyé par la concurrence sociale. Il sera égoïste afin d'être fort dans la lutte individuelle, et il sera altruiste afin de profiter, dans son évolution et la recherche de son bonheur, des efforts faits vers les mêmes buts par tous les autres hommes.

§ III

LES ÉMOTIONS ET LES PASSIONS DANS LEURS RAPPORTS AVEC L'ÉDUCATION

Toute éducation conforme à la morale naturelle évitera l'erreur commune à la plupart des moralistes métaphysiciens et qui consiste à supprimer autant que possible non seulement les passions, ainsi qu'il convient, mais encore les émotions telles que la joie, la tristesse, la compassion, etc. Pour le stoïcien, l'impassibilité est l'idéal moral.

« Mettre sous ses pieds les calamités et les terreurs des mortels, écrit Sénèque, est le privilége des grands hommes. Je vous ai entendu donner des consolations à d'autres; mais j'aurais voulu vous voir vous consoler vous-même, vous interdire la douleur. » (1) « Il est de l'avantage des gens de bien, pour qu'ils soient sans peur, de vivre habituellement parmi les objets d'effroi, et de souffrir avec une âme impassible ces maux qui n'en sont pas, si ce n'est pour l'homme qui ne sait pas les supporter. » (2) « Nous appelons invulnérable, non ce qui n'est point frappé, mais ce que rien ne blesse; à ce signe-là reconnaissez le sage. » (3)

En tant que formules idéalistes, ces pensées sont, à coup sûr, fort belles, mais Sénèque n'ignorait pas qu'il est impossible de les transformer en règles pratiques de conduite, et elles le conduisirent logiquement, d'une part au spiritualisme et au fatalisme, d'autre part à la glorification de la mort et du suicide. « Les destins nous conduisent et la durée de notre carrière est fixée dès la première heure de notre naissance... Quel est donc le devoir de l'homme vertueux? De s'abandonner au destin. » (4) « Oh! qu'ils s'aveuglent sur leurs misères, ceux qui ne bénissent pas la mort comme la plus belle institution de la nature! soit qu'elle termine une destinée jusque là heureuse; soit qu'elle prévienne l'infortune; soit qu'elle éteigne le vieillard rassasié de vie ou las d'une trop longue course; soit qu'elle tranche la fleur de nos ans et l'espérance de jours meilleurs; soit qu'elle rappelle l'enfance avant qu'elle se heurte aux écueils qui l'attendent, la mort est un terme pour tous les hommes, le vœu même de quelques-uns, et elle ne mérite jamais mieux de nous que lorsqu'elle n'attend pas qu'on l'invoque. Elle affranchit l'esclave en dépit du maître, brise la chaîne du captif et fait tomber les inflexibles verrous que tient fermés la tyrannie... La servitude cesse d'être dure quand

---

(1) *De la Providence*, IV.
(2) *Ibid.*, IV.
(3) *De la constance du sage*, III.
(4) *De la Providence*, V.

l'esclave, dégoûté du maître, n'a qu'un pas à faire pour se voir libre. Contre les misères de la vie, j'ai la mort pour recours. » (1) « Le souhait des heureux devrait être de mourir... » (2)

Dans les temps modernes, le christianisme a repris une partie de cette doctrine, en prêchant aux hommes la passivité entre les mains de Dieu, la résignation, le dédain des misères de ce monde, en raison des félicités que l'on peut espérer dans l'autre. Il condamne le suicide, mais il exalte le sacrifice et sanctifie la recherche des persécutions, du martyre, voire de la mort.

La métaphysique kantienne, de son côté, donnait pour idéal à l'homme de se débarrasser de toute émotion. « Si notre développement, écrit Lange, se poursuit dans la voie où il est entré, nous finirons par réaliser l'idéal de Kant, l'homme, pure intelligence, pour qui toutes les émotions, joie ou tristesse, angoisse ou effroi, s'il est encore sujet à des désagréments de ce genre, ne seront que des maladies, des troubles mentaux peu dignes de lui. » (3)

Tout cela n'est, en réalité, que de la pure rhétorique. L'homme ne peut pas plus se rendre impassible ou passif, qu'il ne doit souhaiter de le devenir. Il ne le pourrait que s'il jouissait, selon les idées de Sénèque, du christianisme et de Kant, d'une âme capable de commander au corps; mais alors, il ne devrait point le souhaiter, car ce serait renoncer à l'une des causes les plus puissantes de son évolution ascendante. La joie n'est-elle pas un des éléments essentiels de la bonne santé physique et morale? La tristesse n'est-elle pas, en bien des cas, la manifestation la plus éclatante de la sensibilité et la preuve la moins contestable des sentiments qui attachent chaque homme aux autres membres de sa famille ou du corps social dont il fait partie?

En admettant qu'elle le pût, notre éducation naturelle se garderait bien de tarir la source des émotions qui agitent l'homme. Mais elle attachera une grande importance à ce

---

(1) *Consolation à Marcia*, xx.
(2) *Ibid.*, xxi.
(3) Lange, *Les Emotions*, p. 141.

que j'appellerai « l'éducation du caractère émotif. » Il ne suffit pas, en effet, d'inculquer à un enfant, par les procédés indiqués plus haut, des principes de morale tels que ses sentiments altruistes fassent toujours équilibre à son inévitable égoïsme, il faut encore que son caractère lui permette d'échanger des émotions agréables avec tous ses semblables.

Comme le caractère émotif découle du tempérament et que celui-ci est fourni par le genre de vie, on aura soin de diriger le développement de l'organisme de l'enfant au moyen d'un régime toujours abondant, nourrissant et stimulant, mais ne dépassant jamais la limite des besoins physiologiques réels. On lui fera faire de la gymnastique, celle plus particulièrement qui a pour but d'assouplir les membres, d'accroître le jeu des articulations, de provoquer le développement des muscles, de régulariser les fonctions respiratoires et circulatoires. On associera les exercices physiques et le travail intellectuel de telle sorte qu'aucun des deux ne puisse nuire à l'autre et que tous les deux soient proportionnés aux forces de l'enfant. On dotera ainsi ce dernier d'un tempérament moyen, ni sanguin, ni lymphatique, ni nerveux, et, par conséquent, d'un caractère harmonique, parfaitement équilibré, aussi éloigné de la violence que de la faiblesse, de l'exaltation que de l'indifférence. Avec ce caractère, l'enfant, et plus tard l'homme, sera prêt à recevoir toutes les émotions et à concevoir tous les enthousiasmes, mais d'une façon tempérée et dans des conditions telles que jamais, quoi qu'il lui arrive, son équilibre moral ne puisse être détruit.

Pour obtenir ce résultat, l'éducation physique ne suffirait pas; il faut y joindre une éducation intellectuelle et morale particulière. Quelques écrivains, exagérant l'influence de l'hérédité sur les gestes expressifs des émotions et sur les émotions elles-mêmes ont nié l'efficacité de cette forme particulière de l'éducation. D'après Ch. Darwin, notamment, « les principaux actes de l'expression chez l'homme et les animaux » seraient « innés ou héréditaires, » c'est-à-dire qu'ils ne sont pas un produit de l'éducation; bien plus, « le rôle de l'éducation ou de l'imitation » serait

« tellement restreint pour beaucoup de ces actes qu'ils sont entièrement soustraits à notre contrôle à partir du premier jour de notre vie et pendant toute sa durée. » (1)

Contrairement à ces assertions, un très grand nombre de faits établissent l'importance considérable du rôle que peut jouer l'éducation dans le développement du caractère émotif chez les animaux et l'homme. C'est, par exemple, un fait bien connu, que les chiens domestiqués ont toujours des qualités émotives analogues à celles de leur maître ; très remuants et très bruyants avec un maître gai et bruyant, ils sont calmes et silencieux quand ils vivent constamment avec un maître chez qui le travail intellectuel et, par conséquent, le silence, sont coutumiers.

On sait même que, chez ces animaux, l'aboiement est un produit de la vie domestique. Les chiens sauvages n'aboient jamais ; ceux que nous avons domestiqués n'aboient guère que sous l'influence de nos excitations et comme pour nous être agréables ou utiles. Aussi rien n'est-il plus facile que de les habituer à aboyer toujours dans certaines circonstances déterminées. J'ai un caniche qui reste constamment couché auprès de moi quand je travaille. Il ne descend qu'en ma compagnie et pendant de nombreuses années, il descendait avec moi, sans rien dire. Un jour, je m'amusai à simuler un aboiement tandis que je descendais à la salle à manger ou au jardin. Il trouva la chose plaisante et s'empressa de pousser des aboiements de joie ; or, depuis ce jour, il ne descend jamais avec moi sans faire entendre les mêmes aboiements.

En dehors de l'aboiement, les gestes par lesquels les chiens expriment leurs diverses émotions sont, il est vrai, toujours les mêmes, mais nous savons qu'ils résultent naturellement des modifications de l'activité circulatoire et musculaire, qu'ils sont déterminés par ces modifications et liés à elles d'une façon tellement indissoluble qu'à chaque mode d'activité correspond un ordre particulier de mouvements et de gestes. Ces mouvements et ces gestes eux-mêmes varient d'intensité, conformément à

---

(1) Ch. Darwin, *L'expression des émotions*, p. 381.

l'éducation que l'animal a reçue. « Tel maître, tel chien, » a-t-on coutume de dire non sans raison.

Chez l'homme, les effets exercés par l'éducation sur l'intensité des émotions et sur la nature des gestes émotifs sont moins contestables encore que chez les animaux. Certains gestes expressifs, très communs dans la plupart des races humaines, sont remplacés ailleurs par d'autres gestes : le baiser, par exemple, n'existe pas chez les Annamites et les Chinois; il est remplacé par le frottement du nez; cela résulte de ce que ces peuples, ayant l'habitude de chiquer le bétel, ont les lèvres moins impressionnables que celles des peuples occidentaux et presque toujours enduites de pâte rouge. Les Esquimaux manifestent leur joie par une aspiration sifflante, analogue à celle qu'ils font entendre quand ils se gavent de viande ou de graisse de phoque. Beaucoup de nègres manifestent la leur en se tapant sur le ventre, comme ils le font quand ils ont beaucoup mangé, etc. Il est évident que tous ces gestes sont transmis de génération en génération par l'éducation et l'imitation. Les lettrés chinois et annamites ne se mettent jamais en colère, ils ne font jamais non plus de gestes expressifs de joie ou de tristesse très marqués; et s'ils agissent de la sorte, c'est qu'ils y ont été habitués dès leur enfance. Pour y parvenir, on les contraint à prendre une attitude déterminée dans chacun des actes de leur vie et à la conserver tant que l'acte s'accomplit; à marcher lentement, surtout dans les cérémonies officielles, comme si, dit un philosophe chinois, ils « avaient des entraves aux pieds. » Le grand costume de cérémonie des mandarins comprend une sorte de règle en ivoire que l'on doit tenir à deux mains et qui rend tout geste impossible. Lorsqu'un mandarin saluait « soit à droite, soit à gauche, dit le même philosophe, sa robe, devant et derrière, tombait toujours droite et bien disposée. » Le lettré bien élevé ne doit jamais non plus élever la voix : « ses paroles semblaient aussi embarrassées que ses pieds. » (1) Par ces procédés d'éducation, appliqués depuis un temps

---

(1) Voy. DE LANESSAN, *La morale des philosophes chinois*, pp. 79-80.

immémorial, les lettrés chinois et annamites et aussi, dans une certaine mesure, toutes les populations de la Chine et de l'Indo-Chine ont acquis des caractères émotifs distincts de ceux de la plupart des autres peuples.

Ainsi que le fait justement remarquer Lange (1), les peuples sauvages actuels sont « plus violents, plus indociles, plus exubérants dans leur joie, plus abattus dans leur tristesse que les peuples civilisés ; la même différence apparaît entre les générations d'une même race ; nous sommes paisibles et doux à côté de nos barbares aïeux, dont le plus grand plaisir était de se mettre sans raison dans des fureurs batailleuses, mais qui se laissaient si facilement abattre par le malheur qu'ils s'enlevaient la vie pour une bagatelle. Enfin, nous retrouvons la même différence entre les diverses classes sociales d'une même génération ; c'est à ce point que le signe le plus certain de l'éducation, c'est la paisible possession de soi-même, l'impassibilité, devant les événements qui détermineraient chez des gens du peuple des explosions de passion par trop effrénées. »

Comment, dans notre société, l'éducation doit-elle procéder pour tempérer l'émotivité des enfants au point d'en faire des hommes capables de ne jamais se laisser aveugler par les émotions ?

Avant de répondre à cette question, je dois rappeler que toute émotion est caractérisée par la série suivante de phénomènes : 1° une impression ou une idée venant de se produire, les centres nerveux émotifs en reçoivent une excitation ; 2° celle-ci est transmise aux centres nerveux vaso-moteurs qui, à leur tour, déterminent, soit une augmentation, soit une diminution, de l'activité circulatoire et musculaire dans tout le corps ; 3° de ce dernier phénomène résulte une sensation interne qui, elle-même, détermine l'émotion dont l'individu a conscience et d'où naissent des idées diverses, susceptibles d'exercer une action excitante ou modératrice sur les centres nerveux émotifs.

Il résulte de ces faits que l'on peut modifier l'émotivité

---

(1) *Les Emotions*, p. 138.

d'un individu, soit en rendant ses centres émotifs moins sensibles aux impressions et aux idées émotionnantes, soit en accroissant la puissance des idées qui naissent de l'émotion, de manière qu'elles exercent une action excitatrice ou modératrice sur les centres nerveux psychiques.

Le premier résultat est facilement obtenu par l'accoutumance aux idées ou aux impressions émotionnantes. Tout le monde sait, par exemple, que le médecin habitué à voir des mourants et des morts n'y prête à peu près aucune attention : l'excitabilité de ses centres émotifs s'affaiblit graduellement au point que l'impression produite par la vue de ces objets n'exerce plus sur lui à peu près aucune action. C'est par un processus analogue que se produit la suppression de l'émotivité des assassins : la pensée constante du crime à commettre, les récits de crimes qu'ils écoutent ou lisent avec avidité, le spectacle des meurtres dont ils ont souvent été les témoins avant d'en devenir les acteurs émoussent l'excitabilité de leurs centres émotifs au point qu'ils restent indifférents au spectacle ou aux plaintes de leurs victimes et impassibles devant les magistrats. La répétition des impressions et des conversations propres à inspirer la joie, la colère, la peur, agissent de la même manière : elles émoussent les centres émotifs au point que ces impressions n'y produisent, au bout d'un certain temps, que des excitations très faibles.

La leçon qui découle de ces faits est que, bien loin de protéger les enfants contre les émotions, il faut les mettre en situation d'en éprouver le plus grand nombre possible. Mais, en même temps, il faut développer la puissance modératrice, inhibitive disent les physiologistes, des cellules nerveuses psychiques. Dans ce but, on doit habituer les enfants à faire la critique de leurs impressions ou de leurs idées émotionnantes et de leurs émotions elles-mêmes. On doit leur expliquer, par exemple, ce que c'est qu'un cadavre, pourquoi il n'y a pas lieu d'en avoir peur, et pourquoi on n'a pas à craindre que la personne qu'il représente revienne jamais, sous quelque forme que ce soit, sur cette terre. Il faut encore les habituer à éviter les manifestations extérieures de la joie ou de la tristesse, comme inutiles à celui qui s'y livre puisqu'elles n'ajoutent rien à son émotion, tandis qu'elles risquent de déplaire à ceux qui en sont les témoins. L'enfant contracte vite l'habitude de ne pas pleurer sans motif sérieux, lorsqu'il voit qu'on ne prête aucune attention à ses pleurs. Plus tard, on doit lui faire comprendre qu'il se rend ridicule en pleurnichant ou criant pour le moindre bobo ou le plus petit ennui qui lui surviennent.

En résumé, l'éducation émotive doit avoir pour double but d'émousser l'excitabilité des centres émotifs par la multiplication et la critique des impressions émotionnantes et de provoquer le développement des idées susceptibles d'exercer une action modératrice sur les émotions elles-mêmes. Mais, on irait à l'encontre de l'intérêt bien compris de l'être humain, si l'on cherchait, comme Kant en a exprimé le vœu, à éteindre complètement chez lui la sensibilité émotive, car, en le privant de toute joie comme de toute tristesse, on tarirait en lui la source même du bonheur.

L'éducation fondée sur les principes de la morale naturelle tempérera autant que possible les émotions antisociales, telles que la colère et la haine; mais elle favorisera par tous les moyens en son pouvoir le développement des émotions gaies. L'homme gai se porte bien, est aimable et se fait aimer. L'éducation naturelle doit donc faire figurer au premier rang de ses soucis, celui de produire des enfants et des hommes plus portés à la gaîté qu'à la tristesse, à la douceur qu'à la colère, à l'amour qu'à la haine. Elle contribuera ainsi puissamment au bonheur de ceux qui auront reçu ses leçons. Elle leur enseignera aussi qu'ils doivent songer, non à la mort mais à la vie, non au suicide mais à l'effort, non à la souffrance mais au plaisir. Et elle n'aura pas de peine à leur démontrer qu'ils seront plus forts dans la lutte pour l'existence s'ils sont sensibles, gais et affectueux, que s'ils étaient affectés de l'impassibilité rêvée par la métaphysique ou de la passivité prescrite par les religions.

La partie la plus délicate peut-être de l'éducation morale est celle qui a pour objet de mettre l'enfant, le jeune homme, l'adulte et le vieillard, à l'abri des passions propres à chaque âge. La puissance des passions est, en effet, tellement considérable que rien ne lui peut résister. Le but que l'éducation morale doit se proposer est, en conséquence, non d'apprendre à vaincre les passions, comme le préconisent les morales métaphysiques et religieuses, mais de les empêcher de naître, ce qui n'est pas du tout la même chose.

Ainsi que je l'ai exposé dans un autre chapitre, les passions naissent de la satisfaction excessive des besoins naturels ou des sentiments égoïstes. La gourmandise et l'ivrognerie sont engendrées par le plaisir que procure la satisfaction de la faim ou de la soif. Pour se procurer ce plaisir avec plus d'intensité ou de fréquence, l'homme arrive à manger ou à boire beaucoup plus que ne le comporte la nécessité physiologique. Il se greffe ainsi sur le besoin naturel de nutrition une sorte de besoin artificiel, qui ne peut plus être satisfait que par des aliments ou des boissons pris en excès : l'homme devient gourmand ou ivrogne. Il en est de même pour le besoin de reproduction : le plaisir que procure sa satisfaction est si vif que beaucoup d'hommes et de femmes s'efforcent de le renouveler le plus possible et passent de l'amour à la passion lubrique. Chez d'autres, c'est la partie esthétique ou intellectuelle de l'amour qui domine : Ceux-là recherchent moins le plaisir sexuel que le plaisir égoïste de la possession matérielle ou morale de l'être aimé. Ils ne pensent qu'à cette possession; elle devient l'objet d'une idée fixe qui les obsède et s'empare de toute leur vie; ils sont victimes de la passion de l'amour, comme le gourmand ou l'ivrogne sont victimes de la passion de la gourmandise ou de l'ivrognerie. Le passionné d'amour veut être le maître de l'objet aimé; il en est jaloux avec frénésie; il le supprimera par la mort plutôt que de l'abandonner à un autre, ou bien, s'il n'a pas le courage de se faire assassin, il se suicidera pour ne pas assister à la défaite de sa passion dominatrice.

L'amour divin se rapproche beaucoup de la seconde sorte d'amour humain dont je viens de parler et peut, lui aussi, se transformer en une passion, tantôt contemplative et mystique, comme celle de sainte Thérèse, tantôt active, exubérante, conduisant à l'apostolat, au désir impérieux de convertir les autres, et se doublant alors d'une passion de domination des intelligences pouvant aller jusqu'à la persécution, si celles-ci opposent de la résistance, ou jusqu'au sacrifice de la vie de l'apôtre. Le missionnaire préfère mourir plutôt que de renoncer à son idée fixe de prosélytisme, de même que le passionné d'amour préfère se suicider que d'assister à l'insuccès de ses tentatives de domination de l'être aimé. Chez l'un comme chez l'autre, l'égoïsme atteint un tel degré, que la mort est considérée comme préférable à l'abandon du but que la passion s'était proposé d'atteindre. Chez l'un comme chez l'autre aussi, l'excès de l'amour est susceptible d'engendrer la haine. Le passionné d'amour humain peut haïr l'être qu'il aime sensuellement ou intellectuellement, parce qu'il le juge indigne de sa passion au point de vue sensuel ou intellectuel. Le passionné d'amour divin arrive à la haine par une autre voie : il déteste tous ceux qui ne partagent pas son amour. L'un et l'autre se ressemblent en ce qu'ils sont conduits à la haine par leur égoïsme.

A côté de la passion religieuse à forme d'apostolat, se rangent tout naturellement la passion despotique et la passion conquérante. De même que les esprits exaltés par l'amour religieux ont la prétention d'imposer cet amour à tous les autres hommes, les passionnés de la politique n'admettent pas que l'on puisse penser et se conduire autrement qu'eux-mêmes. Les uns et les autres sont poussés, par un égoïsme doublé d'orgueil et d'esprit de domination, à croire que leur foi ou leur opinion est la seule bonne et que, seuls, ils ont raison contre l'humanité tout entière. L'apôtre fait brûler les infidèles ; le jacobin devenu conventionnel ou dictateur fait monter sur l'échafaud ses adversaires politiques. Torquemada et Robespierre ont la même mentalité, parce qu'ils sont, en réalité, en proie à une même passion : leur intolérance poussée jusqu'à la folie sanguinaire est fille de leur foi religieuse ou politique et de leur égoïsme. Parfois même la passion religieuse coexiste avec la passion despotique (1).

La passion des conquérants est d'une nature peu différente. Elle aussi représente une forme de l'égoïsme et de l'esprit de domination ; elle aussi est doublée de la haine de tout ce qui ne s'incline pas devant elle ; elle aussi a pour caractéristique de n'employer que la force, de ne croire qu'à la force, de ne connaître aucune limite à l'emploi de la force et de ne pouvoir être arrêtée que par la force. Elle tue pour conquérir des territoires comme la passion religieuse tue pour conquérir des esprits et la passion politique pour conquérir le pouvoir (2).

L'avarice trouve naturellement sa place à côté de ces passions, en raison de sa source ; mais elle se range en dehors d'elles parce que son caractère est pacifique. Issue de l'idée de propriété poussée jusqu'au paroxysme, l'avarice est essentiellement égoïste, mais l'avare n'applique son esprit de domination qu'à la conquête des biens matériels, de l'or particulièrement, parce qu'il en est la forme la plus concrète et la moins aléatoire. L'idée fixe de l'avare, sa passion, est de posséder pour le plaisir de posséder ; ses moyens d'action ne sont pas moins égoïstes que ceux de l'apôtre, du despote ou du conquérant ; il dépouille ses

---

(1) Parmi les modernes, les deux hommes qui réunirent au plus haut degré la passion religieuse et la passion despotique sont peut-être Cromwell et Robespierre. Le premier avait, au plus haut degré, l'esprit mystique, était pris de temps à autre par l'inspiration divine et, sous son influence, se mettait à prêcher. Le second voulut fonder sur les ruines du catholicisme une religion nouvelle, celle de l'Etre suprême et s'en constitua lui-même le pontife dans la cérémonie célèbre du 20 prairial où, après avoir fait brûler la statue de l'athéisme, il adressa une prière à l'Etre suprême. Afin d'assurer le triomphe de sa religion et de sa dictature, il envoya successivement à l'échafaud : Anarchasis Cloots, pour avoir contribué au « mouvement contre le culte ; » Chaumette pour avoir pris part à une « coalition » ayant pour but « d'effacer toute idée de la divinité, et de fonder le gouvernement français sur l'athéisme, » le pauvre évêque Gobel pour n'avoir pas compris « qu'en matière religieuse personne n'a le droit d'innover tant que l'autorité ne s'est pas prononcée ; » Danton, parce qu'il le trouvait tiède en matière religieuse et le soupçonnait de ne pas vouloir se prêter à l'institution d'un nouveau culte. « A peine la tête de Danton fut-elle tombée, fait observer M. Aulard (*Le culte de la Raison et le culte de l'Etre suprême*, p. 243), il fait annoncer par Couthon à la tribune de la Convention, le 17 germinal, quelques heures après le meurtre de son rival, la prochaine proclamation du culte de l'Etre suprême. Et aussitôt le tribunal révolutionnaire devient un tribunal d'inquisition religieuse... La guerre robespierriste contre l'idée commence. Un dogme va être imposé aux consciences. »

(2) En onze ans, de 1804 à 1815, Napoléon a fait tuer dix-sept cent mille Français et deux millions d'alliés ou d'ennemis de la France, sans assouvir sa passion conquérante.

victimes avec la même cruauté froide que les autres apportent à les supprimer.

Tout à côté de l'avarice, se place naturellement la passion des jeux de hasard. Comme l'avare, le joueur est poussé par le désir insatiable de posséder; mais, à la différence de l'avare et par analogie avec l'homme que pousse la passion des aventures, il ne craint pas de risquer ce qu'il possède pour acquérir ce qu'il convoite. Sa passion est, en réalité, un peu moins égoïste que celle de l'avare ; elle découle tout autant du besoin d'activité que du désir de posséder.

C'est principalement dans le besoin d'activité qu'il faut chercher la source des passions esthétique, scientifique, littéraire, qui poussent certains hommes à négliger leurs intérêts et même leurs devoirs, pour s'absorber dans l'art, la science, la littérature, les collections, etc.

On croit généralement que chaque âge a ses passions favorites. C'est exact, si l'on envisage le moment de la vie où chaque passion atteint son apogée; mais il est facile de s'assurer que toutes naissent de très bonne heure : la gourmandise se développe habituellement pendant la première enfance; l'amour humain et l'amour divin sont surtout des passions de jeunesse, parce que c'est à ce moment de son existence que l'homme éprouve au plus haut degré le besoin de répandre au dehors ses sentiments et sa vie: mais ils apparaissent très fréquemment dès l'enfance, avant que les forces physiques soient en état de faire face à leurs exigences. Il n'y a guère que les jeunes gens qui se suicident par amour et il n'y a qu'eux qui entrent au couvent, au monastère ou dans les missions avec une véritable passion religieuse. Les passions despotique et conquérante passent pour être exclusivement des passions d'adultes. C'est, en effet, à cet âge qu'elles se manifestent d'ordinaire extérieurement, mais elles naissent dès la jeunesse et parfois dès l'enfance : les Robespierre et les Napoléon en herbe se comptent par milliers dans les familles bourgeoises ou aristocratiques de notre pays, et ne sont pas rares même parmi les enfants de nos écoles primaires. L'avarice est une passion d'adultes et de vieillards, mais, elle aussi, commence à germer dès l'enfance ou la jeunesse. Il en est de même de la passion du jeu et de la passion des aventures. Les passions esthétique, littéraire ou scientifique ne naissent guère, d'ordinaire, que pendant la jeunesse. Cependant, il n'est pas rare de les rencontrer en germe chez des enfants.

Quelle peut être l'influence de l'éducation morale sur le développement et l'évolution de ces diverses passions ? D'après les philosophes, elle serait à peu près nulle, parce que les passions seraient héréditaires ou issues de tendances innées (1). Mais j'ai déjà eu l'occasion de montrer que ni les passions ni les prétendues tendances ne sont héréditaires et que, seule, l'organisation physique est transmissible par l'hérédité. D'autre part, il n'est pas besoin d'une observation très minutieuse pour constater que l'imitation et l'éducation jouent un rôle considérable dans la naissance des passions. Tout enfant bien portant mange et boit au delà de ses besoins; si l'on n'y met aucun empêchement, il sera vite devenu gourmand et ivrogne. Tout jeune homme vigoureux et de bonne santé est à la recherche des plaisirs sexuels, en abuse volontiers

---

(1) « L'hérédité des penchants, des instincts et des passions chez les bêtes, dit M. Th. Ribot (*L'Hérédité psychologique*, p. 90), est une très bonne démonstration de cette forme de l'hérédité chez l'homme, en ce qu'elle nous débarrasse de toutes les explications superficielles, tirées de l'influence de l'éducation, de l'exemple, de la force de l'habitude, des causes extérieures par lesquelles on a cru pouvoir remplacer l'hérédité. » Dans un ouvrage plus récent (*Essai sur les passions*, p. 9) il dit encore : « Toutes les passions étant de formation secondaire, sont nécessairement *acquises*; mais j'appelle *innées* celles qui sont issues directement et spontanément d'une tendance prédominante chez un individu. » Il dit encore (*Ibid.*, p. 12) : « L'organisme physique est un agencement de tissus, d'organes et de fonctions qui théoriquement constituent une harmonie parfaite; mais le plus souvent le cœur, les poumons, l'estomac, les viscères intestinaux, le cerveau, les nerfs, les muscles n'ont pas la même énergie vitale; ils diffèrent les uns des autres en vigueur ou en faiblesse, et c'est sur des différences de cette nature que repose pour une part la doctrine des tempéraments. De même pour l'organisme mental : il y a ordinairement une ou plusieurs tendances qui prévalent et impriment à l'individu une marque affective, bien nette pour ceux qui l'observent ou le connaissent. » C'est du développement de ces tendances prédominantes que naîtraient les passions. Il ajoute, en effet, à propos des *grands* passionnés : « A l'ordinaire, la tendance s'affirme de bonne heure et si énergiquement que tout le monde ou du moins les clairvoyants peuvent dire dans quel sens ce prédestiné s'orientera. La passion est ici dans toute sa simplicité et elle justifie la définition bien connue : exagération d'une tendance... par exemple l'amour de la puissance chez Napoléon. » Il ne faut pas s'étonner que croyant à l'innéité et à l'hérédité des *tendances* d'où il fait naître les passions, M. Th. Ribot ne parle ni du rôle de l'éducation dans leur genèse, ni du rôle qu'elle est susceptible de jouer dans leur extinction.

et court vers l'amour sensuel ou intellectuel. Si l'éducation n'enraye pas son évolution dans cette voie, il tombera facilement dans la passion. D'un autre côté, qui ne sait combien l'éducation est responsable de la naissance et du développement de la passion religieuse, des passions despotique et conquérante, de l'ambition sous toutes ses formes? L'enseignement religieux n'est-il pas la source de toutes les vocations des congréganistes des deux sexes et du clergé séculier? Notre enseignement de l'histoire, avec sa glorification des conquérants, des despotes, des dictateurs, des conventions omnipotentes, des batailles les plus sanglantes et des guerres les plus injustes, n'est-il pas fait pour engendrer toutes les formes de l'ambition? N'est-ce pas sur les bancs de nos collèges et de nos écoles militaires que se forment les aspirants dictateurs ou conquérants dont toutes les classes de notre société sont encombrées? L'avarice ne s'apprend-elle pas dans la famille? Les passions esthétique, littéraire, scientifique ne sont-elles pas également filles des exemples ou des leçons données à la jeunesse?

Le rôle des éducateurs devra donc être de mettre l'enfant et le jeune homme à l'abri de tout ce qui serait susceptible de provoquer le développement d'une passion quelconque. On réglera leur nourriture de manière à toujours satisfaire la faim et la soif, mais sans aller au delà de cette satisfaction. On surveillera les débuts dans la vie de l'adolescent, de façon à lui faire éviter l'abus des plaisirs génésiques. On réservera l'enseignement religieux pour le moment où le jeune homme sera en état d'en comprendre la nature et d'en apprécier la valeur. On écartera de l'enseignement historique tout ce qui serait de nature à fausser l'esprit des jeunes gens et à leur inspirer les passions ambitieuses à l'abri desquelles il importe de les mettre. On se rappellera, en un mot, que toutes les passions, même celles que l'on attribue généralement à l'âge mûr et à la vieillesse, font leur apparition dès les premières années de la vie, et l'on prendra toutes les mesures imaginables pour en empêcher la naissance. Parmi ces mesures, il en est une particulièrement efficace : c'est celle qui consiste à ne jamais contrarier ni la satisfaction modérée des besoins naturels, ni la mise en pratique des idées qui naissent de ces besoins, de façon à ne pas provoquer la naissance de la passion par la non-satisfaction des besoins d'où elle est susceptible de naître. J'ai entendu, il y a bien des années, un moraliste dire que « le meilleur moyen de vaincre ses passions est de les satisfaire; » sous cette forme, sa pensée paraissait paradoxale; elle est tout à fait juste si l'on dit, comme il le pensait réellement, que le meilleur moyen d'empêcher les passions de naître est de satisfaire avec modération tous les besoins naturels et tous les désirs qui en naissent naturellement.

§ IV

DES SANCTIONS DE L'ÉDUCATION MORALE

L'éducation morale dont nous posons les principes étant dégagée de toute idée religieuse ou métaphysique, le maître n'aura pas à parler des sanctions proposées par les religions ou les métaphysiciens; il devra s'en tenir à celles que l'enfant d'abord, puis l'adolescent et l'homme mûr trouveront en eux-mêmes et dans la société.

Le petit enfant aura la sanction de sa conduite dans la satisfaction ou le mécontentement de ses parents. Ses premiers maîtres devront toujours se montrer bons et affectueux à son égard, mais il faudra aussi qu'ils sachent lui imposer leur autorité. Ils y parviendront sans peine, et sans avoir besoin d'user des petites contraintes et des légers châtiments qui sont parfois indispensables, s'ils savent inspirer à l'enfant l'idée qu'il lui est impossible de se passer d'eux. C'est, nous l'avons vu, presque le seul moyen qu'emploient les mères des animaux pour se faire respecter en même temps qu'aimer par leurs petits (1). Une mère qui satisfait tous les caprices de son enfant, chez lequel même elle provoque le caprice, comme on le voit

---

(1) Voyez ci-dessus, pp. 255-256.

souvent, perdra vite toute autorité. L'enfant abusera de la faiblesse maternelle pour donner carrière à son égoïsme. Il aimera peut-être sa mère, comme un maître aime l'esclave docile, mais il ne la respectera pas. On doit donc s'attacher à soumettre l'enfant, dès le premier âge, à une discipline suffisamment rigoureuse pour qu'il comprenne la nécessité d'être aimable afin que l'on soit aimable avec lui. Guyau dit fort justement (1) : « L'affection doit être pour l'enfant une récompense qu'il doit mériter par sa conduite... Et il faut qu'il en vienne à attacher un tel prix à cette récompense que toutes les autres ne soient rien auprès d'elle. » Lorsque le petit enfant aura pris ainsi l'habitude d'une certaine discipline, il la suivra sans effort et sans qu'il soit besoin de recourir à aucune contrainte. C'est au début seulement que celle-ci peut être nécessaire et pour le même motif que dans le dressage des animaux, c'est-à-dire afin d'amener l'enfant à comprendre ce que l'on veut de lui. Si la première éducation a été bonne, la contrainte deviendra inutile, pour le plus grand nombre des enfants, aussitôt qu'ils auront atteint l'âge où l'on peut faire appel à leur raison.

C'est, d'ordinaire, l'époque où le maître proprement dit intervient. Trois qualités de l'esprit doivent dominer en celui-ci : la bonté, l'équité et la fermeté. Par la bonté, il gagnera très vite l'affection de l'enfant; par l'équité, il obtiendra son respect; par la fermeté, il s'assurera une obéissance persistante. Et l'enfant trouvera la sanction de sa bonne conduite dans l'accroissement du zèle apporté par le maître dans son œuvre éducatrice. Si les réprimandes ou les châtiments paraissent nécessaires, il faut qu'ils suivent immédiatement la faute, qu'ils lui soient exactement proportionnés, et qu'aucune manifestation de colère ne les accompagne, afin qu'il n'en puisse résulter aucune altération, même momentanée, des sentiments d'affection et de respect que l'élève doit avoir pour son maître (2).

(1) *Education et hérédité*, p. 24.
(2) La sévérité ne pouvant pas être écartée de la conduite tenue par le maître à l'égard de ses élèves, les philosophes chinois prescrivent aux parents de ne pas s'ériger eux-mêmes en précepteurs de leurs enfants, dans la crainte qu'une

En somme, tant que l'enfant et l'adolescent sont entre les mains des maitres chargés de faire leur instruction scientifique et leur éducation morale, il faut qu'ils trouvent la sanction de leur conduite dans l'attitude de leurs maîtres, d'où la nécessité, pour ces derniers, de posséder les qualités essentielles rappelées plus haut. Il faut que le maître soit, en quelque sorte, la conscience de l'enfant, une conscience, tour à tour, avertisseuse pour empêcher les fautes en prévenant les conséquences qu'elles pourraient avoir, et distributrice d'éloges ou de reproches suivant que ses avertissements auront été écoutés ou dédaignés. Dans ce rôle, l'équité du maître, parfois accompagnée de sévérité, jouera le rôle le plus important. L'enfant doit savoir qu'aucun de ses actes n'échappe à l'observation — je ne dis pas à la surveillance de son maître. C'est ainsi que peu à peu sa propre conscience morale se formera et se développera. Et si le maître est habile, s'il a toutes les qualités requises pour le rôle délicat qu'il a assumé, la conscience morale de l'enfant aura atteint à peu près tout son développement à l'heure où son éducation cessera.

L'éducation n'a pas, en effet, d'autre but, que de donner à l'enfant la conscience morale dont, quoi qu'en disent les métaphysiciens et les religions, il était entièrement dépourvu au moment où il entra dans le monde.

Plus l'éducation de l'enfant et du jeune homme aura été rationnelle et forte, plus la conscience de l'homme fait sera robuste, plus aussi il sera en mesure de profiter des leçons qu'il recevra de sa propre expérience, au cours de la vie. Continuant et renforçant l'éducation reçue de ses parents

sévérité indispensable ne leur fasse perdre l'affection de ces derniers : « Koung-Sun-Tcheou dit : Pourquoi un homme supérieur n'instruit-il pas lui-même ses enfants ? — Meng-Tseu dit : Parce qu'il ne peut pas employer les corrections. Celui qui enseigne doit le faire selon les règles de la droiture. Si l'enfant n'agit pas selon les règles de la droiture, le père se fâche ; s'il se fâche, il s'irrite ; alors il blesse les sentiments de tendresse qu'un fils doit avoir pour son père... Dans cet état de choses, le père et le fils se blessent mutuellement. Si le père et le fils se blessent mutuellement, alors il en résulte un grand mal. Les anciens confiaient leurs fils à d'autres pour les instruire et faire leur éducation. Entre le père et le fils il ne convient pas d'user de corrections pour faire le bien. Si le père use de corrections pour porter son fils à faire le bien, alors l'un et l'autre sont bientôt désunis de cœur et d'affection. Si une fois ils sont désunis de cœur et d'affection, il ne peut point leur arriver de malheur plus grand. » (V. DE LANESSAN, *La morale des philosophes chinois*, p. 70.)

et de ses maîtres, cette auto-éducation incessante lui permettra de résister à la fois aux influences mauvaises qui l'assailliront et à la pression de ses propres besoins ou désirs qui jamais ne se transformeront en passions.

Il rencontrera alors, comme sanction de sa conduite, les jugements des autres hommes, mais il saura que ces jugements sont fort souvent erronés, et c'est dans sa propre conscience qu'il cherchera l'approbation ou le blâme de ses actes.

§ V

DU RÔLE RESPECTIF DE L'HÉRÉDITÉ ET DE L'ÉDUCATION DANS L'ÉVOLUTION DE L'HUMANITÉ

Parmi les métaphysiciens qui croient à l'hérédité des instincts et des sentiments, quelques-uns n'attachent qu'une importance minime à l'éducation. Ils la considèrent comme impuissante à modifier les instincts moraux dus à l'hérédité. Cette opinion est contredite d'une façon si formelle par l'histoire entière des animaux et des hommes, qu'il me paraît inutile de m'y arrêter.

Plus généralement, les métaphysiciens actuels supposent que grâce à l'éducation et par une évolution graduelle des instincts et des sentiments, on pourrait produire des hommes automatiquement moraux, faisant le bien comme les abeilles construisent leurs ruches et font le miel, comme le xylocope creuse le tunnel où il dépose ses œufs. « Notre idéal de l'homme, écrit un partisan de cette doctrine, est un automate inconscient, merveilleusement compliqué et unifié. » (1)

Pour que l'homme idéalement et automatiquement moral conçu par les métaphysiciens pût exister, il faudrait d'abord que l'hérédité des instincts moraux fût une réalité. Or, nous avons démontré déjà que seule l'organisation est héréditaire, que les idées morales sont purement indi-

---

(1) PAULHAN. *Le Droit et la Science morale*, in *Rev. philos.*, décembre 1886.

viduelles, résultent uniquement de l'éducation, et disparaissent avec l'individu dont elles ont dirigé la conduite, à moins que celui-ci ne les transmette à d'autres, par l'exemple et l'éducation, au cours de sa vie.

Il faudrait, en second lieu, que l'on pût isoler pendant une longue suite de générations les hommes chez lesquels on se serait proposé de produire l'état moral automatique et idéal dont il a été question plus haut, de même que l'on doit isoler — ségréger disent les naturalistes — les animaux avec lesquels on veut créer une race nouvelle. J'ai à peine besoin de dire qu'une pareille sélection par ségrégation est absolument impossible à réaliser avec des hommes que la nécessité condamne à vivre dans des sociétés dont les membres sont inégalement moralisés.

En troisième lieu, pour réaliser l'idéal des évolutionnistes métaphysiciens, il faudrait que l'on pût placer les hommes à perfectionner dans un milieu cosmique invariable et où ils trouveraient en abondance tout ce qui est nécessaire à l'entretien de la vie, car tout changement dans les conditions d'existence a pour résultat nécessaire un changement corrélatif dans l'organisation et, par suite, dans les sensations et les idées, c'est-à-dire dans la moralité.

Il faut noter en outre que les milieux cosmiques et sociaux agissent avec d'autant plus d'intensité sur un être, pour le modifier, que son organisation est plus complexe, ses idées plus nombreuses et variées et son système nerveux plus sensible. L'insecte a pu devenir, moralement, presque un automate, parce que son organisation est très simple, sa vie extrêmement courte et ses idées très peu nombreuses, et encore son automatisme n'est-il que très relatif. Chez les animaux supérieurs, dont l'organisation est plus complexe et varie davantage d'un individu à un autre, la conduite morale est beaucoup moins automatique que chez les insectes. Nous avons vu, par exemple, que les idées des oiseaux relatives à la nidification se modifient lorsque les conditions cosmiques ou sociales subissent des changements notables. Chez les mammifères, les variations de la morale sont beaucoup plus grandes. Elles le sont davantage encore chez les mammifères domestiqués. Elles le sont au plus haut degré parmi les hommes, dont l'organisation est très complexe et qui sont soumis à d'innombrables influences cosmiques, familiales et sociales. Chez l'homme, l'automatisation morale serait impossible, alors même que les instincts moraux seraient héréditaires.

L'éducation morale doit donc être recommencée pour chaque individu et elle doit être prolongée, chez tout homme, d'un bout à l'autre de la vie.

Toutefois, les effets indirects de son influence peuvent n'être pas limités au seul individu qui l'a reçue. Si l'éducation est complète et tout à fait rationnelle, c'est-à-dire si elle s'applique à toutes les fonctions physiques et intellectuelles, si elle règle la satisfaction de tous les besoins de manière que celle-ci soit complète sans dépasser le but physiologique, si elle dote l'homme d'une conscience assez forte pour lui permettre de résister à toutes les passions et à tous les vices, elle a pour conséquence inévitable un perfectionnement de l'organisation qui sera transmis par l'individu à sa descendance. Les caractères ainsi acquis et transmis pourront continuer à évoluer dans la même direction, si chaque génération reçoit une éducation semblable à celle des générations antérieures. Il se produira, disons qu'il s'est produit ainsi, dans toutes les sociétés humaines, une évolution continue vers la moralité, consécutive à une évolution ascendante de l'organisation, quoique cette dernière seule soit héréditaire. En raison de la régularité de leur conduite, les enfants bien éduqués moralement sont, en somme, particulièrement aptes à devenir des hommes sains, vigoureux, intelligents, susceptibles de produire des enfants semblables à eux et, par suite, très facilement éducables.

Par contre, la transformation des besoins naturels en passions et l'abus vicieux des organes déterminent nécessairement une dégénérescence de l'organisation qui se transmet de génération en génération et qui rend l'éducation de chaque individu d'autant plus difficile que le nombre des générations vicieuses successives a été plus considérable. Tandis que la vertu crée l'évolution ascendante de l'organisation et facilite l'éducation morale de chaque individu, le vice provoque nécessairement la dégénérescence et détermine par là un obstacle à l'éducation morale.

En somme, pour résumer en deux mots ma pensée sur ce point et mettre une conclusion à ce chapitre, je crois pouvoir poser en principe que l'hérédité donne l'organisation, tandis que l'éducation crée la moralité.

CHAPITRE XI

APPLICATION DES PRINCIPES DE LA MORALE NATURELLE A L'INDIVIDU, A LA FAMILLE ET A LA SOCIÉTÉ.

Il est maintenant facile d'esquisser le portrait du jeune homme — exempt, bien entendu, de tares organiques héréditaires — qui aura été, pendant dix-huit ou vingt ans, soumis à l'éducation que je viens d'indiquer.

L'habitude d'une alimentation toujours suffisante, saine et même agréable, mais jamais excessive, et celle d'exercices physiques sagement combinés avec le travail intellectuel, en auront fait un homme robuste, souple, agile et d'esprit alerte, tempérant et sobre sans effort, laborieux par goût. La sensation permanente de bien-être provoquée par ces habitudes sera telle, que s'il commet par hasard quelque excès, soit d'alimentation ou de boisson, soit d'exercice physique ou de travail intellectuel, il en éprouvera inévitablement une souffrance qui le ramènera tout de suite vers son régime normal.

Il entretiendra soigneusement la propreté de son corps, de ses vêtements, de son logement, parce qu'il en a contracté l'habitude et qu'il souffre lorsque des circonstances indépendantes de lui, comme il s'en est présenté souvent au cours de son enfance et de sa jeunesse, le condamnent à supporter le contact de quelque malpropreté.

Il n'abandonnera jamais ses exercices physiques, car l'habitude qu'il en a s'est transformée en un véritable besoin, dont la non-satisfaction lui procure une souffrance.

Il continuera de travailler intellectuellement, d'observer la nature et les hommes, de cultiver son esprit par la science, la littérature, les arts, les voyages s'il en a les moyens, parce que l'habitude du travail cérébral s'est transformée chez lui, comme celle des exercices physiques, en un besoin d'autant plus irrésistible que ses connaissances seront plus étendues.

L'habitude qu'il a contractée de ne fonder ses raisonnements que sur l'observation et l'expérience, et ses opinions que sur des faits, le feront passer, indifférent et sceptique, à côté de toutes les métaphysiques littéraires ou artistiques, politiques ou sociales, philosophiques ou religieuses, tandis que le moindre fait tangible frappera son attention et mettra sa raison en éveil.

Il sait qu'aucun homme n'a jamais touché ni ne touchera jamais le fond de la science, et cette certitude l'éloigne de toutes les opinions absolues, de toutes les négations ou affirmations irréfléchies. Aucune idée, si hardie soit-elle, ne le fera sourire, mais il attendra, pour apprécier la confiance dont elle est digne, que la démonstration de sa justesse ou de sa fausseté ait été faite. Il appréciera sainement la valeur des religions, parce qu'il les aura toutes étudiées dans l'histoire de l'humanité, à un âge où son esprit, déjà fortifié par la coutume de l'observation et du raisonnement, était susceptible d'en apprécier le rôle parmi les hommes et d'en sonder avec précision les mystérieuses profondeurs. Il les évitera toutes parce qu'il en connaît les erreurs et les dangers sociaux, mais il respectera ceux qui les professent, comme il désire être lui-même respecté dans son incroyance.

Le souci constant qu'il a des réalités le met à l'abri du mensonge. Il ne ment point, par la même raison qu'il est tempérant et laborieux, c'est-à-dire, non point en vertu de quelque conception métaphysique du bien et du mal, mais simplement parce qu'il éprouve du plaisir à être sincère. En raison de l'habitude qu'il a de ne jamais altérer la vérité, surtout quand il en pourrait résulter quelque dommage pour un autre, et aussi parce qu'il sait avec quelle facilité on se trompe dans ses jugements ou dans la traduction de ses souvenirs, il évitera de faire aucun serment. S'il y est contraint par les lois, il n'en mettra que plus de réserve dans l'expression de sa pensée, dans l'exposé des faits auxquels il a pu assister, dans les témoignages de diverses sortes qui lui seront demandés.

Il respecte les opinions des autres parce qu'il désire que l'on respecte les siennes, mais il les discute loyalement, sans faiblesse comme sans aigreur. Il n'est jamais arrêté dans l'exposition ou l'application de ce qu'il croit être la vérité, par la crainte de n'être pas du même avis que ceux au milieu desquels il se trouve, mais il n'exprime sa manière de voir qu'avec la mesure et les ménagements dont il désire que les autres fassent preuve à son égard.

Fortement armé pour les combats de la vie par l'éducation physique, intellectuelle et morale qu'il a reçue, il ne se laissera jamais démonter par les déboires ou les tribulations qui lui pourront survenir, car il est convaincu qu'il pourra surmonter les premières par le travail, et vaincre les secondes par la persistance dans l'action. Aussi ne le verra-t-on pas chercher des consolations aux amertumes de la vie dans le débordement des passions, ni se libérer par le suicide d'un avenir dont il ne désespérera jamais.

Les risques et les dangers auxquels il lui arrivera d'être exposé, soit pour son propre compte, soit dans la défense de sa famille, de son pays, etc., l'effrayeront d'autant moins que l'orgueil, corollaire fatal de son égoïsme, le pousse à les rechercher plutôt qu'à les fuir. La hardiesse et le courage ne sont pas des qualités qu'il ait été difficile de lui inculquer; il a fallu plutôt lui apprendre à les tempérer, à ne se jeter dans une aventure ou au-devant d'un danger que s'il doit en résulter un avantage réel pour lui-même ou pour les autres.

Il en sera de même pour les risques du jeu, du commerce, de l'industrie, de la finance, etc. Tous les sauvages et tous les enfants sont joueurs, parce que le désir du gain l'emporte chez eux sur la crainte des pertes auxquelles ils s'exposent. Notre jeune homme fuira le jeu parce qu'il a contracté la coutume de faire la balance des profits et des pertes auxquels il s'expose. Il ne voudra pas risquer ce qu'il possède pour obtenir ce qu'il n'a pas. De même qu'il évitera les jeux de hasard, il se tiendra sur la défiance à l'égard des spéculations hasardées où tant de commerçants, d'industriels et de financiers risquent leur fortune et leur avenir. Et s'il agit de la sorte, c'est que l'idée de la prudence agit, pour déterminer sa volition, plus fortement que l'idée de lucre.

Il aura le désir de la fortune, des honneurs, de la gloire, qui lui est inspiré par son égoïsme, mais l'étude attentive de l'histoire et l'observation directe des faits lui ont appris quelles ruines l'ambition politique a entassées chez tous les peuples et quels déboires l'ambition de la fortune ou des honneurs accumule chaque jour dans les familles. Aussi, mettra-t-il à ses désirs légitimes le frein modérateur qu'il a contracté l'habitude d'imposer à tous ses besoins naturels afin d'éviter les passions qui en découlent, et il le fera sans effort, en raison de la tournure d'esprit qu'il a reçue de son éducation morale. L'altruisme qui s'est développé dans son esprit, sous l'influence des relations familiales et sociales et de l'éducation, le portera, du reste, à diriger ses efforts non seulement du côté de son profit personnel, mais encore vers l'intérêt de la famille ou de la société dont il fait partie.

Sévère envers soi-même, notre jeune homme sera indulgent pour les autres, parce que les leçons tirées de sa propre conduite, de celle de ses camarades, amis et connaissances, l'ont initié aux mille difficultés qui surgissent sur la route de ceux qui veulent concilier l'égoïsme avec l'altruisme. Il ne croira pas que les méchancetés dont il pourrait être la victime l'autorisent à être lui-même méchant. Il sera bon parce qu'il aura contracté l'habitude de l'être, parce qu'il éprouverait autant de souffrance à être mauvais, qu'à ne pas exercer son intelligence ou ses membres, à ne pas satisfaire son appétit, à commettre des excès dans la satisfaction de quelqu'un de ses besoins.

Il aimera son père, sa mère, ses frères, ses sœurs et les autres membres de sa famille, non point en vertu de quelque « voix du sang » imaginaire ou de prescriptions métaphysiques, mais parce qu'il en a reçu des soins, des services, des tendresses, qui ont provoqué chez lui-même des sentiments affectifs, corollaires de ceux dont il a été l'objet. Il se liera avec quelques-uns des enfants ou des jeunes gens de son âge, avec lesquels il travaille et il joue, et conservera indéfiniment pour les meilleurs les sentiments d'affection amicale qui l'auront uni à eux pendant les premières années de sa vie. Ce n'est pas sans raison que les anciens considéraient et glorifiaient l'amitié comme le fondement de la vie sociale. Elle devrait ne pas tenir une moindre place dans la société moderne. De ce que, dans celle-ci, les relations sociales sont plus nombreuses que dans les sociétés antiques, à cause de la facilité plus grande des communications, il n'en doit pas résulter que nous renoncions aux plaisirs et aux avantages intellectuels ou moraux que procure la fréquentation intime de quelques amis. Elle aide à supporter bien des ennuis et permet d'accroître l'intensité de toutes nos joies. Notre jeune homme partagera donc à l'égard de l'amitié le sentiment des anciens et des grands Français de la Renaissance (1).

(1) L'amitié qui lia, au seizième siècle, Montaigne et La Boëtie est restée célèbre et fut glorifiée par Montaigne en des termes tels que je m'en voudrais de ne pas reproduire ici les quelques lignes suivantes des *Essais*. « Il n'est rien à quoy il semble que nature nous aye plus acheminez qu'à la société ; et dict Aristote, que les bons législateurs ont eu plus de soing de l'amitié, que de la iustice. Or, le dernier poinct de sa perfection est cettuy-cy : car en général toutes celles que la volupté, ou le proufit, le besoing publicque ou privé, forge et nourrit, en sont d'autant moins belles et généreuses, et d'autant moins amitiez, qu'elles meslent aultre cause et but et fruict en l'amitié, qu'elle-mesme... Des enfants aux peres, c'est plustost respect. L'amitié se nourrit de communication, qui ne peult se trouver entre eulx pour la trop grande disparité, et offenseroit à l'adventure les debvoirs de nature ; car ny toutes les secrettes pensées des peres ne se peuvent communiquer aux enfants, pour n'y engendrer une messeante privauté ; ny les advertissements et corrections, qui est un des premiers offices d'amitié, ne se pourroient exercer des enfants aux peres... C'est à la vérité un beau nom et plein de dilection, que le nom de frere,... mais ce meslange de biens, ces partages, et que la richesse de l'un soit la pauvreté de l'aultre, cela destrempe merveilleusement et relasche cette soudure fraternelle ; les freres ayant à conduire le progrez de leur advancement en mesme sentier et mesme train, il est force qu'ils se heurtent et chocquent souvent... Le pere et le fils peuvent estre de complexion entièrement esloingnée, et les freres aussy :... Et puis, à mesure que ce sont amitiez que la loy et l'obligation naturelle nous commande, il y a d'autant moins de nostre choix et liberté volontaire ; et nostre liberté volontaire n'a point de production qui soit plus proprement sienne que celle de l'affection et amitié... D'y comparer l'affection envers les femmes, quoy qu'elle naisse de nostre choix, on ne peult, ny la loger en ce roole. Son feu, ie le confesse, est plus actif, plus cuisant et plus aspre ; mais c'est un feu temeraire et volage, ondoyant et divers, feu de fiebvre, subiect à accez et remises, et qui ne nous tient qu'à un coing. En l'amitié, c'est une chaleur générale et universelle, temperee, au demourant, et esgale ; une chaleur cons-

C'est surtout pendant les premières années, sur les bancs du collège ou de l'école, que se contractent les amitiés durables, et c'est une des raisons pour lesquelles je crois à l'utilité de l'éducation en commun. Celle-ci offre également le grand avantage de provoquer entre les enfants et les jeunes gens une émulation d'où le progrès intellectuel et moral sortira plus rapidement que si chacun recevait isolément les mêmes leçons.

J'estime encore qu'il n'y a pas lieu de séparer, pendant l'instruction et l'éducation, les enfants et jeunes gens des deux sexes. Par des fréquentations quotidiennes et des études communes, ils apprendront à se connaître et à s'apprécier et, recevant une même éducation, ils seront aptes à former des unions mieux assorties, sans nul doute, que celles dont nous avons chaque jour le spectacle et qui sont provoquées, en général, beaucoup plus par l'intérêt que par l'amour.

Je ne crois pas que des jeunes gens et des jeunes filles élevés en commun soient davantage sollicités par les

tante et rassise, toute doulceur et polissure, qui n'a rien d'aspre et de poignant. Qui plus est, en l'amour, ce n'est qu'un desir forcené aprez ce qui nous fuit : aussitost qu'il entre aux termes de l'amitié, c'est-à-dire en la convenance des volontez, il s'esvanouit et s'alanguit ; la iouissance le perd, comme ayant la fin corporelle et subiecte à satieté. L'amitié, au retours, est iouïe à mesure qu'elle est desiree ; ne s'esleve, se nourrit, ny ne prend accroissance qu'en la iouissance, comme estant spirituelle, et l'ame s'affinant par l'usaige. Soubs cette parfaicte amitié, ces affections volages ont autrefois trouvé place chez moy ;... ainsi ces deux passions sont entrees chez moy en cognoissance l'une de l'aultre, mais en comparaison, iamais ; la premiere maintenant sa route d'un vol haultain et superbe, et regardant desdaigneusement cette cy passer ses poinctes bien loing au-dessoubs d'elle. Quant au mariaige, oultre que ce est un marché qui n'a que l'entree libre, sa duree estant contraincte et forcée, dependant d'ailleurs que de nostre vouloir, et marché qui ordinairement se faict à aultres fins, il y survient mille fusees estrangieres à desmesler parmy, suffisantes à rompre le fil et à troubler le cours d'une vifve affection : là, où, en l'amitié, il n'y a affaire ni commerce que d'elle-mesme. Ioinct qu'à dire vray, la suffisance ordinaire des femmes n'est pas pour respondre à cette conference et communication, nourrice de cette saincte cousture ; ny leur ame ne semble assez ferme pour soustenir l'estreincte d'un neud si pressé et si durable. Et certes, sans cela, s'il se pouvoit dresser une telle accointance libre et volontaire, où non seulement les ames eussent cette entiere iouïssance, mais encores où les corps eussent part à l'alliance, où l'homme feust engagé tout entier, il est certain que l'amitié en seroit plus pleine et plus comble ; mais ce sexe, par nul exemple, n'y est encore peu arriver, et, par le commun consentement des escholes anciennes, en est reiecté. » (*Essais*, livre I, ch. XXVII.) Dans ces dernières lignes, Montaigne traduisait le peu de considération dont la femme jouissait à son époque parmi les hommes instruits. Maintenue dans l'ignorance par l'Eglise, elle n'avait, en effet, aucune des qualités intellectuelles qui lui auraient pu permettre de devenir, pour des hommes comme Montaigne, une amie en même temps qu'une épouse.

besoins génésiques qu'ils ne le sont sous le régime actuel de la séparation des sexes. Dans tous les cas, ils ne le seraient que conformément aux lois de la nature, et, par suite, dans des conditions très préférables à celles qui sont créées par le régime de l'isolement des sexes. Par contre, plus l'éducation et l'instruction générale de la femme se rapprocheront de celles de l'homme, et plus ils pourront réaliser cette union des esprits et des corps que Montaigne considérait, non sans raison, comme un idéal, mais qu'il déclarait impossible de son temps et qui l'était alors, en effet, à cause de l'ignorance où l'Eglise maintenait la femme.

Il est important de noter qu'il existe un antagonisme réel entre le travail intellectuel et les passions génésiques. Occuper fortement et d'une manière continue le cerveau d'un jeune homme ou d'une jeune fille, c'est, sans nul doute, le meilleur moyen de les protéger, dans la mesure du possible, contre les préoccupations sexuelles, jusqu'à l'âge où le besoin réel de reproduction se manifeste normalement. Les peuples primitifs, les classes sociales pauvres et, enfin, les classes riches dans lesquelles les exercices ou distractions physiques occupent assez la vie pour ne laisser place à aucun travail intellectuel sérieux, sont, et ont été de tout temps, les milieux où se commettent le plus d'abus génésiques. A mesure que le labeur cérébral se substituera, dans ces trois groupes d'hommes, au travail purement physique ou à l'inactivité, les passions génésiques s'émousseront, pour ne laisser subsister que les besoins réels.

La précocité des mariages est, sans contredit, l'un des moyens pratiques les plus efficaces parmi ceux qui peuvent être recommandés dans le but de mettre les deux sexes à l'abri des débauches ou tout au moins des erreurs et abus génésiques auxquels la jeunesse est exposée. Elle sera beaucoup facilitée par l'éducation en commun des enfants ou des jeunes gens des deux sexes. On en trouve une preuve dans les faits qui se produisent partout où des jeunes gens et des jeunes filles travaillent côte à côte. Dans l'administration des postes et dans les facultés de médecine, les mariages sont fréquents entre employés ou étudiants et ils se font toujours de très bonne heure. L'éducation en commun des sexes, en produisant le même résultat, contribuera puissamment à la moralisation de l'humanité dans le domaine où il est le plus difficile de lui faire adopter des règles morales (1).

Le jeune homme éduqué conformément aux principes de la morale naturelle trouvera dans ces principes le meilleur guide pour le choix de la compagne avec laquelle il affrontera les luttes de la vie. Il la voudra robuste, alerte, laborieuse et tempérante comme lui-même, jolie assez pour satisfaire son goût esthétique et bonne suffisamment pour s'harmoniser avec sa conception morale. Il estimera ces qualités plus que la fortune, non seulement parce qu'il a confiance dans ses propres forces physiques et intellectuelles pour assurer la vie du ménage, mais aussi, parce qu'il tient, en vertu de son égoïsme, à rendre indiscutable, sous tous les rapports, son autorité de chef de famille.

La jeune fille, de son côté, ne voudra s'unir qu'à un homme bien portant, vigoureux, d'une intelligence au moins égale à la sienne et un peu plus âgé qu'elle, car elle sait qu'à son mari reviendra beaucoup plus qu'à elle-même le soin de faire vivre le ménage et de le défendre contre

---

(1) Rabelais avait cette conviction lorsqu'il réunissait, dans son abbaye de Theleme, les enfants des deux sexes, pour y recevoir une éducation commune et se policer par des relations incessantes. « Tant noblement estoient apprins qu'il n'estoit entre eux celluy ne celle qui ne sceust lire, escripre, chanter, jouer d'instrumens harmonieux, parler de cinq ou six languaiges, et en iceulx composer tant en carme que en oraison solue. Jamais ne feurent veuz chevaliers tant preux, tant gualans, tant dextres à pied et à cheval, plus vers, mieulx remuans, mieulx manians tous bastons, que là estoient ; jamais ne feurent veues dames tant propres, tant mignonnes, moins fascheuses, plus doctes à la main, à l'aguille, à tout acte muliebre honneste et libere, que là estoient. Par ceste raison, quand le temps venu estoit que aulcun d'icelle abbaye, ou à la requeste de ses parens, ou pour aultres causes, voulust issir hors, avecques soy il emmenoit une des dames, celle laquelle l'auroit prins pour son devot, et estoient ensemble mariez : et si bien avoient vescu à Theleme en dévotion et amytié, encore mieulx la continuoient ilz en mariaige : d'autant se entreaymoient ilz à la fin de leurs jours comme le premier de leurs nopces. » (*Gargantua*, Liv. I, ch. LVII.)

Il est intéressant de rapprocher ces lignes de celles où Montaigne accuse la femme de n'être pas capable de former dans le mariage une amitié solide avec son époux. Rabelais répond, en quelque sorte, que l'amitié pourra s'allier à l'amour, lorsque les jeunes gens des deux sexes seront élevés ensemble, recevront une même éducation et une même instruction. Et il montre que c'est aussi le meilleur moyen de moraliser les jeunes gens et le mariage.

les accidents de la vie. Elle aimera ce jeune homme avant de s'unir à lui, et le désintéressement propre à l'amour véritable lui inspirera plus de goût pour sa vaillance que pour sa fortune. Peut-être verra-t-on ainsi s'atténuer l'un des vices les plus graves de nos sociétés modernes, celui qui résulte des unions mal assorties au point de vue de l'âge et des qualités physiques. Toute femme chez laquelle l'éducation morale n'a pas tempéré l'égoïsme, possède une tendance à rechercher, dans son union, libre ou légitime, avec l'homme, plutôt le moyen de satisfaire cet égoïsme que celui de fonder une famille vigoureuse et saine. Les unes sont poussées vers la prostitution où elles trouvent du plaisir et de l'argent tant qu'elles sont jeunes et jolies; les autres épousent des hommes beaucoup plus âgés qu'elles, mais jouissant d'une fortune qui leur permettra de satisfaire leur goût pour le luxe et le plaisir. Une très forte éducation morale est seule susceptible de modifier, sur ce point, l'esprit de la femme et de corriger un vice qui constitue une cause puissante de dégénérescence pour notre race.

Confiants dans leurs forces et leur jeunesse, les jeunes gens et les jeunes filles élevés conformément aux principes de la morale naturelle seront unis par l'amour et non par l'intérêt; mais, devenus prévoyants grâce aux habitudes qu'ils ont contractées, ils ne seront pas assez aveuglés par les désirs d'où naît l'amour, pour ne pas se juger réciproquement et peser leurs défauts en même temps que leurs qualités. Leur union définitive sera l'œuvre de leur raison en même temps que celle de leurs sens, et elle sera le point de départ d'une association sans réserve, d'une fusion complète de toutes leurs facultés physiques et intellectuelles.

Vivant dans une société où l'union sexuelle est considérée comme devant être consacrée par la loi, ils s'inclineront devant la coutume pour deux motifs : d'abord, parce qu'ils ne voudront pas s'insurger contre une pratique d'où ne découle aucune cause de trouble pour leur amour, aucun motif de rupture de l'association qu'ils ont résolu de contracter; ensuite, parce qu'ils savent l'un et l'autre que la chair est faible et l'esprit prompt, même chez les êtres les mieux éduqués, les meilleurs et les plus sages et que, par suite, la prudence leur impose de songer, sinon à leurs propres intérêts, du moins à ceux des enfants qui naîtront de leurs amours.

Ils s'efforceront, du reste, de se mettre à l'abri des occasions de chute, en vivant autant que possible l'un auprès de l'autre et en évitant l'oisiveté. Si leur situation est telle que les gains du mari soient insuffisants pour les faire vivre tous les deux, la femme recherchera une occupation qui lui permette de ne travailler que parmi d'autres femmes et, par suite, de ne provoquer chez son mari que le minimum possible du sentiment de jalousie qui est le poison des meilleurs ménages; si les gains du mari sont assez forts pour faire face à toutes les dépenses de la famille, la femme, si riche qu'elle puisse être, ne dédaignera aucune des occupations intérieures de la maison. Elle entretiendra elle-même ou surveillera minutieusement l'entretien du mobilier, du linge, de la propreté de tous les locaux et de tous les objets; elle ne craindra pas, comme on dit vulgairement, de « mettre la main à la pâte » et provoquera par son exemple le zèle de ses serviteurs. Si elle n'est point assez riche pour en avoir, elle n'en sera que plus soucieuse de toujours présenter à son mari, rentrant du travail, un logement très propre et aussi agréablement orné que ses ressources le lui permettront. Une femme aimable, un logement coquet et une table bien servie font plus pour retenir un homme à la maison que tous les discours des moralistes et que tous les sermons débités dans les églises, les temples ou les synagogues. Aussi est-ce surtout aux jeunes filles destinées à devenir les femmes d'ouvriers, d'employés ou de petits bourgeois qu'il faut apprendre à faire la cuisine, à raccommoder le linge, à maintenir la propreté, à orner sans frais inutiles les locaux d'habitation ou de travail.

Tandis que la femme s'efforcera de retenir le mari auprès d'elle pendant les heures et les journées de repos, en lui faisant la vie agréable, le mari devra associer sa compagne, dans toute la mesure du possible, à ses travaux;

il la tiendra au courant de ses actes, l'initiera aux connaissances qu'il possède, lui fera partager ses lectures, la consultera sur la conduite de sa propre vie, sur les décisions à prendre dans l'intérêt de la communauté, la traitera enfin, comme l'associée intime de son existence. C'est ainsi surtout que s'arrondiront les angles de leurs caractères, que s'harmoniseront leurs esprits et que les liens incorruptibles de l'amitié venant renforcer ceux de l'amour, ils finiront par ne former qu'un seul être très fort dans les luttes pour la vie.

Il n'est pas rare que l'union de ménages excellents soit plus ou moins altérée par l'apparition des enfants. Cela tient surtout à ce que ni le jeune homme ni la jeune fille n'ont été instruits avant le mariage des obligations particulières que les enfants doivent nécessairement imposer à leurs parents. Beaucoup de jeunes femmes, surtout parmi celles qui nourrissent elles-mêmes, ont le tort d'oublier qu'elles sont épouses en même temps que mères, et négligent leur mari au profit de leurs enfants. Celles-là n'auront pas le droit de se plaindre s'il leur arrive d'être plus ou moins négligées. Comme tous les sentiments altruistes, l'amour ne peut subsister qu'à la condition d'être payé de réciprocité. Cette observation s'applique, bien entendu, à l'amour véritable, sincère, loyal, naturel pour tout dire en un mot, non à la passion purement cérébrale que les poètes et les romanciers décorent volontiers du nom d'amour, passion de névrosés, que la satisfaction a tôt fait d'épuiser, tandis que les refus l'aigrissent par les blessures faites à l'orgueil de ceux qui en sont les victimes. De cet amour de malades, il ne saurait être question dans un exposé de principes moraux édifiés pour les gens bien portants.

Une mère intelligente, éduquée conformément à ces principes, aura soin de prémunir sa fille, avant le mariage, contre les dangers auxquels l'amour conjugal peut être exposé du fait de l'amour maternel. Elle lui enseignera comment une femme aimant son mari doit s'y prendre pour tenir la balance égale entre les deux affections qui se partagent son cœur; comment les soins donnés à l'enfant ne doivent pas nuire à ceux dus au mari; comment il faut s'y prendre, par exemple, pour que le confortable de ce dernier ne soit pas sacrifié à celui de ses enfants, pour que le repos d'un homme ayant travaillé pendant toute la journée ne soit pas inutilement troublé par ceux au profit desquels il se fatigue; comment, en un mot, il convient de traiter les enfants, pour que, au lieu de désunir le ménage, ils y apportent des liens nouveaux.

La façon d'élever et d'instruire les enfants est actuellement, dans un grand nombre de familles, la cause de discussions quotidiennes d'où résultent parfois des divisions irrémédiables. Cela est dû toujours à ce que l'homme et la femme ont été eux-mêmes élevés, instruits, éduqués de façons tout à fait distinctes. Quelquefois même ils appartiennent à des religions différentes, ou bien ont, sur les questions religieuses, des opinions contraires. Une mère ardemment religieuse, comme il en existe encore beaucoup, voudra initier ses enfants, dès leur plus jeune âge, à ses croyances et à ses pratiques. Il n'en résultera aucun conflit avec son mari, si celui-ci est également religieux ou n'a que de l'indifférence pour les religions. Il en sera autrement, s'il est convaincu de la nocivité de ces dernières et s'il veut que ses enfants les ignorent jusqu'à ce qu'ils soient en état de les juger en toute connaissance de cause. Il y aura alors conflit entre le mari et la femme, et les querelles seront d'autant plus vives qu'ils seront l'un et l'autre plus attachés aux idées qui les divisent. La guerre, dès lors, est dans le ménage, et il en est ainsi parce qu'à l'heure où ces deux êtres furent unis, leurs parents ou eux-mêmes s'occupèrent des convenances sociales plutôt que du tempérament, du caractère, des idées, des croyances de l'un et de l'autre. A leur union sexuelle ne pouvait succéder l'union de leurs intelligences. Ignoré des intéressés eux-mêmes jusqu'à l'apparition des enfants, ce fait a été brutalement mis en lumière le jour où il leur a fallu transmettre à leur progéniture les sentiments, les idées et les croyances de chacun d'eux. Alors seulement, ils se sont aperçus qu'ils ne pouvaient donner à leurs enfants rien qui leur fût commun, parce qu'ils n'avaient, en réalité, rien de commun.

Dans les ménages formés par l'union d'un jeune homme et d'une jeune fille élevés suivant les principes de la morale naturelle, il ne se produira pas de faits de cet ordre. Ayant reçu l'un et l'autre la même éducation morale et la même instruction générale, ils seront animés du même esprit, ils se partageront très simplement les charges que leur imposent l'élevage, la première instruction et l'éducation morale de leurs enfants.

A la mère incombera le soin de les nourrir, de leur inspirer les premières affections, de faire naître en leur cerveau les premières sensations et les idées qui en découlent, de modeler leur jeune intelligence sous son doigt rendu souple et habile par l'amour maternel. On ne saurait lui reprocher de songer à elle-même, de vouloir être la plus aimée par ce petit être qu'elle affectionnait si ardemment avant même qu'il eût vu le jour; on ne s'étonnera pas qu'elle lui apprenne d'abord à appeler la « maman » qui le nourrit, le soigne, le distrait, éveille ses sens et suscite le développement de son intelligence. Mais, épouse aimante autant que mère dévouée, le second mot qu'elle introduira dans la mémoire du petit être, dont elle provoquera la formation par ses lèvres, c'est celui dont il saluera soir et matin, le « papa » qui, par son travail incessant fait vivre la famille.

Je suppose, on le voit, que l'enfant est élevé et nourri par sa mère. C'est, en effet, le vœu que doit former tout moraliste puisant ses principes dans la nature. On ne voit guère de femelle d'animal abandonner à d'autres le soin d'élever sa progéniture. Une mère affectueuse ne sera jamais avantageusement remplacée par une nourrice. S'il arrive que sa santé la mette dans l'impossibilité matérielle de nourrir son enfant, il lui sera facile de se réserver le soin de son élevage, en remplaçant le sein par le biberon et un bon lait. Dans l'état actuel de la science, avec les progrès considérables réalisés par l'allaitement artificiel, il est même permis de se demander si, dans bien des cas, ce dernier ne vaut pas mieux que l'allaitement par la mère. Le biberon employé d'une façon scientifique est, du moins, préférable à la nourrice mercenaire, dont il est fort difficile de connaître exactement la moralité, voire les qualités ou les tares physiques. Celles-là seules peuvent risquer de se faire remplacer par une nourrice, qui sont assez riches pour en avoir une de tout premier choix et qui consentiront à exercer sur elle une surveillance de tous les instants. Dans toutes les autres conditions, le biberon administré par la mère elle-même, sera préférable à la nourrice. Il vaudra même mieux que l'allaitement par la mère, toutes les fois que celle-ci n'aura pas un lait abondant, de bonne qualité, ou ne pourra pas, pour des motifs quelconques, se consacrer entièrement à l'élevage de son enfant.

Pendant toute la première période de la vie de ses enfants, le père ne doit être qu'une sorte de contrôleur de l'éducation maternelle. Absent de la maison ou tout au moins du gynécée pendant la majeure partie de la journée, doté d'une voix plus ou moins rude, d'un visage plus dur que celui de la femme, surtout s'il porte de la barbe, il réunit toutes les conditions pour que ses enfants soient moins familiers avec lui qu'avec leur mère. Il est plus respecté qu'elle, s'il est moins aimé ; il en doit profiter pour distribuer à ses enfants la sanction de leur conduite. Son devoir moral le plus essentiel est de se conduire de telle sorte qu'il représente à leurs yeux la justice ; mais une justice indulgente et affectueuse, que l'on respectera, que l'on aimera même, si elle sait être bonne en même temps que juste.

Connaissant l'antagonisme qui existe entre la famille et la société, le père de famille élevé suivant les principes de la morale naturelle, aura soin de donner et de faire donner à ses fils une instruction telle qu'ils soient en mesure de se suffire à eux-mêmes aussitôt que possible. Les Anglo-Saxons nous donnent à cet égard de précieux exemples. Dès que les jeunes gens sont en état de gagner leur vie, ils quittent la maison paternelle, parfois sans esprit de retour. Si le père est riche, il les aide à s'établir, mais ensuite ne s'en occupe plus. Chaque génération d'Anglais ou d'Américains ne songe qu'à elle-même et juge qu'elle a fait assez pour la génération suivante en lui donnant l'éducation morale, l'instruction intellectuelle et les qualités physiques dont elle aura besoin pour se développer par ses propres forces, comme l'ont fait les générations précédentes. Cette conduite est précisément celle que tiendra l'homme élevé conformément aux principes de la morale naturelle. Et en agissant de la sorte il servira les intérêts de ses enfants, en même temps que ceux de la société.

Sachant qu'ils n'ont rien de certain à espérer de leurs parents, les enfants se mettront au travail de bonne heure ; ils prendront des habitudes d'ordre et d'économie et useront très vite de l'esprit d'initiative qu'on s'est efforcé de leur inculquer. Ils se marieront de bonne heure, parce que leurs parents ne leur fourniront pas les moyens de vivre dans l'oisiveté, le plaisir et la débauche, ainsi que le font aujourd'hui, dans notre pays, beaucoup de jeunes gens appartenant à des familles riches. Si, en Angleterre et aux Etats-Unis les mariages sont, en général, précoces, cela tient non seulement à la grande liberté dont les jeunes filles jouissent, mais encore à la nécessité où se trouvent les jeunes gens de s'établir le plus tôt possible, afin de se créer des ressources qu'ils n'ont point à attendre de leurs parents. Ils évitent ainsi le plus grand des dangers auxquels les jeunes gens sont exposés : celui de l'envahissement de l'esprit par les passions génésiques.

De son côté, le père qui contraint ses enfants à quitter de bonne heure la maison paternelle pour se faire eux-mêmes un sort et qui ne leur donne pas le droit de compter sur sa succession, se débarrasse de l'un des soucis qui pèsent le plus lourdement sur l'esprit des pères de famille français. En raison de nos mœurs et de nos idées, la plupart des Français de la bourgeoisie travaillent pendant toute leur vie, non seulement pour eux-mêmes, mais pour leurs enfants. Ce n'est pas une seule fortune qu'ils se croient tenus de faire, mais autant de fortunes qu'ils ont d'enfants. Et les préjugés sont tels que tout père de famille agissant d'autre manière est considéré par ses enfants et son entourage comme manquant au plus sacré de ses devoirs. On regarderait, dans notre bourgeoisie, comme un père dénaturé, celui qui répéterait le mot prononcé par Franklin au sujet de l'un de ses fils qui, comptant sur l'héritage paternel, tardait à se créer une situation : « Je vais le désabuser, car du train dont je dépense mon argent, il va voir que je ne lui laisserai rien. » (1)

L'abandon des préjugés qui ont cours dans notre pays relativement aux devoirs des pères de famille riches, aurait pour conséquence de permettre à un grand nombre de nos concitoyens de renoncer à leurs travaux professionnels plus tôt qu'ils ne le font d'habitude et de se reposer dans un bien-être propre à assurer la prolongation de leur existence. L'avantage que retireraient les pères de famille de l'application des principes de la morale naturelle serait, en conséquence, au moins égal à ceux qu'elle procurerait à leurs enfants.

La société elle-même en tirerait des profits considérables. D'abord, les pères seraient moins tentés qu'ils ne le sont aujourd'hui de limiter le nombre de leurs enfants. Ils en ont peu, systématiquement, parce qu'ils se croient tenus de laisser à chacun de ceux qu'ils ont, une fortune analogue à celle dont ils disposent eux-mêmes. Aussi voit-on le chiffre de la population décroître dans les classes sociales où la fortune permettrait d'élever un grand nombre d'enfants. Au contraire, elle s'accroît dans les classes pauvres où les parents n'ont ni les moyens ni le temps d'élever leurs enfants et où ceux-ci, parvenus à l'âge de travailler, déterminent l'abaissement des salaires de leurs parents en multipliant les offres de la main-d'œuvre.

Le jour où, sous l'influence des principes de la morale naturelle, nos préjugés relatifs aux devoirs des parents envers leurs enfants disparaîtraient, on verrait les enfants se multiplier dans les familles riches, au grand avantage du corps social, car ces enfants-là sont ceux qui ont le plus de chances d'être convenablement éduqués au point de vue moral et de recevoir une instruction scientifique utile à la société en même temps qu'à eux-mêmes. Avant la Révolution, les familles riches avaient toutes beaucoup

(1) DEMOLINS, *A quoi tient la supériorité des Anglo-Saxons*, p. 110.

d'enfants, parce que l'aîné seul avait droit à l'héritage paternel. Les cadets faisaient aisément leur chemin dans le monde, parce qu'ils n'avaient à compter que sur leurs propres bras, leur intelligence et leur esprit d'intiative. C'est par ces cadets surtout que la France fut, à une époque, la première nation maritime et coloniale du monde.

D'autre part, en se retirant des affaires plus tôt qu'ils ne le font aujourd'hui, nos commerçants et nos industriels serviraient les intérêts généraux de la France, car ils seraient remplacés par des hommes qui, étant plus jeunes, auraient plus de hardiesse, plus de forces, et seraient mieux adaptés aux conditions de leur temps que ne peuvent l'être les anciens, si vigoureux, si intelligents et si expérimentés qu'ils soient.

En résumé, tout homme élevé dans les principes de la morale naturelle ne reculera devant aucun sacrifice pour donner à ses enfants le bien-être et l'instruction qui doivent les rendre forts dans les luttes pour l'existence; mais ensuite, il les abandonnera à eux-mêmes et ne leur promettra rien pour l'avenir. En agissant de la sorte, il servira ses propres intérêts, ceux de ses enfants et ceux de la société. Et ainsi disparaîtront les effets fâcheux qui résultent actuellement, dans notre pays, de la prépondérance accordée à la famille sur la société.

La France, que certains étrangers représentent comme un foyer d'immoralité est, au contraire, le pays où la vie familiale atteint son maximum d'intensité et où la moralité familiale est le plus développée. Je ne veux point dire que l'adultère de la femme ni surtout celui du mari y soient inconnus; mais on commet une grande erreur lorsqu'on juge de sa fréquence d'après les romans ou les œuvres de théâtre de nos littérateurs. Parmi ces derniers, il en est de fort illustres et qui ont puissamment contribué répandre le nom de la France dans le monde, mais il n'en est peut-être pas un seul à qui on ne puisse reprocher de l'avoir déconsidérée moralement auprès des ignorants ou des malveillants. En prenant l'adultère pour thème de la plupart de leurs œuvres, en glorifiant tour à tour les fautes de l'homme et les vices de la femme, ils ont fini par inculquer à une foule de gens, l'idée que la morale familiale est en France très défectueuse. La vérité est, au contraire, que dans aucun pays, les membres de la famille ne sont aussi étroitement liés les uns avec les autres que dans notre pays. Ils le sont même beaucoup trop, car le développement excessif des liens familiaux oppose un obstacle puissant aux relations sociales. Il n'y a pas de pays où le petit bourgeois reste confiné à la maison comme il le fait en France; il n'y en a pas où les associations de diverses sortes et les réunions de sociétés soient moins nombreuses. La plupart des gens restent chez eux ou n'ont de relations qu'avec les membres de leur famille. Dans beaucoup de maisons, même très riches, on ne reçoit que fort peu de personnes en dehors des parents.

D'un autre côté, les cercles sont peu nombreux et ne comptent, en général, qu'une faible quantité de membres. Les cafés sont en grand nombre, mais, comme les cabarets, ils sont fréquentés surtout par les oisifs, qui vont y prendre quelques consommations en faisant une partie de cartes ou de dominos. On ne peut pas dire qu'ils soient des lieux de conversation, d'instruction réciproque, ainsi qu'ils le pourraient être. S'ils contribuent à relâcher les liens de la famille, ce n'est point au profit de la société, car les maris n'y font que dépenser l'argent du ménage en libations ou au jeu.

On se plaint justement de ce que les ouvriers vont au cabaret et les bourgeois au café, tandis que les femmes sont condamnées à garder la maison; mais on ne se rend pas compte que ces habitudes résultent forcément de l'ignorance dont sont affligés la plupart de nos ouvriers et de nos bourgeois et de la différence profonde qui existe entre l'éducation des femmes et celle des hommes. Combien y a-t-il de Français, même dans ce que l'on appelle les professions libérales, sachant assez de choses, en dehors de leur métier, pour être capables de faire des lectures sérieuses et de tenir des conversations intéressantes? L'ouvrier va boire au cabaret, parce qu'il est incapable de rien faire qui l'intéresse en dehors de son travail quotidien. Le bourgeois va jouer sa partie de piquet au café, parce qu'elle le dispense de faire des lectures qu'il ne comprendrait pas, ou de tenir des conversations dans lesquelles il n'aurait rien à dire. L'ignorance s'ajoute aux intérêts familiaux pour rendre fort difficiles les relations sociales.

Le catholicisme, d'autre part, a beaucoup contribué à produire l'isolement des familles et la débauche des jeunes gens, en condamnant comme suspectes les relations des deux sexes et en érigeant la virginité en vertu cardinale. Les mères catholiques cloîtrent volontiers leurs filles à la maison pour les mettre à l'abri des tentations, sans se rendre compte qu'elles retardent ainsi presque inévitablement l'heure de leur mariage, tandis qu'elles condamnent leurs fils à la fréquentation des femmes de mauvaise vie. Dans les pays comme l'Angleterre où les mariages sont précoces, on a pu interdire la prostitution sans inconvénients. Dans ceux, comme la France, où les mariages sont tardifs, beaucoup de gens se demandent s'il n'y aurait pas quelque danger à supprimer sa réglementation. Les doctrines catholiques apparaissent ainsi comme une puissante cause, non seulement d'un isolement des familles nuisible aux intérêts de la société, mais encore de la tardivité des mariages et de l'extension de la prostitution.

Dans une société dont les membres auraient été élevés et éduqués conformément aux principes de la morale naturelle, — société dans laquelle les hommes et les femmes de la même classe auraient une instruction générale commune, — chaque famille, bien loin de s'isoler, formerait un centre d'attraction où se rendraient volontiers, les jours de repos, les membres des familles amies. Les enfants y joueraient en commun, tandis que les parents se distrairaient par des conversations, des lectures à haute voix, des discussions d'affaires ou de politique, chacun apportant à tous les autres le fruit de son expérience personnelle et de ses réflexions. Les lieux de rendez-vous, tels que cercles, cafés, jardins d'été et d'hiver, concerts, etc., seraient fréquentés non par les maris seuls, mais par la famille entière, ainsi que cela se voit depuis longtemps en Allemagne. Les familles amies s'y rencontreraient, des connaissances nouvelles y seraient faites, les enfants et les jeunes gens des deux sexes y noueraient des relations, y prépareraient des mariages, et tous y développeraient leur intelligence et leur moralité par le désir que chacun aurait de plaire aux autres et de s'en faire aimer ou, du moins, estimer. Les diverses classes de la société s'y trouveraient bientôt en contact, parce que tous leurs membres seraient assurés d'y être traités avec le respect auquel chacun estime légitimement avoir droit, et les préjugés qui séparent les classes ou les mettent en lutte les unes contre les autres ne pourraient manquer de disparaître.

Comme conséquence inévitable de l'établissement des relations fréquentes entre les familles, soit à la maison, soit dans des lieux publics, on verrait les hommes, les femmes, les jeunes gens, les jeunes filles et les enfants montrer autant d'ardeur pour former des associations de toutes sortes qu'ils y montrent aujourd'hui de répugnance.

Rien n'est plus utile, pour rapprocher les hommes, que les associations librement formées entre citoyens, en vue d'un but quelconque à réaliser. Même celles dont l'objet paraît futile, doivent être recommandées. A une époque où il n'existait en France à peu près aucune liberté, les orphéons et les fanfares ont puissamment contribué à rapprocher les jeunes gens. Leur esprit s'y éveillait, grâce aux conversations qu'ils avaient avec des citoyens plus âgés qu'eux. Plus tard, les sociétés de gymnastique et de préparation au service militaire ont créé des liens entre un nombre plus considérable encore de jeunes gens appartenant à des classes sociales diverses. Elles contribuent à faire cesser l'isolement où la plupart d'entre eux étaient maintenus par les préjugés familiaux. Les sociétés mutualistes ont fait faire un pas de plus à nos compatriotes dans la même voie, en rapprochant des jeunes gens ou des hommes de diverses classes et de divers âges, autour d'une œuvre commune, à laquelle tous s'attachent de plus en plus à mesure qu'ils en comprennent mieux les avantages et qu'ils en recueillent les profits.

De toutes les sociétés, ces dernières sont, sans contredit, les plus utiles et les plus dignes d'être l'objet de la bienveillance des pouvoirs publics. Il a été fait déjà beaucoup pour elles ; il ne sera jamais trop fait, car ce sont elles qui sont les plus propres à servir l'évolution sociale, sans porter aucun préjudice aux intérêts réels de la famille. Quoique la France soit de tous les pays du monde celui où l'on fait le plus d'économies dans toutes les classes sociales, elle est un de ceux où les sociétés de prévoyance sont le moins développées. Chaque citoyen économise isolément pour lui-même et ses enfants, mais la plupart répugnent à entrer dans des sociétés où leurs économies, étant mises en commun avec celles de tous les autres membres, leur assureraient des avantages considérables, dès le jour de leur entrée dans l'association. Les sociétés mutualistes n'ont commencé à prendre un développement sérieux qu'à partir du jour où l'Etat leur a concédé des avantages pécuniaires. Et encore ne sont-elles guère fréquentées aujourd'hui que par les employés et la petite bourgeoisie. Les ouvriers se montrent généralement peu disposés à en faire partie. Cela tient beaucoup à ce que les avantages de la prévoyance ne sont pas suffisamment connus.

Il en est de la prévoyance comme de toutes les autres qualités morales : elle n'est innée chez personne ; il faut l'enseigner comme la propreté, la bonté, la prudence, etc. Il faut en faire, dès le plus jeune âge, l'objet d'une éducation spéciale. Les hommes et les femmes élevés conformément aux principes de la morale naturelle auront tous appris, dès l'enfance, ce qu'est et ce que vaut la prévoyance ; ils se feront honneur, quelle que soit leur situation de fortune, de faire partie des sociétés mutualistes, soit pour en tirer eux-mêmes profit, soit à titre de membres honoraires, pour accroître les profits de ceux auxquels la prévoyance est nécessaire.

On les trouvera aussi dans les associations qui ont pour objet l'assistance sous ses multiples formes : assistance aux mères pauvres et aux nouveau-nés, aux femmes en couches, aux infirmes, aux vieillards, aux orphelins ou aux enfants moralement abandonnés, aux ouvriers ou ouvrières frappés par le chômage, obligés par la maladie d'interrompre leur travail, etc. Ils n'ignorent pas, en effet, que s'il entre dans les devoirs de l'Etat de secourir toutes les misères, les pouvoirs publics sont obligés, pour cette tâche, de recourir à des formes officielles qui répugnent à un grand nombre de gens et qui se prêtent mal au soulagement des misères purement accidentelles. C'est à celles-là surtout que convient l'assistance privée et c'est celles-là que s'efforceront de soulager les hommes et les femmes éduqués conformément aux principes de la morale naturelle. Ils agiront de la sorte dans un double but : d'abord pour la satisfaction de leur propre conscience, pour le plaisir qu'ils éprouveront à rendre service à un de leurs semblables et, ensuite, pour l'éducation morale de leurs enfants. Ils sont convaincus, en effet, que ce n'est pas au moyen de leçons théoriques qu'ils peuvent inspirer à ces derniers les sentiments de fraternité humaine dont ils sont eux-mêmes animés, mais par des exemples quotidiens. Ils se montreront fraternels à l'égard de ceux qui souffrent, afin que leurs enfants deviennent, à leur tour, fraternels.

On les trouvera, enfin, dans les associations ou réunions ayant pour objet l'étude des problèmes politiques, économiques ou sociaux, car ils ne seront pas moins sensibles aux intérêts du corps social dont ils font partie qu'à ceux de leur famille ou de leurs individualités. Français, ils ne resteront étrangers à rien de ce qui intéresse la France, et n'auront que du mépris pour les charlatanesques bavardages où les métaphysiciens de l'internationalisme discutent le devoir patriotique. Ils aiment leur patrie comme ils aiment leurs enfants et sont prêts à se dévouer pour elle comme pour ceux qu'ils aiment le plus au monde ; mais, en raison même de l'affection qu'ils lui portent, ils veulent qu'elle évite avec soin tout ce qui, en blessant les autres peuples, pourrait la lancer dans les horreurs et les aventures de la guerre. Français, ils chérissent assez la France pour ne lui souhaiter qu'une prospérité tranquille, laborieuse et paisible. Hommes, ils aiment assez l'humanité tout entière, pour aspirer à la suppression des guerres qui la ruinent et la déciment.

Ces sentiments les conduiront naturellement à se mêler de tout ce qui intéresse leur patrie et l'humanité. Ils ne resteront pas enfermés dans la tour d'ivoire de leur égoïsme individuel ou familial. Ils prendront une part active à la vie publique ; ils voudront avoir leur part de responsabilité dans la gestion des affaires du pays.

En résumé, les hommes ou les femmes éduqués selon les principes de la morale naturelle ne renonceront ni à l'égoïsme individuel, ni à l'égoïsme familial dont ils savent que découlent la plupart des progrès réalisés par l'humanité, mais ils contrebalanceront cet égoïsme nécessaire par un altruisme d'autant plus accentué qu'ils seront davantage en situation de rendre service à leurs semblables. Ils agiront de la sorte, non en vertu d'une conception métaphysique de devoirs individuels, familiaux ou sociaux qui sera absolument étrangère à leur esprit, dont ils n'auront pas plus entendu parler que de la divinité, de l'âme ou du libre arbitre, mais en vertu des habitudes qu'ils auront contractées au cours de leur éducation morale. Et ils seront d'autant plus fidèles à ces habitudes qu'ils éprouveraient une souffrance en y renonçant, tandis qu'elles leur procurent un incessant plaisir.

CHAPITRE XII

RAPPORTS DE LA MORALE NATURELLE AVEC LES RELIGIONS ET LES LOIS

§ I

RAPPORTS DE LA MORALE NATURELLE AVEC LES RELIGIONS

Je n'essaierai pas de dissimuler l'antinomie qui existe entre la morale naturelle dont j'ai exposé les principes et la morale des religions. Tandis que cette dernière repose sur la croyance à la divinité, à l'âme et au libre arbitre, la morale naturelle n'exige aucune de ces hypothèses ; elle naît fatalement des besoins naturels de l'homme et des relations que les hommes entretiennent les uns avec les autres. Tandis que la morale des religions suppose, contrairement aux faits les mieux observés, l'existence d'idées ou de sentiments innés relativement au bien et au mal, la morale naturelle nous est apparue comme reposant exclusivement sur l'éducation de chaque individu et variant, en conséquence, avec le niveau intellectuel et la moralité de chaque époque, de chaque société, de chaque famille, de chaque éducateur. Tandis que la plupart des religions considèrent l'homme comme ne pouvant être bon et honnête que si la divinité lui en concède la grâce, la science nous montre que tout homme éduqué par des parents ou des maîtres honnêtes et vivant dans un milieu honnête, deviendra honnête sans avoir à en attendre la faveur d'aucun dieu, ni sans avoir à redouter d'être entraîné à la malhonnêteté par aucun démon. Enfin, tandis que la morale des religions n'a pour sanction que des malheurs ou des félicités, soit pendant la vie et sur notre terre, soit au cours d'une autre vie hypothétique et dans des paradis ou des enfers dont il leur est impossible de démontrer l'existence, la morale naturelle offre pour sanctions à l'honnête homme un plaisir immédiat qu'il n'appartient à personne de lui arracher, celui d'une conscience satisfaite (1). Le besoin de se bien conduire devient en effet, pour l'honnête homme, aussi naturel et aussi impérieux que celui de manger, de boire, de se reproduire, d'exercer les diverses fonctions de son organisme, et la satisfaction de ce besoin moral lui procure des plaisirs plus vifs encore que celle de tous ses besoins physiologiques. C'est là surtout ce qui fait la supériorité de la morale naturelle sur la morale des religions. La première fait de la moralité un besoin ; la seconde l'impose par une contrainte dont les sanctions sont illusoires.

Le seul trait commun que la morale des religions présente avec la morale naturelle est représenté par quelques règles générales, découlant des relations que les hommes entretiennent les uns avec les autres telles que le respect du bien et de la femme d'autrui, l'affection des parents pour leurs enfants, l'affection et le respect des enfants pour leurs parents, etc. Ces règles sont appliquées par les animaux eux-mêmes dans les familles et les sociétés qu'ils forment, sans qu'on ose dire qu'ils les tiennent de la divinité et sans qu'elles leur aient été enseignées par aucune religion.

En dehors de ces règles élémentaires, les morales des religions présentent à l'observateur attentif une immense accumulation de pratiques souvent ridicules et grotesques, parfois lubriques ou sanglantes, dont l'effet le

---

(1) « Enseignez-moi, écrit Sénèque à Lucilius (CXIII), combien est sacrée la justice qui n'a en vue que le droit d'autrui, et d'autre prétention que d'être utile à tout le monde. Qu'elle n'ait rien de commun avec l'intrigue et l'opinion ; qu'elle ne plaise qu'à elle seule ! Qu'avant tout chacun arrive à se dire : « Je dois être juste « sans intérêt. » C'est peu encore. Qu'il se dise : « Je veux pour cette belle vertu me « sacrifier et me sacrifier avec plaisir ; » ainsi toutes nos pensées s'éloigneront le plus possible de nos avantages privés. N'examinez pas si un acte de justice vaut quelque chose de plus que le bonheur d'être juste. »

moins contestable a été de faire naître, chez les peuples les plus religieux, des divisions, des querelles, des guerres, des massacres inconnus parmi les animaux les plus féroces et les hommes primitifs les plus barbares.

Je me bornerai à rappeler quelques faits empruntés indifféremment à toutes les grandes religions. A Babylone, « non seulement chaque fille, pour obtenir la permission de se marier, devait, au moins une fois dans sa vie, à la fête des Sacées (Sukkoth), s'être livrée à un étranger, mais encore plusieurs temples, notamment celui d'Anou, avaient leurs hiérodules (prostituées sacrées) de profession qui ne pouvaient impunément se soustraire à ce servile métier. » (1). Dans la Palestine hébraïque, pendant plusieurs siècles, « les hauts-lieux où l'on offre des sacrifices et de l'encens sont de mauvais lieux. L'ombrage est agréable ; les femmes s'y prostituent en l'honneur d'Astarté ; les prêtres y forniquent avec des filles, y sacrificotent avec des courtisanes sacrées. » (2) A Jérusalem, tout autour de l'enceinte qui contenait le tabernacle et l'autel, se trouvaient « des chambres de courtisanes sacrées et de mignons, et la prostitution masculine aussi bien que la prostitution féminine y fit partie du culte d'Iahvé. » (3) A Byblos, à Tyr, les fêtes sacrées d'Adonis, commencées par des cérémonies funèbres, se terminaient, en l'honneur de la résurrection du dieu, par des scènes d'une lubricité effrénée ; « les

---

(1) TIELE, *Hist. comp. des anc. religions de l'Egypte et des peuples sémitiques*, p. 462.
(2) RENAN, *Hist. du peuple d'Israël*, II, p. 469.
(3) DUJARDIN, *Les origines du judaïsme*, in *Revue des Idées*, 15 avril 1904.
De la prostitution sacrée de Babylone, de Byblos, de Jérusalem sortit l'hétaïrisme grec. Au temps d'Homère, il n'y avait pas de prostitution sacrée ; celle-ci passa d'Asie en Grèce, en même temps qu'Astarté. « A Corinthe, puis à Lesbos et en Ionie, dit André Lefèvre (*La Grèce antique*, p. 94), l'avènement d'Astarté coïncida avec l'institution désormais nationale de l'hétaïrisme. Que ce règne, si curieux, des courtisanes lettrées, poètes, habiles à la musique et à la danse, soit le produit d'une influence étrangère, il est impossible d'en douter. Ces collèges de femmes libres, où les politiques et les philosophes recrutaient leurs amies, les Aphrodites, leurs prêtresses, n'étaient que la transformation fort embellie des troupes lubriques logées dans les sanctuaires d'Asie, dans le propre temple de Salomon. Ils ne sont pas tout de suite arrivés à cette perfection des Sapho, des Laïs et des Aspasie ; longtemps ils sont demeurés dans les temples comme dans une chrysalide... A Corinthe, les courtisanes étaient entourées de considération... Prêtresses, elles étaient chargées d'offrir à la déesse (Athénée) les vœux des citoyens ; ce fut elles qui allèrent implorer Aphrodite, lors de l'invasion perse, et lui rendre grâces après Salamine. En cette occasion, les Corinthiens vouèrent à la déesse un tableau décrit par le poète Simonide, où figuraient toutes ces courtisanes. »

femmes qui avaient refusé de se consacrer en coupant leur chevelure étaient livrées aux étrangers; les vierges devaient faire le sacrifice de leur honneur aux dieux et le prix de la prostitution sacrée était versé dans le trésor du temple. » (1) En Grèce, les enfants étaient éduqués par la lecture de poèmes où les dieux et les déesses se livrent à de telles orgies, à de telles débauches, à de tels adultères, viols, rapts, amours contre nature, etc., que Platon (2) demandait l'interdiction même de ceux du sublime Homère. « Nous ne permettrons, écrivait-il, ni aux vieux ni aux jeunes de dire ou d'entendre de pareils discours, soit en vers, soit en prose, parce qu'ils sont impies, nuisibles et absurdes. » Xénophane, avant Platon, s'était élevé contre les poètes qui « attribuent aux dieux tout ce qui, chez les mortels, est un sujet de honte et de blâme. » (3) A Rome, on représentait sur le théâtre « tous les caprices amoureux de Jupiter; on y voyait sa mort et on y entendait lire sous son nom un testament burlesque. La chaste Diane était ignominieusement fouettée sur la scène. » (4) En Grèce et à Rome, on célébrait, comme en Phénicie, la mort et la résurrection d'Adonis. La fête sacrée commençait, chez les Ioniens, par un concours de buveurs, se continuait par des processions orgiaques et licencieuses, se terminait par le mariage du dieu avec la reine. Après quoi, pendant la nuit, chaque famille mettait sur son foyer une marmite neuve, pleine de graines et de farine que l'on faisait cuire pour les dieux infernaux; et toutes pleuraient le dieu (5). A Rome, les prêtres de Cybèle, tous

---

(1) TIELE, *loc. cit.*, p. 291.
(2) *La République*, livre II.
(3) Voy. DÉCHARME, *La critique des traditions religieuses chez les Grecs*, p. 44. Xénophane est le premier philosophe grec qui ait attaqué de front l'ancienne mythologie et, en particulier, le caractère anthropomorphique des dieux de l'Olympe homérique. « Les mortels, dit-il, croient que les dieux naissent comme eux, qu'ils ont leurs vêtements, leur voix et leur corps... Les Ethyopiens donnent à leurs dieux la couleur noire et le nez camus; les Thraces, des yeux bleus et des cheveux roux. Si les bœufs et les lions avaient des mains, et s'ils savaient dessiner comme les hommes, ils représenteraient aussi les formes et les corps des dieux tels qu'ils sont eux-mêmes; les chevaux les feraient à la ressemblance des chevaux, les bœufs à la ressemblance des bœufs. » (Voy. DÉCHARME, *ibid.* p. 43.)
(4) VILLEMAIN, in traduct. de *La République* de Cicéron, livre IV, note.
(5) FOUCART, *Le culte de Dionysos en Grèce*.

castrats, promenaient la statue de la Grande Mère (la Terre) devenue la mère d'Adonis, à travers les rues. Les mains de ces ministres de la déesse font retentir comme un tonnerre les bruyants tambours et les cymbales sonores ; les accents rauques de la troupe répandent au loin l'effroi, et la flûte éclatante de Phrygie excite le transport dans les esprits. Le cortège sacré brandit ses armes, avec tous les signes d'une fureur implacable, pour terrifier, à l'approche de la déesse, les cœurs ingrats de la multitude... Ses ministres exécutent des jeux avec leurs armes, et, tout souillés de sang, bondissent en cadence, avec des balancements de tête qui font trembler leurs aigrettes menaçantes. » Les adorateurs de la déesse « s'empressant de lui payer leur tribut, jonchent son chemin de pièces d'airain et d'argent ; les feuilles de rose, tombant comme la neige, couvrent d'ombre la mère des dieux et les troupes de son escorte. » (1) Excités jusqu'au délire par la musique, les cris, les gestes frénétiques des prêtres qui se tailladaient les chairs, s'inondaient de sang et glorifiaient la suppression de leur sexe, des jeunes gens se livraient publiquement à leur propre mutilation, tandis que les femmes agitaient de gigantesques images du sexe sacrifié (2).

(1) LUCRÈCE, *La Nature*, livre II, vers 608 et suiv.
A. LEFÈVRE (*La Grèce antique*, p. 365) rappelle les orgies qui marquaient, en Grèce, les fêtes de Dionysos. « Je ne parle pas, dit-il, de ces orgies de femmes, d'où les hommes étaient exclus, solennités nocturnes et funèbres du solstice d'hiver, *Nictélies*, *Triétéries*, où le deuil, l'ivresse, les torches, les cymbales surexcitaient jusqu'au délire et à l'hystérie, les Bacchantes, Clodones, Ménades, Thyades, Mimallones, armées de la férule et du thyrse magique. »
(2) A Hiérapolis (d'après le *De Dea Syria*, 27), « au moment où commençaient les fêtes, les prêtres, à l'extérieur du temple, s'excitant mutuellement, se tailladaient les bras et se frappaient les uns les autres de coups de couteau. La vue du sang, au lieu de les apaiser, les excitait davantage. Près d'eux, des musiciens jouaient de la flûte, et, à l'aide de tambourins et d'instruments divers, entretenaient la frénésie sacrée. On chantait des hymnes, des cantiques : on brûlait des parfums. Dès lors, l'orgie sanglante ne connaissait plus de bornes. Beaucoup de spectateurs, saisis eux-mêmes par cette sorte d'ivresse née de la musique, des parfums et des chants, fanatisés par l'exemple des prêtres, se précipitaient au milieu d'eux, s'emparaient du couteau sacré, réservé à cet usage, et, après s'être châtrés, parcouraient la ville en portant dans leurs mains les parties génitales dont ils venaient de faire l'ablation. Ils les jetaient ensuite à l'intérieur d'une maison, et les habitants de cette maison leur fournissaient des vêtements et des parures de femmes. Ils devenaient alors Galles eux-mêmes, attachés au temple, et soumis à des habitudes de vie spéciales. Le Galle, en effet, était considéré dans toute la Syrie, ainsi qu'en Cypre et en Asie mineure, comme un être en dehors de la foule commune des hommes... Pendant toute sa vie, il était l'objet d'une sorte de respect

Envahis par les religions lubriques et sanglantes de l'Asie, tous les peuples de l'Occident, même les moins civilisés, avaient, sous des noms divers, leurs Adonis, leurs Cybèle, leurs Astarté. Sur les plus hauts lieux, des temples leur étaient dressés, comme en Phénicie ; dans les villes, on célébrait leurs fêtes orgiaques; les peuples s'en étaient épris au point que le christianisme, pour se faire accepter, dut lui-même s'incliner devant le mythe sacré de l'Asie, en substituant le Christ à Adonis, la Vierge mère à Cybèle. A Bethléem, la grotte d'Adonis, où s'était pratiquée la prostitution sacrée, devint, dans la légende chrétienne, la grotte de Jésus. « Bethléem, qui est pour nous aujourd'hui le lieu le plus auguste de toute la terre, écrit saint Jérôme à Paulin, fut outragé jadis par un bois sacré de Thammouz, c'est-à-dire d'Adonis; et dans la grotte où le Christ petit enfant a vagi, on pleurait l'amant de Vénus. » (1) Pendant les fêtes de la semaine sainte, on célébra la mort et la résurrection du Christ par des cérémonies qui rappellent les Adonides et qui, pendant long-

---

craintif de la part de la foule, qui voyait en lui un homme que la déesse avait élu. Souvent aussi, des femmes se sentaient prises pour lui d'une violente passion, et s'abandonnaient à un amour qui, en raison de son inassouvissement même, aboutissait à d'inexprimables fureurs sensuelles. » (VELLAY, *Le culte et les fêtes d'Adonis Thammouz dans l'Orient antique*, p. 164.)

(1) Voy. VELLAY, *loc. cit.*, p. 34. « Dans la Syrie où règne Adonis, dit M. Vellay (*ibid.*, p. 179), la grotte de Bethléem est le théâtre des mystères et des fêtes du dieu androgyne. Les femmes viennent y pleurer sa mort mystique ; c'est un lieu consacré à Astoreth et à Thammouz : dans le bois sacré qui l'entoure, les prêtresses des dieux mènent, au son des flûtes, l'orgie divine ; la prostitution, les chants et les danses s'y entremêlent et s'y confondent comme dans les temples de Byblos. D'année en année, de génération en génération, la coutume religieuse se transmet fidèlement, et le jour où le dieu disparaîtra dans l'oubli, le lieu de ses fêtes n'en demeura pas moins sacré, et si profondément marqué de l'empreinte mystique que le christianisme le choisira à son tour pour y placer la naissance de son dieu. La grotte d'Adonis devient la grotte de Jésus... Dans la grotte sacrée, on pleure et on exalte le dieu mort et ressuscité, et c'est toujours le même dieu, Thammouz, Adonis ou Jésus, sous des formes tour à tour épuisées et rajeunies. La légende qui, de sa naissance à sa mort, accompagne Jésus, s'inspire tout entière des traditions antérieures... Le jour où Adonis sortait du tombeau, les femmes de Byblos le saluaient par ces mots : *Adonis resurrexit*. Le jour de Pâques, les premiers chrétiens s'abordaient avec la même formule : *Christus resurrexit*... Avec le même zèle, la même minutie, la même piété, les fidèles d'Adonis ou de Jésus reconstituent la scène et les circonstances de leur mort. Tous deux, on les ensevelit, on les met au tombeau, on refait avec eux le chemin de leur passion et de leurs souffrances. Là encore, la tradition adonique s'est prolongée sans altération : elle est devenue la cérémonie funèbre du Vendredi saint. En Orient, ce jour-là, on enterre le Christ avec le même apparat, la même pompe, les mêmes soins que les Syriens mettaient à ensevelir Adonis-Thammouz. »

temps, furent l'occasion de scènes non moins grotesques, parfois presque aussi licencieuses que celles du culte oriental.

Les débuts de l'histoire du christianisme furent, d'ailleurs, marqués par la formation de sectes très nombreuses et dont quelques-unes se rendirent célèbres par les excès auxquels leurs membres se livraient. Le point de départ des pratiques n'était pas le même que dans le culte sémitique, mais le résultat final fut identique.

Tandis que toutes les religions de l'antiquité avaient accordé une place prépondérante à la génération, le christianisme la flétrissait et même, pendant un temps, la condamna sous sa forme la plus pure, celle du mariage, tandis qu'il exaltait et a continué d'exalter la continence et la virginité. Saint Paul, faisant allusion à la fin prochaine du monde, écrivait aux Corinthiens (1) : « Le temps est court, ce qui reste à faire, c'est que ceux qui ont des épouses soient comme n'en ayant pas. » Il leur disait encore : « Celui qui marie sa fille fait bien, celui qui ne la marie pas fait mieux. » (2) Il ne permettait le mariage et les relations qu'il comporte qu'à titre de tolérance pour les faiblesses humaines (3). Tertullien était plus rigoureux que Paul : « Il faut autant que possible, disait-il, décourager l'amour en voilant les vierges, » et il s'en fallut de peu que l'usage du voile judaïque des femmes fût introduit dans le christianisme. Il disait encore : « Le mariage, ce

---

(1) *I Cor.*, VII, 29, 35.
(2) *Ibid.*, VII, 38.
(3) « Par égard pour les pères de famille qui avaient sur les bras des filles âgées, dit Renan (*Saint Paul*, p. 396), Paul permet le mariage, mais il ne cache pas le dédain et le dégoût qu'il a pour cet état, qu'il trouve désagréable, plein de trouble humiliant. Le temps est court, dit-il, ce qui reste à faire, c'est que ceux qui ont des épouses soient comme n'en ayant pas... Je veux que vous n'ayez pas de soucis. L'homme non marié a pour souci les choses du Seigneur ; il cherche à plaire au Seigneur. L'homme marié a pour souci les choses du monde ; il cherche à plaire à sa femme ; ainsi il est partagé. La femme non mariée, la vierge, a pour souci les choses du Seigneur ; elle travaille pour être sainte de corps et d'esprit. Mais la femme mariée songe à plaire à son mari. Je vous dis cela pour votre bien, non pour vous tendre des pièges ; je vous le dis en vue de ce qui est le plus honnête et le plus propre à vous permettre de vaquer sans distraction au culte du Seigneur... » Plus tard, à ce qu'il paraît, Paul exprima sur ce sujet des pensées plus justes et vit dans l'union de l'homme et de la femme un symbole de l'amour du Christ et de son Église ; il pose comme loi suprême du mariage, l'amour du côté de l'homme, la soumission du côté de la femme. Il revenait ainsi à la conception judaïque et païenne du mariage.

n'est qu'une œuvre de chair, et vile, méprisable est la chair; le mariage, ce n'est qu'une fornification que la loi autorise et que la coutume accepte. Or, il n'est point de crime pire que celui de fornification; la continence est aussi nécessaire au saint que la prière. » (1)

Des sectes chrétiennes entières, comme celles des gnostiques et des manichéens, proscrivaient le mariage de la manière la plus absolue. Toutes les églises s'efforçaient d'en écarter les jeunes filles, en les effrayant par les dangers de la maternité, tandis qu'on empêchait les veuves de se remarier en leur faisant une situation prépondérante sur les autres femmes.

Comme la nature ne perd jamais ses droits, ces doctrines produisirent les effets les plus désastreux sur ceux qui les mettaient en pratique. Parmi les adversaires les plus résolus du mariage, il s'en trouva, comme les montanistes, pour attacher si peu d'importance aux rapports sexuels, qu'ils les autorisaient dans toutes les conditions imaginables. « La porte, fait observer avec justesse Ernest Renan (2), se trouvait ainsi ouverte à la débauche, en même temps que fermée aux devoirs les plus doux. » Le mysticisme le plus fantasque se mit bientôt de la partie. Dans certaines églises chrétiennes, on vit se produire, sous des formes variées, la plupart des extravagances dont les cultes sémitiques anciens avaient offert le spectacle. Dans les églises de Syrie et de Phrygie, on se livrait couramment aux exercices extatiques et prophétiques. Le succès en fut si grand que les mêmes pratiques se répandirent vers l'Occident jusqu'en Gaule. Les femmes elles-mêmes s'en mêlèrent. A Pépuze, deux extatiques, Maximille et Priscille, virent accourir pour les entendre des chrétiens de tous les pays. Priscille

(1) Voy. GUIGNEBERT, *Tertullien*. p. 281. « Très logiquement, ajoute M. Guignebert, Tertullien en vient à considérer le mariage comme un péché et à se mettre en contradiction absolue avec la tradition orthodoxe : il proclame que ce que l'apôtre a seulement toléré comme une faiblesse, ne saurait être permis, » Tertullien et son école considéraient, en conséquence, la procréation des enfants comme « une grossièreté ajoutée à celle du mariage et une invention du démon... Le chrétien ne doit point désirer d'enfants ; il doit se contenter d'aimer ses frères en Christ et l'Eglise, sa mère; des enfants ne sont pour lui qu'un embarras, qu'une gêne dans la grande affaire du salut. » (*Ibid.*, p. 287.)

(2) *Marc-Aurèle*, p. 215.

racontait qu'une nuit, le Christ l'avait visitée, s'était endormi à côté d'elle et, dans cet embrassement mystérieux, lui avait inoculé toute la sagesse. « Maximille annonçait des persécutions, des guerres, des calamités effroyables et la fin prochaine du monde. Les femmes de ces églises ne s'attribuaient pas seulement le don de prophétie; le presbytérat, l'épiscopat, les charges de l'Eglise à tous les degrés leur étaient dévolus. » On pratiquait des rites singuliers : « Sept vierges portant des flambeaux, vêtues de blanc, entraient dans l'église, poussaient des gémissements de pénitence, versant des torrents de larmes, et déplorant, par des gestes expressifs, la misère de la vie humaine. Puis, commençaient les scènes d'illuminisme. Au milieu du peuple, les vierges étaient prises d'enthousiasme, prêchaient, prophétisaient, tombaient en extase. Les assistants éclataient en sanglots, pénétrés de componction. L'entraînement que ces femmes exercèrent sur les foules et même sur une partie du clergé fut extraordinaire. On allait jusqu'à préférer les prophétesses de Pépuze aux apôtres et même à Christ... Pépuze et Tyrnium devenaient des espèces de villes saintes... On y venait de toutes parts. Les femmes quittaient leur mari comme à la fin de l'humanité. » (1)

Les gnostiques avaient introduit dans les rites chrétiens des cérémonies qui rappelaient par plus d'un trait celles des cultes sémitiques les plus dissolus, et dont les résultats sur les mœurs ne furent pas moins désastreux. Pour l'initiation des membres de l'église des markosiens, ou disciples de Markos, « on dressait un cabinet en forme de chambre nuptiale; puis, avec un appareil de mysticité douteuse et des mots cabalistiques, on feignait de procéder à des noces spirituelles, calquées sur celles des sisygies supérieures. » Les markosiens croyaient, grâce à leurs invocations à Sophia, « obtenir une sorte d'invisibilité, qui les faisait échapper, dans leurs chapelles nuptiales, aux yeux du souverain juge, » (2) d'où il est permis de supposer que l'on n'y reculait guère devant les pires licences.

(1) E. Renan, *Marc-Aurèle*, p. 296.
(2) *Ibid.*, pp. 215 et suiv.

Les prêtres markosiens étaient, du reste, comme Markos lui-même, « grands séducteurs de femmes » et ne gardaient avec ces dernières aucun ménagement. Ils affirmaient qu'ayant « bu la plénitude de la gnose de l'ineffable vertu, » ils « pouvaient librement faire ce qu'ils voulaient. » Markos lui-même traîna pendant longtemps avec lui, dans ses missions évangéliques, la femme d'un diacre d'Asie, qu'il avait séduite et enlevée à son mari. A Lyon, on ne comptait pas le nombre des femmes de la plus haute société qui furent corrompues par lui et ses disciples (1).

Il était impossible que la licence d'une partie de l'Eglise ne déterminât pas, dans quelque autre partie, des excès opposés. Nombreux furent les chrétiens qui, pour échapper au sensualisme des gnostiques, eurent recours à la castration. On vit alors des hommes de la plus haute valeur intellectuelle, comme Origène, se priver de leur virilité, dans l'espoir de se mettre à l'abri des besoins génésiques. Les pouvoirs publics furent contraints d'intervenir pour empêcher l'épidémie de castration qui menaçait de se produire, comme ils avaient dû le faire à l'époque de la toute-puissance des prêtres de Cybèle.

(1) La façon dont Markos et ses disciples administraient les sacrements entraînait, d'après saint Irénée, les plus dangereuses privautés. « Feignant d'être le dispensateur de la grâce, il persuadait aux femmes qu'il était dans le secret de leurs anges gardiens, qu'elles étaient destinées à un rang éminent dans son Eglise, et il leur ordonnait de se préparer à l'union mystique avec lui. — « De moi et par moi, leur disait-il, tu vas recevoir la Grâce. Dispose-toi comme une fiancée qui accueille son fiancé, pour quo tu sois ce que je suis et que je sois ce que tu es. Prépare ton lit à recevoir la semence de lumière. Voici la Grâce qui descend en toi; ouvre ta bouche, prophétise. — Mais je n'ai jamais prophétisé, je ne sais pas prophétiser. — répondait la pauvre femme. Il redoublait ses invocations, effrayait, étourdissait sa victime : « Ouvre la bouche, te dis-je, et parle : tout ce que tu diras sera prophétie. » Le cœur de l'initiée battait fort; l'attente, l'embarras; l'idée qu'en effet peut-être elle allait prophétiser, lui faisaient perdre la tête ; elle délirait au hasard. On lui présentait ensuite ce qu'elle avait dit comme plein de sens sublime. La malheureuse, à partir de ce moment, était perdue. Elle remerciait Markos du don qu'il lui avait communiqué, demandait ce qu'elle pouvait faire en retour, et reconnaissant que l'abandon de tous ses biens en sa faveur était peu de chose, elle s'offrait elle-même à lui, s'il daignait l'accepter. C'étaient souvent les meilleures et les plus distinguées qui étaient ainsi surprises... Les plus riches dames, celles qu'on distinguait à la belle bordure de pourpre de leurs robes, furent les plus curieuses et les plus imprudentes. Les chrétiennes ainsi séduites ne tardaient pas à être désabusées. Leur conscience les brûlait; leur vie désormais était fanée. Les unes confessaient leur péché en public et rentraient dans l'Eglise : d'autres, par honte, n'osaient le faire et restaient dans la position la plus fausse, ni dedans, ni dehors. D'autres, enfin, tombaient dans le désespoir, s'éloignaient de l'Eglise et se cachaient « avec le fruit qu'elles avaient tiré de leurs rapports avec les fils de la gnose, » ajoute malicieusement Irénée. » (Voy. E. Renan, *Marc-Aurèle*, p. 203.)

A mesure que l'Eglise chrétienne se constituait, la partie la plus saine de ses membres, qui fut aussi, il faut bien le dire, la plus nombreuse, condamnait ces pratiques et tentait de faire triompher la décence; mais elle-même était entraînée par la grossièreté de la masse qu'elle avait convertie de gré ou de force. Aussi, pendant tout le moyen âge, les églises furent-elles le théâtre de fêtes où la fantaisie allait, d'ordinaire, jusqu'à la licence. Le christianisme ne se débarrassait des excès du paganisme oriental, que pour tomber dans ceux du paganisme occidental. Dans les églises de Paris, pendant tout le moyen âge, « on célébrait la fête des sous-diacres ou *diacres souls* qui faisaient un évêque des fous, l'encensaient avec du cuir brûlé; on chantait des chansons obscènes, on mangeait sur l'autel. A Evreux, le premier jour de Saint-Vital, c'était la *fête des cornards* : on se couronnait de feuillages, les prêtres mettaient leur surplis à l'envers et se jetaient les uns aux autres du son dans les yeux; les sonneurs lançaient des casse-museaux (galettes). A Beauvais, on promenait une fille et un enfant sur un âne;... à la messe, le refrain chanté en cœur était *hihan!* A Reims, les chanoines marchaient sur deux files, traînant chacun un hareng, chacun marchant sur le hareng de l'autre... » (1) Pour avoir une idée complète de la nature de ces scènes, il faut se rappeler avec quelle recherche de grotesque et de lubricité étaient sculptées les façades des églises, les gargouilles des gouttières, les stalles des chœurs, etc. « A Rouen, un cochon joue du violon; à Chartres, c'est un âne; à Essone, un évêque tient une marotte. Ailleurs, ce sont les images des vices et des péchés sculptées dans la licence d'un pieux cynisme (voyez les stalles de Notre-Dame de Rouen, de Notre-Dame d'Amiens, de Saint-Guinault, d'Essone, etc.). Dans l'église de l'Epine, petit village près Châlons, il se trouve des sculptures très remarquables mais aussi très obscènes. Dans un bas-relief extérieur de la cathédrale de Reims, que l'on a fait effacer, l'artiste n'a pas reculé devant l'inceste de Loth ni les infamies de Sodome. » (2)

---

(1) MICHELET, *Hist. de France*, II, p. 157, note.
(2) *Ibid.*, III, p. 202.

Le christianisme, en somme, se mettait, pour vivre, au niveau intellectuel et moral de la partie la plus grossière de ses fidèles.

Il obéissait aux mêmes préoccupations, lorsqu'il inventait et répandait à travers le peuple toutes les légendes diaboliques par lesquelles il cherchait à terroriser les croyants. Il parvint, en effet, à troubler un nombre indéfini de cervelles, mais les résultats ne furent pas tout à fait ceux qu'il avait cherchés. Le nombre des esprits faibles que la peur du diable retint autour des autels du Christ fut, sans nul doute, considérable. Mais, bien plus grand encore fut celui des cerveaux qu'elle détraqua au point d'en faire des serviteurs de la puissance diabolique. Au moyen âge, en effet, les sorcières sont des êtres réels, le sabbat est un fait indéniable. La sorcière a hérité des pouvoirs mystérieux du prêtre castrat de Cybèle ou d'Adonis; le sabbat pratique, sous des formes nouvelles, les cérémonies fantastiques et orgiaques des dionysiades. La sorcière prédit l'avenir comme la sibylle antique; elle inspire l'amour par des philtres, comme les prêtres de l'Orient; elle organise et dirige, comme les Galles, les fêtes des dieux nouveaux, auxquels le peuple donne sa foi et son culte depuis que le dieu du christianisme réserve ses faveurs aux barons sanguinaires et aux évêques simoniaques. Au sabbat, le diable se fait admirer par la puissance phallique d'Adonis, d'Attis ou de Dionysos, les femmes dansent et s'abandonnent comme dans les fêtes de Babylone et de Byblos. L'Eglise condamne les mariages entre parents; au sabbat, les cousins s'unissent aux cousines, les frères aux sœurs, le peuple prend sa revanche des interdictions faites au nom de Dieu, en se livrant aux unions que le diable provoque. Il y a là tout un paganisme nouveau, que l'Eglise elle-même a créé, en donnant aux démons une importance supérieure à celle des saints, en instituant un Diable aussi puissant, plus puissant même que Dieu, car il peut enlever à ce dernier ses fidèles et contrarier tous ses desseins. Le jour où elle a inspiré au peuple ignorant et grossier l'idée que les démons peuvent tout pour lui, l'Eglise a consacré les sorcières prêtresses du diable et dressé, de ses propres mains, l'autel de Satan en face de l'autel du Christ. Effrayée de son œuvre inconsciente, elle fera brûler les sorcières et les imbéciles qui fréquentent le sabbat; mais ce seront là des crimes inutiles : la sorcière et le sabbat ne disparaîtront que le jour où le peuple, ayant cueilli et mangé le fruit défendu de l'arbre de la science, ne croira plus à Satan, en attendant qu'il ne croie plus à Christ (1).

Il faut rapprocher de l'histoire des sorcières et du sabbat celle des possédés qui jouèrent un si grand rôle, au XVIIe siècle, surtout dans les couvents de femmes. Tant que l'Eglise annonça la fin du monde, elle pouvait maudire le mariage et prescrire le célibat à tous ses adeptes. Plus tard, lorsqu'elle fut devenue puissante, elle cessa de lutter contre la nature, autorisa le mariage, le transforma même en un sacrement pour dominer la famille, mais continua de préconiser le célibat comme la seule vie convenable pour les « saints. » On vit alors se multiplier dans d'effrayantes proportions les corporations d'hommes et de femmes qui se condamnaient au célibat perpétuel. Bien entendu, la nature ne renonça pas à ses droits. Les vices des moines et les débauches des monastères furent tels que le public ne les pouvait ignorer. Ils devinrent l'un des sujets favoris de la littérature du moyen âge. On se bornait, du reste, à en rire, car les mœurs des laïques ne valaient pas mieux que celles des clercs, des moines ou des nonnes.

Après la Réforme, il y eut une amélioration générale des mœurs parmi les laïques, soit parce que l'on redoutait la critique des austères réformés, soit plutôt parce que la civilisation faisait de grands progrès, à la suite de la disparition de la féodalité. Mais les couvents et les monastères continuèrent de subir les conséquences inéluctables du célibat obligatoire; les mœurs s'y voilèrent seulement d'une hypocrisie ou d'un mystère dont, jusqu'alors, elles n'avaient pas eu besoin. Le concile de Trente ayant interdit aux hommes l'entrée des couvents, on ne vit plus les religieuses donner des bals dans leurs cloîtres et le directeur

---

(1) Pour la sorcellerie au moyen âge, voir : MICHELET, La Sorcière et Hist. de Fr., XIII, pp. 215 et suiv.

des consciences fut pendant longtemps le seul homme qui eût le droit d'y pénétrer. Mais la nature se proclama encore invaincue; détournée de ses voies ordinaires, elle provoqua les vices les plus honteux, soumit les confesseurs pudiques aux plus cruelles tentations et livra sans défense aux impudiques des troupeaux entiers de femmes affolées par la solitude et les plaisirs stériles.

Alors reparaissent, sous des formes nouvelles, la doctrine des gnostiques et les pratiques des markosiens, en même temps que naissent les arguties des casuistes. A Louviers, en 1623, un vieux directeur adamite (préconisant la nudité d'Adam) enseigne aux nonnes que « pour mieux entrer en innocence, » il faut « faire mourir le péché par le péché. Ainsi firent nos premiers parents; » il encourage leurs relations les plus vicieuses et permet de contraindre les novices à se montrer toutes nues jusqu'à la table de communion. La célèbre Madeleine, qui devint le sujet principal du procès de Louviers, fut grondée pour avoir, en recevant l'hostie, « essayé de cacher son sein avec la nappe de l'autel. » (1) Ce n'était encore que du quiétisme immoral. Après la mort du vieux prêtre adamite David, avec un directeur plus jeune et plus ardent, le curé Picart, la diablerie fit son entrée au couvent. Maître de l'esprit et du corps de Madeleine, il la terrorise, la rend folle, lui persuade que les débauches où il l'entraîne sont des fêtes du sabbat et l'oblige à enterrer dans le jardin une hostie trempée de son sang qui doit lui attirer les faveurs de toutes les nonnes. La folie gagne d'autres religieuses; elles se croient possédées par le diable, se dénoncent réciproquement, et provoquent, par leurs scandales, un procès de sorcellerie analogue à ceux de Loudun (2) et d'Aix (3), et caractérisé, comme ces derniers, par les plus abominables cruautés qu'il soit possible d'imaginer, commises, sous les yeux d'un public avide de sang et de

---

(1) MICHELET, *Hist. de Fr.*, XV, p. 389, et XIV, p. 143.
(2) Voy. MICHELET, *Hist. de Fr.*, XIV, pp. 135 et suiv. pour l'histoire du couvent et du procès de Loudun et la mort du prêtre Grandier sur le bûcher.
(3) *Ibid.*, XIII, pp. 243 et suiv. pour l'histoire du couvent des carmélites de Marseille et celle du procès de Gauffridi poussé jusqu'au bûcher par les deux religieuses hystériques et folles Madeleine et Louise.

bûchers, par des prêtres et des magistrats dont il y a lieu de se demander s'ils n'étaient pas plus impudiques et plus fous que les nonnes affolées par leurs confesseurs.

Parmi les folies religieuses, faut-il rappeler encore celles des « flagellants » qui, au xve siècle, se réunissaient en bandes et parcouraient les villes en se fouettant réciproquement? Approuvés par le clergé et les moines, acclamés par le peuple, ils ne furent condamnés par le pape que le jour (1414) où ils prétendirent attribuer à la flagellation les mêmes vertus sacramentelles qu'au baptême et à l'absolution, ce qui aurait diminué considérablement le rôle du prêtre dans la société. Je n'insisterai pas non plus sur l'épidémie de folie religieuse qui surgit, en 1729, autour du tombeau du diacre Paris. Les femmes seules étaient atteintes. Elles étaient prises de convulsions violentes et ne trouvaient de remèdes que dans les supplices qui leur étaient infligés par des jeunes gens. Ceux-ci leur labouraient la chair avec des bâtons pointus ou des épées, les attachaient à des croix pour les flageller, les frappaient avec de lourdes pierres, etc. ; tout cela, encouragé par les prêtres jansénistes et applaudi par la foule avec enthousiasme.

Je ne veux pas insister sur ces faits; si je les ai rappelés, c'est uniquement pour éclairer les désordres moraux auxquels la foi peut conduire quand elle parvient à dominer la raison. Ce qu'il en faut retenir, c'est, d'une part, l'analogie qui existe entre toutes les religions et, d'autre part, l'impuissance à laquelle la morale des religions est condamnée quand il s'agit de moraliser les peuples. Comment, du reste, le pourrait-elle, quand elle est incapable d'agir sur les prêtres qui l'enseignent?

Pour s'en convaincre, il suffit de jeter un coup d'œil sur la moralité des gens d'Eglise à l'époque où celle-ci atteignait l'apogée de son autorité sur les hommes. Vers l'an mille, au moment où Grégoire VII dicte ses ordres à tous les souverains de l'Occident, et où les évêques font trembler toutes les classes sociales, ceux des prêtres et des prélats français qui ne sont pas mariés vivent dans un concubinat public. « Leurs enfants deviennent prêtres et évêques ; l'évêque de Dôle pillait son église pour doter ses filles. Les clercs se plaignaient, comme d'une injustice, de ce qu'on refusait l'ordination à leurs enfants. Ils donnaient même leurs bénéfices en dot à leurs filles (au IX° siècle). Leurs femmes prenaient publiquement le nom de prêtresses. La femme du prêtre marche près de lui à l'autel ; celle de l'évêque dispute le pas à l'épouse du comte. » (1) Un contemporain raconte qu'en Bretagne, « certains prêtres avaient jusqu'à dix femmes et même davantage. » (2) La vie publique des évêques était en harmonie avec leur vie privée. « L'Eglise perd toute sa morale ; elle devient, comme la société civile, matérielle, violente, sanguinaire... Les prêtres ont l'épée à la main ; ils pillent sur les routes, tiennent auberge dans les églises, s'entourent de femmes perdues... La papauté est elle-même dégoûtante de sang et de débauches... Marozia et Théodora, deux sœurs influentes par leurs richesses, leur beauté et leurs crimes, font élire leurs amants Sergius III et Jean X au souverain pontificat. » (3) Plus tard, le pape Clément V promène la femme du comte de La Marche, dont il a fait sa maîtresse, d'évêché en évêché, à travers toute la France, « épuisant les églises pour subvenir à son faste et aux dépenses prodigieuses de la femme adultère. » (4) Plus tard encore, le pape Alexandre VI étale devant toute la chrétienté ses amours incestueuses avec sa fille. Au moment où la Réforme va éclater, Léon X vit au milieu d'une cour dont la galanterie et les débauches rappellent à s'y méprendre celles de la Rome césarienne, mais dont l'impiété dépasse tout ce que les anciens avaient pu imaginer. En 1510, un moine austère de la Germanie encore barbare, étant venu faire à Rome un pèlerinage pieux, recula d'horreur et « s'enfuit effrayé » après avoir vu « cette cour voluptueuse, impie, abominable ; ces prêtres qui refusaient de lire la Bible de peur de gâter leur style, qui mêlaient des paroles blasphématoires aux paroles sacramentelles du divin

---

(1) Michelet, *loc. cit.*, p. 223.
(2) Lavallée, *Hist. des Franç.*, I, p. 256, note.
(3) *Ibid.*, I, p. 227.
(4) *Ibid*, I, p. 490.

sacrifice; ces cardinaux mondains et sensuels; ce pape, qui était ou un Jules II, le casque en tête et le blasphème à la bouche, ou Alexandre VI, l'amant incestueux de sa fille, ou Léon X audacieusement incrédule, riant tout haut de la fable du Christ. » (1) Dans l'esprit de ce moine scandalisé, la haine de la papauté naquit avec la résolution de purifier l'Eglise. Il s'appelait Martin Luther. Lorsqu'il quitta l'Italie, la Réforme était virtuellement née, la morale de l'Eglise de Rome était condamnée. Une moitié de l'Europe allait flétrir bientôt cette Eglise elle-même par l'épithète de « grande prostituée de Babylone. »

Cependant, le pape, les évêques, les prêtres séculiers et les moines n'avaient point d'autre tort que d'avoir mis leurs mœurs en harmonie avec celles de la société laïque. En cela comme en tout le reste, ils avaient suivi l'exemple des prêtres de l'Egypte, des lévites d'Israël, des Galles d'Adonis et de Cybèle. Ils pouvaient tenter de se justifier en prétextant l'impossibilité de résister aux courants de débauches, de crimes, de paresse, d'ignorance, qui entraînaient tous les hommes et femmes de leurs temps, mais ils donnent au moraliste impartial le droit de leur faire observer qu'en sollicitant les honneurs, les privilèges et les richesses attachés au sacerdoce, ils avaient recherché le devoir de diriger les hommes et assumé la responsabilité de leur moralisation. Ce devoir, l'histoire établit de la manière la plus irréfutable qu'ils ne surent pas le remplir. J'ajouterai volontiers, faisant preuve d'une indulgente équité, qu'ils ne le pouvaient pas, qu'aucuns prêtres d'aucune religion et d'aucun temps ne l'ont pu davantage et que l'action moralisatrice des prêtres d'aujourd'hui n'est pas plus efficace que ne le fut jadis et que ne pouvait l'être celle des prêtres égyptiens ou hébreux, grecs ou romains, gaulois ou germains.

Il en est ainsi parce que la moralisation des hommes ne peut pas être effectuée par de simples préceptes, même débités de l'autel ou de la chaire. Elle ne peut résulter que d'exemples répétés et imités. Or, nul n'est moins bien

(1) LAVALLÉE, Hist. des Franç., II, p. 302.

placé que le prêtre pour donner les exemples indispensables à l'éducation morale, puisque son premier soin est de se mettre en dehors, pour ne pas dire au-dessus de la société qu'il a théoriquement et professionnellement la prétention de moraliser. Comment le prêtre d'Isis, de Jéhovah, de Jupiter, d'Adonis ou de Christ, pourrait-il provoquer, par de simples leçons théoriques, l'amour du travail chez l'ouvrier auquel il donne l'exemple d'une vie exempte de tout travail matériel, au commerçant ou à l'industriel, alors qu'il vit en dehors de tout commerce et de toute industrie, au savant, alors qu'il condamne la science ou prétend poser une limite à ses recherches ? Comment le prêtre catholique ou le moine bouddhiste pourraient-ils inspirer aux enfants l'amour et le respect de leurs parents, alors qu'eux-mêmes ont eu soin de s'affranchir de toute obligation familiale ? Comment pourraient-ils inspirer des sentiments sociaux aux autres hommes, alors qu'ils ne remplissent aucun des devoirs auxquels les autres citoyens sont soumis ? Alors même que la morale des religions serait parfaite, son enseignement resterait impuissant, parce que ceux qui le donnent ne peuvent pas y ajouter les exemples sans lesquels toute éducation morale est absolument dépourvue d'efficacité.

Les morales religieuses ont toutes un défaut plus grand encore que celui-là : leurs préceptes sont souvent contraires à la morale naturelle ou à la raison, et c'est précisément à ceux-là qu'elles attachent le plus de prix, parce que l'existence de leurs prêtres en dépend. On a tenté d'expliquer par des motifs d'hygiène l'interdiction de manger la chair de certains animaux, qui fait partie de la morale des diverses religions; mais il suffit d'examiner la question d'un peu près pour s'assurer que ces raisons ont été tout à fait étrangères aux ordonnances religieuses. Pourquoi, par exemple, le judaïsme interdisait-il de manger du lièvre, du lapin ou du chameau, alors qu'il autorisait le bœuf, la gazelle, le daim, etc., et pourquoi interdisait-il la grenouille alors qu'il autorisait les sauterelles ? Pourquoi prohibait-il le sang et la graisse de tous les animaux, etc. ? Très certainement, sa conduite en ces matières était inspirée par les préjugés répandus alors parmi le peuple, préjugés qu'il transportait dans sa morale et dont il usait pour assurer à ses prêtres des ressources, car toute violation des règles entraînait une expiation profitable à l'autel. D'autre part, obligé de faire attention à chacun de ses aliments, le fidèle avait sans cesse présente à la pensée sa religion elle-même et ne pouvait oublier son personnel sacerdotal. Les prescriptions du Coran relatives à la prière, aux ablutions, aux aliments; celles du christianisme qui se rapportent aux jeunes, aux prières, à la confession, à la messe, aux sacrements, etc., sont de même ordre. Toutes ces règles tiennent le musulman ou le chrétien sous la menace constante de l'autorité sacerdotale et le contraignent à ne faire aucun acte sans tenir compte de ses conséquences religieuses.

Il est impossible que tout homme doué de quelque philosophie ne trouve pas ces prescriptions ridicules et ne les considère pas comme étrangères à la moralité. Cependant, elles constituent l'une des parties les plus essentielles de la morale des religions. Un musulman serait damné s'il ne faisait pas chaque jour les ablutions prescrites par le Coran ou s'il mangeait du porc; un juif serait voué par sa divinité à tous les malheurs ici-bas ou dans l'autre monde, s'il introduisait la moindre grenouille dans son alimentation ou s'il ne mangeait pas du pain azyme pendant la pâque; un chrétien irait brûler dans les enfers pendant l'éternité s'il ne se présentait pas, chaque année, à l'époque de la résurrection légendaire du Christ, au confessionnal et à la table de la communion, s'il ne se faisait pas mettre dans la bouche une hostie qu'il doit considérer avec une foi aveugle comme formée par le corps même de son Dieu. Il ne serait pas châtié davantage, dans l'autre monde, pour avoir étranglé sa mère ou dérobé la fortune de son voisin, que pour avoir désobéi à ces prescriptions purement rituelles.

Si ridicules que soient ces préceptes soi-disant moraux, leur exécution ou leur inexécution n'intéressent que le croyant auquel la religion les impose. Que celui-ci les accomplisse ou les néglige, cela ne nuit en rien à aucun de ses semblables. Je puis hausser les épaules en voyant le juif, le musulman ou le chrétien obéir docilement à des règles qui, à mes yeux, sont puériles, mais je n'ai pas le moindre motif de me plaindre, s'ils n'essaient pas de me contraindre à agir de la même façon qu'eux. Manger ou ne pas manger du porc, du lièvre ou de la grenouille, faire ou ne pas faire sa prière, aller ou ne point aller à la messe, à confesse, à la communion sont, en fait, des actes amoraux. Si les religions se bornaient à menacer de l'enfer ceux qui les négligent, le philosophe n'aurait rien à leur reprocher.

Malheureusement pour l'humanité, la plupart des religions sont allées et vont beaucoup plus loin : elles prétendent contraindre les hommes à suivre toutes les règles de leurs morales. Après avoir menacé son peuple de tous les malheurs s'il s'avisait d'adorer d'autres dieux que lui-même, Iahvé ordonne : « Quand l'Eternel, ton Dieu, t'aura fait entrer dans le pays dont tu vas prendre possession,... qu'il aura ôté de devant toi beaucoup de nations,... et que l'Eternel ton Dieu te les aura livrées, et que tu les aura battues,... vous démolirez leurs autels, vous briserez leurs statues, vous abattrez leurs emblèmes d'Ashéra et vous brûlerez au feu leurs images taillées;... tu détruiras donc tous les peuples que l'Eternel, ton Dieu, te livre; ton œil sera pour eux sans pitié. » (1) Moïse lui-même donne l'exemple de la fidélité aux ordres impitoyables d'Iahvé. Après avoir attaqué les Madianites, pour les punir de ce que leurs femmes avaient entraîné les Israélites dans l'idolâtrie, et les avoir battus, il s'emporta contre les chefs des tribus qui avaient ménagé les vaincus et leur dit: « Maintenant, tuez tout mâle parmi les petits enfants, et tuez toute femme qui aura eu compagnie d'homme; mais laissez vivre, pour vous, toutes les jeunes filles qui n'ont point eu compagnie d'homme. » (2) Ces pieux exemples furent toujours imités par les Juifs, et les ordres d'Iahvé ne manquèrent jamais d'être exécutés. En 860, Jéhu fait

(1) *Deutéronome*, ch. VII.
(2) *Nombres*, ch. XXXI, 17-18.

brûler toutes les idoles des Samaritains ; puis, à Samarie même, il réunit dans le temple de Baal, comme pour une fête, tous les adorateurs de ce dieu et les fait égorger. Il fait ensuite démolir le temple et édifier sur ses ruines des latrines publiques (1). Après que Joab eut battu les Iduméens, il « égorgea toute la partie mâle de la population. » (2) Plus tard, lorsque David eut vaincu les Ammonites, « on les mit sous des scies et sous des herses de fer, et sous des haches de fer, et on les fit passer par les fourneaux où on cuit la brique. » (3) Lorsque les Juifs ne tuent pas les peuples qu'ils conquièrent, ils leur font subir la circoncision obligatoire et les transforment malgré eux en disciples d'Iahvé. La dernière manifestation de la fidélité des Juifs aux ordres d'Iahvé et aux exemples de Moïse, coïncide avec la ruine de la nation israélite et peut passer pour avoir contribué à provoquer sa destruction. A l'époque des échecs subis par Trajan dans la Mésopotamie, croyant sans doute « que le jour des colères contre les païens était arrivé, et qu'il était temps de préluder aux exterminations messianiques, tous les Juifs se mirent en branle, comme pris d'un accès démoniaque. C'était moins une révolte qu'un massacre, avec des détails d'effroyable férocité... Ces enragés se mirent à égorger les Grecs et les Romains, mangeant la chair de ceux qu'ils avaient égorgés, se faisant des ceintures avec leurs boyaux, se frottant de leur sang, les écorchant et se couvrant de leur peau. On vit des forcenés scier des malheureux de haut en bas par le milieu du corps... On évalue à deux cent vingt mille le nombre des Cyrénéens égorgés de la sorte. C'était presque toute la population ; la province devint un désert... De la Cyrénaïque, l'épidémie des massacres gagna l'Egypte et Chypre... On évalua le nombre des Cypriotes égorgés à deux cent quarante mille... La Basse-Egypte était inondée de sang. Les païens fugitifs se voyaient poursuivis comme des bêtes fauves. » (4)

---

(1) E. Renan, *Hist. du peuple d'Israël*, II, p. 319.
(2) Maspero, *Hist. des peuples de l'Orient*, p. 386.
(3) *Ibid.*, p. 388.
(4) E. Renan, *Les Evangiles*, pp. 504 et suiv.

Ce n'est pas seulement à l'égard des étrangers et des païens que le dieu d'Israël prescrit à son peuple d'être impitoyable : tout Israélite qui adorera les idoles ou qui, seulement, donnera le conseil de les adorer, devra être mis à mort. « Quand tu entendras dire de l'une de tes villes que l'Eternel, ton Dieu, te donne pour y habiter des gens pervers... ont poussé les habitants de leur ville en disant : allons, et servons d'autres dieux... tu chercheras et t'informeras et t'enquerras soigneusement; et si tu trouves que ce qu'on a dit soit véritable et certain... tu feras passer les habitants de cette ville au fil de l'épée... et tu en passeras le bétail au fil de l'épée. Puis, tu rassembleras au milieu de la place tout son butin, et tu brûleras entièrement cette ville et tout son butin devant l'Eternel, ton Dieu. » (1) Les membres d'une même famille ne doivent pas être moins impitoyables entre eux : « Quand ton frère, fils de ta mère, ou ton fils, ou ta fille, ou ta femme bien-aimée, ou ton ami qui t'est comme ton âme, t'excitera en secret, en disant : allons et servons d'autres dieux... tu ne manqueras point de le faire mourir; ta main sera la première sur lui pour le mettre à mort et ensuite la main de tout le peuple. Et tu l'assommeras de pierres et il mourra, parce qu'il a cherché à t'éloigner de l'Eternel, ton Dieu. » (2) C'est encore Moïse lui-même qui donne l'exemple de cette impitoyable férocité religieuse. Les Israélites ayant, dans le désert, fabriqué et adoré des veaux d'or, il se plaça à la porte du camp et dit : « A moi quiconque est pour l'Eternel ! Et tous les enfants de Lévi s'assemblèrent vers lui. Et il leur dit : Ainsi a dit l'Eternel, le dieu d'Israël. Que chacun de vous mette son épée au côté. Passez et repassez, de porte en porte, dans le camp; et tuez chacun son frère, chacun son ami et chacun son voisin. Et les enfants de Lévi firent selon la parole de Moïse; et il y eut en ce jour-là environ trois mille hommes du peuple qui périrent. » (3) A ceux qui les massacrèrent, Moïse avait promis la bénédiction de l'Eternel. Fort

---

(1) *Deutéronome*, XIII, 12-18.
(2) *Ibid.*, XIII, 6-11.
(3) *Exode*, XXXII, 25-29.

heureusement pour le monde ancien, les Juifs ne devinrent jamais un peuple puissant.

Le paganisme fut infiniment moins intolérant que ne l'avait été le judaïsme et que ne devait l'être le christianisme. Toutefois, certaines opinions ou actes antireligieux étaient fort mal vus en Grèce. Anaxagore, au cinquième siècle avant notre ère, fut poursuivi devant la justice d'Athènes pour avoir enseigné que le soleil et la lune n'étaient pas des divinités, ainsi que le croyait le peuple, mais de simples amas de terre ou de pierres. Il ne dut son salut qu'à l'intervention de Périclès et put s'enfuir. Aspasie et Phidias, qui fréquentaient Anaxagore, furent également accusés d'impiété. La première fut acquittée grâce à une plaidoirie émouvante de Périclès. Le second fut condamné à la prison et y mourut. Protagoras fut dénoncé pour avoir dit, à propos de l'existence des dieux : « Beaucoup de choses s'y opposent; et l'obscurité de la question et la brièveté de la vie de l'homme. » On le bannit de l'Attique et ses livres furent brûlés sur l'agora. A Socrate, on reprocha, ainsi qu'à Anaxagore, de considérer la lune et le soleil comme de simples amas de matière et de ne pas reconnaître les dieux de l'Etat. On sait qu'il fut condamné à mort et subit sa peine en buvant de la ciguë dans sa prison. Alcibiade fut poursuivi pour un acte que les lois athéniennes punissaient de la peine de mort : on l'accusait d'avoir, en compagnie de quelques amis, parodié les mystères d'Eleusis, dans la maison de l'un d'entre eux, et pris part à une mutilation des Hermès d'Athènes qui eut lieu, une nuit, pendant la guerre de Péloponèse et dont les auteurs ne furent jamais découverts. Les manifestations de l'athéisme ne furent jamais tolérées; cependant, « à considérer le nombre très restreint des procès d'impiété philosophique dont les écrivains grecs nous ont transmis le souvenir, peut-être pourra-t-on conclure qu'à une certaine époque de l'histoire d'Athènes, qui est la fin du cinquième siècle, la loi sans doute a été sévère pour les libertés de la pensée, mais que, dans la pratique, l'esprit public le fut rarement. » (1) Il y a loin de cette tolérance relative du

---

(1) DECHARME, *La critique des tradit. relig. chez les Grecs*, p. 179.

paganisme grec à l'intolérance violente dont le christianisme devait, dix siècles plus tard, donner le spectacle au monde.

Dans la Rome païenne, jusqu'à l'avènement du christianisme, la tolérance fut beaucoup plus grande encore qu'en Grèce. Aucune religion n'était interdite, ni dans les provinces, ni même dans la capitale. « Tous les cultes qui toléraient les autres étaient fort à l'aise dans l'empire; ce qui fit au christianisme et d'abord au judaïsme une situation à part, c'est leur intolérance, leur esprit d'exclusion... Il n'était pas rare de voir un chrétien s'arrêter devant une statue de Jupiter ou d'Apollon, l'interpeller, la frapper du bâton, en disant : Eh bien, voyez, votre dieu ne se venge pas. » (1) D'autre part, ils se refusaient à l'accomplissement de tous les devoirs politiques et sociaux, se soustrayaient au service militaire, prêchaient contre la famille et la société, répandaient à profusion dans le peuple des prophéties annonçant la fin du monde et la destruction prochaine de l'empire, faisaient appel aux barbares contre l'empire, agissaient, en un mot, comme des ennemis irréductibles, non seulement de la religion, mais encore de la société, de la famille et de la patrie.

Il était impossible que les autorités assistassent indifférentes à une aussi formelle condamnation de tous les éléments constitutifs de l'empire et à une pareille rébellion de l'esprit judaïque contre l'esprit romain. Cependant, il est intéressant de noter que, si les empereurs les plus fidèles aux traditions romaines, tels que les Trajan, les Antonin, les Marc-Aurèle, interdirent le christianisme pour des raisons d'ordre politique (1), les chrétiens ne furent réellement persécutés que par les souverains soumis aux influences orientales. Il semble que l'esprit d'intolérance ait été apporté à Rome par ceux-là mêmes qui devaient en être les victimes. Les empereurs qui brûlent, crucifient, livrent aux bêtes féroces les chrétiens, c'est Néron qui vivait au milieu de Syriens et même de chrétiens, c'est Domitien, dans sa vieillesse, lorsqu'il s'entoura

---

(1) E. Renan, *Marc-Aurèle*, p. 61.

d'astrologues orientaux, c'est Dioclétien qui était lui-même né en Orient. Peu attachés aux traditions romaines, ces empereurs-là toléraient et persécutaient tour à tour les chrétiens, au gré de leurs caprices et sans autre raison que l'intolérance puisée dans leur éducation orientale. Il est, du reste, important de noter que malgré les persécutions, le christianisme se développa beaucoup plus sous leurs règnes que sous celui des pieux et sévères Antonins.

Plus, d'ailleurs, le christianisme prenait d'importance, et plus il appliquait les préceptes des livres mosaïques, plus il devenait intolérant à l'égard des autres religions. Dès que les empereurs eurent embrassé le christianisme, les évêques se firent attribuer les temples et les biens cultuels du paganisme et se substituèrent aux souverains pontifes des cités, tandis que leurs prêtres et leurs fidèles brisaient les statues des dieux, démolissaient leurs sanctuaires et contraignaient les païens à se faire baptiser (1).

Je ne veux pas faire ici la longue, fastidieuse et sanglante histoire des guerres provoquées par les évêques de la Gaule, dans le but de faire détruire par Clovis l'hérésie d'Arius en même temps que les Goths et les Burgondes ou de faire anéantir par Charlemagne les païens de la Saxe

---

(1) La lutte violente de l'Eglise contre le paganisme, en France, se prolongea jusqu'au viie siècle. Les habitants de notre pays restaient d'autant plus intimement attachés au paganisme qu'ils s'étaient davantage imprégnés de l'esprit romain. « Les actes des conciles prouvent combien cette persistance des anciens cultes préoccupe les évêques. Sans cesse ils condamnent ceux qui, après avoir reçu le baptême, retournent aux idoles. Ils les montrent invoquant les démons, mangeant les chairs des animaux immolés pour eux, s'assemblant autour des rochers, des arbres, des fontaines qui leur sont consacrés. » Les rois confirment l'action des conciles. « Nous croyons, dit Chilpéric Ier dans un édit, qu'il est de notre intérêt et de celui de nos sujets que le peuple chrétien, abandonnant le culte des idoles, se consacre au culte de Dieu,... et, comme il est nécessaire que la plèbe qui n'observe pas les recommandations des évêques, soit corrigée par notre pouvoir, nous avons décidé de promulguer partout cet édit. Tous ceux qui, après avoir été avertis, n'auront pas renversé, dans l'étendue de leurs champs, les monuments et les statues consacrés par les hommes aux démons, qui auront empêché les prêtres de le faire, fourniront des garants et devront comparaître devant nous. » En 626 ou 627, un concile mentionne encore en termes précis des païens, par opposition aux chrétiens; c'est à partir du milieu du viie siècle qu'il n'en est plus question. » (C. Bayet, in *Hist. de Fr.* de Lavisse, II, part. I, p. 238.) Il ressort de l'édit de Chilpéric que les prêtres eux-mêmes s'employaient à la démolition des idoles. Ils y mirent, en effet, une très grande ardeur, dès que l'Eglise fut montée sur le trône impérial avec Constantin. Plus tard, comme elle trouvait une très vive résistance, elle prit le biais de transformer en saints les idoles auxquelles le peuple conservait sa foi.

qui ne consentaient pas à se convertir. Je me bornerai à rappeler les deux cents années de guerres, de pillages, de massacres provoqués par les papes en vue de la destruction de l'islamisme, les expéditions incessantes dirigées contre les orthodoxes grecs et cette prise de Constantinople par les latins au cours de laquelle les soldats du pape tuèrent plus de chrétiens schismatiques que les croisés n'avaient massacré de musulmans le jour où ils s'emparèrent de Jérusalem. Je ne rappellerai même pas les croisades des Albigeois, où les pieux barons du Nord massacrèrent et pillèrent, pendant vingt années, les hérétiques de la Provence et du Languedoc. Je ne m'appesantirai pas davantage sur les sanglantes hécatombes de la Saint-Barthélemy, où des Français égorgèrent des Français parce qu'ils n'entendaient pas de la même manière la nature de l'hostie consacrée par le prêtre ; ni les guerres civiles religieuses où tant de catholiques périrent de la main des protestants, tandis que les protestants succombaient sous les armes des catholiques. Je ne m'arrêterai pas davantage aux persécutions dirigées par Luther ou Calvin contre les hommes qui ne s'inclinaient pas devant leurs doctrines ; ni à celles dont les disciples de Luther ou de Calvin furent les victimes de la part des Philippe II, des François Ier, des Louis XIV, etc. Ce serait une trop longue et trop lamentable histoire, que celle des guerres et des persécutions provoquées par les haines qui animent encore les deux grandes sectes chrétiennes et qui, pendant plusieurs siècles, ont troublé la paix de l'Europe. Je me bornerai à citer, en terminant, quelques lignes d'une édition du Catéchisme abrégé du concile de Trente, publiée en janvier 1899, avec l'approbation de l'archevêque de Paris. « Il est clair que les meurtres commis par l'ordre de Dieu ne sont pas des péchés : tel le meurtre des 23.000 Israélites qui avaient adoré le veau d'or et que les Lévites, sur l'ordre de Dieu, passèrent au fil de l'épée. » (1) Voilà ce qu'enseigne officiellement la morale du christianisme au vingtième siècle. En faut-il davantage pour la faire condamner par

---

(1) *Abrégé du catéchisme du saint Concile de Trente*, avec une introduction, des compléments et un questionnaire par les RR. PP. ALEXIS et THÉOPHILE, p. 354.

tous les hommes qui ont quelque peu de raison ou qui, à défaut de raison, ne sont pas tout à fait dépourvus de cœur?

L'islamisme est-il plus tendre pour ceux qui ne le professent pas? Voici la réponse du Koran : « Combattez les infidèles jusqu'à ce qu'il n'y ait plus de schisme, et que la religion sainte triomphe universellement. — O prophète! combats les idolâtres et les impies, sois terrible contre eux. — Aucun prophète n'a jamais fait de prisonniers, qu'après avoir versé le sang d'un grand nombre d'ennemis. — Nourrissez-vous des biens enlevés aux ennemis et craignez le Seigneur. » (1) Je ne veux pas rappeler ici de quelle façon les musulmans ont appliqué ces préceptes, ni à quels massacres de chrétiens ils se sont livrés, à maintes époques de l'histoire. Toutefois, il serait injuste de ne pas reconnaître que l'islamisme s'est, en général, montré moins violemment intolérant que le christianisme. Dernier venu des fils du judaïsme, il a bénéficié du progrès qui s'était opéré dans les mœurs ; on pourrait citer sans effort bien des circonstances où les musulmans ont appliqué le précepte très humain du Koran : « Ne faites point de violence aux hommes à cause de leur foi. » (2) La prise de Jérusalem par Soliman en 636 ne fut marquée par aucune violence à l'égard des chrétiens. Tout au contraire, les pouvoirs des patriarches furent confirmés, les chrétiens continuèrent d'exercer en paix leur culte et les pèlerins purent visiter la terre sainte en toute sécurité. La conduite de Mahomet II après la prise de Constantinople, en 1453, fut identique. Le patriarche grec reçut la juridiction sur les chrétiens orthodoxes de l'empire d'Orient et, sauf en de rares circonstances, le christianisme — je ne dis pas le prosélytisme chrétien — a pu être pratiqué sans entraves dans tous les territoires soumis à l'autorité du sultan. Cependant, il est encore interdit, sous les peines les plus sévères, aux musulmans, de se soustraire à leur religion (3).

(1) *Koran*, ch. LXVI, 9 ; ch. VIII, 68, 70.
(2) *Koran*, ch. II, 257.
(3) Voyez au sujet de la conversion des musulmans : DE LANESSAN, *Les missions et leur protectorat*. (F. Alcan.)

En résumé, tandis que la morale naturelle n'a jamais cessé d'évoluer dans le sens de la tolérance religieuse et de la fraternité humaine, la morale des religions élève entre les hommes des barrières qui, pendant de nombreux siècles, ont été constamment rougies de leur sang et qui, aujourd'hui encore, sont debout dans la plupart des nations. En faut-il davantage pour montrer l'antinomie profonde qui existe entre la morale tout artificielle des religions et la morale naturelle?

Cette antinomie apparaît non moins évidente lorsqu'on étudie comparativement les préceptes des morales religieuses relatifs à la famille et à la société. Je ne reviendrai pas ici sur cet examen, qui a été fait dans les chapitres précédents. Les principaux traits des deux sortes de morales seront, du reste, mis en relief dans l'étude que nous allons faire des rapports de la morale naturelle avec les lois car, chez tous les peuples, même les plus civilisés, la législation est encore imprégnée des principes de la morale religieuse.

Quant aux sanctions morales de la religion, il a pu y être attaché quelque prix dans les époques de barbarie; elles peuvent encore impressionner les individus tout à fait ignorants, irréfléchis ou aveuglés par la passion religieuse, mais il est impossible qu'elles soient prises au sérieux par les gens instruits et ne se laissant guider que par la raison. Tout ce qu'on peut dire des paradis ou des enfers de l'islamisme, du brahmanisme et du bouddhisme, du paganisme grec ou romain et du christianisme, c'est que leur influence morale a dû être bien réduite, car les époques où l'on y ajouta le plus de foi sont précisément celles où la moralité des peuples descendit le plus bas.

Ce fait est, sans contredit, celui qui prouve le mieux l'inefficacité de la morale des religions sur l'évolution de la moralité des peuples. En Israël, l'une des époques où la moralité fut la plus faible est celle de David, dont les prêtres devaient faire un saint parce qu'il servit fidèlement la cause de leur dieu et de leurs intérêts, mais dont la conduite fut, selon la juste expression de Renan, celle d'un « bandit. » (1) La religion fut encore particulièrement puissante sous le règne de Josias, complice de la tricherie sacrée d'où naquit le Livre de l'Alliance. Josias combattit avec acharnement tous les cultes différents de celui d'Iahvé, qui s'étaient introduits parmi les Juifs, mais son règne fut marqué par les plus odieuses déclamations contre tous les progrès et par les excitations les plus violentes aux haines sociales. Enfin, la religion judaïque atteignit l'apogée de son autorité morale et matérielle sous le gouvernement des grands prêtres, qui dura de l'an 131 à l'an 63 avant J.-C. Or, jamais la dissolution des mœurs ne fut plus grande que pendant ces soixante-huit années. « Cette époque fonda justement ce que Jésus combattra le plus énergiquement, la bourgeoisie religieuse, le pharisaïsme et, en face de lui, le saducéisme, le matérialisme religieux, l'idée que l'homme est justifié par les pratiques extérieures et non par la pureté du cœur... Un saint pouvait être un meurtrier, un ivrogne, un homme de mauvaises mœurs. » (2)

En Grèce et à Rome, l'époque où la société bourgeoise et aristocratique descend au plus bas niveau de la moralité est celle où les cultes de l'Orient provoquent le plus de manifestations religieuses. Au Dionysos grec, élégant, des temps antiques, dont Euripide disait qu'il « anime les danses joyeuses au son du chalumeau, fait naître les rires folâtres et dissipe les noirs soucis, » succède un dieu oriental, violent, ivrogne, licencieux, « traînant après lui une foule de compagnons fort équivoques » (3) et déterminant par ses fêtes orgiaques, ses prêtres castrats, ses processions phalliques, une altération profonde de la moralité.

A Rome, l'effet dissolvant de ces cultes fut plus marqué encore qu'en Grèce. Hommes et femmes se précipitèrent dans les sectes où se célébraient les mystères de Bacchus, de Cybèle, d'Isis et manifestèrent bientôt une immoralité si profonde et si dangereuse que l'autorité dut

---

(1) *Hist. du peuple d'Israël*, I, p. 451.
(2) *Ibid.*, V, p. 335.
(3) And. : LEFÈRE, *La Grèce antique*, pp. 365, 373.

intervenir. La religion n'avait jamais exercé autant d'action sur les esprits, mais les mœurs ne furent jamais aussi détestables.

L'époque, au contraire, où la moralité atteint, à Rome, son apogée est celle des Antonins, alors que les religions, tournées en ridicule, font place aux doctrines philosophiques d'Epicure et de Zénon. « La porte était ouverte à tous les progrès. La philosophie stoïcienne pénétrait la législation, y introduisait l'idée des droits de l'homme, de l'égalité civile... Tout le monde s'améliorait... Le soulagement de ceux qui souffrent devenait le souci universel... A la cruelle aristocratie romaine se substituait une aristocratie provinciale de gens honnêtes, voulant le bien. La force et la hauteur du monde antique se perdaient; on devenait doux, bon, patient, humain. » (1)

Après les Antonins, à la fin du deuxième siècle, et malgré l'ardente foi que manifestent les premiers chrétiens, le monde romain s'enfonce peu à peu dans un état de barbarie qui se prolongera presque au seizième siècle. Nulle époque ne fut plus religieuse que le moyen âge, aucune autre ne fut plus barbare et plus immorale. Les testaments des bourgeois contiennent toujours une pensée religieuse, un acte de foi ou une citation de l'Evangile, mais on y trouve aussi des legs pour les bâtards qu'ils ont eus et qui sont connus de leurs femmes, dont la conduite n'est pas meilleure que la leur. L'adultère, la polygamie et la polyandrie sont dans les mœurs, malgré le caractère sacramentel du mariage, tout autant et même plus que dans la Rome dissolue des empereurs syriens. Les mœurs ne commencèrent à s'adoucir qu'au seizième siècle, c'est-à-dire au moment où la foi commença de s'atténuer. Elles n'ont pas cessé de s'améliorer depuis cette époque, alors que l'influence de la religion et la croyance à ses sanctions morales sont allées sans cesse en décroissant. La morale du christianisme n'a pas eu, en somme, plus d'effet sur l'évolution de la moralité des peuples que n'en avaient eu la morale du judaïsme ou celle du paganisme.

(1) E. RENAN, *L'Eglise chrétienne*, pp. 291, 296.

Il ne pouvait pas en être autrement. Si puissantes qu'elles aient été, les religions ne le furent jamais assez pour vaincre les idées, les sentiments, les passions engendrés par l'ensemble des conditions sociales dans lesquelles chaque peuple a vécu. Par un examen attentif des faits, il est facile de s'assurer que bien loin d'agir sur les mœurs, les prêtres de toutes les religions n'ont fait que se plier eux-mêmes aux mœurs des sociétés qu'ils avaient la prétention de moraliser. Au moyen âge, le clergé devient ignorant, barbare et débauché comme les laïques. Au seizième siècle, à mesure que se produit la renaissance de la philosophie antique et que les mœurs s'adoucissent, le clergé devient moins barbare, et les démons tiennent moins de place dans son enseignement moral. Le monde se moralisait, en même temps que s'effectuait l'émancipation des esprits et que les hommes obéissaient davantage aux principes naturels.

§ II

RAPPORTS DE LA MORALE NATURELLE AVEC LES LOIS

Les morales religieuses des divers peuples et les lois qui en découlent plus ou moins directement, n'ont fait que consacrer, d'une part, certaines idées répandues dans toutes les sociétés humaines, même les plus primitives et, d'autre part, les idées particulières inspirées par l'égoïsme individuel des législateurs religieux ou profanes.

Les préceptes qui répondent à la première catégorie de ces idées se retrouvent, sous les mêmes formes, dans tous les livres sacrés et dans toutes les lois. Ils prescrivent : le respect des enfants pour leurs parents, des jeunes gens pour les vieillards, des élèves pour leurs maîtres ; la fidélité à la parole donnée ; la véracité dans les témoignages ; le respect de la vie et de la propriété d'autrui ainsi que celui de sa femme, de ses enfants et de ses serviteurs, etc. Comme il est facile de s'en assurer par les faits exposés ci-dessus, toutes ces prescriptions, envisagées comme autant de devoirs moraux, n'ont fait que sanctionner des sentiments ou des idées qui se sont développés dans l'espèce humaine, par le seul fait des relations de ses membres les uns avec les autres, soit dans la famille soit dans la société, relations établies bien avant qu'il y eût des religions et des lois. Le seul rôle de celles-ci a été de les enregistrer dans leurs livres sacrés ou leurs codes.

Les premiers législateurs furent presque partout des prêtres et certains peuples n'ont eu que des lois religieuses. Ce fut le cas des Egyptiens, des Chaldéens, des Hébreux, des Phéniciens, des Hindous, etc. En Egypte et en Chaldée, la loi ne pouvait manquer d'avoir un caractère religieux puisque le souverain était le chef de la religion. Dans le premier de ces pays, il était même considéré comme une sorte de dieu. Il est probable qu'il en fut de même en Chaldée. En Perse, dans l'Hindoustan et en Israël, le souverain civil était distinct du grand prêtre, mais les lois étaient présentées au peuple comme dictées par la divinité elle-même. Chez les musulmans, le souverain est chef de la religion et les lois sont présentées comme dictées par un ange. En Grèce et à Rome, les premières lois furent fondées sur les idées religieuses, mais il n'y eut jamais de législation religieuse proprement dite.

Il existe une différence profonde entre les lois religieuses et les lois civiles. Les premières ont figé sous une forme à peu près immuable les idées morales du temps où elles furent établies, tandis que les secondes, en avouant leur origine humaine, se proclamaient modifiables et furent, en effet, modifiées d'une manière presque incessante, à mesure que les idées anciennes faisaient place à des conceptions morales nouvelles.

Rien n'est plus intéressant que de comparer, à ce point de vue, la législation soi-disant divine et révélée des Hébreux, avec la législation purement humaine des Romains. Tandis que la morale du *Deutéronome* se présente à nous, aujourd'hui encore, sous la forme où l'on prétend qu'elle fut dictée à Moïse par Jéhovah, dix siècles avant notre ère, la morale des lois romaines s'est modifiée au fur et à mesure que les idées du peuple romain se transformaient. Aussi, le *Deutéronome* est-il violent, brutal, cruellement égoïste comme l'étaient les Hébreux il y a trente siècles, tandis que la législation des Antonins est animée des sentiments de bonté, de fraternité même, que les philosophes répandirent à travers le monde occidental pendant les sept siècles qui séparent Socrate de Marc-Aurèle.

La comparaison de quelques-unes des prescriptions de la loi hébraïque avec les prescriptions analogues de la législation romaine me suffiront pour mettre en relief, à la fois, les différences qui existent entre les deux législations et la supériorité que la seconde avait sur la première en raison de sa perfectibilité.

Dans la loi hébraïque, ce qui domine, ce sont les devoirs envers la divinité ou, pour mieux dire, envers l'autel dont le prêtre vit. « Tu ne mettras pas de retard, ordonne Iahvé, à m'apporter la primeur de ce qui s'entasse dans tes granges, et de ce qui coule dans tes celliers. Tu me donneras l'aîné de tes fils. Tu feras de même pour tes bœufs et tes moutons. Le petit restera sept jours avec sa mère; le huitième jour, tu me le donneras. Tu observeras la fête des azymes... A cette fête, on ne paraîtra pas devant moi les mains vides; — puis la fête de la moisson, où tu apporteras les prémices de ce que tu auras semé dans les champs; — puis, la fête de la récolte des fruits, à la fin de l'année, quand tu récolteras de tes champs le produit de ton travail... Les prémices des fruits de la terre, tu les apporteras à la maison de Iahvé, ton Dieu. » (1) La loi romaine

---

(1) Voyez E. RENAN, *Histoire du peuple d'Israël*, II, pp. 371, 373. Il fait observer que l'offrande du premier-né avait été d'abord un acte de molchisme, c'est-à-dire que l'on faisait brûler le premier-né sur l'autel d'Iahvé. Plus tard, les parents furent autorisés à le racheter.

Dans les *Nombres* (XVIII, 8-19), la loi judaïque précise que toutes les offrandes seront la propriété des Lévites : « L'Éternel dit encore à Aaron : Ceci t'appartiendra d'entre les choses très saintes qui ne sont pas consumées : toutes leurs offrandes, dans toutes leurs oblations, dans tous leurs sacrifices pour le péché, et dans tous leurs sacrifices pour le délit, qu'ils m'apporteront; ces choses très saintes seront pour toi et pour tes enfants. Tu les mangeras dans le lieu très saint... Ceci aussi t'appartiendra : l'offrande prélevée de leurs dons, sur toutes les offrandes agitées des enfants d'Israël; je te les ai données à toi, à tes fils et à tes filles avec toi, par ordonnance perpétuelle... Je t'ai donné aussi leurs prémices qu'ils offriront à l'Éternel, tout le meilleur de l'huile, et tout le meilleur

antique n'avait pas à formuler de semblables prescriptions, car la religion du foyer n'avait pas d'autre prêtre que le chef de la famille. Les offrandes faites aux pénates étaient consommées par le père, sa femme et ses enfants. Quant au culte de la cité, son unique pontife était le chef de l'Etat, et il ne comportait pas d'autre obligation que le repas où les citoyens étaient tenus d'assister chaque année. On ne trouve pas non plus dans la législation romaine antique, les oblations et les sacrifices expiatoires imposés par la loi judaïque au peuple d'Israël pour effacer les péchés volontaires et même involontaires, purifier la femme après ses couches, l'homme après le contact avec des objets soi-disant impurs, etc. On n'y voit pas davantage l'interdiction de tels ou tels aliments, ni les imprécations contre les autres divinités, ni l'ordre de détruire ces dernières et de faire disparaître les peuples qui les adorent, etc. Tous les actes importants de la vie du Romain antique sont placés sous la haute autorité de la religion du foyer et de la cité, mais cette autorité n'est pas tournée au profit d'un corps sacerdotal et elle ne formule aucune règle contre la nature. Même à l'époque de la monarchie, quoique le roi fût souverain pontife de la cité et revêtu du pouvoir absolu, il n'était pas maître de la loi; « il est fait pour appliquer la loi et non pour la changer; en fait, toute déviation de la loi doit recevoir d'abord la sanction de l'assemblée du peuple; si elle ne reçoit pas cette sanction, c'est un acte nul et tyrannique, qui ne peut avoir d'effets légaux. » (1) Dans ces conditions, les lois de Rome étaient nécessairement perfectibles, tandis que la loi mosaïque, en raison de son caractère essentiellement religieux et de son

---

du moût et du froment. Les premiers fruits de tout ce que leur terre produira et qu'ils apporteront à l'Eternel, t'appartiendront... Tout ce qui sera dévoué par interdit en Israël t'appartiendra. Tout premier-né de toute chair qu'ils offriront à l'Eternel, soit des hommes, soit des bêtes, t'appartiendra; seulement, tu rachèteras le premier-né de l'homme..., mais tu ne rachèteras point le premier-né de la vache, ni le premier-né de la brebis, ni le premier-né de la chèvre: ce sont des choses sacrées. Tu répandras leur sang sur l'autel, et tu feras fumer leur graisse en sacrifice fait par le feu, d'agréable odeur à l'Eternel. Et leur chair t'appartiendra... Je t'ai donné toutes les offrandes prélevées sur les choses sacrées que les enfants d'Israël offriront à l'Eternel, à toi, à tes fils et à tes filles avec toi, par ordonnance perpétuelle; c'est une alliance incorruptible, perpétuelle devant l'Eternel, pour toi et pour ta postérité avec toi. »

(1) Mommsen, *Hist. rom.*, I, p. 82.

origine soi-disant divine, ne pouvait pas l'être. A cause de l'époque où elle fut conçue, elle est tellement barbare, violente et impure qu'il est impossible de comprendre qu'on la mette encore entre les mains des enfants.

Pour avoir une idée de ce qui se produisit en fait, chez les deux peuples de Judée et de Rome, envisageons les lois relatives à la famille. Chez les Romains, comme chez les Hébreux, les premières lois consacrèrent le pouvoir que l'homme s'était arrogé de tout temps sur sa femme ou ses femmes et sur ses enfants, en vertu de la supériorité de sa force et de son égoïsme naturel.

D'après la loi mosaïque, l'homme est le maître et, en quelque sorte, le propriétaire de sa femme; il peut la répudier et la tuer si elle est infidèle, mais il s'accorde à lui-même le droit de prendre autant de concubines qu'il lui convient. Non seulement, la loi religieuse lui crée tous ces droits, mais encore elle lui enseigne le mépris de la femme : « Et j'ai trouvé, dit l'*Ecclésiaste* (1), plus amère que la mort, la femme dont le cœur est un piège et un filet, et dont les mains sont des liens ;... entre mille j'ai trouvé un homme, mais je n'ai pas trouvé une femme entre toutes. » La loi mosaïque était, en somme, pour ce qui concerne la femme, aussi antinaturelle que possible. Il en allait de même pour les enfants. Les droits du père sur eux étaient absolus : « Quand un homme aura un enfant pervers et rebelle, qui n'obéira point à la voix de son père ni à la voix de sa mère, et qui, bien qu'ils l'aient châtié, ne veuille point les écouter; son père et sa mère le prendront et le mèneront aux anciens de sa ville... alors, tous les hommes de sa ville le lapideront et il mourra. » (2) Cette loi impitoyable tomba, il est vrai, en désuétude; à l'époque du Thalmud, c'est-à-dire au début de notre ère, on ne l'appliquait plus; mais elle figure encore aujourd'hui dans les livres sacrés des Hébreux. Elle est immuable comme toutes les lois soi-disant révélées.

Dans la cité romaine primitive, tant que la religion fut prépondérante, les droits attribués à l'homme sur sa

(1) Ch. vii, 26, 29.
(2) *Deutéronome*, xxi, 18-21.

femme et ses enfants n'étaient pas moins absolus que ceux inscrits dans la loi mosaïque. Ils avaient la même origine, c'est-à-dire l'égoïsme et l'esprit de domination du mâle qui, après s'en être emparé, les avaient fait consacrer par la religion. Mais, fort heureusement pour les Romains, les coutumes relatives au mariage religieux ne furent inscrites dans aucun code sacré, de telle sorte qu'elles pouvaient être modifiées.

Elles le furent, en effet, dès le cinquième siècle avant notre ère, sous l'influence de l'évolution qui s'était produite dans les idées. La loi des Douze Tables institua, non seulement un mariage civil à l'usage des plébéiens qui, n'ayant pas de foyer sacré, ne pouvaient pas user du mariage religieux, mais encore un mariage par simple consentement mutuel, dans lequel il était possible à la femme de se mettre à l'abri de la puissance maritale. La seule cohabitation d'un homme et d'une femme pendant plus d'une année, ce qu'on appelait l'*usus* ou *consensus mutuus*, produisait les mêmes effets légaux que le mariage civil, c'est-à-dire la soumission de la femme au mari, mais la femme pouvait annuler ces effets et conserver tous ses droits individuels, en cessant chaque année la cohabitation pendant trois jours. Le mari était intéressé à lui permettre d'user de cette procédure, parce qu'elle conservait ainsi le droit d'hériter de ses parents. Il se produisit donc, aussitôt après la promulgation de la loi des Douze Tables, un nombre notable de mariages de cette sorte, surtout parmi les plébéiens.

La même loi modifia considérablement la nature de l'autorité du père de famille et celle de la propriété. Jusqu'alors, le fils aîné héritait seul de la propriété et celle-ci était, en conséquence, exclusivement familiale. La loi des Douze Tables, en autorisant le père de famille à partager son bien entre tous ses enfants ou même à le léguer à un étranger, inaugura le régime de la propriété individuelle.

A partir du cinquième siècle, les lois romaines évoluèrent sans cesse vers l'émancipation de la femme et des enfants, c'est-à-dire vers la substitution de la morale familiale naturelle à la morale religieuse qui faisait du mari et du père un monarque absolu dans la famille. Cette évolution s'accentua beaucoup après l'introduction de la philosophie grecque parmi les Romains. Le droit de répudiation, dont le mari avait joui d'abord sans aucune restriction, fut limité par des lois nouvelles à des cas particuliers, tandis que la femme fut autorisée à demander le divorce, droit qui avait été jusqu'alors réservé au mari. La femme acquit aussi le droit de tester, et les enfants purent disposer librement des biens qu'ils avaient acquis dans le service des armées. Le père, d'autre part, dut réserver, dans son testament, une partie de ses biens pour ses enfants ; s'il négligeait de le faire, le préteur trouvait un prétexte pour modifier les dispositions prises par le testateur. Le droit de vie et de mort du père sur ses enfants, quoique maintenu dans la loi, cessa d'être appliqué jusqu'au jour où Alexandre Sévère le supprima. Sous Auguste, parmi les mesures que prescrivaient les lois papiennes, dans le but de combattre le célibat, figurait une modification profonde, dans le sens libéral, de la législation relative au mariage.

Les mariages religieux étaient alors devenus très rares, parce que les femmes ne voulaient plus se soumettre à la puissance maritale qu'ils entraînaient. Le mariage civil lui-même tombait en désuétude pour le même motif. La forme d'union la plus commune devint celle de la cohabitation, mais beaucoup d'hommes libres s'y soustrayaient parce qu'il leur était interdit d'épouser, même sous cette forme, des affranchies. Le célibat devenait donc de plus en plus à la mode et le concubinat était très commun. Prendre des mesures pour combattre le célibat ne parut pas suffisant aux jurisconsultes de l'empire. Par les lois papiennes, ils s'efforcèrent surtout de rendre le mariage plus facile qu'il ne l'avait été jusqu'alors. D'une part, les hommes libres furent autorisés à épouser des affranchies, ce qui amena la transformation d'un grand nombre de concubinats en unions légales et rapprocha deux classes sociales jusqu'alors séparées. D'autre part, le mariage par simple cohabitation fut beaucoup favorisé. La nouvelle loi accordait, en effet, aux enfants issus de ce mariage, le droit d'hériter de leur mère dans les mêmes conditions que les enfants issus d'un mariage religieux, et autorisait le mari à tester en faveur de sa femme et de ses enfants. Le mariage lui-même pouvait être rompu, comme il s'était formé, c'est-à-dire par simple consentement mutuel. Enfin, sous quelque forme qu'elles fussent mariées, les femmes acquirent le droit de disposer de leurs biens sans aucune autorisation de leur mari. Comme le fait remarquer un éminent jurisconsulte moderne (1), les femmes mariées étaient arrivées, au deuxième siècle, à un degré de liberté inconnu dans la plupart des systèmes de législation... L'absence de puissance maritale fut de droit commun et les femmes atteignirent « ce but que Caton les avait accusées de poursuivre au temps même de leur plus grande dépendance, à savoir d'être libres et égales à leurs maris. » Il n'est point inutile de noter que le christianisme naissant ne fut pas étranger à la modification si profonde apportée alors dans le mariage. Beaucoup de femmes chrétiennes ne voulaient ni du mariage religieux ni du mariage civil et n'acceptaient que le mariage par consentement mutuel ou concubinat légal, afin de conserver toute leur liberté religieuse.

Il semble bien qu'en donnant à la femme la liberté, et en la faisant égale en droits au mari, les lois de l'empire contribuèrent puissamment à l'amélioration des mœurs, car le deuxième siècle de notre ère, pendant lequel la philosophie antique atteignit le maximum de son action dans le monde romain, fut, de l'avis de tous les historiens, un siècle de grande moralité. Ni la rigidité de la religion antique, ni la sévérité de la législation relative à la puissance maritale n'avaient pu empêcher la dissolution des mœurs, à laquelle contribuèrent très puissamment les cultes sémitiques, tandis que cette dissolution disparut ou s'atténua considérablement sous l'influence de la liberté. Entrées en possession de la plus grande somme de droits qu'elles pussent désirer, les femmes étaient en mesure

---

(1) TROPLONG, *De l'influence du christianisme sur le droit civil des Romains*, édit. Bayle, p. 224.

de se faire respecter, et le désir qu'elles en avaient dut contribuer puissamment à les rendre respectables.

Tandis que, grâce à la liberté, la famille se reconstituait, les classes dirigeantes et le gouvernement prenaient, sous l'influence de la philosophie, conscience de leurs devoirs sociaux (1). Tous les hommes publics avaient le sentiment de l'autorité à un degré qui n'a probablement jamais été atteint chez aucun peuple et à aucune époque, mais tous étaient animés des sentiments libéraux et généreux que la plus haute philosophie peut seule inspirer et qui les portaient naturellement à diriger leurs efforts vers le progrès moral et matériel de l'humanité. L'évolution des idées était si profonde qu'un empereur romain déclarait : « Comme Antonin, j'ai Rome pour patrie, comme homme, le monde, » et qu'un autre se vantait d'avoir appris de l'un de ses maîtres « tout ce qu'il y a dans un tyran, d'envie, de duplicité, d'hypocrisie. » (2) Préparés au pouvoir par une éducation imprégnée de haute philosophie, les Antonins n'ont plus rien de commun avec les Césars, « rien du prince héréditaire ou par droit divin ; rien non plus du chef militaire ; » ils exerçaient « une sorte de grande magistrature civile, sans rien qui ressemblât à une cour, ni qui enlevât à l'empereur le caractère d'un particulier. » (3) Marc-Aurèle avait mené dès son enfance la vie d'un stoïcien ; empereur, on l'avait vu circuler dans les rues d'Alexandrie avec le bâton et le manteau des philosophes. Il justifiait au plus haut degré le mot charmant d'Horace sur les effets de l'éducation : « Le vase conserve longtemps le parfum de la première liqueur dont il a été rempli. » (4) Il n'y a donc pas lieu de s'étonner que Renan ait pu dire au sujet des Antonins : « Un vrai sentiment moral anime le gouvernement ; jamais, avant le XVIIIe siècle, on ne fit tant pour l'amélioration du sort de l'humanité. » (5)

---

(1) Au sujet de l'action exercée par la philosophie sur les mœurs et les lois de Rome, voyez : DE LANESSAN, *La morale des religions*, livre III (F. Alcan).
(2) MARC-AURÈLE, *Pensées*, livre I, XI.
(3) E. RENAN, *Marc-Aurèle*, p. 6. — Renan dit d'Adrien : « Il n'adopta aucune religion ni aucune philosophie, mais il n'en niait aucune... Cela le rendit tolérant. » (*L'Église chrétienne*, p. 5.)
(4) HORACE, *Épîtres*, livre I, II.
(5) E. RENAN, *Les Évangiles*, p. 387.

L'une des questions qui attirèrent le plus particulièrement l'attention des empereurs philosophes, est celle de l'esclavage. Pendant bien des siècles, les esclaves avaient été considérés comme la propriété de leur maître, et celui-ci jouissait à leur égard de tous les droits, y compris celui de vie et de mort. Nous devons d'autant moins nous en étonner que le père avait les mêmes droits sur ses enfants et que l'esclave faisait partie de la famille antique. Sous le règne de Néron, une première loi interdit de faire battre dans le cirque les esclaves qui n'auraient pas mérité la mort par leur conduite. Claude ordonna que tout esclave abandonné serait considéré comme ayant reconquis la liberté, et que le maître coupable d'avoir tué son esclave serait puni comme homicide. Une matrone qui avait cruellement maltraité ses femmes fut condamnée par Adrien à cinq années de réclusion. Il interdit aux maîtres de livrer leurs esclaves à la prostitution, ainsi que cela se faisait sur une large échelle dans un but de lucre. Il décida que toute femme esclave, ayant été libre à un moment quelconque de sa grossesse, donnerait nécessairement le jour à un enfant libre et que cet enfant naîtrait romain si ses deux auteurs avaient obtenu le droit de cité avant l'accouchement. Antonin décida que le maître qui tuerait son esclave pour un motif frivole, serait puni de la relégation ou de la mort, que celui qui l'aurait maltraité serait forcé de le vendre, avec interdiction de le racheter ou de le poursuivre de sa colère chez son nouveau maître (1). Marc-Aurèle accorda aux esclaves le droit d'hériter de leurs maîtres lorsque les biens de ces derniers ne seraient pas réclamés ; il traitait les esclaves comme les enfants adoptifs de leurs maîtres. Il prit également des mesures pour que les affranchis fussent mis à l'abri du retour à l'esclavage et pour faciliter les affranchissements (2). Non seulement on appliquait le mot célèbre de Sénèque : « Cet homme que vous appelez votre esclave est né de la même semence que vous, il jouit du même ciel, respire le même air, et, comme vous, vit et meurt. Il

---

(1) Duruy, *Histoire des Romains*, V, pp. 113, 114, 156.
(2) E. Renan, *Marc-Aurèle*.

peut vous voir esclave, comme vous pouvez le voir libre, » (1) mais encore, on faisait entrer de plus en plus l'esclave dans la famille, ce qui était la façon la plus humaine de préparer la suppression de l'esclavage.

De grands progrès sociaux furent également réalisés sous l'influence des doctrines philosophiques. Dans le domaine de l'assistance, Sénèque avait nettement posé le principe sur lequel reposent les devoirs sociaux : « Comment faut-il agir envers les hommes ? Qu'entendons-nous par là ? Quels sont les préceptes que nous donnons ? D'épargner le sang humain ? N'est-ce pas bien peu que de ne pas vous rendre nuisible, quand vous pourriez être utile ? La belle gloire pour un homme d'être humain envers un autre homme ? Ordonnons de tendre la main au naufragé, de montrer le chemin au voyageur égaré, de partager son pain avec celui qui a faim... La nature, en nous formant des mêmes éléments et pour les mêmes fins, nous a créés parents... C'est d'après son ordre que nos mains doivent toujours être prêtes à secourir nos semblables, ayons toujours dans le cœur et la bouche cette maxime : « Homme, je ne puis « regarder comme m'étant étranger rien de ce qui touche « les hommes. » (2) Un peu plus tard, sous le règne de Trajan, Pline le Jeune écrivait : « Il faut rechercher ceux qui sont dans le besoin, leur porter secours, les soutenir et se faire d'eux une sorte de famille. » (3) Ces sentiments étaient très répandus dans la société romaine, car on a conservé cette inscription gravée sur le tombeau d'un inconnu : « Il n'y a qu'une belle chose en la vie, c'est la bienfaisance. » (4)

Depuis une époque très reculée, ces principes étaient appliqués dans les sociétés grecques et romaines. Quoi qu'on en ait dit, ce n'est point le christianisme qui a inventé la charité. Chez les Grecs et les Romains des temps les plus primitifs, toute maison était ouverte aux voyageurs, toute cité se montrait secourable aux malheureux.

---

(1) SÉNÈQUE, *Lettres à Lucilius*, XLVII.
(2) *Ibid.*, XCV.
(3) *Epist.*, IX, 30.
(4) Voy. DURUY, *Hist. des Rom.*, V, p. 428.

Plus tard, toute famille riche eut ses clients, nous dirions aujourd'hui ses pauvres. En Grèce, dès le cinquième siècle, les villes entretenaient des médecins pour soigner les indigents et l'assistance médicale devint même un service municipal. Chaque ville grecque avait un ou plusieurs médecins publics qui visitaient les malades dans la cité et dans les faubourgs. Chacune avait aussi une vaste officine *(iatrium)* où le praticien, aidé de ses élèves et d'esclaves publics, donnait ses consultations, opérait ses malades et distribuait les médicaments nécessaires. Quelques lits y étaient même réservés probablement pour les opérés non transportables ou pour les individus atteints d'affections très graves. » (1) Les villes, d'autre part, se prêtaient secours les unes aux autres en cas de misères exceptionnelles.

Sous les empereurs philosophes, ces pratiques prirent un caractère tout à fait officiel. Par un décret connu sous le nom de « loi alimentaire, » Trajan créa en faveur des enfants pauvres une institution dont Duruy a pu dire avec raison que nos sociétés modernes « n'ont encore rien imaginé d'aussi large et d'aussi habilement conçu. » (2) L'Etat prêtait sur hypothèque, par l'intermédiaire des corps municipaux, de l'argent à certains propriétaires pour l'amélioration de leurs terres et constituait, à l'aide des intérêts, des caisses de bienfaisance pour l'élevage des enfants pauvres. Des particuliers généreux imitèrent l'Etat; les empereurs eux-mêmes fondèrent des institutions personnelles, semblables à celles de l'Etat, et très rapidement, un double résultat fut obtenu : les propriétés améliorées rapportèrent davantage et un grand nombre d'enfants furent secourus, élevés, instruits, rendus propres à travailler pour eux-mêmes et à servir utilement leur pays.« Ces enfants, disait Pline, sont élevés aux frais de l'Etat, pour en être l'appui dans la guerre, l'ornement dans la paix, et d'eux naîtront des fils qui n'auront plus besoin de cette assistance. » Cette belle institution disparut après l'avènement officiel du christianisme.

(1) Voy. Duruy, *Hist. des Rom.*, V, pp. 422 et suiv.
(2) *Ibid.*, p. 785.

A côté des œuvres d'assistance, il existait, au deuxième siècle, d'innombrables sociétés mutualistes. La législation avait interdit, pendant toute la durée de la République et de l'Empire césarien, la plupart des associations, afin de mettre empêchement à l'usage politique qu'en faisaient les partis. Auguste ne toléra que les associations ou « collèges » fondés en vertu d'un sénatus-consulte. Ses successeurs soumirent aux plus terribles châtiments les membres des associations illicites. Adrien, Antonin et Marc-Aurèle, se montrèrent beaucoup plus tolérants et il se forma un très grand nombre d'associations, soit professionnelles, ayant pour objet la défense des intérêts des divers métiers, soit mutualistes, pour assurer des funérailles et un tombeau décents à leurs membres, soulager les misères et soigner les malades, soit de plaisir. Les esclaves étaient admis dans un certain nombre de ces sociétés, celles surtout ayant pour objet les funérailles, et on les voyait s'y asseoir, dans les banquets, à côté des hommes libres.

Enfin, les empereurs philosophes se préoccupèrent, beaucoup plus qu'on ne l'avait fait jusqu'alors, des questions relatives à l'enseignement. On sait que les prêtres du paganisme ne prêchaient ni n'enseignaient. Leur rôle se bornait à l'accomplissement des rites et des sacrifices. L'éducation morale était aux mains des poètes et des philosophes, comme l'enseignement des lettres et des sciences.

En Grèce, il exista de très bonne heure des écoles publiques. On sait que Platon revendiquait même exclusivement pour l'Etat le droit d'instruire les enfants et la jeunesse. A Rome, jusqu'à l'avènement de l'Empire, s'il existait des écoles publiques, elles étaient peu nombreuses et peu importantes. La plupart des jeunes gens suivaient les leçons de maîtres privés, soit à la maison, soit au dehors. Ils se rendaient jusqu'en Etrurie où il fut de mode, pendant longtemps, d'aller chercher l'instruction, particulièrement celle des augures, à laquelle le patriciat romain était fort attaché et dont les Etrusques étaient les créateurs. Lorsque les philosophes et les rhéteurs grecs pénétrèrent dans la République, leurs leçons furent suivies par tous les jeunes gens qui se destinaient à la politique, et c'est chez eux que se formèrent la plupart des grands orateurs.

L'Empire y ajouta un enseignement public, donné par des maîtres auxquels les villes et l'Etat lui-même assuraient un traitement et accordaient de nombreuses dispenses des charges fiscales et autres. Adrien et Antonin surtout donnèrent une grande importance à cet enseignement. Grâce à lui, selon la très juste observation d'un historien moderne, le Gaulois est devenu Romain, non seulement à cause de la substitution du latin au celtique, mais encore par suite de la transformation déterminée par l'école « dans ses sentiments et ses idées. » (1)

En résumé, à la fin du deuxième siècle de notre ère, grâce à l'influence exercée par la philosophie sur les mœurs publiques et sur le gouvernement, la morale individuelle, la morale familiale et la morale sociale avaient réalisé d'énormes progrès. Ceux-ci furent arrêtés net par l'avènement au pouvoir du christianisme.

Issu en droite ligne du judaïsme, le christianisme imprima au monde occidental une direction toute différente de celle qui lui avait été donnée par la philosophie. « Les questions religieuses passant au premier plan, ont rejeté dans l'ombre tout ce qui accaparait autrefois l'attention des hommes. Là sera désormais le champ de bataille, pour les intelligences et les volontés. Que valent maintenant, devant les préoccupations ultra-terrestres, la science et la politique? Elles sont abandonnées l'une et l'autre et pour les mêmes raisons. » (2) Dès le septième siècle, les évêques se sont substitués, dans toutes les villes, d'une part aux souverains pontifes du paganisme dont ils se sont fait attribuer les biens par l'Empire, d'autre part aux comtes impériaux et aux défenseurs des cités, de sorte qu'ils détiennent entre leurs mains tous les pouvoirs religieux, politiques, judiciaires et administratifs.

Le premier usage qu'ils firent de ces pouvoirs fut de supprimer l'enseignement laïque et de substituer aux

(1) G. Bloch, in *Hist. de Fr.* de Lavisse, I, part. ii, p. 391.
(2) *Ibid.*, p. 423.

écoles publiques celles des églises. Pendant tout le moyen âge, « les seules écoles sont les écoles claustrales et épiscopales. » Et dans ces écoles on n'enseigne guère que la théologie (1). Les premiers pères de l'Eglise avaient recommandé la lecture des anciens, mais, à partir de saint Augustin, on n'eut plus pour eux que du dédain. Sous son impulsion, le concile de Carthage défendit aux évêques de lire les auteurs païens. « Faire la guerre à la *curiosité*, telle était à ses yeux la principale fonction de l'épiscopat. » (2) Bientôt, les évêques ne lurent plus rien. D'après Adalbéron, évêque de Laon, au début du xi° siècle, « plus d'un évêque ne savait que compter sur ses doigts les lettres de l'alphabet (3). Bien qu'on inscrivît pompeusement sur les programmes les noms de la géométrie et de l'arithmétique, l'étude de ces sciences était à peu près nulle. On ne cultivait les mathématiques, avouent les bénédictins, que pour calculer le jour de Pâques. Les seigneurs ne savaient, en général, même pas signer leur nom. « Ils aimaient mieux croiser le fer que noircir les parchemins. » Quant aux laïcs roturiers, il était rare d'en rencontrer quelqu'un qui sût lire et écrire. « Les notaires publics étaient si difficiles à trouver qu'on était obligé de passer les actes verbalement. » (4) A la fin du xi° siècle, « les hommes qui savaient faire les quatre opérations de l'arithmétique en se servant de la planche à calcul, de l'*abaque*, excitaient l'admiration générale. » (5) Plus tard, lorsque se constituèrent les confréries de professeurs et de clercs d'où sortirent, au xiii° siècle, les universités de Montpellier et de Paris, c'est encore à peu près exclusivement à la théologie que se borna l'enseignement.

L'Eglise s'était particulièrement efforcée d'écarter de ses écoles tout ce qui touchait au droit romain. Elle voulait se réserver, non seulement la distribution de la justice dont elle s'était emparée presque complètement au vi° siè-

---

(1) G. COMPAYRÉ, *Hist. des doctr. de l'éducat. en France,* I, pp. 40 et suiv.
(2) *Ibid.*, p. 43.
(3) THÉRY, *Hist. de l'éducat. en France*, I, p. 225.
(4) COMPAYRÉ, *loc. cit.*, I, p. 45.
(5) A. LUCHAIRE, in *Hist. de Fr.* de Lavisse, II, part. II, p. 190.

cle (1), mais encore la confection des lois. En fait, les tribunaux civils ne jugèrent, pendant tout le moyen âge, que d'après des coutumes d'origines diverses et très variables d'un point à un autre du territoire, tandis que les papes prenaient des décrets appliqués uniformément par les tribunaux ecclésiastiques. Aussi la justice religieuse finit-elle par être presque toute-puissante. « A la fin du xiie siècle et au commencement du xiiie siècle, la juridiction des tribunaux ecclésiastiques, fortifiée par l'institution des officialités, devenait envahissante. L'Eglise ne se contentait pas de connaître toutes les causes où étaient impliqués ses membres : elle intervenait dans les démêlés des laïques, s'il s'agissait de personnes placées sous sa protection spéciale : les croisés, les orphelins, les veuves, les étudiants, les notaires, les sergents et les autres employés des seigneuries religieuses. Elle prétendait étendre aussi sa compétence à toutes les matières qui pouvaient, de près ou de loin, intéresser la religion. Non seulement les affaires spirituelles proprement dites, vœux, sacrements, dîmes, élections, délits commis dans les lieux saints, sacrilège, hérésie, sorcellerie, simonie, mais le mariage, les fiançailles, les séparations, l'adultère, la légitimation, étaient pour elle des cas religieux. Que reste-t-il aux tribunaux de la féodalité et du roi? » (2)

L'Eglise appliquait-elle du moins, dans sa justice, une

---

(1) A l'époque mérovingienne, « l'Eglise détient une part de plus en plus grande de la justice, qu'il s'agisse de procès entre clercs, ou entre clercs et laïques. Puis aux clercs on assimile les protégés de l'Eglise, les affranchis, les veuves, les orphelins ; plus tard, l'Eglise s'emparera même de toutes les causes relatives aux testaments et aux mariages. A l'action officielle s'ajoute l'intervention officieuse des évêques : on les voit enlever aux comtes les accusés, les prisonniers. La royauté elle-même en arrive à les investir d'un droit de contrôle sur les sentences des comtes. « Si un juge, dit l'édit de Clotaire II, a condamné quelqu'un injustement contre la loi, en notre absence, qu'il soit réprimandé par les évêques, afin que, après un nouvel examen, il puisse amender ce qu'il avait mal jugé. » C'est à l'église qu'ont lieu, même en matière juridique, les serments les plus solennels, et l'on ne manque point de raconter comment la justice divine châtie les menteurs et les parjures... Les églises sont des asiles sacrés qu'on ne peut violer impunément;... même les criminels, dès qu'ils avaient franchi le seuil sacré, étaient sauvegardés. Ce droit d'asile donnait lieu à d'étranges coutumes : de grands personnages, pour échapper à leurs ennemis, s'installaient avec leurs partisans dans les basiliques, dans les maisons épiscopales, et remplissaient le lieu sacré du bruit de leurs chants et de leurs banquets. » (C. BAYET, in *Hist. de France* de Lavisse, II, part. I, p. 235.)

(2) A. LUCHAIRE, *Hist de Fr.* de Lavisse, III, part. I, p. 216.

morale tellement supérieure à celle des tribunaux civils, qu'on y puisse voir une justification de ses accaparements? Tous les historiens ont répondu à cette question d'une manière unanime. Sous les Mérovingiens, l'Eglise avait accepté les pratiques les plus déraisonnables des Germains, notamment les duels et les ordalies. Par contre, il suffisait aux pires criminels de franchir le seuil de ses temples pour se mettre à l'abri de la justice civile. Plus tard, lorsqu'elle institua l'Inquisition contre les hérétiques, sa procédure atteignit un degré d'iniquité auquel jamais, dans aucun pays, la justice n'était tombée. La voie dans laquelle entrait alors la justice civile de tous les peuples était celle de la procédure orale et publique. La justice ecclésiastique, rompant avec ces progrès, ne fit plus que de la procédure secrète, et, supposant l'accusé coupable, n'eut d'autre but que de le contraindre à avouer, fût-il innocent, le crime qu'on lui imputait. « Dénonciations secrètes, enquêtes secrètes d'une police invisible, citations secrètes. L'accusé, traduit devant l'Inquisition, n'avait pas connaissance du nom des témoins qui le chargeaient, ni même des témoignages qui avaient déterminé la conviction du juge. Car le juge était convaincu, dès qu'il avait fait citer. Le juge, ayant ordonné la citation, n'avait plus qu'un but : obtenir des aveux, soit par des interrogatoires captieux, soit au moyen de la torture morale ou proprement dite. » (1)

L'Eglise ayant supprimé, dans ses écoles, l'enseignement du droit romain, celui-ci n'était plus guère connu de personne lorsque l'on découvrit, à Amalfi, en 1135, les *Pandectes* de Justinien. Leur enseignement pénétra bientôt dans les universités, au grand mécontentement de l'Eglise. Le pape Alexandre III défendit d'abord aux clercs de les lire. En 1179, le concile de Latran renouvela cette défense et interdit aux ecclésiastiques les fonctions d'avocat, de juge et d'administrateur dans les cours laïques. En 1219, Honorius III prononça l'interdiction formelle, « sous peine d'excommunication, » d'enseigner le droit civil à

(1) LANGLOIS, *Hist. de Fr.* de Lavisse, III, part. II, p. 75.

l'Université de Paris, placée désormais sous l'autorité exclusive de la papauté (1).

Tandis qu'elle interdisait l'enseignement du droit civil, la papauté réunissait et publiait ses propres lois. En 1152, Eugène III en faisait paraître une première partie sous le nom de *Décret*. Un siècle plus tard, sous le titre de *Décrétales*, Grégoire IX mettait au jour toutes les décisions de ses prédécesseurs, en vue de constituer un code de la justice ecclésiastique et pontificale (2).

Cependant, à mesure que ses forces matérielles s'accroissaient, la monarchie tendait à s'emparer de la justice féodale et de la justice ecclésiastique. L'introduction du droit romain dans l'enseignement favorisa ses efforts, en lui fournissant des juristes. Au xiiie siècle, sous le règne de Louis IX, ceux-ci commencèrent à prendre une place importante dans les cours féodales et à la cour du roi. La lutte était ouverte, dès lors, entre la justice ecclésiastique et la justice civile. Elle devait se terminer par la disparition de la première. Mais, en prenant la place des tribunaux religieux, la justice civile leur emprunta leur procédure inique et leur barbarie. Un historien distingué fait observer qu'à partir du xiiie siècle, tous les traits de la justice inquisitoriale « police invisible, arrestations imprévues, procédures arbitraires et secrètes, tortures meurtrières, châtiments et cérémonies d'un caractère théâtral, confiscations, etc., se retrouvent dans le droit commun de tous les pays qui ont connu l'Inquisition, et notamment de la France. » (3)

La justice civile ne se contenta pas d'emprunter aux tribunaux religieux leur procédure odieuse ; elle se montra encore aussi fanatique et aussi barbare qu'eux. Etablie en France à la demande de Louis IX, l'Inquisition pontificale obtint presque toujours contre les hérétiques ou les sorcières le concours le plus zélé de la justice civile. Celle-ci faisait brûler autant de gens que les inquisiteurs lui en livraient, et le roi y trouvait un gros

---

(1) Langlois, *Hist. de Fr.* de Lavisse, III, ii, p. 329.
(2) Voy. Lavallée, *Hist. des Français*, I, p. 361.
(3) Langlois, *Hist. de Fr* de Lavisse, III, ii, p. 76.

bénéfice puisque les biens des condamnés lui revenaient sans aucun partage avec l'Inquisition (1).

A partir du quinzième siècle, la justice civile commença de se substituer à la justice religieuse dans la poursuite des hérétiques et des sorciers et bientôt rivalisa avec elle pour le fanatisme, la sottise et la barbarie. Sans parler des persécutions contre les réformés, dans lesquelles les parlements se montrèrent, pendant longtemps, non moins impitoyables que la Sorbonne et les évêques, on vit, aux seizième et dix-septième siècles, dans les procès de sorcellerie, les magistrats civils jouer le rôle le plus ridicule en même temps que le plus odieux. En Lorraine, à la fin du seizième siècle, un magistrat de Nancy, du nom de Remy, se vantait d'avoir fait brûler, en seize années, huit cents sorcières. « Ma justice était si bonne, disait-il dans un livre publié en 1596, que l'an dernier, il y en a eu seize qui se sont tuées pour ne pas me passer par les mains. » (2) Emerveillés d'un si grand zèle et de si beaux résultats, les moines du Jura firent appel à un autre magistrat civil, Boguet, contre les sorciers et sorcières qui abondaient dans leurs montagnes. En 1602, Boguet publia un manuel destiné à faire concurrence au *Malleus* des moines dans la direction des procès en sorcellerie. Il affirmait qu'on « ne purgera cette lèpre qu'en brûlant tout jusqu'aux berceaux » et il « fit du pays un désert. » « Il n'y eut jamais, fait observer Michelet, un juge plus consciencieusement exterminateur. » (3) En 1609, dans le procès des sorcières basques, c'est un magistrat bordelais qui dirige les débats, prononce les condamnations et veille à l'exécution des sentences. En moins de trois mois, il fit brûler une foule de sorcières et trois prêtres accusés d'assister au sabbat. Après s'être fait bafouer, tout homme d'esprit qu'il fût, par une impudique audacieuse, il rentra chez lui si fier de ses exploits qu'il en a transmis le récit à la postérité, « surtout, fait observer judicieusement Michelet, en vue de montrer combien la

---
(1) LANGLOIS, *Hist. de Fr.* de Lavisse, III, II, pp. 71 et suiv.
(2) MICHELET, *Hist. de Fr.*, XIII. p. 230.
(3) *Ibid.*, p. 231.

justice de France, laïque et parlementaire est meilleure que la justice des prêtres. » (1) En 1611, en Provence, dans le procès célèbre du prêtre Gauffridi, accusé de sorcellerie et brûlé comme « prince des magiciens, » on vit les membres du parlement d'Aix se mettre à la discrétion des inquisiteurs, instruire la cause, diriger l'accusation, faire visiter les accusés, prononcer la sentence et en surveiller l'exécution, se prêter à toutes les sottises et à toutes les insanités, tant ils étaient « ravis de voir un inquisiteur du pape avouer que dans l'affaire d'un prêtre, dans une affaire de sortilège..., eux, laïques, fussent érigés par l'Eglise elle-même en censeurs et réformateurs des mœurs ecclésiastiques. » (2) Dans le procès de Loudun, qui se termina, en 1634, par la mort sur le bûcher d'un autre prêtre, Urbain Grandier, les magistrats s'étant montrés sceptiques à l'égard de la possession diabolique des religieuses, c'est un agent du roi qui met toute l'affaire en train (3).

Les parlements et le roi étaient poussés, dans toutes ces affaires, par le désir de substituer leur justice à celle de l'Eglise. Pour y parvenir, ils flattaient les passions de la masse ignorante, sauvage, toujours en quête de spectacles émouvants, de procès où le tragique se mêlait à la lubricité. Aussi voit-on, pendant deux siècles, le roi et les parlements faire la chasse aux sorcières, aux protestants, aux jansénistes, à tout ce que l'Eglise condamne, et montrer tant de sectarisme, tant de pieuse cruauté que le peuple se déclare satisfait. Il l'est en réalité, jusqu'au jour où les sottes méchancetés du parlement de Toulouse, commises pour lui plaire, sont révélées par Voltaire dans l'affaire de Calas (1761). Alors, il se tourne contre tous ceux qui ont exploité sa sottise, sa foi, sa méchanceté d'enfant ignorant, pour satisfaire leurs ambitions ou leur cupidité. Alors, la Révolution est faite dans les esprits contre la morale que les lois et la justice civile avaient héritée de l'Eglise.

Cependant, il fallut attendre encore pendant près d'un

---

(1) MICHELET, *Hist. de Fr.*, XIII, p. 240.
(2) *Ibid.*, p. 255.
(3) *Ibid.*, XIV, pp. 145 et suiv.

demi-siècle la Révolution elle-même, pour voir disparaître la procédure que les tribunaux de l'Inquisition avaient introduite dans la justice civile.

La législation ecclésiastique elle-même avait survécu dans une large mesure à la constitution des pouvoirs royaux. Les clercs, les moines, les nonnes, etc., ne connaissaient pas d'autre justice que celle de l'Eglise, et jamais l'autorité civile ne se permettait de jeter le moindre regard dans les *in pace* où croupissaient les victimes des évêques, des abbés ou des abbesses. La famille, d'autre part, était entièrement aux mains de l'Eglise. Seule détentrice des registres de l'état civil, seule chargée d'enregistrer les naissances, les mariages et les morts, elle connaissait l'histoire de tous les membres de chaque famille et veillait à ce que l'hérésie ne pût pas s'introduire parmi eux. Elle refusait aux protestants de figurer sur ses registres de l'État civil, leur fermait les cimetières dont elle avait l'entière possession et veillait même à ce qu'ils ne pussent pas prier à haute voix en enterrant leurs morts. D'un autre côté, conformément à ses principes, le père était considéré comme maître absolu de ses enfants et de sa femme : il les faisait enfermer dans les couvents ou mettre à la bastille, sans que l'autorité civile essayât d'y opposer le moindre obstacle, tant la législation religieuse était encore respectée.

Dans le domaine social, l'Eglise avait pris garde qu'aucune loi ne pût entraver son omnipotence. Dispensatrice souveraine de l'assistance comme de l'instruction, elle faisait de la première, comme de la seconde, un instrument de prosélytisme. Dans les hospices, nul médecin ou chirurgien non catholique ne pouvait être admis à donner des soins aux malades ni même à visiter les salles. D'autre part, elle faisait interdire aux protestants d'avoir des hôpitaux. L'assistance sous toutes ses formes constituait entre ses mains un véritable monopole. Jusqu'au seizième siècle, il n'y eut même, dans les hôpitaux, ni médecins ni chirurgiens ; les moines y remplissaient tous les offices. On sait, du reste, quelle opposition l'Eglise fit à l'introduction de l'enseignement médical dans les universités et de quelles interdictions elle frappait l'étude de l'anatomie humaine : « Le cuisinier de l'Hôtel-Dieu était payé plus cher que le médecin, et le chirurgien touchait la même somme que le vidangeur. » (1)

Quant à la façon dont les malades étaient traités, elle est trop connue pour que j'y insiste. A l'Hôtel-Dieu de Paris, « en dehors du carême, les malades faisaient maigre 140 jours l'an, soit trois jours par semaine » et « chaque malade avait une ration d'enfant de chœur. » (2) Les lits pouvaient contenir trois ou quatre malades. « Dans les années de « pestilence, » la place faisait-elle défaut, on en gagnait « en rapprochant trois ou quatre couches l'une de l'autre; sur ces lits ainsi juxtaposés et que les gens de service ne considéraient plus que comme une couche unique, on arrivait à mettre douze ou quinze malades. » (3) Sur un même lit, on couchait des moribonds et des convalescents. Si une femme en couches amenait avec elle ses enfants à l'hôpital, on les plaçait sur son lit où restait aussi le nouveau né. Dans le même hôpital, il n'y avait ni des salles, ni même des lits spéciaux pour les enfants; « c'est sur la couche il y a un instant occupée par un moribond qu'on dépose pêle-mêle une douzaine de garçons et filles; les voilà, à l'occasion, voisins d'un fou ou d'un syphilitique. » (4) La mortalité était effrayante, surtout parmi ces petits êtres, mais la foi ne subissait aucune atteinte car avant de les coucher on baptisait les petits enfants et on confessait les autres malades (5).

Les défauts de l'organisation toute religieuse de l'assistance apparaissaient plus grands encore dans le traitement imposé aux fous, aux hystériques, aux lépreux, aux syphilitiques, etc. Qui pourrait dire le nombre des hystériques et des fous qui furent poursuivis et brûlés comme sorciers soit par l'Eglise elle-même, soit par les tribunaux civils ? Il suffisait qu'un point du corps d'une femme fût trouvé insensible à la piqûre d'une aiguille

---

(1) GOYECQUE, *L'Hôtel-Dieu de Paris au moyen âge*, I, p. 98.
(2) *Ibid.* I, p. 85.
(3) *Ibid.*, I, p. 74.
(4) *Ibid.*, I, p. 65.
(5) *Ibid.*, I, p. 69.

pour qu'on la considérât comme sorcière. Les épileptiques étaient généralement regardés comme possédés des démons. Les lépreux étaient solennellement exclus de l'Eglise et de la société; parfois même on disait sur eux l'office des morts (1). Quant aux syphilitiques, il fut un temps où les pires châtiments et même la mort leur furent infligés (2).

En dépit de tout cela il est impossible de nier que lE'glise fut charitable; mais elle le fut à la manière d'un pouvoir dont l'unique souci est de se faire des clients. Tous les historiens considèrent ses pratiques de charité comme

(1) « Lorsqu'un homme était suspect de lèpre, l'official diocésain le citait devant son tribunal : là, des médecins l'examinaient. Si le mal était constaté, l'official prononçait la séparation. Le dimanche suivant, le curé, en étole, précédé de la croix et du bénitier, allait à la porte de l'église, où devait se trouver le lépreux; il l'aspergeait d'eau bénite, et, après lui avoir assigné une place séparée à l'église, dans un coin du chœur (*in cono chori*), il célébrait une messe de Saint-Esprit, avec l'oraison *pro infirmis*, et le psaume 37, où se trouve ce passage : *non est sanitas in carne mea, afflictus sum et humiliatus sum nimis*. Dans certains diocèses, on prescrivait pour ces infortunés le cérémonial des défunts; on faisait même descendre le lépreux dans une fosse nouvellement creusée, et on lui jetait trois pelletées de terre sur la tete. Après la messe, on conduisait processionnellement le lépreux, nommé aussi au moyen âge *mézel*, à la cabane ou maisonnette qui lui avait été assignée dans la maladrerie. Le prêtre récitait alors les litanies et bénissait les objets, vêtements et ustensiles à son usage; il terminait en l'exhortant à la patience et à la charité, et en recommandant au peuple de lui faire l'aumône... Il était défendu au mézel d'entrer dans un lieu public, église, maison, ou marché; de recevoir ses aliments et sa boisson autrement qu'au moyen de son écuelle et de son baril; d'habiter avec aucune autre femme que la sienne; de toucher ses enfants, ni aucun autre; de parler à personne sans s'être placé au-dessous du vent, etc. Enfin quand le lépreux était trépassé, on l'enterrait, non au cimetière, mais dans sa cabane que l'on brûlait ensuite. » (Ulysse LECHEVALIER, *Essais historiques sur les hôpitaux et les institutions charitables de la ville de Romans*.)

(2) Jusqu'à la veille de la Révolution, les syphilitiques furent traités plus mal encore que les lépreux. « Les âmes bien pensantes regardaient les maladies vénériennes comme des punitions du ciel... On ne visitait pas ceux qui en étaient affectés; on les expulsait ou on les punissait. » A Strasbourg, sous Charles VIII, lorsque les troupes revenues d'Italie apportèrent la syphilis, « il fut défendu à tous les cabaretiers, aubergistes, chirurgiens, baigneurs, de *traiter* les vérolés ou de les recevoir; les hôpitaux, les léproseries même leur furent fermés, toute communication avec eux fut interdite aux citoyens, de sorte que ceux qui étaient sans ressources succombèrent en grand nombre dans les rues et dans les campagnes. Une ordonnance de Jacques IV d'Ecosse, datée du 24 septembre 1497, obligeait les personnes infectées du *grand-gor* de sortir d'Edimbourg sous peine d'être marquées sur la joue avec un fer rouge afin qu'on pût les reconnaître à l'avenir. A la fin du XVᵉ siècle, une ordonnance du prévôt de Paris prescrivit que fût puni de la mort et jeté dans la Seine, tout vénérien, de l'un et de l'autre sexe, qui ne retournerait pas dans son pays, s'il était étranger, ne demeurerait pas enfermé chez lui, ou n'entrerait pas immédiatement à l'hôpital Saint-Germain-des-Prés, s'il était de la ville... Un médecin réclamait, en 1761, dans des lettres sur *The venereal disease*, une loi exigeant que tout individu, même membre du clergé, trouvé, après un certain délai, affecté de syphilis, fût déclaré coupable de félonie. » (Yves GUYOT, *La Prostitution*, p. 37.)

ayant été l'une des sources principales du vagabondage qui affligea le dix-huitième siècle. Attachée à ses bénéfices et privilèges, elle maintenait la société dans une voie toute différente de celle où la philosophie antique l'avait fait entrer sous le règne des Antonins. Sous sa direction, les pouvoirs publics se désintéressaient de toutes les misères humaines, même de l'esclavage.

J'ai rappelé que la législation des Antonins tendait à faire entrer légalement les esclaves dans la famille dont ils étaient, en fait, considérés déjà comme des membres mineurs. L'Eglise posa la question d'une manière si différente, qu'on peut la considérer comme la créatrice du véritable esclavage, celui qui fit de l'esclave un être absolument distinct de la famille, inférieur et méprisé : l'esclave du moyen âge et l'esclave des planteurs américains. Elle conseille de ne pas maltraiter les esclaves : elle procède à leur mariage comme à celui des hommes libres, et contribue ainsi à leur donner une famille ; mais, en même temps, elle interdit aux esclaves de songer à briser leurs liens. Elle leur fait un devoir de rester dans leur condition. Saint Augustin disait de l'Eglise : « Elle ne libère pas les esclaves, mais de mauvais, elle les rend bons. Le Christ ne dit pas à l'esclave qui a un mauvais maître de l'abandonner; il lui offre son propre exemple. » (1) Le concile de Gangres « prononce l'anathème contre quiconque détourne un esclave du respect et du dévouement qu'il doit à son maître. » (2) L'Eglise elle-même eut des esclaves aussi longtemps que les laïques en possédèrent (3). Elle s'enrichit même de nombreux esclaves, grâce aux donations et aux héritages de ses adeptes. Jamais, d'autre part, elle ne fit rien, en vue de l'abolition de l'esclavage (4).

---

(1) GUIGNEBERT, *Tertullien*, p. 257.
(2) *Ibid.*, p. 376.
(3) Voy. DE LANESSAN, *La lutte pour l'existence et l'évolution des sociétés*, p. 85.
(4) FUSTEL DE COULANGES (*L'Alleu*, pp. 273 et suiv.) a très bien résumé la source et la situation de l'esclavage en France pendant la période du moyen âge. Parmi les sources de l'esclavage (guerres, trafic des marchands d'esclaves, esclavage pour dettes, etc.), il cite la « dévotion. » « Un malade avait demandé sa guérison à l'intervention d'un saint. Guéri, il se faisait l'esclave de ce saint, c'est-à-dire de l'église et du couvent où ce saint était particulièrement honoré. Quelquefois l'intérêt, prenant la forme de la dévotion, déterminait l'homme à se donner à l'Eglise; on avait ainsi l'existence assurée et une protection certaine. »

Toutes les lois françaises qui ont prononcé cette abolition sont des lois de la Révolution ou de la République.

En résumé, depuis le cinquième siècle jusqu'à la Révolution, la France fut constamment soumise, soit directement à la justice et aux lois dont l'Eglise empruntait les principes aux vieux et barbares codes judaïques, soit à une législation et à des tribunaux inspirés par l'esprit de l'Eglise. Restée maîtresse de la famille, de l'enseignement, de l'assistance, l'Eglise non seulement ne prit l'initiative d'aucune loi sociale, mais encore mit obstacle à toute législation qui, en faisant apparaître aux yeux du peuple les devoirs sociaux du gouvernement civil, aurait diminué sa propre autorité.

Les lois, la procédure judiciaire, la justice elle-même furent, pendant cette longue suite de siècles, tellement imprégnées de l'esprit de l'Eglise, que celui-ci avait gagné le cerveau du peuple tout entier. Les révolutionnaires les plus ardents eux-mêmes furent courbés sous sa domination. Robespierre et ses séïdes obéissaient à leurs préjugés personnels, autant qu'aux passions de la foule, le jour où, plats imitateurs des dominicains de l'Inquisition, ils brûlaient sur la place publique la statue de l'athéisme et livraient à l'échafaud les conventionnels assez audacieux pour manquer de respect au grand pontife de l'Etre suprême et à sa religion.

Peut-être fallait-il cette ultime folie et cette honteuse soumission des révolutionnaires à l'esprit de l'Eglise, pour qu'une justice et des lois nouvelles prissent la place de la justice ecclésiastique et des lois de la papauté.

Le jour où celles-ci furent condamnées, la Révolution devait nécessairement revenir à l'esprit philosophique dont s'inspirèrent les derniers législateurs de Rome et que la Renaissance païenne du seizième siècle s'était

(*Ibid.*, p. 287.) Les prêtres eux-mêmes, pour assurer leur salut, léguaient parfois leurs esclaves à une église ou à un monastère. « Un prêtre écrit dans son testament, en 573 : je fais don à tel monastère des esclaves sus-nommés, afin que cette donation rachète mes péchés. » L'Eglise autorisait le mariage des esclaves, mais « les évêques réunis à Orléans en 541 reconnurent que l'Eglise n'avait pas le droit de marier deux esclaves sans le consentement de leurs maîtres, » la loi interdisant, de son côté, le mariage de deux esclaves n'appartenant pas au même maître.

efforcée de restaurer dans notre pays. Les codes préparés par la Convention et promulgués par Bonaparte portent, en effet, à chaque page, la trace du droit romain que les juristes commencèrent d'étudier au xiiie siècle, qui, depuis cette époque, n'avait jamais cessé de servir à l'éducation de nos magistrats, de nos avocats, de tous nos hommes de loi, mais dont l'influence n'avait pu, sous l'ancien régime, devenir prépondérante.

En revenant à l'esprit qui avait inspiré la législation des Antonins, la Révolution retournait à la morale naturelle que les philosophes avaient donnée pour fondement à cette législation; mais les législateurs de la Révolution étaient encore trop imbus des principes de la morale du christianisme pour qu'il ne s'en trouve pas bien des traces dans leur œuvre. J'en ai signalé plus haut une partie. Je ne les rappelle ici que pour insister sur la nécessité de les faire disparaître.

Il ne faut pas oublier, en outre, que l'essence même de la morale naturelle est d'évoluer sans cesse et de varier avec les lieux, les époques et les sociétés. Les lois qu'elle peut nous inspirer aujourd'hui ne sont ni celles que conçurent les Romains, même dans les temps où ils atteignirent le plus haut degré de leur moralité, ni celles que pourront concevoir nos héritiers. C'est donc au point de vue de notre époque et de notre société, non à celui de tout autre temps ou de tout autre corps social, que je me placerai pour passer en revue rapidement les réformes que devraient subir nos codes et nos lois, si l'on voulait les mettre en harmonie avec la phase d'évolution à laquelle la morale naturelle est aujourd'hui parvenue dans notre pays.

Dans le domaine familial, il faut faire disparaître de nos codes et de nos lois toutes les prescriptions qui assujettissent la femme au mari et les enfants à leurs parents et qui considèrent l'adultère comme un crime. Imaginées par les législateurs pour donner satisfaction aux sentiments égoïstes et à l'esprit de domination du mâle, ces prescriptions ont institué une autorité artificielle, dont le seul effet certain est d'entraver le développement intellectuel de la femme et de mettre, fort souvent, obstacle à celui des enfants.

L'histoire de l'évolution morale de l'humanité nous a montré la femme et les enfants toujours préoccupés de s'émanciper de l'autorité du mari et du père et y parvenant petit à petit, malgré les religions et les lois, parce qu'ils agissent dans le sens du progrès naturel. Ni notre moralité ni nos lois ne pourraient tolérer que l'homme disposât de la vie de sa femme et de ses enfants comme il le faisait jadis avec l'approbation de l'opinion publique, des lois et de la religion; mais il se trouve encore beaucoup de gens pour approuver le mari qui tue son épouse infidèle; la loi elle-même déclare son crime « excusable » s'il a été commis dans de certaines conditions. Le divorce et même la séparation de corps et de biens sont entourés d'une foule d'obstacles. Le mari est considéré comme le propriétaire des biens et des revenus de toute la famille, au point que la femme ne peut même pas disposer de son salaire personnel. Il est le maître du corps de sa femme, car il peut la contraindre à le suivre partout où il veut aller. Son autorité sur ses enfants est plus grande encore, car il peut les abandonner tout à fait, s'il les a eus en dehors du mariage et les faire mettre en prison sans jugement, s'il les a eus dans le mariage. Quant à l'autorité morale qu'il exerce sur eux, elle est à peu près absolue.

Tout cela est contraire à la nature. Elle fait tous les êtres vivants égaux en droits et ne pose aucune limite à leurs efforts pour la jouissance de ces droits. Il sort de ses mains des individus plus forts ou plus faibles les uns que les autres; il n'en est jamais sorti aucun qu'elle eût institué propriétaire ou souverain d'aucun autre. Les animaux qui vivent en société ne restent avec leurs semblables qu'en raison du plaisir et des avantages qu'ils y trouvent. La famille animale ne connaît pas d'autres liens entre ses membres que leur affection réciproque et n'existe que par leur unanime consentement. Pourquoi n'en serait-il pas ainsi dans la famille humaine? Pourquoi le mariage ne se bornerait-il pas à la vie en commun de deux êtres qui s'aiment, mettent leur bonheur à se rendre réciproquement heureux, à élever ensemble des enfants, mais prennent des dispositions légales, le jour même où ils contractent leur union, pour le cas où leur séparation deviendrait nécessaire? C'est dans cette voie que la législation romaine était entrée; c'était la voie ouverte par la morale naturelle; c'est celle où il convient que notre société s'engage de nouveau, à l'heure où la philosophie y reprend la place dont elle n'aurait jamais dû être dépossédée.

Ce ne serait pas la condamnation du mariage légal; ce serait simplement sa transformation en une association de corps et d'intérêts, dont toutes les conditions seraient librement établies d'avance par les conjoints. La loi n'aurait pas d'autre rôle que de préciser suivant quelle procédure l'association serait contractée ou rompue. L'homme et la femme seraient considérés comme jouissant de droits égaux, soit pour contracter leur union, soit pour la rompre et comme n'abandonnant, ni l'un ni l'autre, pendant toute la durée de son cours, aucun de leurs droits individuels. N'est-il pas absolument contraire à la morale naturelle et même au bon sens, qu'un mari puisse contraindre sa femme à le suivre, à partager son lit, et même à l'aimer puisqu'il la peut faire incarcérer si elle lui est infidèle? Croit-on qu'il y aurait diminution de la moralité publique, parce que des êtres qui se détestent ou simplement ne s'aiment pas, acquerraient le droit de se séparer à l'amiable, comme ils se seraient unis?

On fera sans doute des objections, auxquelles il est indispensable de répondre. On dira d'abord que la famille étant une véritable société a besoin, comme toute société, d'une autorité directrice, que le mari, en sa qualité de plus fort, est naturellement revêtu de cette autorité et qu'il y aurait bientôt dissolution de la famille si l'autorité du mari et du père venait à disparaître. Ce raisonnement n'est pas autre que celui par lequel les régimes aristocratiques, oligarchiques, monarchiques et dictatoriaux ont toujours tenté de légitimer leur existence. Il ne tient pas devant le droit naturel qu'a chaque être humain de se gouverner lui-même. Et s'il est vrai qu'aucune société ne pourrait vivre tranquille sans une organisation dans laquelle chacun sacrifie une partie de ses droits, il est également établi, d'une manière irréfutable, par l'histoire de toutes les sociétés humaines, que plus chaque citoyen exerce une part considérable d'action dans la société, plus celle-ci tend à être paisible, tranquille et bienfaisante pour tous ses membres. Or, ce qui est vrai pour les nations les plus grandes, ne saurait être faux pour la minuscule société qu'est la famille. L'histoire elle-même montre que plus l'homme et la femme y sont devenus égaux, et plus la famille s'est moralisée. Il n'en saurait être autrement : dans la famille comme dans la nation, toute autorité qui n'est pas tempérée par une autorité équivalente devient despotique et abusive, et provoque la rébellion.

On objectera aussi que la femme a déjà conquis, de notre temps, une influence considérable, que les qualités de son sexe lui valent la soumission, trop absolue parfois, des hommes, et qu'elle perdrait en autorité morale ce qu'elle gagnerait en droits. Cette objection n'est pas sans valeur, si on l'applique aux conceptions féministes envisagées d'une façon générale. Il n'est pas douteux qu'en réclamant son assimilation complète à l'homme, dans toutes les circonstances et situations de la vie, la femme s'exposerait à perdre autant et même plus qu'elle ne pourrait gagner. Le jour où l'homme n'aurait plus les sentiments que lui font éprouver, dans nos sociétés modernes, la grâce et la faiblesse de la femme, celle-ci verrait son action morale diminuer dans de très fortes proportions. N'entend-elle pas déjà les ouvriers et les employés se plaindre très amèrement de la concurrence qu'elle leur fait? Ces plaintes ne se généraliseraient-elles pas le jour où les femmes auraient pénétré dans tous les métiers et dans toutes les professions? En même temps qu'elles se livreraient aux travaux des hommes, ne perdraient-elles pas leurs qualités féminines et ne baisseraient-elles pas singulièrement dans l'esprit du sexe fort? Les Hottentotes ou les Australiennes qui partagent toutes les fatigues des hommes, qui se conduisent comme des hommes, ne sont-elles pas les moins respectées et les moins aimées de toutes les femmes ? Ne sont-elles pas descendues au degré le plus inférieur et le plus humiliant où une femme puisse descendre, celui de simple assouvisseuse des besoins brutaux du mâle ? Il y a là une considération d'ordre naturel et tout exempte de métaphysique, propre à attirer l'attention des outranciers du féminisme.

Mais cette considération ne saurait atteindre ceux qui se borneraient à demander, avec moi, que la femme fût, dans le mariage, placée sur le même pied que l'homme. S'il est vrai que la première jouisse, aujourd'hui, d'une influence qu'elle n'avait jamais connue encore, cette vérité s'applique surtout au rôle qu'elle joue en dehors de la famille. Telle femme que son mari dédaigne et à laquelle ses enfants ne montrent aucune soumission, exerce dans le milieu où elle fréquente une action considérable. Il semble qu'elle cherche à prendre dans le monde la place que la loi et son mari lui refusent autour de son foyer. La plupart des hommes, en effet, ne tiennent qu'aux biens ou aux êtres qui sont susceptibles de leur échapper. Le même individu qui obéit à tous les caprices d'une maîtresse et gaspille pour elle sa fortune, n'est souvent pour sa femme, si aimable et jolie soit-elle, qu'un maître dépourvu de toute amabilité et de toute générosité. Combien de femmes n'entend-on pas se plaindre de la dureté d'un mari qui se montra le plus aimable des fiancés ! Rien n'agit sur l'esprit de certains individus d'une manière plus funeste, que la lecture des droits légaux du mari, faite par le maire au moment où il procède à la célébration du mariage.

Certes, je ne crois pas qu'il suffise d'inscrire dans les lois l'égalité des deux conjoints, ni de remplacer la contrainte par la liberté dans l'union des sexes, pour moraliser entièrement la famille, mais j'estime que ces mesures, essentiellement conformes aux principes de la morale naturelle, contribueraient à faire disparaître les vices inhérents à un mariage civil que nos lois ont institué sous l'inspiration d'idées presque exclusivement religieuses.

Reste la question des enfants. Comment leur sort serait-il réglé dans une société où les unions sexuelles pourraient, au nom même de la loi, êtres rompues aussi facilement qu'elles auraient été contractées ? Tout simplement par les conditions inscrites dans le contrat précédant ces unions et par les obligations que la loi imposerait à l'homme et à la femme au profit de leurs enfants. Dans une société où la famille serait organisée conformément aux principes de la morale naturelle, on ne verrait pas un père avoir le droit d'abandonner ses enfants sous le prétexte qu'il n'est pas marié à leur mère. Il est probable que l'on ne verrait pas non plus de femme s'unir à un homme sans avoir, au préalable, réglé avec lui la condition qui serait faite à leurs enfants en cas de séparation. En acquérant la jouissance de ses droits naturels, la femme acquerrait aussi la conscience de ses intérêts et celle de la nécessité de leur défense.

Quant à la puissance régalienne dont les pères jouissent encore par rapport à leur progéniture, on la verrait disparaître d'une législation qui placerait sur le même rang les droits naturels des enfants et ceux de leurs parents. On a beaucoup discuté, depuis vingt siècles, sur les droits du père de famille, mais il est facile de s'assurer que ces discussions ont presque toujours été inspirées par des considérations étrangères à la famille. Tant que le christianisme fut dans la phase de son prosélytisme expansif, il revendiqua pour les enfants le droit de s'émanciper de la direction morale et religieuse de leurs parents. Les pères étant païens, l'Eglise libérait les enfants de leur autorité, afin de les pouvoir attirer plus aisément à elle. Lorsque la majorité des hommes fut devenue chrétienne, l'Eglise s'empressa de reconstituer l'antique puissance paternelle, en même temps qu'elle obligeait les parents à faire de leurs enfants des chrétiens aussitôt après leur naissance.

Ce que l'Eglise fit jadis au profit de son prosélytisme, la morale naturelle demande que nous le refassions au profit des enfants. Le père qui impose à son fils ou à sa fille sa religion, avant même qu'ils puissent savoir ce que c'est qu'une religion, sort des limites de son droit naturel. A défaut de loi pour l'y faire rentrer, l'opinion publique l'y contraindra, le jour où nos concitoyens auront compris quel odieux abus de pouvoir commet l'homme qui, en faisant de son fils, dès sa naissance, un chrétien, un juif ou un musulman, le voue à tous les préjugés de ces sectes et lui fait assumer une part des responsabilités terribles qu'elles ont encourues par leurs luttes sanglantes et par les ruines qu'elles ont accumulées dans le monde pour y assurer leur domination.

Dans le domaine social, il a été fait déjà beaucoup, depuis une vingtaine d'années, pour mettre nos lois en harmonie avec les principes de la morale naturelle; mais il reste encore énormément à faire. Pour mieux dire, il y aura toujours à faire, car l'évolution des sociétés vers la réalisation du bonheur de leurs membres est indéfinie.

Actuellement, les devoirs sociaux que nous impose plus particulièrement la morale naturelle sont ceux qui se rapportent : à l'assistance des misérables, des infirmes, des malades, des vieillards, des ouvriers frappés par le chômage, des femmes pauvres ou dépourvues de soutien, des mères en couches, des enfants misérables ou orphelins, abandonnés ou nés de parents vicieux, etc.; à l'hygiène publique et privée; à la sécurité des ouvriers pendant le travail; à la prévoyance; au maintien de la paix sociale; au progrès de la race; enfin, à l'évolution intellectuelle et morale de tous les membres de la société. J'ai étudié dans un ouvrage spécial (1) tous ces devoirs; je ne puis qu'y renvoyer le lecteur comme à un complément nécessaire de celui-ci.

Je terminerai ce dernier chapitre par l'étude d'une question particulièrement délicate, celle des sanctions que la loi peut donner à ses prescriptions, en s'appuyant sur les principes de la morale naturelle.

Toute la législation des peuples modernes et, en particulier, celle de notre pays étant fondée sur la croyance au libre arbitre et à l'innéité des idées morales, leurs sanctions revêtent le même caractère que celles des religions : elles sont formées de punitions et de récompenses. L'homme qui commet une action considérée par ses con-

(1) De Lanessan. *La concurrence sociale et les devoirs sociaux.* (F. Alcan.)

temporains et par les lois comme mauvaise, passe pour avoir violé librement et consciemment la loi morale inscrite dans sa conscience, et on le punit, afin que son châtiment serve de leçon aux autres hommes en même temps qu'à lui-même. Celui qui a fait une action considérée par ses contemporains comme particulièrement louable est, au contraire, récompensé, dans l'espoir que son exemple sera imité en vue de l'obtention des mêmes récompenses. Il est, du reste, facile de se convaincre, par l'examen de l'histoire, que telle action considérée comme louable et récompensée il y a deux ou trois siècles, serait aujourd'hui, dans le même pays, envisagée comme criminelle et sévèrement punie. Au xvi^o siècle, c'était une action toujours exaltée par la masse du peuple français, celle qui consistait à supprimer de ce monde un réformé; aujourd'hui, le même acte serait considéré et puni comme un abominable assassinat. Louis XIV et Calvin firent l'admiration de la plupart des hommes de leur temps, le premier pour avoir ordonné les dragonnades, le second pour avoir fait brûler Michel Servet; aujourd'hui, leur mémoire est flétrie, en raison de ces mêmes faits, par l'unanimité des gens raisonnables. Il n'en faut pas davantage pour établir le caractère purement artificiel des jugements de la conscience populaire et des sanctions de la loi.

Plus artificiels encore et tout à fait arbitraires apparaissent ces jugements et ces sanctions, quand on se rappelle que tout acte accompli par un homme quelconque n'est que la résultante des causes qui mettent ses cellules volitives en mouvement dans telle ou telle direction plutôt que dans telle ou telle autre.

Comment les sanctions des lois pourraient-elles revêtir le caractère de punitions ou de récompenses, quand on sait que l'homme qui commet un acte déterminé, n'était pas libre d'agir d'une autre manière qu'il ne l'a fait? Les croisés qui massacraient les juifs tout le long de leur route, en attendant qu'ils pussent combattre les musulmans, n'étaient pas davantage responsables de leurs crimes, que ne le sont aujourd'hui les voleurs de profession de nos grandes villes. Les actes des uns et des autres ne peuvent apparaître, sous les lumières de la science, que comme les conséquences inévitables de leur éducation. Les croisés avaient appris, dès leur enfance, à mépriser et haïr les juifs jusqu'au point de considérer comme un acte agréable à Dieu de les tuer ; nos voleurs ont appris, dès la prime enfance, à voler, à considérer le vol comme un acte non seulement profitable, mais encore louable, et s'ils rougissent de leurs vols, c'est lorsqu'ils ont été insuffisamment fructueux ou accomplis sans l'habileté dont ils s'honorent entre eux. Un apache parisien déclarait récemment que l'abolition de la peine de mort était considérée par les gens de sa sorte comme une déchéance. Mourir sur l'échafaud, après avoir commis quelque crime à faire frissonner les bourgeois, est, aux yeux de ces gens, une fin aussi glorieuse que celle du soldat sur le champ de bataille. Et il en est ainsi, tout simplement, parce qu'ils ont été éduqués dans la morale des apaches, au lieu de l'être dans celle des bourgeois respectueux de la propriété et de la vie de leurs semblables.

En donnant aux sanctions de ses lois le caractère de châtiments, la société ne commet donc pas seulement une erreur scientifique, elle se trompe encore gravement sur la nature des résultats qu'elle prétend obtenir. Même lorsqu'il cherche à éviter le gendarme, l'apache n'éprouve ni le remords des délits ou crimes qu'il a déjà commis, ni la pensée de n'en plus commettre ; son unique préoccupation est de pouvoir continuer le plus longtemps possible la vie de débauche, de vols et d'assassinats dont il a contracté l'habitude et le goût au point de n'en pouvoir pas concevoir d'autre comme possible ou désirable. Tombé entre les mains de la justice et enfermé dans une prison, il met son orgueil à raconter ses crimes et n'a d'admiration que pour ceux de ses compagnons qui en ont commis plus que lui et de plus graves que les siens. S'il aspire à sortir de prison, c'est afin de les imiter et d'atteindre au point où il jouira lui-même de l'admiration de ses semblables. Là, et non ailleurs, se trouve l'explication scientifique de ce fait signalé par tous les magistrats et criminalistes, que les prisons sont les académies du vice et du crime et que plus un homme y est enfermé, plus il devient vicieux et criminel. Ceux-là seuls qui ont été éduqués à avoir le vice et le crime en horreur pourraient être sensibles aux châtiments des lois; or, à moins d'erreurs judiciaires, ils sont à l'abri de ces châtiments. S'ils en sont frappés par erreur, ils trouvent dans leur conscience la force nécessaire pour les supporter sans faiblesse et sans honte.

La théorie de la punition est encore condamnée par ce fait que dans une foule de cas, la société elle-même est, en réalité, responsable des délits ou crimes qu'elle punit. Parmi les milliers d'individus que les magistrats condamnent pour attentats aux mœurs, vols, violences contre les personnes ou assassinats, combien en est-il qui auraient vécu honnêtement, c'est-à-dire en conformité avec la morale moyenne de leurs concitoyens, si la société s'était donné la peine de les arracher, dès l'enfance, au milieu vicieux dans lequel ils étaient nés et où ils ne pouvaient que devenir des malfaiteurs? En les abandonnant à ce milieu, elle ne pouvait ignorer ce qu'ils deviendraient, de sorte qu'on pourrait lui reprocher de les laisser devenir criminels pour avoir la satisfaction de les punir un jour. En cela, elle ressemble au dieu omniscient et omnipotent qui crée des hommes dont il sait d'avance qu'ils feront du mal à leurs semblables sur cette terre et seront éternellement malheureux dans un autre monde.

Aussi estimé-je que le premier devoir imposé à la société par la morale naturelle, consiste dans le sauvetage des enfants qui seraient condamnés à devenir des malfaiteurs et des êtres nuisibles, s'ils se développaient dans le milieu où ils sont nés. Il n'a été fait dans cette voie que fort peu de chose. La loi de 1889 sur la « protection des enfants maltraités ou moralement abandonnés » est encore tellement imprégnée des idées judaïques et chrétiennes sur les droits du père de famille, qu'elle semble ne point oser toucher au pouvoir dont usent les ivrognes ou voleurs de profession pour faire de leurs enfants des ivrognes ou des voleurs. Or, à Paris seulement, il existe plus de cinquante mille enfants destinés, en raison de leur origine, à devenir des malfaiteurs. Si l'on place en regard de ce chiffre les quelques centaines d'enfants que les tribunaux arrachent chaque année à des familles vicieuses, pour les confier aux soins des associations privées ou de l'assistance publique, on voit combien celles-ci sont incapables, dans les conditions actuelles, de résoudre le grand problème des enfants moralement abandonnés. La société n'a-t-elle pas le devoir d'arracher à leurs familles ces cinquante mille petits êtres, dont une bonne éducation morale et une solide instruction pourraient faire de laborieux ouvriers, d'excellents soldats ou marins et d'honnêtes citoyens?

Je n'ai pas à étudier ici les procédés qu'il conviendrait d'employer pour remplir ce devoir, ni à rechercher quelles dépenses il en résulterait; je me borne à signaler cette réforme comme la plus urgente parmi celles que le gouvernement républicain a le devoir d'accomplir dans l'intérêt moral de la société.

Il serait encore indispensable, à mon avis, d'établir une distinction entre les délits ou crimes occasionnels et ceux que commettent les professionnels du vice ou du crime. C'est ce que nos codes et nos lois ne font pas d'une manière suffisante. Convaincus que tous les hommes apportent en naissant une égale connaissance du bien et du mal, et que la société doit, à l'exemple de la Divinité, punir les vices et récompenser la vertu, nos législateurs se sont bornés à dresser une sorte d'échelle des fautes, délits et crimes qui peuvent être commis, sans établir aucune différence entre ceux qui les commettent. Le juge peut, il est vrai, apprécier les circonstances dans lesquelles l'acte a été exécuté, et se montrer plus ou moins indulgent selon qu'elles sont atténuantes ou aggravantes, mais il est toujours dominé par la pensée que le coupable est entièrement responsable de sa faute, qu'il était *libre* de ne pas la commettre; en d'autres termes, le magistrat juge et châtie à la manière d'un dieu, avec des lois tout imprégnées de l'esprit des religions.

Son attitude serait autre, s'il se rendait compte que l'homme traduit à son tribunal ne pouvait pas, en raison de son tempérament, de son éducation, des conditions spéciales dans lesquelles il se trouvait, des influences extrinsèques ou intrinsèques exercées sur ses cellules cérébrales, agir d'autre manière qu'il ne l'a fait. Le rôle du magistrat en face d'une faute, dont celui qui l'a commise est, en réalité, moralement irresponsable, n'est pas de dire quelle punition plus ou moins sévère doit être infligée au coupable, mais de décider dans quelle mesure celui-ci a été et pourra être dans l'avenir nuisible à ses semblables.

Dans cette manière d'envisager la justice, le magistrat ne punit pas un homme, il protège la société contre cet homme. Or, il est de toute évidence qu'un individu ayant assassiné son ennemi dans un mouvement de colère, est beaucoup moins dangereux pour l'ensemble de la société qu'un autre ayant assassiné un inconnu pour le voler. Le premier ne renouvellera probablement jamais son crime, tandis qu'il y a beaucoup de chances pour que le second récidive quand il trouvera une circonstance favorable. D'autre part, un simple voleur de profession est beaucoup plus nuisible au corps social qu'un assassin passionnel, car les délits du premier sont incessants, tandis que le crime du second est simplement occasionnel. Si le premier est parvenu à l'état adulte, il ne se corrigera que bien difficilement de son vice, tandis que le second ne retombera probablement pas dans son crime. Par conséquent, il est plus nécessaire de protéger efficacement la société contre le premier que contre le second.

La justice et la loi étant réduites au rôle de protectrices du corps social contre les individus susceptibles de lui nuire, il est évident que les sanctions appliquées aux délits et aux crimes doivent revêtir un caractère très différent de celui qu'elles ont aujourd'hui.

La peine de mort disparaît, parce que la justice dispose de beaucoup d'autres moyens pour mettre la société à l'abri des assassins passionnels ou professionnels. La prison elle-même ne pourrait être rationnellement conservée, comme moyen de protéger la société contre les voleurs, que si elle devait garder ces derniers pendant toute leur vie, ce qui est impossible pour bien des raisons, notamment à cause des charges formidables qui en résulteraient pour les honnêtes gens. La prison n'a pas, du reste, été imaginée comme un moyen de protéger la société contre les malfaiteurs. Nos magistrats et nos lois n'y voient qu'une sorte de petit enfer terrestre. Telles étaient, en effet, les prisons infectes et hideuses du moyen âge. Les prisons de notre temps, où l'hygiène et même le confort existent à un plus haut degré que dans les logements de beaucoup d'ouvriers, effraient si peu nos apaches qu'on en voit beaucoup commettre des délits, aux approches de l'hiver, dans le seul but de se faire incarcérer. Ils reviennent, au printemps, avec les hirondelles, dans la société, pour y reprendre le cours de leurs méfaits. Ceux qui ont été l'objet de condamnations un peu trop longues à leur gré, sont autorisés par l'administration pénitentiaire à poursuivre de leurs sollicitations les députés et sénateurs de leurs circonscriptions. Ils font valoir la puissance électorale de leurs parents et amis et finissent souvent par bénéficier d'une libération anticipée, grâce à laquelle ils peuvent reprendre le cours de leurs exploits. Dans ces conditions, la prison n'est plus qu'un châtiment anodin. D'autre part, elle ne joue qu'un rôle insignifiant dans la protection de la société contre les malfaiteurs, car ceux-ci ne font qu'y passer entre leurs campagnes malfaisantes, comme pour y prendre de nouvelles leçons de vice et y puiser de nouvelles forces physiques. Tous les documents fournis aux Chambres en 1875, en vue de la réforme de notre régime pénitentiaire, établissent, en effet, d'une manière formelle que le nombre des récidivistes allait sans cesse en augmentant dans des proportions effrayantes, tandis que celui des criminels sans antécédents judiciaires décroissait graduellement. Et tout le monde était d'accord pour considérer la prison comme la créatrice de la récidive.

Dans le but de faire disparaître l'effet démoralisateur de la prison, la loi de 1875 institua l'isolement en cellule, pour les individus condamnés à un emprisonnement de un an et un jour ou au-dessous, et autorisait les autres à demander qu'on leur appliquât le même régime. Considérant celui-ci comme très dur, la loi décidait que la durée de la peine serait réduite d'un quart pour ceux qui s'y soumettraient. C'était permettre à une foule de malfaiteurs de rentrer dans la société plus tôt qu'ils ne l'auraient pu sous le régime de l'emprisonnement en commun; mais on espérait que la vie en cellule les moraliserait. Il ne paraît guère que ce résultat ait été obtenu, car le nombre des récidivistes va sans cesse en s'accroissant. Il est vrai que les deux tiers de nos départements sont encore dépourvus de prisons cellulaires. On se tromperait, du reste, gravement, en attribuant à l'isolement une action moralisatrice, car il n'y a pas d'éducation morale possible en dehors de l'action exercée sur un individu par le milieu qui l'entoure. Isoler un malfaiteur, même en le faisant travailler, et lui interdire toute relation avec ses semblables, c'est simplement surexciter en lui le souvenir des débauches et des exploits auxquels il s'est livré tant qu'il était libre et aiguiser son désir de le redevenir le plus tôt possible afin de recommencer l'existence qui lui est chère. La prison cellulaire ne peut donc pas être plus efficace que la prison en commun, au point de vue de la moralisation des malfaiteurs, et elle protège moins la société contre les attentats de ces derniers puisqu'elle les garde moins longtemps.

La relégation et la transportation, telles qu'on les applique, ont le même défaut que la prison commune : celui de réunir, sur un espace limité, un grand nombre de criminels et, par conséquent, de ne pouvoir pas être moralisatrices. On sait, en outre, qu'elles n'obtiennent de ces individus aucun travail utile et qu'elles coûtent extrêmement cher. A côté de ces inconvénients, on ne saurait contester à la transportation et à la relégation le mérite d'exercer une action préservatrice par rapport aux populations de la France, puisqu'elles éloignent de notre pays, d'une manière à peu près définitive, tous les individus qui y sont condamnés. Par contre, elles les accumulent dans des colonies où ils apportent leurs vices et jouent le rôle d'éléments corrupteurs.

Il résulte de ces faits que les sanctions de notre justice et de nos lois, toutes basées sur le principe essentiellement religieux de la *punition*, ne sont efficaces ni pour diminuer le nombre des crimes et délits, ni pour protéger la société contre les malfaiteurs. Il est donc indispensable de chercher autre chose, d'entrer dans une voie distincte de celle où les religions et les codes ont cherché jusqu'ici les sanctions de leurs morales. Les principes de la morale naturelle étant pris pour base de cette réforme, celle-ci doit tendre à deux résultats également précieux : l'augmentation du nombre des honnêtes gens et la préservation du corps social contre les malfaiteurs. Quels sont les moyens dont la loi et la justice pourraient user pour atteindre ce double but?

En premier lieu, elles doivent, comme je l'ai dit plus haut, arracher les enfants, dès leur naissance, aux familles et aux milieux sociaux dans lesquels le vice et le crime sont endémiques. Si ces petits êtres ne sont pas entièrement dégénérés, on pourra, par une éducation physique et morale commencée de très bonne heure, provoquer une évolution normale de leurs divers organes et leur inspirer les sentiments qui feront d'eux des êtres sociables et utiles, au lieu des malfaiteurs qu'ils deviendraient sûrement, s'ils se développaient dans le milieu où il sont nés.

En second lieu, le devoir de la société est de prendre à sa charge tous les jeunes garçons ou petites filles surpris en flagrant délit de vagabondage et de mendicité ; car ces actes sont toujours les premières manifestations d'une éducation vicieuse et les présages d'une conduite qui, bientôt, deviendra nuisible au corps social.

Par l'application rigoureuse de ces pratiques, la société arracherait des milliers d'individus des deux sexes à la paresse, à la débauche, au vice, au crime et à la dégénérescence.

En m'appuyant sur l'extrême importance du rôle joué par le milieu dans l'éducation, j'estime que tous les enfants des deux sexes ainsi enlevés à leurs familles, ne devraient jamais être élevés dans des établissements où ils seraient réunis en grand nombre, mais répartis, loin des villes où ils sont nés, soit dans de petites colonies agricoles ou industrielles, soit dans des familles de paysans ou d'ouvriers notoirement honnêtes. Il est indispensable, en un mot, qu'ils soient placés dans des milieux tout à fait distincts de ceux où ils naquirent et dispersés de manière qu'aucune relation ne puisse s'établir entre eux. Dans ces conditions, il ne me paraît pas douteux qu'avec une instruction scientifique et professionnelle bien dirigée, jointe à une éducation physique et morale appropriée au but poursuivi, on ne parvienne à transformer la plupart de ces petits êtres de manière à les rendre utiles à la société, sans avoir à faire des sacrifices supérieurs à ceux qu'imposent actuellement la surveillance et le châtiment des criminels.

Un régime analogue de préservation, complété par des mesures de réparation, devrait être substitué, pour les criminels, aux sanctions actuelles de nos lois. Si je croyais que la crainte de la peine de mort pût déterminer une diminution notable du nombre des assassinats et finalement, la disparition de ce crime, je n'hésiterais pas à me prononcer pour son maintien; mais ni les considérations d'ordre moral ni les statistiques ne permettent de croire à son efficacité. Toutefois, si elle est à peu près inutile comme moyen d'intimidation, on ne saurait nier qu'elle soit efficace comme moyen de préservation, puisqu'elle met le criminel dans l'impossibilité de renouveler son acte. En la faisant disparaître de notre législation, il est donc indispensable de la remplacer par une sanction ayant la même valeur préservatrice.

La transportation à vie aurait cette valeur, à la condition de modifier les pratiques suivies par le service qui en est chargé. La préoccupation unique de ce service a toujours été de faire couvrir une partie aussi considérable que possible de ses dépenses par le travail des transportés. Dans ce but, il a, tour à tour, appliqué son personnel à la culture de la terre ou à l'élevage, afin de lui faire produire ses aliments, à l'industrie et à la fabrication de produits dont la vente lui aurait procuré des revenus, etc. Toutes les tentatives faites dans ces diverses directions ont été infructueuses. Il en faut chercher les motifs, d'une part, dans l'incapacité agricole ou industrielle de la plupart des transportés, d'autre part, dans la vie en commun qui leur est imposée et, enfin, dans les conditions très défectueuses qui président aux entreprises agricoles ou industrielles de l'administration. Il sera toujours impossible d'employer utilement et avec profit plusieurs milliers d'individus, pendant un temps infini, sur un même point du globe, à moins que ce dernier ne soit très fertile, très salubre, très étendu et inhabité, c'est-à-dire ne réalise des conditions qu'il est impossible, aujourd'hui, de trouver réunies.

Tandis que l'administration pénitentiaire voit échouer piteusement toutes ses entreprises, les transportés mis à la disposition des particuliers comme ouvriers ou domestiques donnent, en général, pleine satisfaction à ceux qui les emploient. Il faut en chercher le motif dans le changement de milieu qu'ils subissent et l'on peut voir, dans ce fait, une indication pour les réformes qu'il conviendrait d'apporter dans la transportation.

Il faudrait d'abord limiter la transportation perpétuelle avec travaux forcés aux professionnels de l'assassinat, du vol et de quelques autres crimes. Il faudrait, d'autre part, renoncer d'une manière absolue à la réunion de tous les transportés dans une même colonie, et adopter comme règle essentielle leur répartition sur tous les points de notre empire colonial où il y a des travaux pénibles ou dangereux à exécuter, en confiant aux gouverneurs le soin de les utiliser et de les surveiller. On réaliserait ainsi des économies très considérables sur les frais qu'occasionne actuellement l'administration de la transportation et l'on intéresserait chaque colonie à tirer le plus de profit possible de ses transportés. En outre, les malfaiteurs condamnés à la transportation étant séparés les uns des autres, subiraient plus facilement l'influence des nouveaux milieux dans lesquels ils seraient placés. Pour les encourager et, au besoin les contraindre à travailler, on devrait leur attribuer une solde analogue à celle des ouvriers similaires de la colonie, et avec laquelle ils seraient tenus de se nourrir et entretenir.

Je ne veux pas insister sur les procédés de moralisation qui pourraient être tentés avec les criminels condamnés à la déportation perpétuelle, mais il me paraît probable qu'en leur faisant entrevoir une série d'améliorations de leur sort, on arriverait à en transformer un certain nombre, sinon en honnêtes gens, du moins en êtres non nuisibles. Dans tous les cas, le but de préservation du corps social, visé par la réforme que je propose, serait sûrement atteint, sans dépense sérieuse pour l'Etat.

Des sanctions analogues devraient être appliquées aux crimes et délits d'importance secondaire. Toutes nos colonies ont besoin de troupes dont le recrutement devient chaque jour plus difficile et plus onéreux. Pourquoi ne formerait-on pas, avec les jeunes récidivistes du vagabondage, du soutenage, du vol, etc., qui encombrent nos prisons et nous occasionnent, chaque année, d'énormes dépenses, des compagnies de discipline qui, sous le commandement d'officiers, de sous-officiers et de caporaux convenablement choisis, seraient chargées de la surveillance des points les plus insalubres ou les plus isolés de nos colonies ? Le service militaire, avec sa discipline, avec les travaux de construction et d'installation des postes, avec le jardinage en vue de la production des légumes frais, et les autres occupations qui abondent dans les postes isolés constitue le meilleur moyen de moralisation qu'on puisse appliquer à des hommes qui, en général, commettent très jeunes leurs premiers délits. Or, c'est dès ce moment que devraient être appliquées les sanctions dont je viens de parler. Pour aider à la moralisation des individus relégués aux colonies dans les conditions que je viens d'exposer, on pourrait, après quelques années de séjour dans les compagnies de discipline, les disperser dans les troupes coloniales ordinaires, puis les autoriser à s'établir dans les colonies, mais il serait entendu que jamais, ils ne pourraient revenir dans la métropole, ni comme soldats, ni comme civils.

Pour terminer, je dois dire quelques mots d'un problème auquel j'ai fait allusion plus haut : celui de la réparation due aux honnêtes gens lésés par les actes des malfaiteurs. Le droit à cette réparation est d'autant moins contestable qu'une notable partie de la responsabilité des préjudices auxquels les honnêtes gens sont exposés incombe à la société.

Les sanctions réparatrices devraient donc figurer dans

nos lois à côté des sanctions préservatrices. En même temps que la société s'efforcerait de préserver les honnêtes gens contre les malfaiteurs, elle imposerait à ces derniers l'obligation de réparer les torts causés aux premiers. Nos législateurs ne sont entrés que fort peu dans cette voie. Préoccupés par le souci de punir, ils n'ont prêté que fort peu d'attention aux plaintes très légitimes des victimes de ceux qu'ils châtient. Il y a donc d'importantes réformes à introduire dans nos codes et nos lois. Elles sont difficiles à réaliser, mais elles devraient être abordées résolument, avec la pensée que tout homme possédant quelque chose ou réalisant dans le cours de sa peine un gain supérieur à ce qu'exige l'entretien de sa vie, devrait être astreint à réparer le préjudice qu'il a causé. La logique voudrait même que la société fût rendue responsable des torts qu'elle aurait pu empêcher par une surveillance plus active des malfaiteurs ; mais il me paraît hors de propos d'entrer ici dans les détails de cette question particulière.

La menace de toutes les sanctions dont je viens de parler, exercerait-elle sur les gens vicieux une action suffisante pour diminuer le nombre de leurs méfaits ? Je l'ignore et j'avoue que je relègue volontiers cette question au second plan. Il me suffit d'être certain que ces sanctions elles-mêmes, judicieusement appliquées, auraient un effet de préservation du corps social contre les malfaiteurs, extrêmement efficace. Cette certitude doit suffire également à tous les hommes qui n'aspirent pas à voir la société jouer le rôle d'une divinité distributrice de paradis ou d'enfers.

CHAPITRE XIII

RÉSUMÉ ET CONCLUSIONS

Après avoir exposé succinctement les principales doctrines morales qui ont été édifiées depuis l'antiquité jusqu'à nos jours, je me suis attaché, d'abord, à rechercher la source des idées morales qui sont aujourd'hui répandues dans l'humanité. Les progrès réalisés par toutes les sciences depuis un siècle et, en particulier, par les sciences biologiques, ne permettant plus de demander aux théories métaphysiques et aux doctrines religieuses l'explication de phénomènes qui sont, incontestablement, de nature biologique, j'ai pensé qu'il fallait en rechercher le point de départ dans la seule observation des êtres vivants. Si l'on trouvait chez les animaux les mêmes faits et les mêmes idées d'ordre moral que chez les hommes, il en faudrait conclure, non seulement que l'homme n'est pas le seul être moral existant sur notre globe, mais encore que la moralité peut exister chez des êtres auxquels on a toujours refusé la possession de l'âme, de la conscience morale et du libre arbitre sans lesquels, d'après les religions et les métaphysiques, il ne saurait y avoir d'idées morales.

Or, ainsi que je crois l'avoir établi, les animaux supérieurs possèdent non seulement toutes les facultés intellectuelles de l'espèce humaine, mais encore toutes les idées morales dont les hommes les plus civilisés s'enorgueillissent. L'amour maternel n'est pas moins vif chez les femelles des mammifères et de la plupart des oiseaux que chez la femme des sociétés humaines les plus parfaites.

On peut même dire, s'appuyant sur les observations les moins discutables, que les mauvaises mères sont beaucoup plus rares parmi les animaux supérieurs que parmi les femmes des classes les plus élevées, les plus instruites et les plus morales de nos sociétés modernes. Les mêmes considérations s'appliquent à l'attachement, au respect et à l'obéissance des petits mammifères et des oiseaux pour leur mère et même pour leur père, toutes les fois que celui-ci prend part à leur élevage. Dans les mêmes groupes d'animaux, tant que les petits nés d'un même couple vivent ensemble et avec leurs parents, ils entretiennent les uns avec les autres des relations tout à fait semblables à celles des frères et des sœurs de nos familles les plus unies. Nous avons constaté aussi, dans un grand nombre d'espèces animales, même inférieures, des relations sociales non moins étroites, non moins solidaristes et non moins affectueuses que celles dont les sociétés humaines nous donnent le spectacle. Enfin, nous avons constaté que la plus parfaite de toutes les qualités morales, le désintéressement, existe aussi bien chez les animaux que parmi les hommes et qu'il y est déterminé par les mêmes causes.

On peut ajouter que les attentats contre la vie et les biens des individus sont plus rares dans l'intérieur des sociétés animales que dans l'intérieur des sociétés humaines qui se considèrent comme les plus morales. Ce dernier fait n'a, d'ailleurs, rien qui puisse étonner les esprits réfléchis, si l'on considère que les animaux, ayant une intelligence moins développée que celle des hommes, sont moins portés à pousser la satisfaction de leurs besoins naturels jusqu'à la passion et au vice. Il n'est pas vrai, comme l'affirmait J.-J. Rousseau, que l'homme naît bon et devient mauvais sous l'influence de la civilisation; mais il est indiscutable que plus l'intelligence et la civilisation sont développées et plus sont fréquents les passions ou les vices qui résultent de la facilité avec laquelle les hommes peuvent, dans les sociétés civilisées, satisfaire avec excès tous leurs besoins naturels. Or, c'est précisément de l'excès de satisfaction des besoins que naissent les passions, les vices et la criminalité qui en est l'inévitable résultante.

Passant des sociétés animales aux sociétés et aux familles humaines primitives, nous avons constaté que les affections maternelles, filiales et fraternelles, les affections sociales, le respect de la vie et des biens des individus, etc., y étaient tout aussi développés et moins souvent violés que dans les sociétés modernes les plus civilisées.

Nous avons observé, en un mot, l'existence, parmi les animaux et parmi les hommes primitifs, des idées morales considérées par nos philosophes comme les plus essentielles, celles qui figurent dans les codes moraux de toutes les religions et qui constituent la « loi naturelle » du christianisme.

De ce que les idées morales étaient communes aux animaux et aux hommes, nous étions amenés à déduire qu'il en fallait chercher la source dans l'organisation de ces êtres et dans les fonctions physiologiques qui leur sont communes. Nous l'avons trouvée dans les besoins primordiaux : besoin de nutrition, de reproduction et d'activité, et dans les idées, sentiments ou passions qui en naissent.

Après avoir étudié successivement chacun de ces besoins et le rôle qu'il joue dans l'évolution organique et physiologique des êtres vivants, nous avons passé en revue les idées et les sentiments d'ordre moral auxquels les divers besoins donnent naissance, soit chez les animaux, soit chez les hommes plus ou moins civilisés.

Au premier rang de ces idées et sentiments, nous avons trouvé l'égoïsme. Poussés impérieusement et d'une façon irrésistible vers la satisfaction de leurs besoins naturels, et n'ayant pas encore d'autre connaissance que celle de ces besoins, le petit animal et le petit enfant n'ont qu'une préoccupation : les satisfaire par tous les moyens dont ils disposent, sans tenir compte d'aucune considération, c'est-à-dire avec l'égoïsme le plus absolu. Le petit chien ou le petit chat auquel on a donné un morceau de viande menacent de mordre ou de griffer celui-là même qui le leur a offert, s'ils supposent qu'il veuille le reprendre, et, au début, ils le supposent toujours. L'enfant à la mamelle ne tolère pas qu'un autre enfant s'approche de la source où il puise son alimentation, même lorsque cette source est trop abondante pour lui seul. D'autre part, les petits enfants, comme les petits animaux, sont enclins à absorber beaucoup plus d'aliments que ne l'exigent les nécessités physiologiques de la nutrition. Le plaisir qu'ils trouvent à téter ou à manger et à boire excite leur égoïsme et les entraînerait à l'abus si l'on ne mettait pas un frein à leurs appétences. Nous avons constaté que chez les animaux, la mère commence toujours l'éducation de ses petits en réglementant leur nutrition. Dans l'espèce humaine, toute nourrice qui n'agit pas de la même manière provoque le développement, chez son nourrisson, d'une passion de la gourmandise qui, souvent, persiste pendant toute la vie.

Chez l'homme comme chez les animaux, nous avons vu l'égoïsme engendré par le besoin de nutrition déterminer des rivalités et des luttes qui peuvent devenir sanglantes lorsque, dans une région déterminée, les aliments sont en quantité insuffisante pour les individus qui l'habitent. Mais nous avons, par contre, constaté qu'en satisfaisant le besoin de nutrition de leurs enfants, les parents déterminent le développement, chez ces petits êtres, de sentiments altruistes d'autant plus développés que les soins maternels ou paternels sont plus attentifs. L'égoïsme né du besoin de nutrition contribue donc puissamment à la formation des liens affectueux qui, bientôt, unissent les enfants à ceux qui les font vivre.

Plus tard, ces liens sont renforcés par la satisfaction du besoin d'activité des enfants, qui résulte des exercices et des jeux auxquels les parents les provoquent. Si la famille compte plusieurs enfants, les exercices et les jeux auxquels tous prennent part déterminent le développement chez eux de sentiments affectifs auxquels, dans l'espèce humaine, on donne le nom de fraternels, et qui bientôt, chez les animaux comme chez les hommes, s'étendent à tous les individus qui jouent ensemble. Alors sont posées les premières bases morales des sociétés animales ou humaines.

Lorsque le besoin de reproduction se fait sentir, on voit, dans chaque espèce, les individus de sexes différents se rechercher et s'unir en vue des plaisirs génésiques d'où résulte la multiplication de l'espèce. D'abord purement égoïste et si violent qu'il est la cause de luttes fréquentes entre les mâles, le sentiment qui pousse les individus de sexes différents à s'unir devient, par le plaisir procuré à chacun, nettement altruiste. De l'accouplement naît l'amour. D'abord purement sexuel, l'amour prend, chez beaucoup d'animaux supérieurs et chez la plupart des hommes, un caractère social : des deux êtres qu'il unit, il fait deux associés, non seulement pour l'élevage de leur progéniture, mais encore pour les luttes de l'existence. Par suite des unions qui se forment entre les mâles et les femelles des diverses familles habitant un même lieu, la famille devient le point de départ du groupement social. Mais nous avons constaté que, par suite de l'antinomie des intérêts familiaux et des intérêts sociaux, plus, dans une espèce animale ou une race humaine, la famille est développée, moins la vie sociale est intense.

En somme, nous avons vu que les sentiments familiaux et sociaux naissent des relations que les divers individus d'une même espèce ou d'une même race entretiennent les uns avec les autres pour la satisfaction de leurs besoins naturels, et ceux-ci nous ont apparu, finalement, comme la source de tous les sentiments égoïstes ou altruistes des animaux et des hommes, ou, autrement dit, comme la source naturelle de la morale.

Nous avons dû étudier ensuite la question de savoir si, comme l'affirment les religions, les métaphysiques et certaines doctrines évolutionnistes, les sentiments égoïstes et altruistes sont transmis par l'hérédité ou s'ils sont simplement le résultat de l'éducation reçue par chaque individu. Sur ce point encore, nous n'avons consulté que les faits, et ils nous ont conduit à la certitude qu'il n'y a pas plus de sentiments innés que d'idées innées, que seule, l'organisation physique est transmissible des parents aux enfants ; qu'il n'existe, par conséquent, aucun sens moral commun à une race déterminée, évoluant avec elle en progression ou en régression ; que l'éducation peut seule faire naître, chez chaque individu, les sentiments considérés comme bons ou mauvais ; que, par conséquent, la morale est purement individuelle et que si la moralité générale va sans cesse en s'accentuant dans la plupart des sociétés humaines, c'est uniquement parce que le nombre des individus recevant une bonne éducation morale s'accroît à chaque génération.

Nous avons alors abordé le problème de l'éducation morale, en laissant de côté les hypothèses injustifiables de la divinité, de l'âme et du libre arbitre et en considérant le cerveau de l'enfant comme une sorte de glaise encore vierge avec laquelle l'éducateur peut, à l'exemple du sculpteur, faire aussi aisément une table ou une cuvette qu'un dieu. Et nous avons constaté que, pour obtenir tous les résultats qu'elle cherche, l'éducation physique et morale de l'enfant doit être commencée de très bonne heure, en la proportionnant au développement psychique de chaque enfant.

En agissant de la sorte, on profite de ce que les tout petits enfants sont dépourvus d'idées et de sentiments, n'éprouvent que des impressions et sont d'autant plus malléables que leur sensibilité et leur suggestibilité n'ont pas encore été émoussées par la multiplicité des impressions ou suggestions qui assaillent les jeunes gens ou les adultes. Leur curiosité est, en outre, tellement développée que pas un geste ne leur échappe. L'exemple joue, en conséquence, dans la formation de leurs sentiments et de leurs habitudes extérieures, un rôle tellement considérable, qu'il est impossible de s'en faire une idée quand on ne les a pas observés avec une grande attention. Les jeunes animaux constituent, à cet égard, un objet d'étude extrêmement précieux, en raison de la simplicité relative des leçons et des exemples qu'ils reçoivent de leurs parents.

L'étude des procédés d'éducation des animaux nous a conduits à un résultat très difficile à constater dans l'humanité : à savoir qu'une même éducation produit toujours chez eux un même effet. Par là s'explique l'identité des idées, des sentiments, des habitudes et de la morale des animaux sauvages d'une même espèce, habitant un même lieu. Il est facile à un observateur attentif de constater chez les mammifères et chez les oiseaux des différences notables de tempérament, de caractère et d'intelligence entre les petits élevés par un même couple, mais il est non moins facile de s'assurer que tous ont la même moralité et que s'il en est ainsi, c'est parce qu'ils ont tous reçu la même éducation morale.

Ce fait démontre non seulement l'importance de l'éducation, tant contestée par les héréditaristes, mais encore la nécessité d'apporter dans l'éducation morale des enfants un soin d'autant plus grand qu'on en peut faire, à coup sûr, et avec la même facilité, soit des honnêtes gens à conduite régulière et pondérée, à sentiments altruistes développés jusqu'au désintéressement le plus absolu, soit de purs égoïstes, des passionnés, des vicieux et même des criminels.

Après avoir exposé ces faits et les déductions pratiques auxquelles ils conduisent, nous avons été naturellement amenés à étudier les méthodes qu'il convient de mettre en pratique dans l'éducation des enfants et des jeunes gens, et nous avons pu tracer le tableau d'une société dont les membres seraient élevés d'après les principes de la morale que nous avons qualifiée de « naturelle » pour indiquer la source d'où ses principes et ses pratiques dérivent.

Nous avons ensuite comparé la morale naturelle avec les morales des religions et des lois, en indiquant les divergences qui existent entre les unes et les autres et en signalant les réformes qui devraient être réalisées dans notre législation civile ou criminelle pour la rendre conforme aux principes de la morale naturelle.

Enfin, la *conclusion générale* à laquelle nous a conduits cette longue étude est que les morales des religions, des lois et des métaphysiques ne sont que des adultérations de la morale naturelle, inspirées par les intérêts particuliers de ceux qui les conçurent et condamnées par l'observation de la nature.

TABLE DES MATIÈRES

CHAPITRE PREMIER. — Les doctrines morales.

§ I. Les doctrines morales religieuses et métaphysiques, p. 4. — La morale des idées-forces, p. 12. — La doctrine morale des solidaristes, p. 12. — § II. Les doctrines morales épicuriennes, p. 16. — La doctrine morale d'Epicure, p. 16. — L'épicurisme en France, p. 20. — La doctrine morale d'Helvétius, p. 23. — Doctrines morales de Bentham et de Stuart Mill, p. 25. — Doctrines morales de Darwin et de Herbert Spencer, p. 28. — La doctrine morale de Guyau, p. 33. — Les idées morales de Letourneau, E. Véron et Yves Guyot, p. 38. — § III. Des conditions auxquelles doit répondre toute doctrine morale scientifique, p. 42.

CHAPITRE II. — Les besoins primordiaux des êtres vivants et l'évolution générale qu'ils déterminent.

§ I. Du besoin de nutrition et de l'évolution organique qu'il détermine, p. 46. — § II. Du besoin de reproduction et de l'évolution organique qu'il détermine, p. 49. — § III. Du besoin d'activité et de l'évolution organique qu'il détermine, p. 53. — § IV. Influence du milieu cosmique sur l'évolution organique, p. 55.

CHAPITRE III. — Les besoins envisagés dans leurs rapports avec l'intelligence.

§ I. En quoi consistent les besoins primordiaux et comment ils se manifestent, p. 61. — § II. Des actes dits volontaires et du libre arbitre, p. 63. — § III. De l'intelligence chez les animaux, p. 83. — § IV. Des phénomènes dits instinctifs, p. 96. — § V. Conclusion du chapitre, p. 113.

CHAPITRE IV. — Idées morales dont le besoin de nutrition détermine la production chez les animaux et chez les hommes.

§ I. Origine des idées de défiance et de crainte, p. 115. — § II. Origine de l'idée de propriété, p. 118. — § III. Origine de l'idée de migration et de voyage, p. 120. — § IV. Origine de l'idée de prévoyance, p. 122. — § V. Origine des idées relatives aux ruses de chasse et de guerre, p. 124. — § VI. Origine des idées de territoires de chasse et de leur propriété, p. 126. — § VII. Origine des idées de liberté individuelle et de servilité, p. 126. — § VIII. Origine de l'idée du bonheur, p. 129. — § IX. Origine de la passion de la gourmandise et de l'ivresse, p. 130. — § X. Relations de la nutrition avec la reproduction, p. 132.

CHAPITRE V. — Idées morales que le besoin de reproduction détermine chez les animaux et chez les hommes.

§ I. Origine des idées de force et de beauté, p. 138. — § II. Origine des idées d'amour. Polygamie et monogamie, p. 139. — § III. L'amour et l'altruisme, p. 144.

CHAPITRE VI. — Idées morales dont le besoin d'activité détermine la production, p. 149.

CHAPITRE VII. — Idées morales dont l'égoïsme individuel détermine la production chez l'homme, p. 158.

CHAPITRE VIII. — La vie familiale et les idées morales dont elle détermine la production.

§ I. Origine de l'idée de devoir, p. 176. — § II. Origine de l'idée de domination du père de famille, p. 177.

CHAPITRE IX. — La vie sociale et ses origines. Idées morales dont elle détermine la production.

§ I. La lutte pour l'existence et l'association pour la lutte, p. 188. — § II. Rapports de la famille avec la société, p. 207.

CHAPITRE X. — L'hérédité et l'éducation morale.

§ I. En quoi consiste et sur quoi porte l'hérédité, p. 228. — § II. En quoi consiste l'éducation et ce qu'elle doit être, p. 249. — L'éducation chez les animaux, p. 249. — L'éducation des animaux par l'homme, p. 256. — L'éducation morale des enfants, p. 261. — § III. Les émotions et les passions dans leurs rapports avec l'éducation, p. 284. — § IV. Les sanctions de l'éducation morale, p. 299. — § V. Du rôle respectif de l'hérédité et de l'éducation et de l'évolution de l'humanité, p. 302.

CHAPITRE XI. — Application des principes de la morale naturelle a l'individu, a la famille et a la société, p. 306.

CHAPITRE XII. — Rapports de la morale naturelle avec les religions et les lois.

§ I. Rapports de la morale naturelle avec les religions, p. 329. — § II. Rapports de la morale naturelle avec les lois, p. 359.

CHAPITRE XIII. — Résumé et conclusions, p. 403.

Paris. — Imp. Levé, rue Cassette, 17. — S.

www.ingramcontent.com/pod-product-compliance
Lightning Source LLC
Chambersburg PA
CBHW052131230426
43671CB00009B/1199